Podlech/Herrmann/Warmers Datenverarbeitungsgrundlagen

Wirtschaftsinformatik: Ergänzungsfächer

Rüdiger Podlech/Manfred Herrmann/Harald Warmers

Datenverarbeitungs-Grundlagen

(Basiswissen)

5., völlig neu bearbeitete Auflage

VOGEL Buchverlag Würzburg

Die Fachbuchreihe Wirtschaftsinformatik wurde nach der Verordnung über die Prüfung zum anerkannten Abschluß «Geprüfter Wirtschaftsinformatiker/Geprüfte Wirtschaftsinformatikerin» vom 20.12.1983 (BGBl. I, Seite 1502) und den Lehrgangsempfehlungen des Bundesinstituts für Berufsbildung erstellt. Sie umfaßt folgende Bände (mit vorangestellter Titelnummer):

0275 Allgemeine Betriebswirtschaftslehre
0276 Industrielles Rechnungswesen
0277 Betriebsorganisation
0278 DV-Grundlagen
0279 Entwicklung von Anwendungssystemen
0280 Programmieren mit COBOL
0281 PL/1 und Assembler
0282 Mathematik und Statistik
0283 Zusammenarbeit im Betrieb
0284 Volkswirtschaftslehre
0285 Fachenglisch
0286 Rechtslehre

CIP-Titelaufnahme der Deutschen Bibliothek

Podlech, Rüdiger:
Datenverarbeitungs-Grundlagen : (Basiswissen) / Rüdiger Podlech ; Manfred Herrmann ; Harald Warmers. – 5., völlig neu bearb. Aufl. – Würzburg : Vogel, 1989
(Wirtschaftsinformatik : Ergänzungsfächer)
Bis 4. Aufl. u.d.T.: Podlech, Rüdiger: Basiswissen EDV
ISBN 3-8023-0278-8
NE: Herrmann, Manfred; Warmers, Harald:

ISBN 3-8023-0278-8
5., völlig neu bearbeitete Auflage. 1989

Herstellung: Friedrich Pustet, Regensburg

Vorwort des Herausgebers

Über ein Lehrbuch, von dem nun die fünfte, völlig neu überarbeitete Auflage erscheint, kann man durchaus Interessantes aus seiner Geschichte berichten. Diese beginnt bereits zwei Auflagen vor Erscheinen des ersten Bandes im Vogel-Buchverlag Würzburg. 1976 mußte man auf dem Büchermarkt noch nach einem Lehrbuch für Anfänger in der Datenverarbeitung suchen. Die Dozenten des Landesfachinstituts für Organisation und Datenverarbeitung im Bildungswerk der Deutschen Angestellten-Gewerkschaft (DAG, Düsseldorf) unterrichteten zwar in gleichen Kursen und entsprechend den Richtlinien der Arbeitsverwaltung auch die gleichen Inhalte, doch setzte jeder individuell sein eigenes Unterrichtsmaterial ein. Helmut Bienk beauftragte den leider inzwischen verstorbenen Johannes Poschmann, Harald Warmers, Klaus-Peter Jannes und mich, einheitliches unterrichtsbegleitendes Material für die Kurse zusammenzustellen. Die erste Auflage erschien in der Hausdruckerei der DAG als Loseblatt-Ausgabe. Aufgrund der Anregungen aus dem Kollegenkreis und durch technische Änderungen wurde eine zweite Auflage erforderlich, die in Unterricht und Praxis erprobt für viele Dozenten und ihre Schüler zum Standardwerk wurde.

1981 interessierte sich der Vogel-Buchverlag für dieses unterrichtsbegleitende Material, und es erschien noch im gleichen Jahr die erste Auflage Basiswissen EDV. Bis zur vierten Auflage wurden immer wieder Neuerungen eingearbeitet, die anstelle veralteter Techniken aus unserer schnellebigen Datenverarbeitung für den Unterricht aufbereitet wurden.

Obwohl das unterrichtsbegleitende Material immer weiter im deutschsprachigen Raum verbreitet wurde, häuften sich beim Verlag die Anfragen nach einem «richtigen» Lehrbuch, d.h. nach mehr als nur dem unterrichtsbegleitenden Material. Der 1984 erschienene Dozentenleitfaden zum Basiswissen EDV konnte zwar für die Dozenten Abhilfe schaffen, dennoch verlangten auch die Kursteilnehmer ausführlicheres Material, das man in häuslichen Arbeitsgemeinschaften für die Nachbearbeitung des Unterrichts verwenden kann.

Als am 1.4.1984 die Verordnung über die Prüfung zum anerkannten Abschluß Geprüfter Wirtschaftsinformatiker/Geprüfte Wirtschaftsinformatikerin in Kraft trat und das Bundesinstitut für Berufsbildung in Berlin und Bonn Lehrgangsempfehlungen herausgab, wurde der Einführungskurs immer mehr dieser curricularen Empfehlung angeglichen und insgesamt in die Ausbildung zum Wirtschaftsinformatiker integriert. Dies führte dann auch zu der neuen Fachbuchgruppe Wirtschaftsinformatik. Harald Warmers ist als Autor noch immer dabei, Manfred Herrmann haben wir in dieser fünften Auflage neu an Bord genommen. Damit sind Erfahrungen aus unterschiedlichen Richtungen in dieses Lehrbuch eingeflossen: z.B. die betriebliche Praxis mit einer Siemens-Installation in einem industriellen Produktionsbetrieb (Harald Warmers bei Firma Eckes); internationale Erfahrungen mit einer IBM-Installation bei einer deutschen Behörde im Ausland (Manfred Herrmann, Rechenzentrum der Bundeswehr in Washington) und schließlich meine beruflichen Erkenntnisse von einem modernen Bürokommunikationssystem im Parlamentsbetrieb. Hinzu kommen langjährige Unterrichtstätigkeiten bei allen drei Autoren und die Erfahrungen als Prüfer.

Wir hoffen, Ihnen diese Erfahrungen vermitteln zu können, und wünschen Ihnen Freude beim Lernen und Lehren.

Sankt Augustin — Rüdiger Podlech

Geleitwort

Die technische Entwicklung in den letzten 100 bis 200 Jahren schuf die Voraussetzung für ein bequemeres Leben einer wesentlich größeren Zahl von Menschen. Im Zuge dieser Entwicklung konnte die Zahl der hergestellten Produkte entscheidend erhöht, ihre Qualität verbessert und darüber hinaus noch die Arbeitszeit erheblich verkürzt werden. Den bedeutenden Anteil daran hatte die schöpferische Tätigkeit von Erfindern und die Initiative von Unternehmern. Diese Entwicklung hatte nicht nur eine Erleichterung des Daseins zur Folge, sondern es wurden auch neue Formen der Existenz und des Zusammenlebens der Menschen geschaffen.

Läßt sich diese Tendenz nun auch heute noch fortsetzen? Die technische Entwicklung läuft ja weiter. Von der Rationalisierung kommen wir zur Automatisierung. Durch den Computereinsatz wird diese Entwicklung stark gefördert. Der Wandel in den Betrieben hat eine Elite erzeugt, die einen Mehrwert auch für den Teil der Bevölkerung schafft, der das Schicksal hat, an dem heutigen Umstellungsprozeß nicht immer im positiven Sinn beteiligt zu sein.

Weil wir den technischen Fortschritt nicht aufhalten dürfen, brauchen wir in der heutigen Situation eine erhöhte Ausbildung von Fachkräften, die bei dem unabwendbaren Umstellungsprozeß nicht auf die falsche Seite geraten. Ein besonderes Problem bei dieser Ausbildung von Fachkräften ist der Nachholbedarf aller derjenigen, die Schule und Berufsausbildung lange hinter sich haben und mit neuen Anforderungen konfrontiert werden. Wir haben in der Computertechnik und in allen Disziplinen, die sich heute darum ranken, einen Stand erreicht, der einen Einsteiger resignieren läßt, wenn er nicht vernünftig an dieses Wissensgebiet herangeführt wird. Der vorliegende Einführungskurs hat einen pragmatischen Weg gewählt, der die Lebens- und Berufserfahrungen der Kursteilnehmer berücksichtigt und die Theorie so aufbereitet, daß sie verstanden werden kann.

Ich wünsche Ihnen als Kursteilnehmer oder Dozent den Erfolg beim Lernen und Lehren, den Sie sich wünschen, um in Ihrem Beruf mit dem Computer keinen Feind, sondern ein nützliches Hilfsmittel zur Seite zu haben.

Hünfeld

Anmerkung:
Zur Einordnung der Pionierleistung von Konrad Zuse siehe Abschnitt 1.3.

Inhaltsverzeichnis

1 Vorbemerkungen und grundlegender Überblick

1.1 Zielsetzung

Der vorliegende Band *Grundlagen der DV* ist Teil der Buchreihe *Wirtschaftsinformatik* und gleichzeitig der Einstiegsband für den Erwerb des Basiswissens in der Datenverarbeitung. Er enthält die Grundlagen der Datenverarbeitung, die nicht nur der DV-Fachmann benötigt, sondern auch der/die Mitarbeiter/in in der Fachabteilung, der/die täglich mit der Datenverarbeitung zusammenarbeitet. Dieser tut sich viel leichter, wenn dieses Basiswissen beherrscht wird. Man versteht die «Probleme» der Datenverarbeitung viel besser und wird ein akzeptierter Gesprächspartner für den Kollegen.

Um dieses Buch zu verstehen, sind keinerlei Vorkenntnisse erforderlich, weil es so aufgebaut ist, daß es die Anforderungen an eine praxisorientierte Weiterbildung für alle Berufe erfüllt. Es lehnt sich an das Curriculum an, das vom Bundesinstitut für berufliche Bildung aufgrund der Prüfungsordnung für die Prüfung zum Geprüften Wirtschaftsinformatiker/Geprüfte Wirtschaftsinformatikerin entwickelt wurde.

Nach Einsetzen der «PC-Welle» in den Unternehmen hat sich der Einsatz der Datenverarbeitung mehr an den Arbeitsplatz verlagert. Für den PC gelten im Prinzip die gleichen Regeln wie für die «Groß-EDV». Er ist auch ähnlich aufgebaut. Schaut man sich die Entwicklung der PCs in den letzten Jahren an, so sind diese gar nicht mehr so weit von den Großrechnern entfernt, die noch vor wenigen Jahren im Einsatz waren. Dem Anwender am PC, dem «mündigen» selbständigen Benutzer, der seine Systeme eigenständig entwickelt, wird der Inhalt dieses Lehrbuches sehr zum Verständnis helfen, was es bedeutet, mit einer Datenbank oder einem Programm zu arbeiten. Es spielt dabei keine Rolle, ob diese Datenbank dBase III+ oder das Programm Lotus 1-2-3 heißt.

Für den Anfänger, der sein Berufsziel in der Datenverarbeitung sieht, schafft dieses Werk die Grundlagen. Es wurde die Theorie mit der Praxis verbunden. Nach diesen *Grundlagen der Datenverarbeitung* ist für die Berufsanfänger in der Datenverarbeitung die Basis für die weitere Ausbildung z.B. nach den Bänden dieser Reihe Wirtschaftsinformatik gelegt. Die Struktur entspricht der Rechtsverordnung vom 20. Dezember 1983, veröffentlicht im Bundesgesetzblatt I Seite 1502:

Betriebswirtschaft

H. Lichtenberg/W. Söhnchen: Allgemeine Betriebswirtschaftslehre
W. Söhnchen: Industrielles Rechnungswesen
M. Wöltge: Betriebsorganisation

Datenverarbeitung

Podlech/Herrmann/Warmers - DV-Grundlagen (Basiswissen)
K. Arzdorf: Entwicklung von Anwendungssystemen
K. Arzdorf: Programmierung COBOL
Podlech/Herrmann: PL/1 und Assembler

Ergänzungsfächer

E. Fuchs: Mathematik und Statistik
R. Podlech: Zusammenarbeit im Betrieb
H. Lichtenberg: Volkswirtschaftslehre
F. J. Acker: Fachenglisch
R. Podlech: Rechtslehre

Ein möglicher Zeitplan für eine berufsbegleitende Fortbildung zum Geprüften Wirtschaftsinformatiker/Geprüfte Wirtschaftsinformatikerin bei etwa 250 Unterrichtsstunden jährlich:

Jahre	Kursteil/Band dieser Reihe	Prüfungen	Berufsfeld
1	**DV-Grundlagen (Basiswissen)** PL/1 und Assembler		Kaufmännisch Verwaltung Technik
2	Programmieren mit Cobol Entwicklung von Anwendungssystemen		Datenverarbeitung
3	Mathematik und Statistik Allgemeine Betriebswirtschaftslehre	Organisations-Programmierer IHK	
4	Industrielles Rechnungswesen Betriebsorganisation		
5	Zusammenarbeit im Betrieb Volkswirtschaftslehre/Fachenglisch Rechtslehre	Geprüfte(r) Wirtschaftsinformatiker(in) IHK	

Je nach Berufs- und Lebenserfahrung, Freizeit, Angeboten der Weiterbildungsträger und schließlich Prüfungsterminen und Prüfungserfolg bei der Kammer wird jeder Studienverlauf individuell zu planen sein. Einen Anhalt über den Prüfungsablauf bei der Kammer gibt die Fallstudie im 7. Kapitel dieses Bandes.

1.2 Zielsetzung des DV-Einsatzes

1.2.1 Ökonomische und gesellschaftliche Bedeutung

«Management-Kompetenz setzt zunehmend Informatik-Kompetenz voraus. Ob Kundenbeziehungen gefestigt oder Lieferanten enger ans eigene Unternehmen gebunden werden sollen, ob man die Lieferfähigkeit sichern oder eine hohe Servicequalität garantieren möchte – bei fast allen strategisch ausgerichteten Managementaufgaben kommt der Informations- und Kommunikationstechnik inzwischen eine dominierende Rolle zu.» Diese Meinung von Volker Lindemann in der Zeitschrift «Kompetenz» trifft den Nagel auf den Kopf. Die Datenverarbeitung war jahrelang die Black box für große Teile des Managements. Man sah in ihr etwas Geheimnisvolles, auch etwas wirklich Notwendiges, aber man traute ihr doch oft nicht so recht. Das lag jedoch nicht unbedingt am Management. Es wurde auch teilweise von den DV-Spezialisten verursacht, denn es waren nur relativ wenige, die ein Spezialwissen hatten.

Diese DV-Fachleute haben sich lange mit den sogenannten *operativen* Systemen beschäftigt. Sie haben die Finanzbuchhaltung, die Materialwirtschaft, die Verkaufsabwicklung etc. über Datenverarbeitungssysteme abgewickelt. Zunächst über Batch-Systeme, später über Dialogverarbeitung. Was sich dahinter verbirgt, wird in einem späteren Kapitel erläutert. Ziel dieser Anwendungen war es, die Mitarbeiter in den Fachbereichen von Routineaufgaben, die teilweise doch recht stupide waren, zu befreien. Man wollte deren Arbeit rationeller gestalten, sie sollten sich mehr analytischen Aufgaben widmen.

Sie hatten nach Einführung von Datenverarbeitungssystemen dafür auch mehr Zeit. Die Rechner führen diese Routinearbeiten viel schneller durch als der Mensch. Sie brauchen Bruchteile von Sekunden um eine gespeicherte Adresse in eine Faktur zu übertragen, eine Menge mit Einzelpreisen zu multiplizieren, um die Lohnsteuer nach einer Formel zu berechnen. Diese Kette von Routinearbeiten läßt sich beliebig fortsetzen. Die Aufgaben vieler Mitarbeiter in den Fachbereichen haben sich folglich gewandelt.

Gewandelt haben sich aber auch die *«Werkzeuge»* der Datenverarbeitung, genauso wie die *Anforderungen,* die an die Datenverarbeitungssysteme gestellt werden. Man wollte Informationssysteme, Marketing- oder Verkaufsunterstützungssysteme, um Wettbewerbsvorteile zu bekommen. Man wollte oder will die Datenverarbeitung, oder sagen wir jetzt besser die Informationsverarbeitung, zur Durchsetzung der strategischen Ziele eines Unternehmens einsetzen.

Genauso wie im kommerziellen Sektor haben die Informationssysteme, die Rechner, in den letzten Jahren Einzug im technischen Bereich, in der Produktion, in der Forschung und Entwicklung gehalten. So ist z.B. in einem Automobilwerk die Produktion ohne Fertigungssteuerung, ohne Roboter – sie sind ja auch Rechner – nicht mehr denkbar. Eine Konstruktionsabteilung benötigt CAD «Computer Aided Design» oder wie die Systeme auch heißen.

Die *«operativen»* Systeme brachten es mit sich, daß sehr viele Informationen in Datenbanken gespeichert sind. So ist der Wunsch des Managements nur verständlich, diese Daten zur Analyse, Planung und Steuerung des Unternehmens heranzuziehen. Mit den bisherigen *«Werkzeugen»*, der Programmierung in Sprachen der 3. Generation, können diese Anforderungen nur sehr zeitraubend erfüllt werden. Werden sie endlich ausgeführt, so können sie schon nicht mehr aktuell sein. Manch einer sagt, dann stellt doch mehr Leute ein! Doch weit gefehlt. *Der Markt für gute, erfahrene DV-Leute ist nach wie vor ziemlich leer.*

Um die DV-Abteilung zu entlasten und gleichzeitig Produktivitätssteigerung in den Fachbereichen zu erlangen, hat man Sprachen der 4. und 5. Generation – Endbenutzersysteme – entwickelt.

Die Mitarbeiter in den Fachbereichen bis ins mittlere Management sind dabei, diese neuen Werkzeuge zu erlernen und zu beherrschen. Wo dies nicht der Fall ist, kann ganz schnell ein Wettbewerbsnachteil eintreten und der Eingangssatz läßt sich leicht umkehren: *Wo keine Informatik-Kompetenz herrscht, ist auch keine Management-Kompetenz vorhanden.* Weitere Ausführungen zu diesem Thema, insbesondere in bezug auf eine Prognose, sind dem Kapitel 9 zu entnehmen.

1.2.2 Begriffsbestimmungen

Bereits im vergangenen Kapitel sind einige Begriffe genannt worden, die zum besseren Verständnis erläutert werden sollten. Hinzu kommen weitere Grundbegriffe, die erklärungsbedürftig sind. Manche Vorbehalte gegen die Datenverarbeitung kommen auch daher, daß sich eine Sprache gebildet hat, die für einen Außenstehenden nicht ohne weiteres verständlich ist.

1.2.2.1 Daten

Das Wort *«Daten»* stammt aus dem Lateinischen und hat als Wortstamm das Verb für *geben = dare*. Ein **Datum** (= Einzahl von Daten) war bei den Römern soviel wie Geschenk oder Gabe, aber auch Ausgabe. In der Literatur ist als deutsche Übersetzung auch das Wort *«Angabe»* zu finden. Das Kalenderdatum auf dem Scheck ist eine «Angabe», eine Zeitangabe. Der Scheck ist nichts anderes als eine Nachricht, mit der man Geld transferiert.

Wenn Daten aber als Inhalte von Nachrichten auftreten, dann sind Daten nichts anderes als Informationen.

1.2.2.2 Datenverarbeitung (DV)

Von *Datenverarbeitung* spricht man, wenn *Daten verarbeitet* werden.

Verarbeitung in diesem Sinne bedeutet:

addieren
subtrahieren
übertragen
vergleichen
sortieren
etc.

1.2.2.3 Elektronische Datenverarbeitung (EDV)

Geschieht diese Verarbeitung mit Hilfe von Datenverarbeitungsanlagen, die aus elektronischen Bauelementen, wie Transistoren und integrierten Schaltungen bestehen, so spricht man von *Elektronischer Datenverarbeitung*. Die EDV-Anlagen, die diese Datenverarbeitung elektronisch vornehmen, sind unter dem Namen **«Computer»** zu einem festen Begriff geworden. Zu den Computern zählen nicht nur die großen Rechner, sondern auch die kleinen Anlagen, die Personal-Computer (PCs), Homecomputer, die programmierbaren Taschenrechner etc.

1.2.2.4 Programm

Ein Programm ist die Anweisung an den Computer, die Verarbeitung der Daten vorzunehmen. Diese Anweisungen müssen äußerst detailliert sein, denn der Computer macht ohne exakte Anweisungen gar nichts. Diese einzelnen Anweisungen nennt man **Befehle.** Sie müssen in einer logischen Folge hintereinanderstehen. Siehe hierzu Abschnitt 3.2.5.

1.2.2.5 Systemprogramme

Systemprogramme werden in der Regel vom Hersteller der DV-Anlage mitgeliefert und sind häufig auf einen Computertyp zugeschnitten. Sie ermöglichen das reibungslose Zusammenspiel der einzelnen Teile der Anlage. Näheres hierzu im Kapitel 6.

1.2.2.6 Anwendungsprogramme

Im Gegensatz zu Systemprogrammen bezeichnet man die vom Benutzer einer DV-Anlage eingesetzten produktiven Programme z.B. für die Finanzbuchhaltung, Materialwirtschaft, Lohn- und Gehaltsabrechnung oder Fakturierung als *Anwenderprogramme*. Diese werden entweder vom Anwender selbst oder vom Hersteller der Anlage erstellt oder von externen Softwarehäusern bezogen. Sie sind in einer bestimmten Programmiersprache geschrieben.

1.2.2.7 Software

Software ist der Oberbegriff für die System- und Anwenderprogramme.

1.2.2.8 Hardware

Hardware ist der Oberbegriff für alle Geräte und Teile einer Datenverarbeitungsanlage.

1.2.2.9 Batch- oder Stapelverarbeitung

Bei der *Batchverarbeitung* werden eine Vielzahl von gleichartigen Belegen gesammelt. Diese werden auf Datenträgern erfaßt und danach in einem Schub zu einem bestimmten Zeitpunkt verarbeitet. So werden z.B. alle Aufträge eines Tages erfaßt und anschließend in einem Lauf alle Lieferscheine und/oder Rechnungen geschrieben.

1.2.2.10 Dialog- oder Realtimeverarbeitung

Im Gegensatz zur Batchverarbeitung erfolgt kein Sammeln von Belegen, sondern diese werden sofort nach ihrem Auftreten bearbeitet.

Ruft z.B. ein Kunde an und gibt seinen Auftrag durch, so wird er umgehend an einem Bildschirm (Terminal) erfaßt, an den Rechner weitergeleitet, dort verarbeitet und wenige Sekunden später werden im Lager die Lieferpapiere erstellt.

1.2.2.11 CAD/CAM

CAD = Computer Aided Design
CAM = Computer Aided Manufacturing

Unter diesen Begriffen sind computergestütztes Konstruieren bzw. computergestütztes Fertigen zu verstehen.

Die Reihe der Begriffe läßt sich beliebig fortsetzen. Weitere Erklärungen folgen in den nächsten Kapiteln.

Zusammenfassung möglicher Ziele des DV-Einsatzes

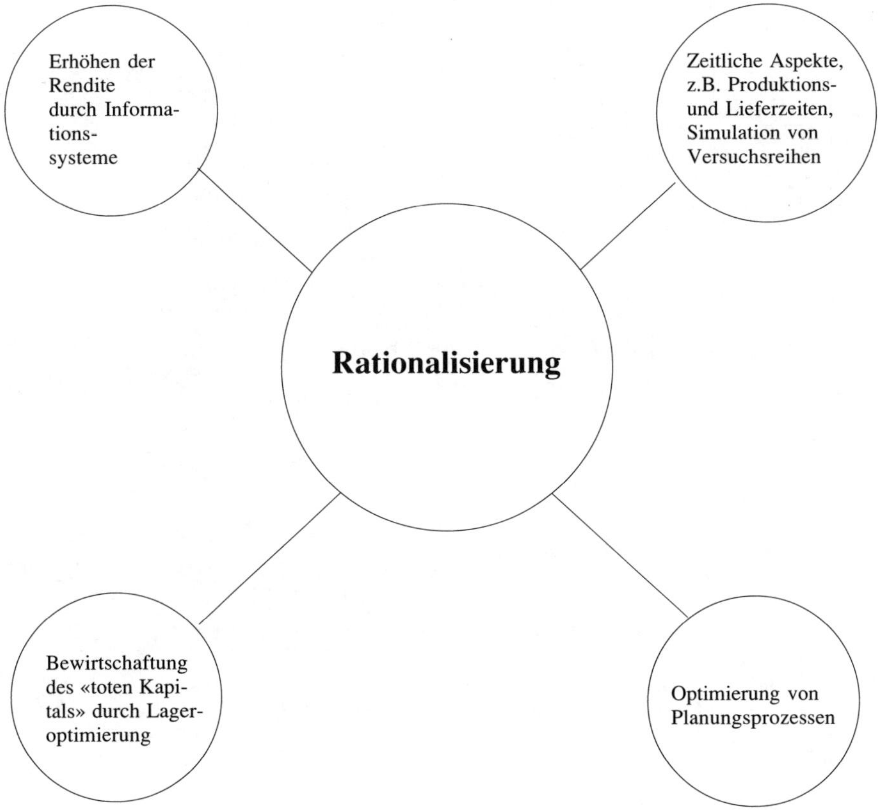

1.3 Allgemeiner Überblick über die Entwicklung und Bedeutung der DV

1.3.1 Zeittafel

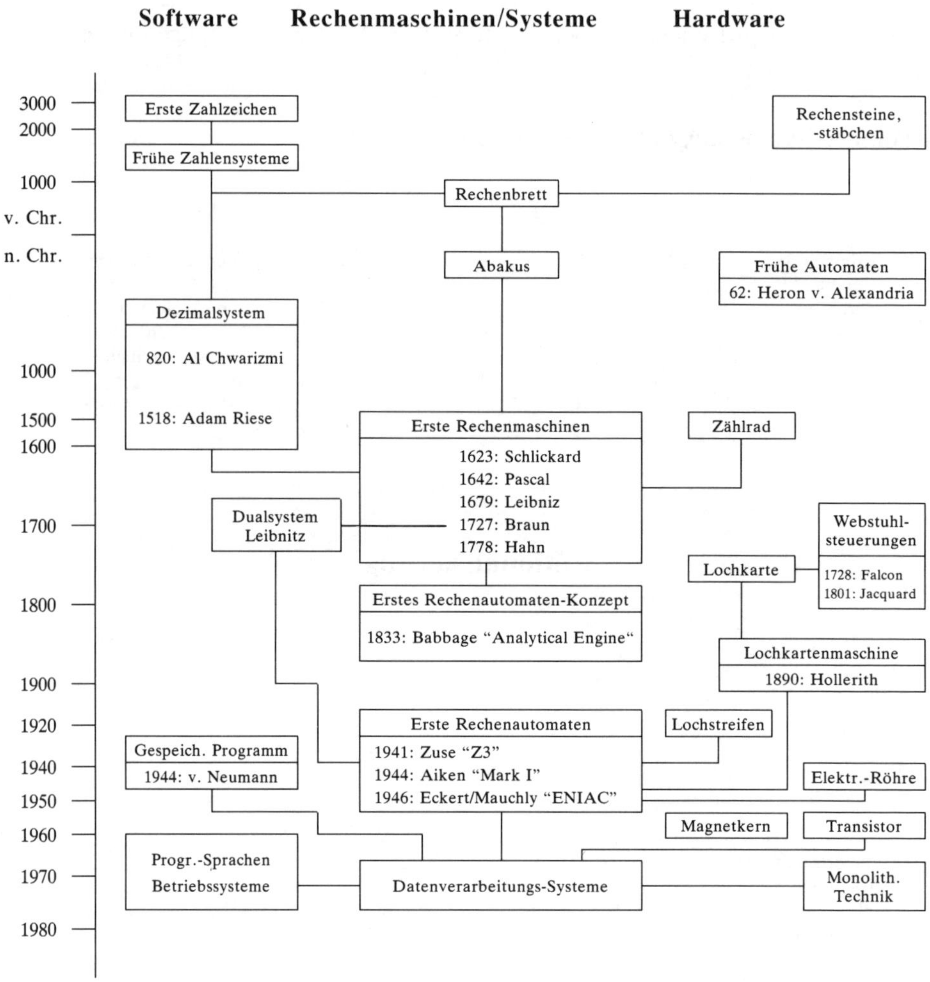

Quelle: IBM-Literatur

1.3.2 Geschichtlicher Überblick *)

1.3.2.1 Entwicklung der Rechentechnik

ca. 2000 v. Chr.	Inder und Chinesen haben bereits eine hochentwickelte Rechenkunst. Über Rechenhilfsmittel gibt es jedoch keine Überlieferung.
ca. 1800 v. Chr.	Steuereinnehmer der ägyptischen Pharaonen zählen in der Erntezeit die abgelieferten Getreidemengen mit Hilfe eines gezeichneten Feldes.
ca. 400 v. Chr.	Griechen und Perser bedienen sich des Rechenbretts.
100 v. Chr.	Die Römer als führende Kaufleute verbessern das Rechenbrett zum postkartengroßen handlichen *Abacus* (lateinisch: Tafel, Platte). Die zugehörigen Kalksteinchen hießen «calculi» (wovon unser «Kalkulieren» kommt). Noch heute findet der Abacus in Rußland und Asien Verwendung. Der Verfall des Imperium Romanum hemmt die Entwicklung. Erst mit der Aufklärung und dem damit verbundenen Aufstieg der Naturwissenschaften kommen neue Gedanken zur Ausführung.
1623	Wilhelm SCHICKARD (1592-1632) konstruiert in Tübingen eine Maschine für 6-stellige Addition und Subtraktion. (Ein funktionsfähiger Nachbau steht seit 1960 im Rathaus in Tübingen.)
1642-45	Blaise PASCAL (1623-1665) konstruiert eine Maschine für 8stellige Addition und Subtraktion, die sogleich in mehreren Exemplaren gebaut wird. Er gilt daher als einer der Väter des Rechenmaschinenbaus.
1677	Gottfried Wilhelm Freiherr von LEIBNIZ (1646–1716) konstruiert – durch PASCALS Erfolge angeregt – eine 4-Spezies-Maschine. Sie konnte allerdings nicht funktionsfähig gebaut werden.
1778	Philipp Matthäus HAHN baut unter Verwendung Leibnizscher Prinzipien die erste funktionsfähige 4-Spezies-Maschine;
1830	beginnt die Fertigung von Rechenmaschinen in größeren – für heutige Verhältnisse jedoch immer noch kleinen – Serien. Für 1878 schätzt man den Einsatz von Rechenmaschinen in Europa auf etwa 1500 Stück.

*) Quelle: «Die Geschichte der Datenverarbeitung», Robert Weiss, Sperry AG.

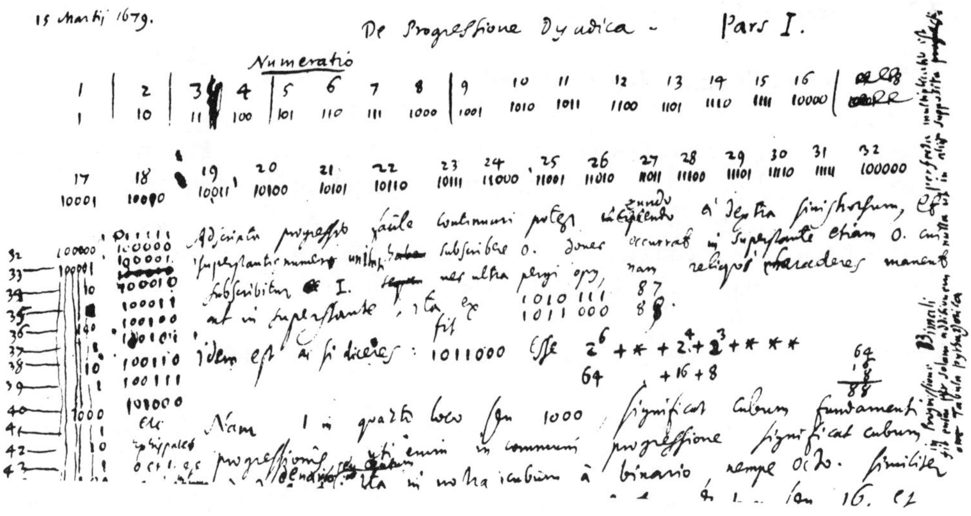

Bild 1.1 Detail der Handschrift von Leibniz aus dem Buch *Herrn von Leibniz' Rechnung mit Null und Eins*, Hrsg. Siemens AG

1.3.2.2 Entwicklung von Datenträgern

1725 BOUCHON verwendet in der Lyoner Seidenmanufaktur zum Musterweben eine Vorform vom Lochstreifen.

1728 FALCON steuert seine Webstühle mit kleinen gelochten Brettchen. Man hat ihn daher als ersten «Lochkartenstellenleiter» bezeichnet.

1801 Joseph-Maria JACQUARD (1752-1834) steuert die nach ihm benannten Webstühle erstmals mit Serien aneinandergereihter Lochkarten und erzielt eine wesentliche Personalersparnis.

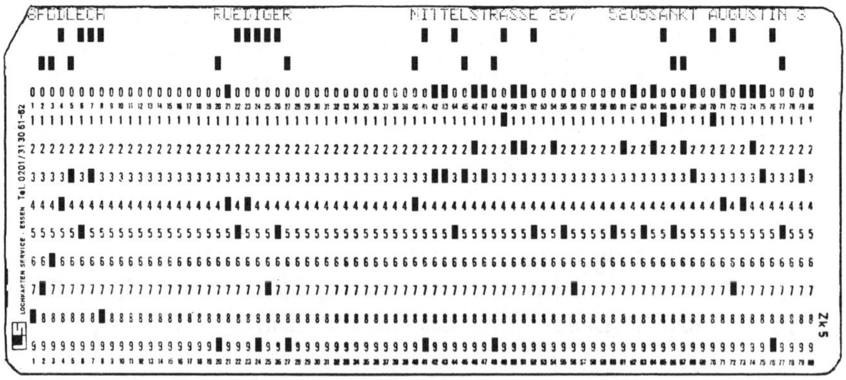

Bild 1.2 Hollerith legte die Lochkarte in der Größe der damaligen Dollarnote fest

Bild 1.3 Die erste Hollerithmaschine, ein Nachbau im Nationalmuseum Washington

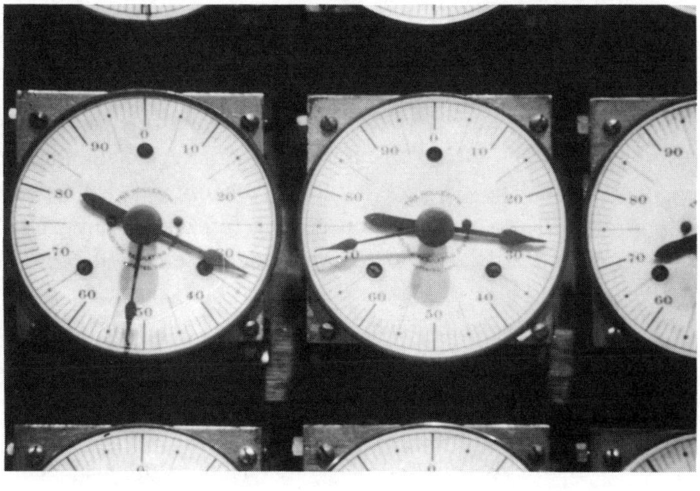

Bild 1.4
zeigt im Detail Zählwerke, die jeden von der Lochkarte abgefühlten Impuls an der bestimmten Stelle als Information speicherten

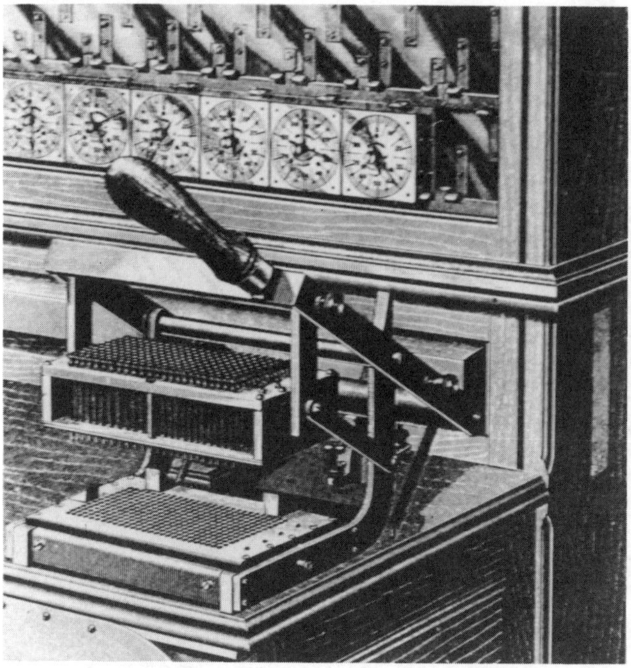

Bild 1.5
An der «Abfühlstation» wurden die Lochkarten durch Kontakte abgetastet. War die Karte an einer Stelle gelocht, dann wurde durch dieses Loch ein elektrischer Kontakt geschlossen und ein Impuls auf das jeweilige Zählwerk gegeben. War die Karte nicht gelocht, dann isolierte die Pappe und kein Impuls wurde ausgewertet.

1887 Hermann HOLLERITH (1860-1929) baut Zähl- und Sortiermaschinen zur Bearbeitung von Lochkarten. Mit ihnen gelingt es ihm, die Ergebnisse der 11.amerikanischen Volkszählung 1890 in 4 Wochen mit nur 43 Bedienungspersonen auszuwerten (Bild 1.3 bis 1.5).

1936 Bau der ersten schreibenden Tabelliermaschine.

1.3.2.3 Entwicklung der Rechenautomaten

1833 Charles BABBAGE (1792–1871) konstruiert – angeregt durch die Technik des JACQUARD-Webstuhles – einen Rechenautomaten auf rein mechanischer Grundlage. Die notwendige Mechanik ist jedoch so umfangreich, daß sie selbst heute nicht längere Zeit störungsfrei laufen würde. Die Prinzipien der Maschine von BABBAGE aber sind modern: Seine «Denkmaschine» soll

a) gesteuert werden durch ein vorher ausgearbeitetes Programm
b) einen Speicher für Zwischenergebnisse besitzen,
c) die Rechnungen in Zyklen unter Verwendung vorher ermittelter Zwischenergebnisse durchführen und
d) die Daten in maschinennaher Form ausgeben.

Diese Prinzipien bleiben aber ungenutzt bis

1930 Louis COUFFIGNAL am Institut Pascal in Paris die theoretischen Grundideen für eine Rechenmaschine neu erarbeitet.

1936 In den Proceedings of the London Mathematical Society veröffentlicht TURING einen Artikel «Computable numbers and the Entscheidungsproblem», der zum Ausgangspunkt der Automatentheorie wurde.

Bild 1.6 Konrad Zuse bei einer Veranstaltung mit dem Herausgeber am 25. Juni 1978 in Königswinter bei Bonn

1935 Konrad ZUSE (Bild 1.6) beginnt in Deutschland mit der Entwicklung von programmgesteuerten Rechenanlagen, zunächst mechanische, dann Relaisrechner. Als Programmspeicher dient ein Lochstreifen. Bis Kriegsende werden 4 Anlagen entwickelt. Die Z3 wurde als erste betriebsfähige programmgesteuerte Rechenanlage moderner Konzeption 1941 an die Deutsche Versuchsanstalt für Luftfahrt in Berlin ausgeliefert. Die Z4 wird nach Kriegsende an der ETH Zürich aufgestellt.

Bild 1.7 Die erste programmgesteuerte Rechenanlage Zuse Z3

1937 Howard AIKEN beginnt in den USA an der Harvard-University ebenfalls einen Relaisrechner zu entwickeln, der MARK I genannt wird (Fertiggestellt wird MARK I erst 1944.)

Bild 1.8 Harvard Mark I nach einem IBM-Pressefoto

1945/46 J. P. ECKERT, J. W. MAUCHLY und H. H. GOLDSTINE bauen einen Rechner. Dieser Electronic Numerical Integrator And Calculator (ENIAC) ist der erste elektronische Rechner, bestückt mit 18 000 Röhren.

1946/47 John von NEUMANN (Mathematiker, Schüler von D. HILPERT in Göttingen) führt den «bedingten Programmbefehl» (bedingter Sprung) ein.

1949 wird MARK II an der Harvard-Universität gebaut. Außer den bedingten Sprungbefehlen enthält er als weitere Neuerung einen Magnettrommelspeicher.

1951 FORRESTER und REJCHMANN entwickeln den Magnetkernspeicher.

1953 wird die Rechenanlage *G1* in Göttingen am Max-Planck-Institut gebaut.

1954 Entwicklung der Programmiersprache FORTRAN. IBM stellt den Magnettrommelrechner 650 vor.

1955 Startjahr der 2. Computergeneration mit Transistoren statt Röhren als Schaltelement.

1957 Sperry liefert *«UNIVAC 1»,* IBM «650» und Siemens «2002» aus.

1959 Im Auftrag des amerikanischen Verteidigungsministeriums wird COBOL entwickelt.
IBM stellt die Modelle 1401 und 1620 vor.

1960 ETH Zürich stellt ALGOL vor.

Ende 1961 Installierte Einheiten 1957: 1300 Anlagen
1961: 7300 Anlagen

1962 Sperry stellt den ersten kommerziellen Computer mit Dünnschichtspeicher her, die UNIVAC 1107.

1963 Weltweit 16 500 Computer installiert.

1964 IBM führt die Modellreihe /360 und den Begriff der Aufwärtskompatibilität ein, Mikroschalttechnik SLT.

Bild 1.9 Eine vertikale Kartensortiermaschine nach einem IBM-Pressefoto

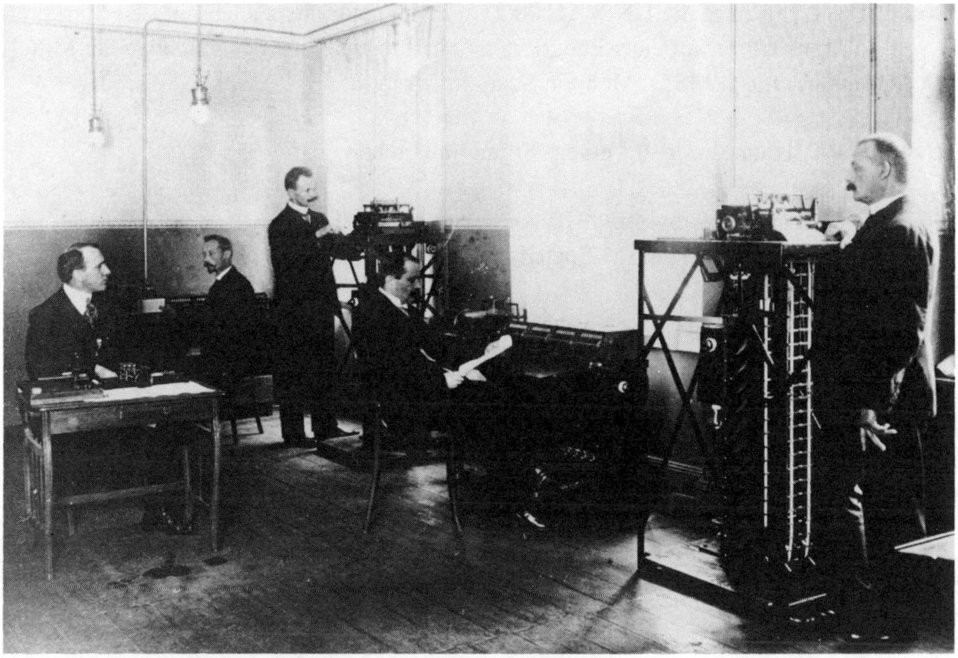

Bild 1.10 Hollerith Maschinenabteilung im Jahre 1911 bei Bayer-Leverkusen

Bild 1.11 Anlage bei der Reichsbahndirektion in Köln im Jahre 1925 - IBM Pressefotos

1966 Sperry bringt die UNIVAC 9000 mit Magnetdrahtspeicher auf den Markt. 60 Transistoren auf einer integrierten Schaltung. Beginn des Zeitalters der Mittelintegration (MSI – Medium Scale Integration).

1968 100 Transistoren auf einem Siliciumplättchen

1969 IBM stellt das System /370 vor.
Erster statischer RAM-Speicherbaustein mit 1024 bit Speicherkapazität.

1972 Epoche der Großintegration (LSI – Large Scale Integration); 1000 und mehr Transistoren auf einem Chip.

1973 Erster *4K-Baustein.*

1974/75 *8K-Bausteine* mit ca. 9000 Transistoren pro Chip neben unzähligen Widerständen und Kondensatoren.

1978 INTEL kündigt seinen ersten echten *16-Bit-Mikroprozessor* an. Er enthielt 29 000 Transistoren.

1979 Epoche der Höchstintegration (VLSI – Very Large Scale Integration); 100 000 Transistoren auf einer Fläche zwischen 20 und 40 mm^2 integriert. Ankündigung der Serien IBM 4300, Sperry 1100/60. INTEL kündigt sein *1-Mega-bit-Bubble-Storage-System* an, eine Speicherplatte, bestückt mit einem Magnetblasenchip, der ohne mechanische Teile funktioniert und seine Information auch bei Stromausfall behält.

1981 Beginn der 4. Generation der Mikroprozessoren. Das *128K-RAM* ist mit 600 000 Transistoren der höchstintegrierte Chip.

1982/83 Personal-Computer gewinnen an Bedeutung auch in den Großbetrieben.

1984 *Erster Megabit-Chip*

1986 Erstes Labormuster des *4-Megabit-Chips*

199X Erster Computer der 5. Generation

1.4 Anwendungsgebiete der Datenverarbeitung

Stellt man sich die Frage, wo die Elektronische Datenverarbeitung überall ihren Einzug gehalten hat, so kann man sich die Antwort recht leicht machen und sagen: «Fast überall». Doch so einfach wollen wir es uns nicht machen.

Bei den Anwendungsgebieten nehmen wir eine Trennung zwischen dem *kommerziellen* und dem *technisch-wissenschaftlichen* Bereich vor, denn die Anwendungen einerseits und die Techniken andererseits differieren doch sehr stark. Eine Trennung nach Branchen erscheint wenig sinnvoll, denn in einer Branche können wir sowohl kommerzielle wie technische Anwendungen vorfinden; außerdem sind viele Anwendungen branchenübergreifend. Auch sollte heute selbstverständlich sein, daß wir bei fast allen Anwendungsgebieten die Dialogverarbeitung einsetzen.

1.4.1 Kommerzielle Anwendungsgebiete

Zu den *kommerziellen* Bereichen eines Unternehmens gehören u.a. die Buchhaltung, der Einkauf, die Personalabteilung, der Verkauf, das Marketing, der Versand, die Betriebswirtschaft, die Finanzwirtschaft etc..

Es läßt sich heute wohl kaum noch rekonstruieren, für welches Arbeitsgebiet die Datenverarbeitung zuerst tätig war. Auffällig ist, daß der DV-Bereich in den verschiedenen Unternehmen sehr häufig dem Finanzressort unterstellt ist. Dies wiederum läßt darauf schließen, daß die «Automatisierung» der Buchhaltung oft als erste erfolgte.

Was versteht man unter **Buchhaltung**? Unter diesem Begriff subsumiert man folgende Einzelbereiche:

Debitorenbuchhaltung (kundenbezogen)
Kreditorenbuchhaltung (lieferantenbezogen)
Sachkontenbuchhaltung
Anlagenbuchhaltung

Die Buchhaltung hat gegenüber anderen Bereichen den großen Vorteil, daß sie weitgehend standardisiert und durch gesetzliche Vorschriften überall gleich ist, so daß den einzelnen Unternehmen wenig Spielraum bleibt, individuelle Anforderungen einzubauen. Dieses Sachgebiet in ein DV-System einzugliedern, bietet sehr starke Möglichkeiten, die Mitarbeiter von langweiligen Routinetätigkeiten zu befreien: Statt Belege auszufüllen und zu rechnen, kann der Buchhalter sich wichtigeren Arbeiten widmen, wie z.B. der Kontenpflege. Hierunter versteht man, daß er die Zahlungsgewohnheiten der Kunden analysiert, säumige Zahler besser erkennt etc.

Ein anderes, sehr altes Anwendungsgebiet, ist der **Personalbereich.** Hier liegen die Dinge wie in der Buchhaltung: sehr viele ähnliche Arbeiten, sehr viel Rechnerei! Zur

Steuer- oder Sozialversicherungsermittlung bleibt es ohne Bedeutung, ob der Mitarbeiter Arbeiter oder Geschäftsführer ist. Es gelten die gleichen Regeln, nur die Formeln ändern sich mit der Höhe des Bruttobetrages. Da diese bundesweit durch Gesetz geregelt sind, kann man die gleichen Programme in Kiel oder München laufen lassen. Zunächst ist man von der Lohn- und Gehaltsabrechnung ausgegangen. Im Laufe der Zeit kam – wie auch auf anderen Gebieten – ein Auskunftssystem hinzu. Diese Auskunftssysteme können allerdings nur so gut sein, wie die Daten, die gespeichert sind. Die Personalinformationssysteme sind sehr stark umstritten, da man – vielleicht manchmal nicht zu Unrecht – befürchtet, daß Daten gespeichert werden, die zu stark in die Persönlichkeitsstruktur des Mitarbeiters eindringen.

Ebenfalls zu den kommerziellen Anwendungsbereichen zählt der **Einkauf** und die **Materialwirtschaft.** Während das Teilgebiet der Materialwirtschaft, die Bestandsführung von Roh-, Hilfs- und Betriebsstoffen sowie Halb- und Fertigwaren schon lange automatisiert ist, indem man dem System Warenzu- und -abgänge mitgeteilt hat, hat der Einzug der Datenverarbeitung besondere Bedeutung in der Einkaufsabteilung bekommen, als die Dialogisierung möglich wurde.

Die Speicherung von Stammdaten für die Materialien und Lieferanten brachte große Erleichterung für die Bestellschreibung. Der Sachbearbeiter muß nur noch die Lieferanten- und Materialnummer angeben und das System holt sich aus den Dateien die zugehörigen Anschriften, Bezeichnungen, Preise, Konditionen etc.. Erfolgt ein Wareneingang, kann geprüft werden, ob eine entsprechende Bestellung vorliegt. Ist dies der Fall, wird er im System verbucht. Dadurch wird der Bestand der Ware erhöht. Weichen Wareneingang und Bestellung ab, so hat der Einkäufer sofort die Möglichkeit zu prüfen, ob der Lieferant zu viel oder zu wenig geliefert hat und kann ggf. reklamieren. Nach Eingang der Rechnung wird diese im System mit Bestellung und Wareneingang abgeglichen. So kann man verhindern, daß eine Rechnung fälschlicherweise bezahlt wird, ohne daß eine Bestellung und ein Wareneingang vorliegen.

Neben diesen formalen Dingen, ist es für den Einkäufer auch sehr wichtig, sehen zu können, wie sich die Preise für einen bestimmten Artikel in einem Zeitraum entwickelt haben, welcher Lieferant welche Materialien zu welchen Preisen geliefert hat. Diese Informationskette läßt sich beliebig fortsetzen. Je mehr Informationen der Einkäufer bekommt, um so mehr hilft es ihm, günstig einzukaufen.

Zu den typischen «Massenarbeiten» zählt die **Verkaufs- und Versandabwicklung.** Hat man früher die Aufträge häufig erst nach Auslieferung in das System eingegeben, um die Rechnung zu schreiben, ermöglichen moderne, dialogisierte Systeme eine andere Vorgehensweise. Aufträge werden am Ort des Entstehens, beim Kunden durch mobile Datenerfassungsgeräte oder bei Anruf des Kunden am Bildschirm erfaßt. Auch hier wird der Sachbearbeiter von zeitraubenden Routinearbeiten befreit: Anschriften, Materialbezeichnungen, Konditionen sind gespeichert und werden über wenige Angaben zur Auftragsbearbeitung herangezogen. Aufgrund des Auftrags werden die Lieferpapiere erstellt, anhand deren die Versanddisposition möglich ist. Die Ware wird für den Kunden «reserviert» und kann nicht ein weiteres Mal verkauft werden. Wird dem System mitgeteilt, daß die Ware versandt wurde, so wird der Bestand reduziert und die Rechnung kann unter Zugrundelegung der Auftragsdaten geschrieben werden, ohne daß die Daten nochmals erfaßt werden müssen. Das Buchhaltungssystem bekommt innerhalb der Debitoren entsprechende Informationen.

Aus der Verkaufs- und Versandabwicklung lassen sich natürlich auch eine Vielzahl von Informationen ableiten:

Wie sehen die aktuellen Bestände aus?
Welcher Kunde hat welche Artikel bezogen?
Wie hoch ist der Absatz/Umsatz mit einem/vielen Kunden, in einer Region, bei einem Produkt?

Aus diesen Zahlen lassen sich Maßnahmen für den Verkauf, für die Produktionsplanung und für das Marketing ableiten. Je aktueller die Zahlen sind, um so eher kann geplant, kann reagiert werden. Gleichzeitig können Abrechnungen und Auswertungen erstellt werden. Beispiele hierfür sind Frachtabrechnungen, Auswertungen über die Auslastung des Fuhrparks. Es liegen dem Disponenten Informationen über aktuelle Lagerbestände vor. Der vorstehende Überblick über Anwendungsgebiete ist nur ein kleiner Ausschnitt. Eine nahezu komplette Aufzählung finden Sie im Kapitel 9.2. In den verschiedenen Branchen, wie Banken, Versicherungen, Touristikunternehmen, Behörden, Energiewirtschaft etc. sind branchenspezifische Systeme üblich.

Bei den angeführten Anwendungen spricht man häufig auch von *«operativen» Systemen,* die aufgrund des gespeicherten Datenbestandes z.B. für Vertriebs- und Marketing-Unterstützungssysteme die Grundlage bilden. Sie können mit externen Daten wie zum Beispiel von Marktforschungsunternehmen kombiniert werden.

Geschlossene **Warenwirtschaftssysteme** mit Austausch von Daten der Lieferanten, Kunden und Kreditinstituten werden in naher Zukunft realisiert: Der Handel stellt anhand seiner Systeme fest, daß sein Warenbestand nicht ausreichend ist, er gibt durch direkte Verbindungen in den Rechner des Lieferanten seine Bestellungen auf. Auf gleichem Wege werden die Rechnungen an den Kunden übermittelt. Der Zahlungsverkehr läuft über Verbindungen zu den Banken. Diese geschlossenen Systeme setzen natürlich eine gewisse Normierung beim Datenaustausch voraus. Hierzu werden seit langem Bemühungen unternommen. Derzeit laufen auf internationaler Ebene Anstrengungen, die unter dem Namen **«EDIFACT»** (*Electronic Data Interchange For Administration, Commerce and Transport),* was bedeutet: Elektronischer Datenaustausch in Verwaltung, Wirtschaft und Transport, Erfolg versprechen. Bis zur endgültigen Realisierung werden allerdings noch einige Jahre vergehen, denn bisher ist erst die Rechnungsübermittlung realisiert.

Auf nationaler Ebene existieren derzeit *«Standardregelungen einheitlicher Datenaustauschsysteme»* **(SEDAS).** Sie wurden von der Centrale für Coorganisation, Gesellschaft zur Rationalisierung des Informationsaustausches zwischen Handel und Industrie mbH

(CCG) in Zusammenarbeit zwischen Handel und Industrie entwickelt. Zu den bekanntesten Regelungen der CCG gehören Vereinbarungen über die Internationale Artikelnumerierung (EAN, Strichcode) und die bundeseinheitliche Betriebsnumerierung (bbn). SEDAS umfaßt u.a. Standardregelungen für den Rechnungs- und Bestellverkehr. Es enthält Spezifikationen für Magnetband, Diskette und Datenfernübertragung. Ein Beispiel, das Ihnen in jedem Kaufhaus begegnet, sehen Sie in Abbildung 1.12.

Ein weiteres Einzelsystem des Datenaustausches zwischen verschiedenen Institutionen ist das *Magnetband-Clearing-Verfahren* der Banken. Nach einem von allen Kreditinstituten anerkannten Format können Kunden den Banken Datenträger mit Ausführungsaufträgen für Überweisungen und Lastschriften zur Verfügung stellen. Dieses Verfahren nutzen die meisten Unternehmen z.B. anstelle des Schreibens von Überweisungsträgern innerhalb der Lohn- und Gehaltsabrechnung.

1.4.2 Technisch-wissenschaftliche Anwendungsgebiete

Auch auf diesem Sektor findet man eine Vielzahl von unterschiedlichen Anwendungen. Eine Serienfertigung in der Industrie ohne ein **Produktions-, Planungs- und Steuerungssystem,** auch unter dem Namen PPS bekannt, ist kaum noch denkbar.

Die Automobilindustrie wäre ohne den Einsatz von computergesteuerten Maschinen nicht mehr konkurrenzfähig. Durch Verwendung derartiger Maschinen ist zum einen eine gleichartige Präzision, wie sie kaum durch Menschenhand möglich ist, zum anderen aber auch eine erhebliche Produktionssteigerung, gewährleistet.

Die Fertigung der nicht nur in der Datenverarbeitung verwendeten Chips ist nur mit solchen Geräten möglich. In der **Konstruktion** sind Systeme wie CAD (Computer Aided Design) nicht mehr wegzudenken. Im **Produktionsprozeß** und für die **Qualitätskontrolle** sind Anwendungen, die Meßwerte während der Produktion aufnehmen und sofort analysieren, eine Notwendigkeit geworden.

Ein gutes Beispiel dafür ist die Ernährungs- und Getränkeindustrie. Bei den großen Stückzahlen muß permanent kontrolliert werden, ob die hergestellten Waren den strengen Qualitätsvorschriften genügen. Werden die Proben erst nach der Produktion genommen und stellen sich dann Mängel heraus, so kann der Schaden sehr groß sein. Im anderen Fall kann in die laufende Produktion eingegriffen werden.

Die Auswertung von Forschungsergebnissen mit Computern läßt sich viel einfacher, schneller und exakter vornehmen. Auch diese Anwendungsgebiete lassen sich beliebig erweitern und sind natürlich zum Teil auch branchenspezifisch. So hat in den letzten Jahren die Datenverarbeitung zu einem großen Umschwung im grafischen Gewerbe geführt.

Flugzeuge fliegen heute schon – fast – vollständig computergesteuert.

Übrigens wurde die erste «computergesteuerte» Maschine in der **Textilindustrie** eingesetzt. 1801 setzte Jacquard für die Steuerung seiner Webstühle in Serien aneinandergereihte Lochkarten ein. Er baute auf dem Verfahren von Falcon aus der Mitte des 18. Jahrhunderts auf. Aus diesen wenigen Beispielen der kommerziellen wie technisch-wissenschaftlichen Anwendungen läßt sich die Eingangsthese bestätigen, daß die Daten – oder besser gesagt – die Informationsverarbeitung «fast überall» Einzug gefunden hat und somit aus dem täglichen Leben nicht mehr wegzudenken ist.

In der Schrift der Firma Siemens *«Zum Thema Mikroelektronik»* ist der Einfluß der Mikroelektronik auf die Industriezweige wie folgt beschrieben:

Direkt betroffen:	Hersteller und Verbraucher von Mikroelektronik
	Elektrotechnische Industrie
	Büro- und Datentechnik
33%	Maschinenbau
	Feinmechanik und Optik
	Straßenfahrzeugbau
	Luftfahrzeugbau
Indirekt betroffen::	Druckerei- und Vervielfältigungsindustrie
	Chemische Industrie
	Textilindustrie
40%	Schiffbau
	Eisen-, Blech- und Metallverarbeitung
durch	Prozeßautomatisierung
	Handhabungsgeräte
	Industrieroboter
	CNC - Werkzeugmaschinen
	Automatische Meßstationen
	Textverarbeitung
	Interaktive Systeme
Noch kaum betroffen,:	Feinkeramische Industrie
	Schuh- und Lederindustrie
27%	Bergbau

Bild 1.12 Eine Scannerkasse als Teil eines geschlossenen Warenwirtschaftssystems

1.5 Systemkonzept und Systementwicklung

1.5.1 DV-Anwendungssysteme im betrieblichen Zusammenhang

Die im vergangenen Kapitel aufgezeigten Anwendungsgebiete sind natürlich nicht auf einmal DV-Anwendungen geworden. Es war vielmehr ein langer Prozeß der zu durchlaufen war. Die Folge war aber auch, daß sich **Insellösungen** herausbildeten. Das bedeutete, daß eine Anwendung entwickelt wurde, die ihre eigenen Dateien, ihre eigenen Stammdaten hatte. Eine andere Anwendung benötigte möglicherweise die gleichen Stammdaten, aber etwas weniger Informationen innerhalb der Stammdaten. Daraus folgte, *daß Stammdaten mehrfach gepflegt werden mußten,* teilweise von unterschiedlichen Fachbereichen. Daten mußten von einem System in ein anderes System über sogenannte Bridgeprogramme übergeben werden. Änderte sich in einem System etwas, so waren häufig auch diese Bridgeprogramme zu ändern. Durch Fehler in diesen Programmen konnte es zu Differenzen zwischen den Systemen kommen.

Vor einigen Jahren hatte man diese Probleme sehr wohl erkannt und den Entschluß gefaßt, **«integrierte Systeme»** zu entwickeln:

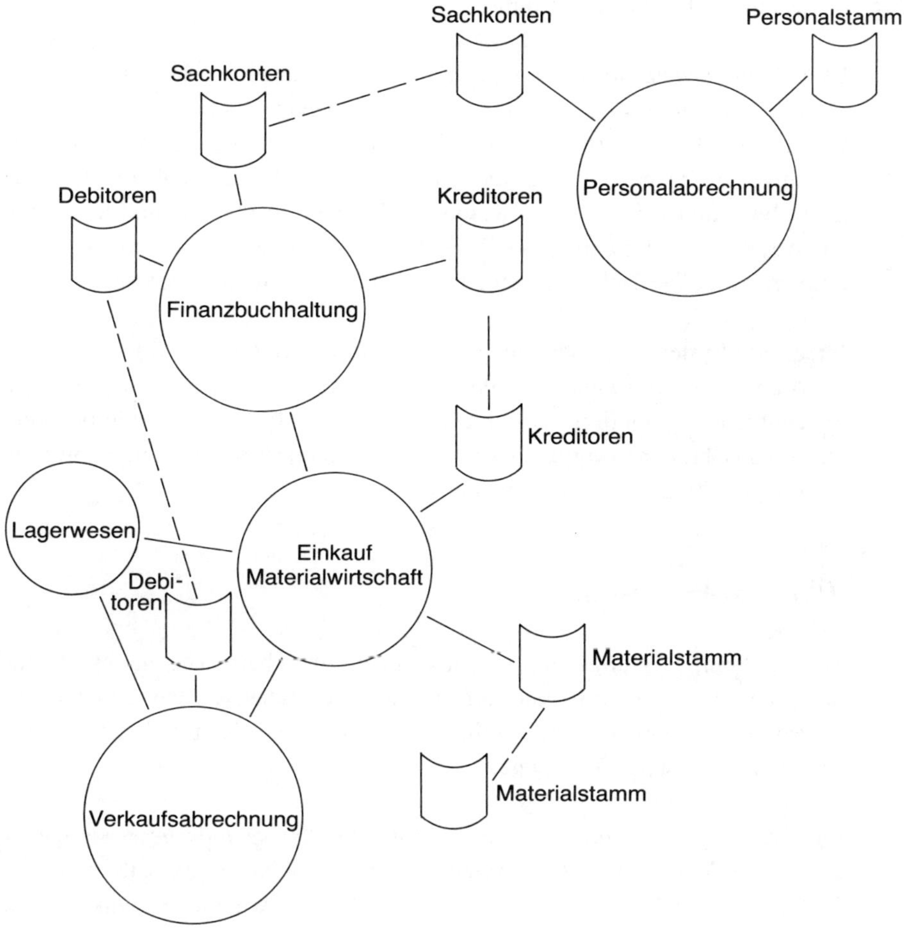

Was heißt **Integration?**

Im Lexikon steht:

Die Einordnung von Gliedern in ein Ganzes
Bildung übergeordneter Ganzheiten

Bei **«integrieren»** steht:

Ein *Ganzes herstellen*

Was bedeutet das in der Datenverarbeitung?

Es muß ein *gemeinsames Konzept* für die Anwendungen vorliegen
Es sollen *möglichst alle Anwendungsgebiete ab*gedeckt sein;
bezogen auf das vorherige Kapitel: die Finanzbuchhaltung, die Anlagenbuchhaltung, die Kostenrechnung, die Materialwirtschaft, der Einkauf, die Verkaufsabwicklung, das Personalwesen, die Produktionsplanung und Steuerung etc. Auch wenn die Realisierung in Stufen erfolgt, müssen von Anfang an *das gesamte Modell* erdacht und seine wesentlichen Inhalte definiert sein.

Integrierte Systeme müssen gleichzeitig *Realtime-Systeme* sein.

Wobei Realtime nicht bedeutet, daß allein der Bildschirmeinsatz einen Echtzeitbetrieb garantiert. Es ist nicht nur an eine sofortige Fortschreibung der Daten gedacht, der jeweilige betriebswirtschaftliche Vorgang sollte sofort zu seinem gesamten Abschluß gebracht werden.

Beispiel Mehrwertsteuer:

Sowohl beim Zahlungsein- wie -ausgang als auch beim Rechnungsein- und -ausgang ist alles geprüft und auf die entsprechenden Konten gebucht. Die Umsatzsteuervoranmeldung ist folglich nur noch eine Interpretation der einzelnen buchhalterischen Vorgänge.

Integrierte Systeme müssen eine *gemeinsame EDV-technische* Basis haben, d.h., sie müssen z.B. gemeinsame Datenbanken haben. Es gibt nur eine Lieferantendatenbank, eine Kundendatenbank, eine Artikeldatenbank etc., die von mehreren Teilbereichen genutzt wird.

Es ist allerdings sicherzustellen, daß jeder Anwender nur Zugriff auf die von ihm zu verantwortenden Informationen hat.

In integrierten Systemen sollte eine *gemeinsame Steuerung über Tabellen* erfolgen. So sollte die Mehrwertsteuertabelle gleichzeitig vom Finanzbuchhaltungssystem, dem Einkauf oder dem Vertrieb benutzt werden.

Die *Einmal-Eingabe von Daten sollte gewährleistet* sein.

Das bedeutet, daß die mengenmäßige Erfassung des Wareneingangs automatisch und simultan neben der Mengenfortschreibung auch die wertmäßige Fortschreibung in der Buchhaltung ebenso wie in der Kostenrechnung auf der Kostenstelle, auf dem Auftrag oder dem Projekt auslöst.

Die Effektivität eines integrierten Systems wird entscheidend durch das verwendete System bestimmt. Dieses **Basissystem** beinhaltet oder besser sollte beinhalten:

die *Schnittstellen* zu der jeweils verwendeten Systemsoftware (Betriebssystem, DB/DC-System, PC-Anschluß)

die *Werkzeuge* für die Anwendungsprogrammierung (Dialogsteuerung, Masken- und Druckerbild, Feld- und Segmentbeschreibungen)

Funktionsbausteine für die
Tabellenverwaltung, die
Textverarbeitung, das
Dialogreporting, den
Datentransfer aus einer Datenbank in einen PC oder umgekehrt und die Systemüberwachung

ein sicheres System für die *Zugriffsberechtigung*

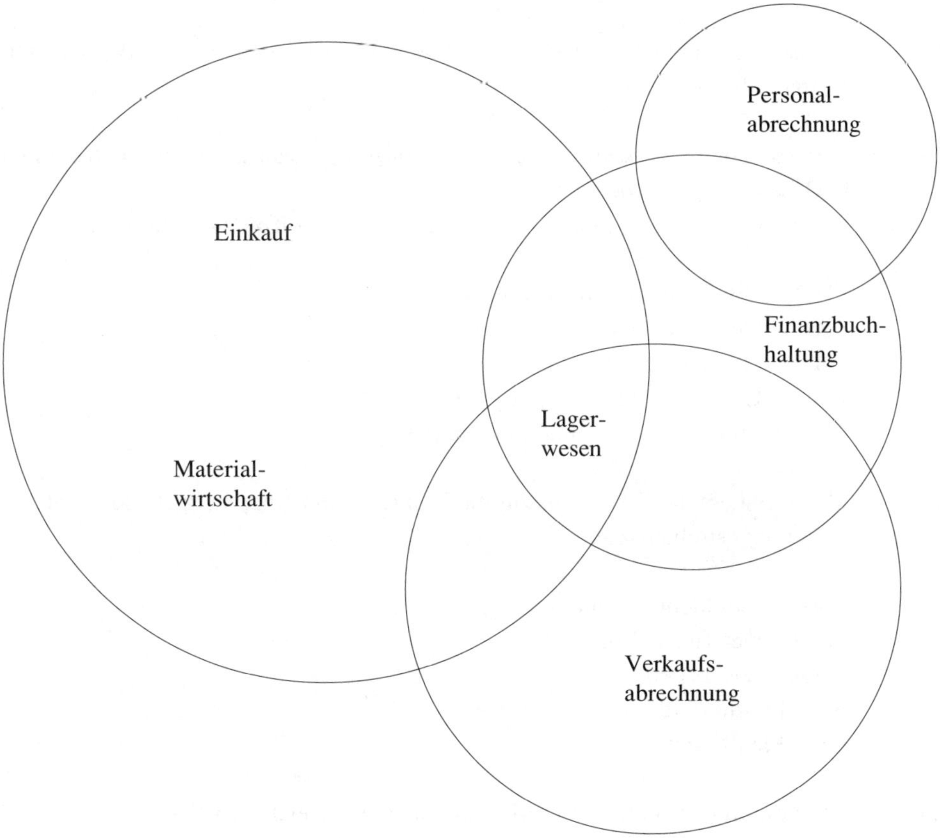

Vorteile eines intergrierten DV-Systems:

Datenbestände und Stammdaten werden nur *einmal* geführt und haben damit für alle beteiligten Fachbereiche den gleichen Stand und Inhalt.

Buchungen, die in mehrere Systeme gehen, werden nur *einmal* durchgeführt.

Bridgeprogramme, die Daten von einem in ein anderes System schleusen, entfallen.

Es gibt auch **Nachteile** solcher Systeme:

Fehler, die bei der Dateneingabe gemacht werden, können in alle Systeme durchschlagen.

Programmfehler in einem Programm können ebenfalls in alle Systeme durchschlagen.

Änderungen in einem Teilsystem können Auswirkungen auf die anderen Systeme haben.

Über diese «integrierten Systeme» gehen neue Konzepte hinaus, die unter den Namen **CIM** und **CAI** bekannt geworden sind.

CIM (Computer Integrated Manufactring) besteht aus den Komponenten

CAD (Computer Aided Design)
CAP (Computer Aided Planning)
CAM (Computer Aided Manufactoring)
CAQ (Computer Aided Quality) und
PPS (Produktionsplanung und -steuerung).

Dem CIM-Konzept liegt die Erkenntnis zugrunde, daß die mit einer weitgehenden Fabrikautomatisierung angestrebten Ziele

kurze Produktentwicklungszeiten
kundenspezifische Produkte
kurze Lieferzeiten
hohe Produktivität und
hohe Flexibilität

und durch Integration der einzelnen CIM-Komponenten erreichbar ist.

Daraus resultiert die Notwendigkeit, das gesamte CIM-System auf einer logisch zentralen Datenbasis aufzubauen. Die unumgänglich, physisch verteilte Verarbeitung erfordert leistungsfähige Netze, die internationalen Normen genügen müssen, um Fremdprodukte einzubinden. Dieser Konzeption liegt eine Studie der AWF von November 1985 zugrunde.

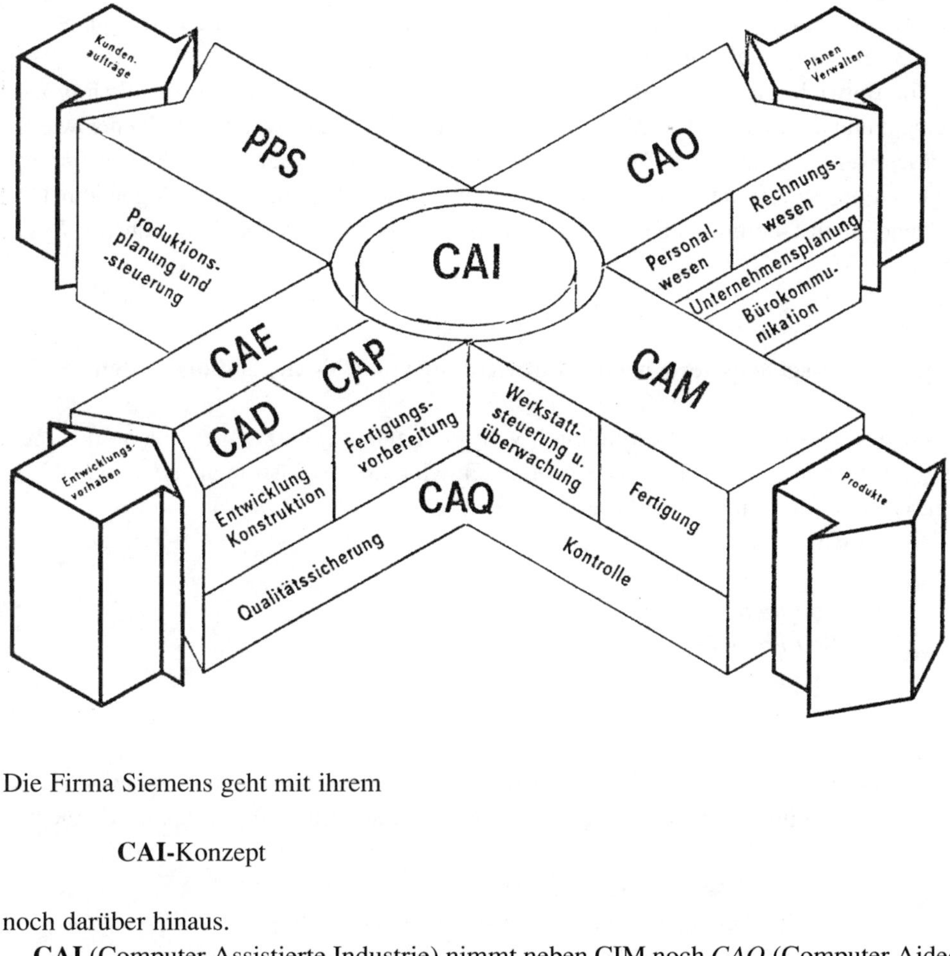

Die Firma Siemens geht mit ihrem

CAI-Konzept

noch darüber hinaus.

CAI (Computer Assistierte Industrie) nimmt neben CIM noch *CAO* (Computer Aided Office) hinzu und versteht unter CAI die *«Gesamtheit der Aufgabengebiete eines Industrieunternehmens»*.

Quelle : Siemens Literatur

1.5.2 Zielsetzung einer systemtheoretischen Betrachtungsweise

In den vergangenen Kapiteln wurden in groben Zügen einige Anwendungsgebiete aufgezeigt. Hierbei sollte klar werden, daß es sich dabei in der Regel um recht komplizierte Systeme handelt. Solche Systeme lassen sich nicht mehr aus dem Ärmel schütteln, sondern verlangen eine sehr *systematische Vorgehensweise* bei der Entwicklung und Realisierung. Es genügt nicht, ein Teilprojekt isoliert zu betrachten; das Umfeld ist genauso wichtig. Es läßt sich innerhalb von CIM oder CAI kein Modul erstellen, ohne die Bedingungen der angrenzenden Module zu berücksichtigen.

Die Entwicklung von DV-Projekten oder DV-Systemen muß außerordentlich *präzise* geplant und durchgeführt werden. Die einzelnen Schritte, die Arbeitstechniken sowie die Phasen werden im Kapitel 7 näher beschrieben. Der Band dieser Reihe *Entwicklung von Anwendungssystemen* von Klaus Arzdorf ist ausschließlich dieser Thematik gewidmet. Im folgenden ein Überblick über die Vorgehensweise bei der Entwicklung von DV-Systemen.

1.5.3 Vorgehensweise bei der Entwicklung von DV-Anwendungssystemen

Soeben wurde aufgezeigt, warum ein DV-System genauso präzise geplant werden muß, wie ein technisches Produkt. Die heutige Entwicklung ist also mehr als das zufällige Entwickeln von Stand-alone-Programmen.

Sie umfaßt

die *Planung,*
die *Erstellung* und
die *Einfühung*

eines DV-Anwendungssystems.

Vor der Entwicklung liegt ein sehr großer organisatorischer Block. Es muß sehr sorgfältig das eigentliche *«Problem»* bestimmt werden. Man sollte sich darüber im klaren sein,

wie das Problem beschaffen ist,
welche Aufgabenstellung zu formulieren ist,
welche Zusammenhänge zu berücksichtigen sind,
welche Datenmengen zu verarbeiten sind und
wie die Lösung aussieht.

Wenn man weiß, daß ein DV-Verfahren genauso geplant wird, wie ein technisches Produkt, so sollte man auch die gleiche Vorgehensweise einsetzen. Legt man bei der technischen Entwicklung

Regeln

fest, die die Aufgaben gliedern, verwendet man bestimmte

Methoden

wie Einzelfertigung etc. und benutzt man

Werkzeuge

so hat man auch bei der Softwareentwicklung

Regeln
Techniken
Tools

geschaffen. Sie machen die Entwicklung jederzeit überschaubar, kontrollierbar und wirtschaftlich gestaltbar. Für dieses Verfahren hat man die Bezeichnung

Software-Engineering

in Anlehnung an die technische Entwicklung gefunden.

Regeln, Techniken und Tools gibt es für alle Phasen der Softwareentwicklung.

Es sollte das Prinzip der Softwareentwicklung sein, den gesamten Entwicklungsprozeß in

Phasen

zu zerlegen.

So gibt es eine *Projektvorschlagsphase,* in der Probleme, Ziele und Aufgabenstellung formuliert werden und die Voruntersuchungen durchgeführt werden.

In der *Planungsphase* wird das Wunschkonzept erstellt, die Istaufnahme durchgeführt und aus der Verbindung der beiden Teile das Grobkonzept formuliert. Das Grobkonzept teilt sich auf in eines für den Fachbereich und eines für den DV-Bereich.

Die *Realisierungsphase* beinhaltet die Erstellung des DV-Feinkonzepts, die Programmierung mit Test und Dokumentierung, die Schulung aller Beteiligten sowie nach Test durch den Anwender die Übergabe des Verfahrens an den Anwender.

Das Phasenkonzept ist jederzeit kontrollierbar und sollte auch dokumentierbar sein. Eine weitere Regel ist, daß in *Projekten* oder besser in *Projektgruppen* gearbeitet wird.

Da die Entwicklung in den allerseltensten Fällen allein vom DV-Bereich durchgeführt wird, sondern stets in Zusammenarbeit mit dem oder den Fachbereichen, sollte die Projektgruppe sehr sorgfältig zusammengesetzt werden. Neben den DV-Mitarbeitern sind der Gruppe Fachleute zuzuordnen, die mit der Materie ständig zu tun haben und die mit entsprechender Kompetenz ausgestattet sind.

Ob die *Projektleitung* beim Fach- oder DV-Bereich liegt, ist etwas umstritten. Für den DV-Bereich spricht ggf. die größere Erfahrung bei der Leitung von Projekten. Die Projektleitung an eine verantwortliche Person des Fachbereiches zu vergeben, hat den großen Vorteil der besseren Identifikation der Beteiligten mit dem Projekt. In jedem Fall bringt die gemischte Zusammensetzung der Projektgruppe eine optimale Nutzung des Wissens aller Beteiligten.

Zu den Techniken der Softwareentwicklung gehören die verschiedenen *Darstellungsmethoden.* Zur übersichtlichen Darstellung kann man Flußdiagramme oder Entscheidungstabellen einsetzen. Im Kapitel 7 wird hierauf auch mit einem Beispiel ausführlicher eingegangen, im Band *Entwicklung von Anwendungssystemen* von Klaus Arzdorf finden Sie das Wissen zur praktischen Umsetzung. Für die verschiedenen Phasen der Software-Entwicklung gibt es *Tools* oder *Werkzeuge,* die die Entwickler bei ihrer Tätigkeit unterstützen sollen und die ebenfalls häufig aus Programmen bestehen und auf dem zentralen Rechner oder auf PCs ablaufen. Solche Tools gibt es als Testhilfen für die Dokumentation, für die Generierung von Programmen oder für die Projektüberwachung z.B. mit Hilfe von Netzplänen. Wird das Instrumentarium gezielt eingesetzt, so ist zumindest der Grundstock für eine gute Entwicklung gelegt.

Im Laufe des Entwicklungsprozesses ist zu entscheiden, ob die Software selbst entwickelt wird oder ob *Standardsoftware* als Standard oder modifiziert eingesetzt wird. Die Entscheidung muß abhängig vom Inhalt und Umfang der Standardsoftware fallen. Vorteile bringen natürlich integrierte Standardsoftwarepakete, von denen es nicht allzuviel gute gibt. Es wird dabei ein gewisser Overhead mit übernommen, denn diese Standardpakete sind häufig nicht für eine Branche entwickelt worden, sondern branchenneutral. Dementsprechend beinhalten sie u.U. einige Teile, die der einzelne Anwender nicht benötigt.

Bei Einsatz von Standardsoftware ändern sich einige Phasen geringfügig; nicht aber das Gesamtprinzip. Das Fallbeispiel in Kapitel 7.3 gibt Ihnen einen Eindruck von der Anwendung des Phasenkonzepts und der Tools in den einzelnen Entwicklungsstufen.

2 Aufbau und Funktion von DV-Systemen

2.1 Grundbegriffe

2.1.1 Hardware

Hardware ist das **Gerät** (die Anlage, die Apparatur) im Gegensatz zu Programmen, Prozeduren, Regeln und die damit verbundene Dokumentation.

2.1.2 Software

Software sind **Programme, Prozeduren, Regeln** und jede damit verbundene Dokumentation zur Durchführung von Prozessen auf einem DV-System.

2.1.3 DV-System

DV-System ist die Zusammenfassung von Maschinen (Hardware) und Methoden (Software) so organisiert, daß spezifische Probleme gelöst werden können. Im weiteren Sinne gehören zur Definition von DV-Systemen auch Personen.

2.2 Hardware-Komponenten

2.2.1 Bemerkung zur Definition von Groß- und Kleincomputer

Die Festlegung was ein Groß- oder Kleincomputer ist, erfolgt meistens über Größendefinitionen (zum Beispiel Hauptspeichergröße, Anzahl der anschließbaren peripheren Geräte, Geschwindigkeit usw.). Diese Denkweise war noch vor zehn Jahren möglich, ist aber heute mit den leistungsfähigen 32-bit-Personal-Computer mit fast unbegrenzter Hauptspeicherkapazität, überholt. Das Festschreiben einer Größendefinition wäre zur Zeit schneller überholt als es festgelegt ist. Nur für kurze Zeitabschnitte scheint eine Festlegung, was ein Groß- oder Kleincomputer ist, über die vorhandene Preisspanne möglich. Bei der Anschaffung eines Computers sollte deshalb die Frage nicht lauten, Klein- oder Großrechner, sondern: «*Welches ist der preiswerteste Computer für die anstehenden*

Aufgaben und soll die Anwendung einem dezentralen oder zentralen Konzept gerecht werden?»

2.2.2 Zentraleinheit

Die Zentraleinheit – in englisch central processing unit **(CPU)** – ist der Teil des Computers, der die Schaltkreise beinhaltet, die die Interpretation und Ausführung von Instruktionen steuern. Weitere Aufgaben, neben der Ablauf- und Verarbeitungssteuerung der Instruktionen, sind die Unterbrechungshandhabung, Zeitfunktionen das Laden des Initialisierungsprogramms und andere maschinenbezogene Funktionen. Die Rechner-Architekturen der führenden Hersteller unterscheiden sich oft nur durch Vokabeln, nicht durch Baumekmale, wie die nachfolgenden Bilder zeigen.

Rechner-Architekturen

a) klassisch

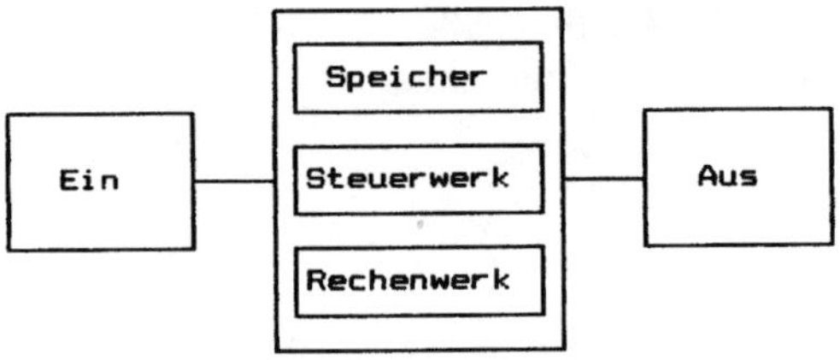

b) modern

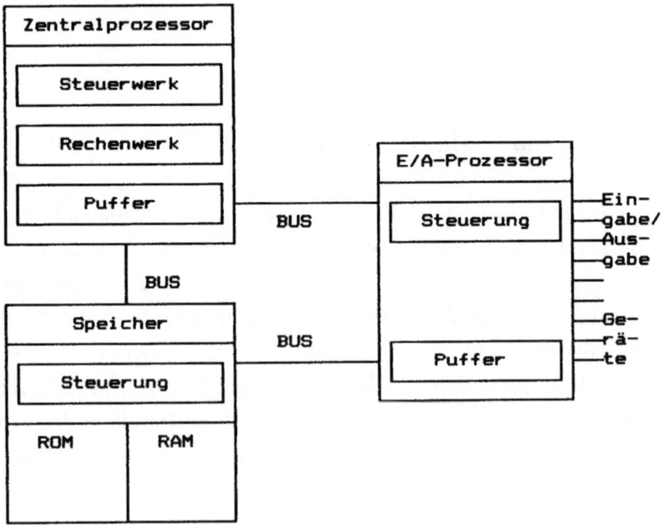

Modelle von Rechenanlagen

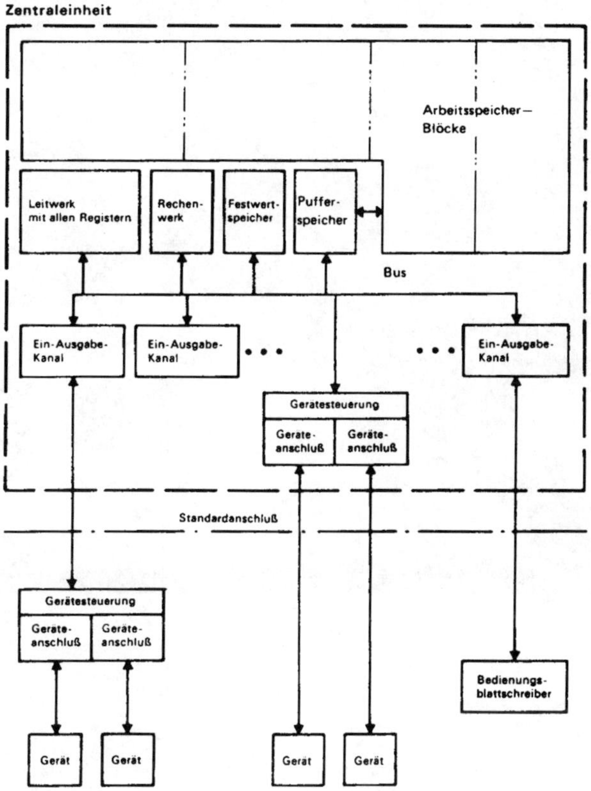

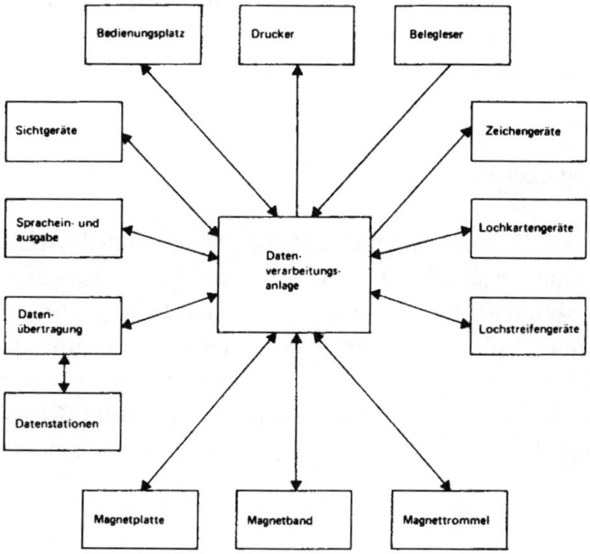

Bild 2.1 Ein IBM-PC, der ab Januar 1983 den Markt revolutionierte

2.2.3 Peripherie

Unter Peripherie versteht man die Gesamtheit aller externen Computergeräte, die **direkt** mit der Zentraleinheit **kommunizieren** können bzw. direkt an die Zentraleinheit mittels einer **Leitung angeschlossen** sind. Hierunter fallen alle Ein- und Ausgabegeräte, die nachfolgend unter 2.2.3.1 bis 2.2.3.3 beschrieben sind.

2.2.3.1 Ein-/Ausgabegeräte

Ein-/Ausgabegeräte – englisch input/output unit oder input/output device – sind Geräte in einem Datenverarbeitungssystem, durch die Daten in das System **hineingegeben** werden oder vom System **empfangen** werden können oder beides. Dazu gehören Magnetplatteneinheiten, Magnettrommelspeicher, Magnetbandeinheiten, Magnetbandkassetten, Disketten, Datensichtgeräte, Drucker, Zeichengeräte, Lochstreifenleser, Belegleser, Lochstreifenstanzer, Lochkartenstanzer, Computer Output to Microfilm (COM) und Telefon.

Geräte, die nur **Eingabegeräte** sind, also keine Daten von der Zentraleinheit empfangen können, sind:

Lochstreifenleser
Lochkartenleser
Belegleser

Lochstreifen- und Lochkartenleser gehörten schon zur ersten Computergeneration. Heute sind solche Geräte nur noch in Museen zu finden und werden nur noch vereinzelt benutzt. Sie werden deshalb hier nur erwähnt und nicht beschrieben. Die Belegleser sind Gegenstand im Kapitel 4 – Datenerfassung, -eingabe und -ausgabe.

Ausgabegeräte

Geräte, die nur Ausgabegeräte sind, also keine Daten an die Zentraleinheit schicken können, sind:

Lochstreifenstanzer
Lochkartenstanzer
Zeichengeräte
Drucker

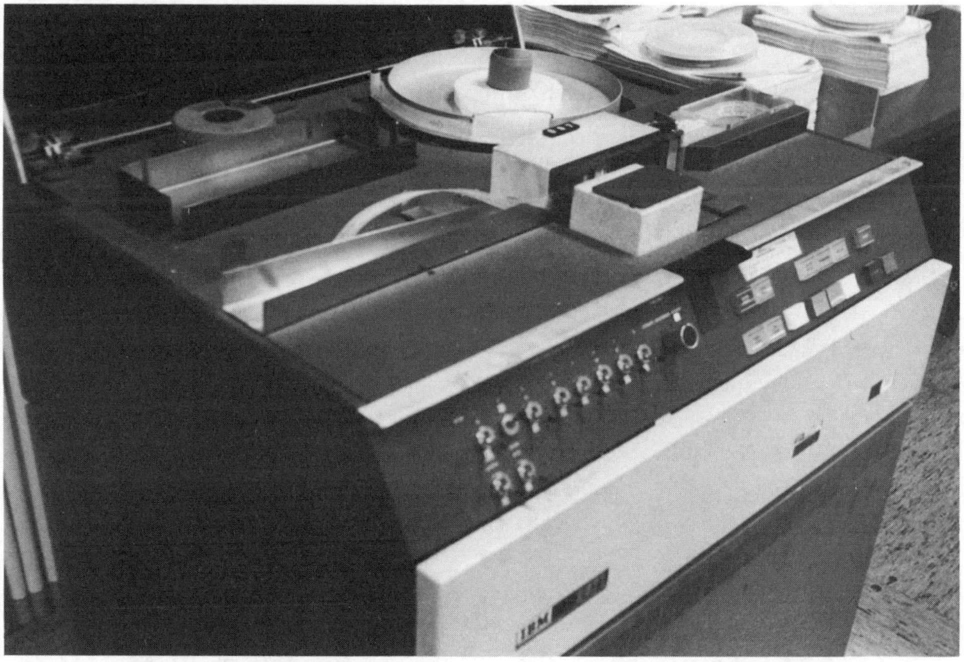

Bild 2.2 Ein IBM-Lochstreifengerät

Für die beiden erstgenannten Ausgabegeräte hat die gleiche Aussage Gültigkeit wie für die Lochkartenleser und Lochstreifenleser unter Ziffer 2.2.3.1.

Vorbemerkung zu Zeichengeräten und Druckern

Die grafische und gedruckte Darstellungsweise ist eine den menschlichen Sinnen weit adäquatere Mitteilungsform als die abstrakte Methode der zahlenmäßigen Darstellung. Es werden deshalb immer mehr Versuche unternommen, in numerischer Form vorliegende Ergebnisdaten bei der Datenverarbeitung mittels geeigneter Endgeräte in Kurvenform bzw. gedruckter Form sichtbar zu machen. Zu diesen Geräten gehören auch die Zeichengeräte. Aufgrund der Vielzahl der Hersteller und der sich rasend fortschreitenden Entwicklung auf diesem Gebiet wird in diesem Abschnitt nur Grundsätzliches gesagt.

Zeichengeräte

Zeichengeräte arbeiten auf der Grundlage der Koordinatenbewegungen. Es gibt zwei grundsätzliche Gerätetypen: Tischgeräte, Koordinatographen und Geräte mit rotierenden Zylindern, Plotter. Bei der ersten Gruppe wird der Zeichnungsträger auf eine Tischfläche gespannt. Angetrieben von einer Spindel bewegt sich eine Ordinatenschiene in der x-Koordinatenrichtung. Auf dieser Schiene führt ein Schlitten, der den Zeichenstift trägt, die y-Bewegungen durch. Bei der zweiten Gruppe wird die x-Bewegung durch die Drehung des Zylinders und die y-Bewegung durch vertikales Ausfahren des Zeichenstiftes bewirkt. Je nach Bedarf und Gerätetyp werden Papier, Metallfolien oder Glasplatten als Zeichnungsträger benutzt. Als Zeichenstift dienen Tuschestift oder Gravierwerkzeuge. Strichstärke und Farbe sind wählbar.

Bild 2.3 Ein Tischplotter von Firma Hewlett-Packard

Drucker

Die Ergebnisse eines Datenverarbeitungs-Arbeitsgangs sollen entweder für eine später folgende weitere Verarbeitung abgespeichert oder aber dem Benutzer unmittelbar in gedruckter Form sichtbar gemacht werden. Im ersten Fall erfolgt die Aufbewahrung der Information in Externspeichern. Im zweiten Fall werden Drucker benötigt, die ein dem Beobachter lesbares Druckbild der Ausgabeinformation liefern. Auf dem Markt wird eine Vielzahl von Druckerarten angeboten. Sie unterscheiden sich nach Verfahren, Geschwindigkeit, Zeichenvorrat, Preis und Wartungsbedarf.

Zeichendrucker, Zeilendrucker und Seitendrucker

Drucker werden in Zeichen-, Zeilen- und Seitendrucker bzw. in Serien-, Parallel- und Laser-Drucker unterschieden.

Bei den Seriendruckern wird Druckstelle nach Druckstelle einer Zeile angeschlagen – also serielle Arbeitsweise. Bei den Paralleldruckern dagegen werden alle Stellen einer Zeile gleichzeitig angeschlagen. Die Seriendrucker unterteilt man wiederum in Typenhebel- und Typentrommel-Drucker. Zu den ersteren zählen die elektrischen Schreibmaschinen und die Fernschreib-Maschinen. Für jedes Zeichen ist ein eigener Typenhebel vorgesehen. Jeder Typenhebel erreicht jede Druckstelle der Zeile. Der Typenanschlag trifft frontal auf das momentan ruhende Papier.

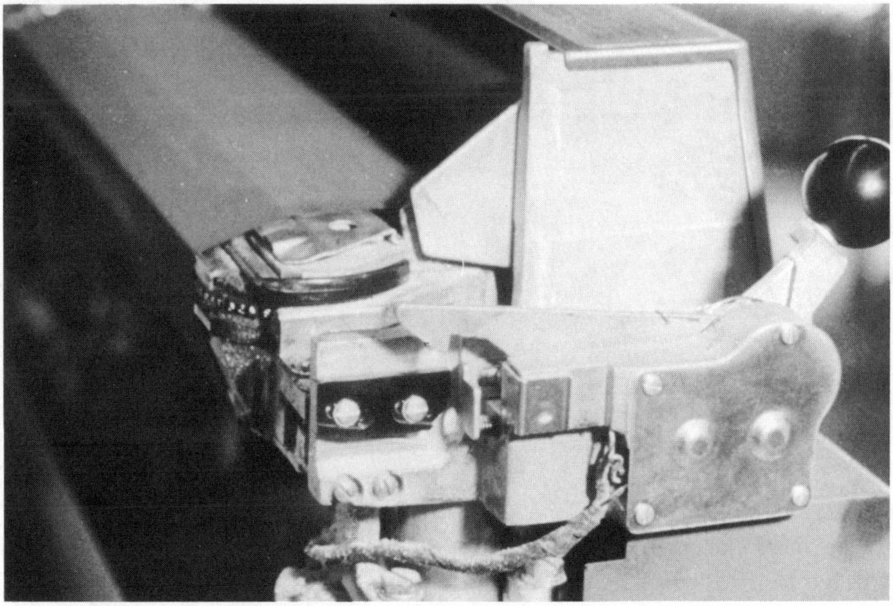

Bild 2.4 Das aufgeklappte Schreibwerk eines IBM-Kettendruckers

Bei den Seriendruckern ist für jede einzelne Druckstelle der Zeile der gesamte Zeichenvorrat individuell vorrätig. Der Zeichenvorrat ist mehrfach auf dem Umfang einer gleichmäßig rotierenden Typentrommel aufgebracht. Ein Hammer wandert von Druckstelle zu Druckstelle entlang der Zeile. An jeder Druckstelle wird über elektronische Steuerung der Zeitpunkt ausgewählt, zu dem gerade das erwünschte Zeichen der Typentrommel die Hammerposition passiert. Der Hammer wird ausgelöst und drückt das Papier gegen die Typentrommel.

Schnelldrucker

Die sogenannten Schnelldrucker arbeiten mit der erwähnten Typentrommel. Im Gegensatz zu den Seriendruckern ist jedoch jeder Druckstelle individuell ein Anschlaghammer zugeordnet.

Nadeldrucker

Besonders zu erwähnen sind die Rasterdrucker, die auch Nadeldrucker oder Matrixdrukker genannt werden. Bei ihnen werden die einzelnen Zeichen aus Punkten in einem Raster aufgebaut. Für jeden Punkt gibt es einen Stift (Nadel), geführt in einer Hülse, der

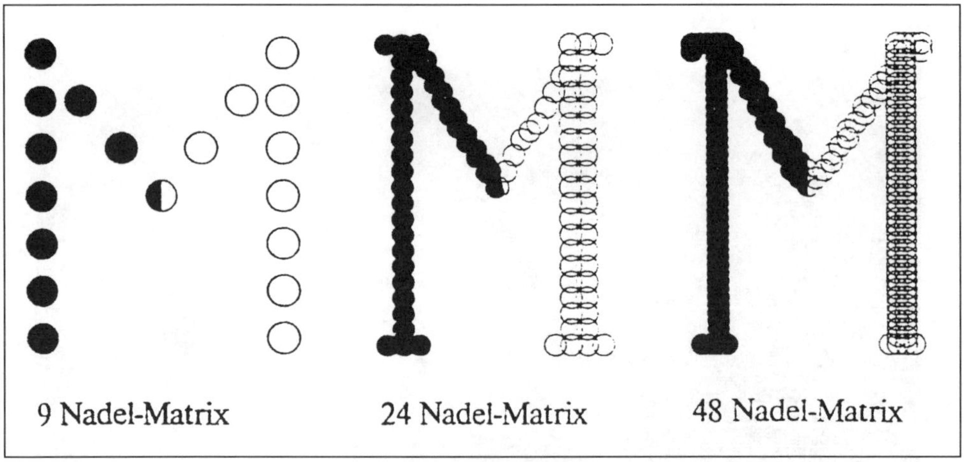

elektromagnetisch gesteuert gegen das Farbband und das Papier geschlagen werden kann. Derartige Drucker gibt es mit fest eingebautem Zeichengenerator, ein Schaltwerk, welches das Punkteraster aus dem von der Zentraleinheit gelieferten Code für einen vorgegebenen Zeichenvorrat berechnet. Ist das Punkteraster hingegen frei programmierbar, lassen sich beliebige Zeichenvorräte wiedergeben, begrenzt von den technischen Möglichkeiten des Rasters.

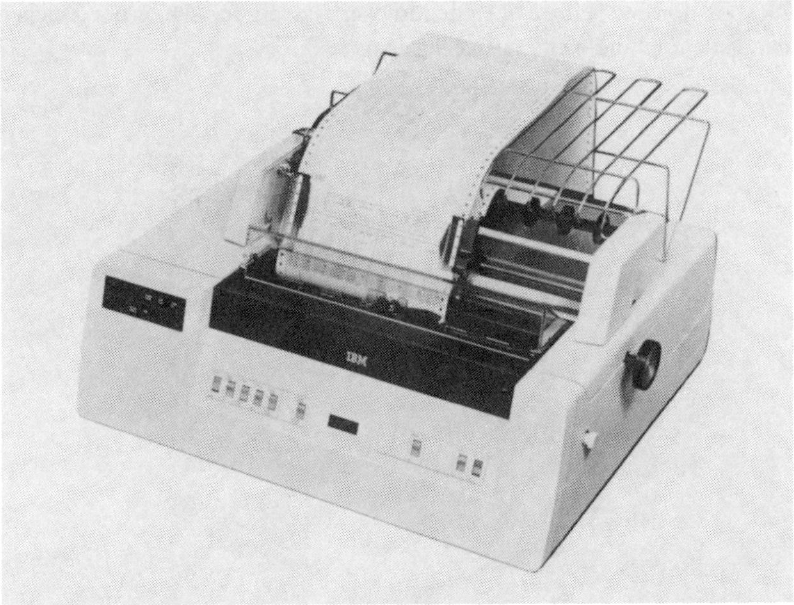

Bild 2.5 IBM-Matrixdrucker Typ 3287

Bild 2.6 IBM-Kettendrucker Typ 3211

Beim Kettendrucker befinden sich die Drucktypen auf einer endlosen Kette oder einem Stahlband, welches zeilenparallel am Papier vorbeigeführt wird. Wie beim Trommeldrukker schlägt ein Druckhammer von hinten gegen das Papier, wenn das gewünschte Zeichen an der Druckposition erscheint. Mit Kettendruckern lassen sich sehr große Zeichenvorräte verarbeiten; zudem ist die Kette auswechselbar.

Bild 2.7 IBM-Stahlbanddrucker Typ 3262

Laserdrucker

Die mechanischen Drucker können, im Gegensatz zu den chemischen Verfahren. mehrere Durchschläge je Arbeitsgang liefern. Überaus hohe Druckleistungen werden mit physikalisch-chemischen Verfahren erreicht, die ein Elektronenstrahlsystem mit einem xerografischen Verfahren kombinieren.

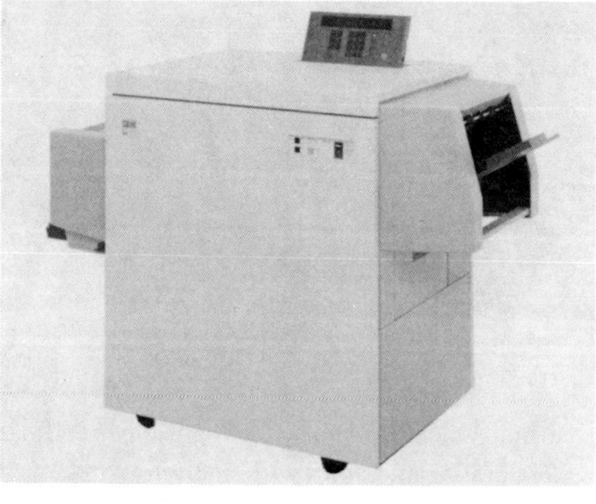

Bild 2.8 IBM-Laserdrucker Typ 3820

Bild 2.9 Ein Bürodrucker LPS8 der Firma Wang

Die nichtmechanischen Druckverfahren weisen den großen Vorteil auf, daß nicht nur ein fixierter Zeichenvorrat, sondern auch Kurven und Diagramme einfach zu Papier gebracht werden können. Diese Fähigkeit ist vor allem für das Drucken von Formulareinteilungen, neben der eigentlichen Datenausgabe, von Bedeutung.

2.2.3.2 Externe Speicher

Magnetplatte/Magnetplatteneinheit

Allgemeines

Die Magnetplatte ist das modernste, zuverlässigste, schnellste, sicherste und auch in bezug auf die Kapazität das größte Speichermedium. Alle Speicherungs- und Verarbeitungsformen sind mit ihr möglich (siehe Kapitel 5). Datenverarbeitungsverfahren, wie zum Beispiel die Platzbuchungssysteme der Deutschen Bundesbahn oder von Fluggesellschaften usw., wären ohne Magnetplatten nicht möglich.

Aufbau

Die Magnetplatte ist eine kreisrunde, flache Platte mit einer magnetisierbaren Oberfläche auf der Daten durch entsprechende Eintragungen (Magnetisierung) gespeichert werden

Bild 2.10 und 2.11
Laser-Drucksystem der Firma Siemens, bei dem Masken über eine Trommel mit der vom Drucker erzeugten Ausgabe kombiniert werden, z.B. bei der Verwendung von Formularen für die Druckausgabe.

können. Eine Magnetplatteneinheit besteht heute meistens aus mehreren Platten – ein Magnetplattenstabel, der, wenn in Betrieb, rotiert.

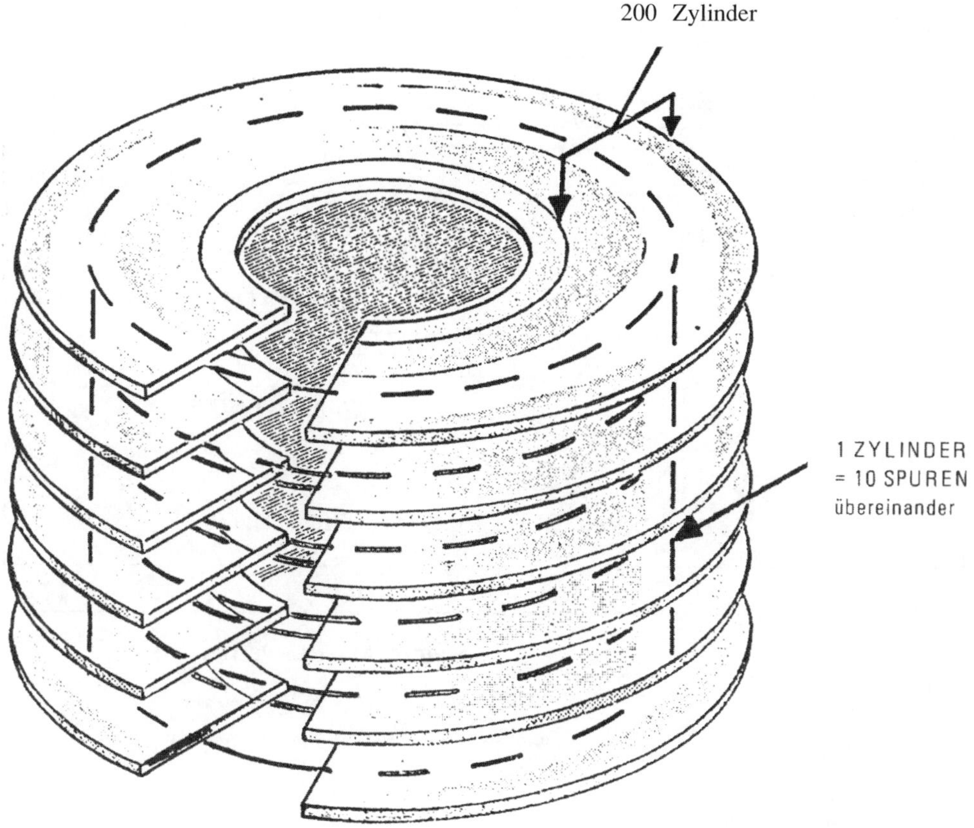

Ein Magnetplattenstabel ist physikalisch in Zylinder und Spuren organisiert. Die Anzahl der Zylinder und der Spuren ist abhängig vom jeweiligen Hersteller und Typ der Magnetplatte (siehe Tabelle Seite 58 unten).

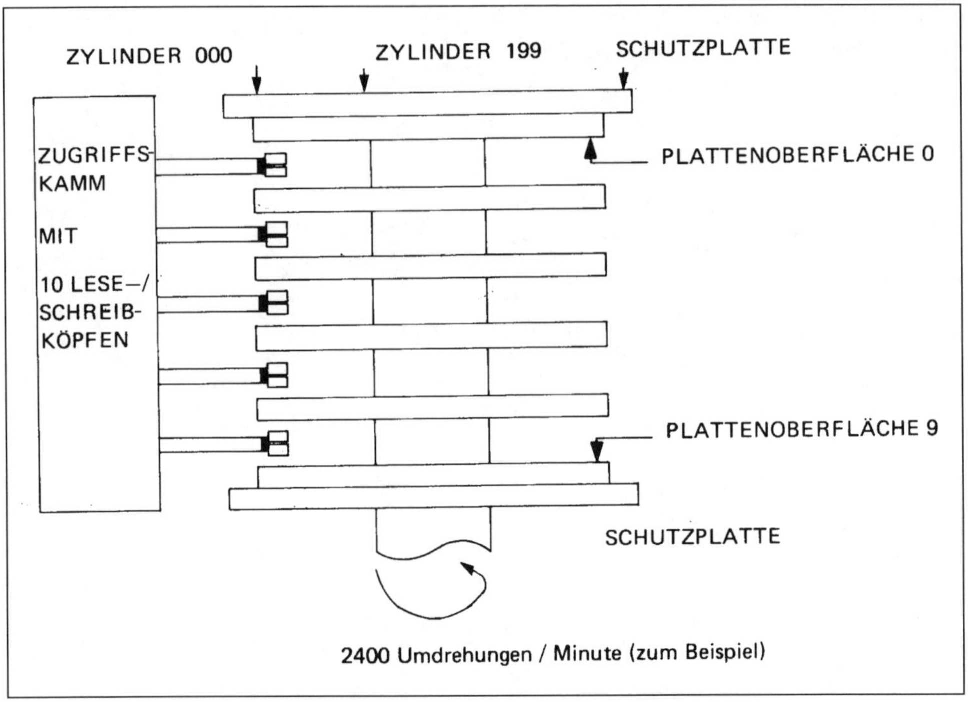

MAGNETPLATTENEINHEITEN

Type	IBM 3310	IBM 3370
Modell	A01 A02 B01 B02	A01 B01
Anzahl LW/Einheit	1 2 1 2	1
Haupteinheit	A01 A02	A01
Datenträger	fest	fest
Max. Kap./LW (Mio. Bytes)	64,5	571
Zugriffsmech./LW	1	2
Max. Kap./Zugr.(Mio. Bytes)	64,5	285
Aufzeichnungsart	Festblockmodus	Festblockmodus
Anzahl Bytes/Block	512	512
Anzahl Blöcke/Zugriff	126.016	558.000
Suchzeit (Min./Durchschn.)Max.) ms	9/27/41	5/20/40
Aufsuchzeit (Durchschn.) ms (mittl. Umdrehungswartezeit)	9,6	10,1
Umdrehungszeit ms	19,2	20,2
Übertragungsgeschwindigkeit (MB/s)	1,031	1,859
Positionsbestimmung (RPS)	Standard	Standard
Freigabe bei form. Schreiben	entfällt	entfällt
Schreibsperre	Standard	Standard
Festkopfeinr.	nein	nein
Strangumschaltung	nein	Zusatz in 3370 A01
Anschluß an	Rechner IBM 4321, 4331 direkt	Über A01 Rechner IBM 4331 direkt Rechner IBM 4341 über St.E. IBM 3880-1, 2

MAGNETPLATTENEINHEITEN

Type	IBM 3350	IBM 3375	IBM 3380
Modell	A02, A2F, B02, B2F, C02, C2F	A01, B01, D01	AA4, B04
Haupteinheit	A02, A2F	A01	AA4
Datenträger	fest	fest	fest
Aufzeichnungsart	variabel	variabel	variabel
Anzahl LW/Einheit	2	1	2
Anzahl Zugriffsmech./LW	1	2	2
Betriebsart	Org.-Mod., 333X-1, 333X-11	Orig.-Modus	Orig.-Modus
Max. Kapazität/LW (MB)	317,5 2 x 100 200	819,7	1.260
Max. Kapazität Zugriffsmech. (MB)	317,5 2 x 100 200	409,8	630
Log. Zylinder/Zugriffsmech.	555 2 x 404 808	959	885
(Log.) Spuren/Zylinder	30 19 19	12	15
Max. Kap./Spur (Bytes)	19.069 13.030 13.030	35.616	47.476
Max. Kap./Zyl. (Bytes)	572.070 247.570 247.570	427.392	712.140
Suchzeit (ms) (Min./Durchschn./Max.)	10/25/50	4/19/38	3/16/30
Durchschn. Umdrehungswartezeit(ms)	8,4	10,1	8,4
Umdrehungszeit (ms)	16,7	20,2	16,7
Übertragungsgeschwindigkeit (MB/Sek.)	1,198	1,859	3
Positionsbest. (RPS)	Standard	Standard	Standard
Freigabe bei form. Schreiben	Standard	Standard	Standard
Schreibsperre	Standard	Standard	nein
Festkopfeinrichtung	F-Modelle	nein	nein
Festkopfkap./Zugr. (Bytes von Gesamtkap.)	1.144.140 742.710 742.710	–	–
Strangumschaltung	Zusatz Mod. A + C	Zusatz Mod. A + D	nein
Dyn. Datenpfad	nein	nein	ja
Zweite Haupteinheit/LW-Strang	ja (C-Mod.)	nein	nein
Zweite Laufwerkstrangsteuerung	nein	ja (D-Mod.)	ja (Dyn. Datenpfad)
Steuereinheit	Integr. Steuerungen IBM 3830-2, 3/IBM 3880-1, 2, 11	IBM 3880-1, 2	IBM 3880-2, 3, 13
Anschluß an	IBM System /370-145, -168 Interne Steuerung /370-135, -138 über St. E. IBM 3830-2, /370-145, -168, Rechner IBM 3031, 3032, 3033, 4331 Mod. 2 und 4341 sowie Prozessorfamilie IBM 3081/3083 über ST.E. IBM 3830-2, 3 oder IBM 3880-1, -2 Anmerkung: Bei IBM 4331 Mod. 2 Anschluß nur an Hochleistungs-BMPX-Kanal möglich.	Prozessorfamilie IBM 3081/ 3083, Rechner IBM 3031, 3032, 3033, 4331 Mod. 2 und 4341. Voraussetzung: BMPX-Kanal mit einer Datenrate von mind. 1,86 MB/Sek.	Prozessorfamilie IBM 3081/ 3083, Rechner IBM 3031, 3032, 3033 und 4341, IBM System /370-158 und -168. Voraussetzung: BMPX-Kanal mit einer Datenrate von 3 MB/Sek. oder „Geschwindigkeitspuffer für IBM 3380" in IBM 3880.

Angaben über Magnetplatten aus einem original Prospekt von IBM

Jede Magnetplatte hat eine bestimmte Anzahl **kreisförmiger Spuren**. Beim Magnetplattenstapel wird die Gesamtheit der direkt untereinanderliegenden Spuren Zylinder genannt. Zum Beispiel: Wenn eine Magnetplatte 200 Spuren hat und der Magnetplattenstabel aus sechs übereinander liegenden Platten besteht, beträgt die Kapazität zweihundert Zylinder. Die Magnetplatten in einem Magnetplattenstabel sind von beiden Seiten magnetisierbar mit Ausnahme der obersten und untersten – wie auf der folgenden Skizze dargestellt:

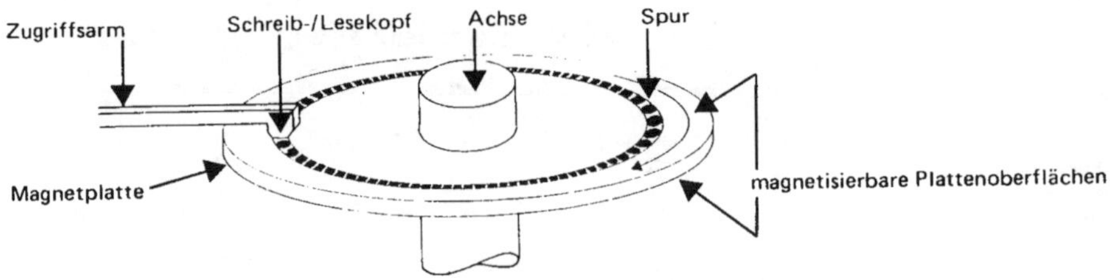

Der Zugriff auf die Daten erfolgt über einen starren Zugriffskamm mit entsprechend vielen Schreib-/Leseköpfen - Englisch: magnetic head - einem Elektromagneten, der die Funktionen Schreiben, Lesen und Löschen durchführen kann.

Die Adressierung der Daten erfolgt über **Zylinder-, Spur- und Satzadresse.** Durch die Zylinderorganisation hat der Zugriffskamm zur gleichen Zeit zum Beispiel alle Spuren 0 des Zylinders 13 im Zugriff.

Zeichenübertragung

Die Zeichen werden bitseriell – also hintereinander – auf der Plattenoberfläche gespeichert.

ZEICHENÜBERTRAGUNG DURCH DIE STEUEREINHEIT

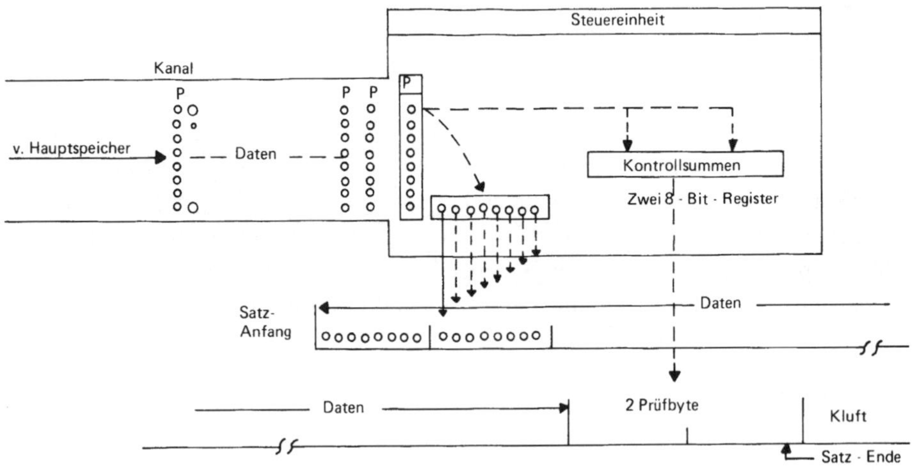

Jede Spur enthält außer den Daten noch andere Informationen, zum Beispiel Adresse der Spur, Adresse jedes Satzes, Länge jedes Satzes und Klüfte zwischen den Bereichen.

Indexpunkt

Der Indexpunkt kennzeichnet den physischen Anfang einer Spur.

Spuradresse

Auf jeder Spur befindet sich eine Spuradresse, die die Lage der Spur (die Adresse) und den Zustand der Spur angibt. Dies ist ein Bereich aus sieben Bytes, der folgende Angaben enthält:

Anzeiger
Ein Byte, das den Zustand der Spur angibt (ob benutzbar oder defekt) sowie deren Verwendung (Normalspur oder Ersatzspur).

Zylindernummer
Zwei Bytes für den Zylinder, in dem sich die betreffende Spur befindet.

Kopfnummer
Zwei Bytes mit der Angabe, welcher Lese-/Schreibkopf diese Spur bedient. Die Kombination aus Zylinder- und Kopfnummer stellt die Adresse der Spur dar.

Prüfbytes
Zwei Bytes für Prüfzwecke. Jede Datenübertragung zwischen Zentraleinheit und Magentplatte wird über die Steuereinheit abgewickelt. Hier findet auch eine Umformung zwischen der Darstellung in der Zentraleinheit **(parallel Byte für Byte)** und der Magnetplatte **(seriell Bit für Bit)** statt. Die Steuereinheit prüft, ob die Daten gültig übertragen wurden. Beim Schreiben – von der Zentraleinheit zum Speicher – werden die Prüfbits der einzelnen Bytes entfernt. Dann werden zwei Prüfbytes errechnet und am Ende des Datenteils geschrieben. Beim Lesen – vom Speicher zur Zentraleinheit – werden die Daten wieder von der Steuereinheit geprüft. Es werden zwei Prüfbytes ermittelt und mit den vom Speicher eingelesenen verglichen. Beim Übertragen zur Zentraleinheit werden die Prüfbytes wieder entfernt und die Prüfbits wieder zu den einzelnen Bytes hinzugefügt, damit die ungerade Bitzahl wieder hergestellt ist.

Aufbau einer Spur

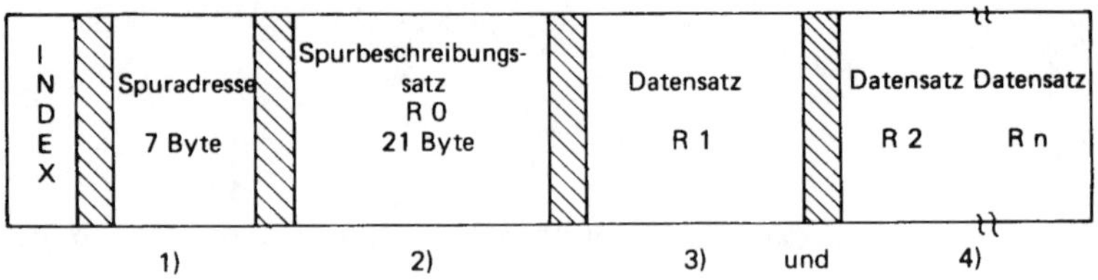

1) Spuradresse

ANZ	Zyl. Nr	Kopf Nr	Prüf-Byte
1	2	2	2

2) Spurbeschreibungssatz (R0-Satz)

Kennzeichnung							Datenteil	
	Satzadresse							
ANZ	Zyl	Kopf	Satz	Schlüssellänge	Datenlänge	Prüf-Byte	Konstant 8 Byte lang	Prüf-Byte
1	2	2	1	1	2	2		2

Klüfte

Klüfte trennen die verschiedenen Bereiche auf der Spur. Wenn die Kluft am Lese-/Schreibkopf vorbeirotiert, werden bestimmte Maschinenfunktionen ausgelöst. Die Länge der Kluft hängt ab von der Einheit, der Lage der Kluft und der Länge des vorbeigehenden Bereiches. So hat die Kluft nach dem Indexpunkt eine andere Länge als die nach der Spuradresse. Die Länge der Kluft, die einem Datensatz folgt, hängt von der Länge dieses Satzes ab.

Spurbeschreibungssatz

Dieser Satz, der auch R0-Satz genannt wird, ist der erste Satz nach der Spuradresse. Er wird zur Speicherung von Informationen über die Spur verwendet. Im Falle einer defekten Spur wird eine Beziehung hergestellt zwischen der Originalspur und der Ersatzspur, auf welche die Daten ausgelagert wurden. Die Kennzeichnung im R0-Satz enthält jetzt die Adresse der Ersatzspur und nicht mehr die der ursprünglichen Spur.

Aufbau der Datensätze

Dem Spurbeschreibungssatz folgt ein oder folgen mehrere Datensätze. Der erste Teil dieses Datensatzes ist eine Adreßmarke. Diese ist ein zwei Bytes großes Feld, das beim Schreiben des Satzes von der Steuereinheit geschrieben wird. Beim Lesen wird mit Hilfe dieser Adreßmarke der Anfang des Satzes gefunden. Beim Aufbau einer Datei kann zwischen zwei möglichen Datensatzformen gewählt werden: mit und ohne Schlüssel.

Datensätze ohne Schlüssel

Sätze dieser Form bestehen aus einer Adreßmarke, einer Kennzeichnung und dem Datenteil. Die Kennzeichnung ist 11 Bytes groß, identifziert den Satz – Zylindernummer, Kopfnummer und Satznummer – und gibt Form und Länge an. Die einzelnen Unterfelder der Kennzeichnung sind folgende:

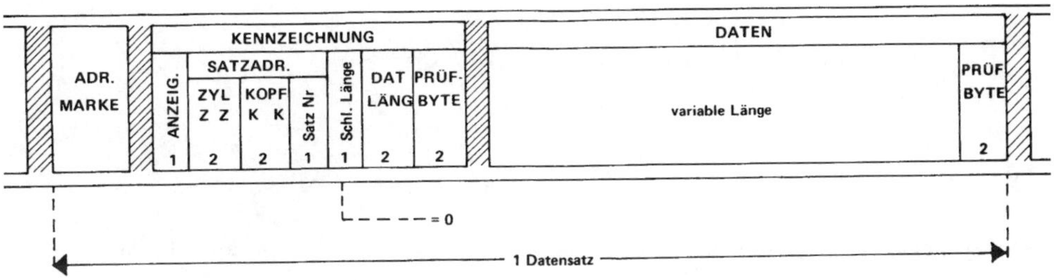

Anzeiger

Enthält dieselben Informationen wie das gleichnamige Feld in der Spuradresse zuzüglich einiger Informationen für die Steuereinheit.

Satzadresse

Ein Begriff, der Zylindernummer, Kopfnummer und Satznummer zu einem Ganzen zusammenfaßt.

Zylinder- und Kopfnummer

4 Bytes, die normalerweise dieselben Informationen halten wie die entsprechenden Bytes in der Spuradresse

Satznummer

ein Byte, das die Nummer des Satzes enthält. Der erste Datensatz ist Satz 1 (R1), der zweite Satz 2 (R2) usw.

Schlüssellänge

1 Byte großes Feld, das bei Sätzen ohne Schlüssel immer den Wert 0 enthält.

Datenlänge

2 Bytes, die die Anzahl der Bytes im Datenteil (ohne Prüfbytes) angeben. Die Darstellung ist binär, so daß von Null bis zu einem theoretischen Maximum von 65.535 jeder Wert ausgedrückt werden kann. Eine Datenlänge von Null zeigt das Ende einer logischen Datei an.

Prüfbyte

2 Bytes für Prüfzwecke, wie bereits beschrieben.

Datensätze mit Schlüssel

Sätze dieser Form bestehen aus einer Adreßmarke, einer Kennzeichnung, einem Schlüssel und dem Datenteil. Das Schlüsselfeld, das von 1 bis 255 Bytes groß sein kann, enthält den Ordnungsbegriff, durch den der folgende Datenteil bestimmt ist (zum Beispiel Teilenummer, Personalnummer, Kontonummer usw.). In den meisten Fällen wird man die Daten mit Schlüssel speichern, da hierdurch ein schnelleres Auffinden möglich ist. Neben der Tatsache, daß der Ordnungsbegriff bei dieser Form besonders herausgehoben ist, besteht zur Form ohne Schlüssel noch der Unterschied, daß im Feld Schlüssellänge der Kennzeichnung nicht Null, sondern die Länge des Schlüssels steht.

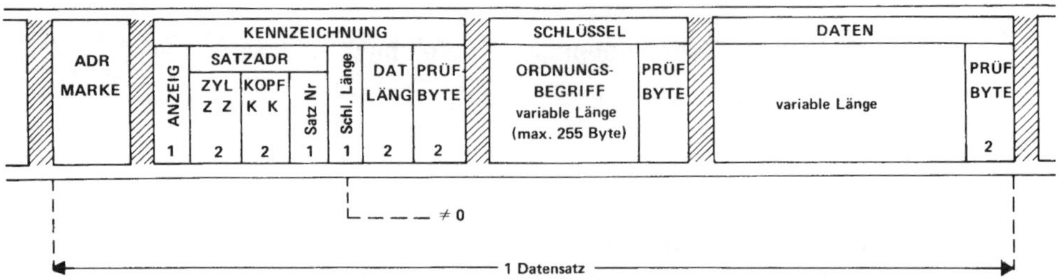

Kennsätze bei Plattenspeichern

Wie beim Magnetband werden auch bei der Plattenverarbeitung Kennsätze verwendet. Beim Magnetband können die Kennsätze auch weggelassen werden. Bei Randomspeichern ist die Verwendung von Standardkennsätzen jedoch obligatorisch.

Datenträgerkennsatz (VOL)

Er ermöglicht die Identifizierung und Prüfung des Plattenstapels. Er enthält neben der Adresse des Plattenstapels einen Hinweis auf die Adresse des **Dateiverzeichnisses (VTOC = Volume Table of Contents).** Dieser Kennsatz ist immer in **Zylinder 0 auf Spur 0 Satz 3** gespeichert.

Dateikennsätze

Zu jeder Datei auf einem Randomspeicher gehören ein oder mehrere Standard-Dateikennsätze, die

die Datei identifiziereneine Prüfung der Datei ermöglichen
die Lage der Datei auf dem Datenträger und
die Speicherungsform eines Datenbestandes beschreiben.

Die Standard-Dateikennsätze befinden sich nicht wie beim Magnetband am Anfang und Ende einer Datei, sondern werden in einem unabhängigen Bereich auf der Platte, dem sogenannten Dateiverzeichnis (VTOC), gespeichert.

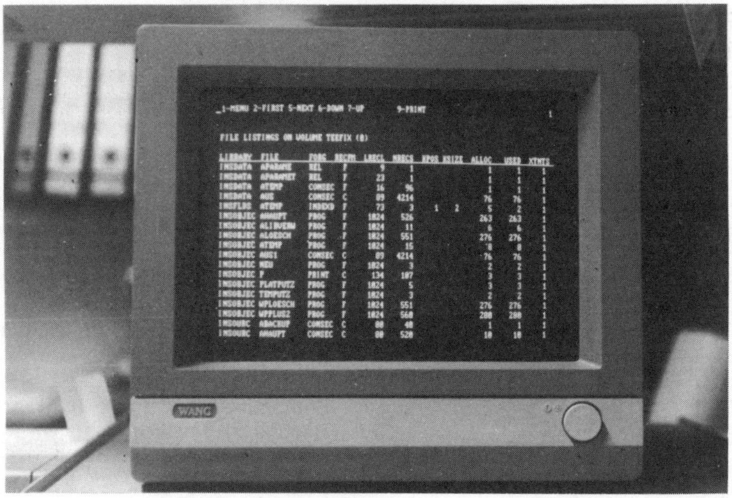

Bild 2.12 Auszug aus einem VTOC auf einem Bildschirm

Dateiverzeichnis

Das Dateiverzeichnis ist ein Pool, der alle Standard-Dateikennsätze aufnimmt. Seine Lage und seine Größe kann vom Benutzer beim Initialisieren des Plattenstapels festgelegt werden.

Soll mit einer Datei, die auf Magnetplatte gespeichert ist, gearbeitet werden, so müssen dem Steuerprogramm die Identifizierungsmerkmale der Datei zur Verfügung gestellt werden, die mit den Angaben in den Kennsätzen übereinstimmen müssen.

Beim Eröffnen der Datei wird zunächst der Datenträgerkennsatz – VOL – in Zylinder 0 Spur 0 aufgesucht und anhand der dort gespeicherten Daten die Adresse des Dateiverzeichnisses feststellt. Im Dateiverzeichnis kann jetzt mit Hilfe der gegebenen Informationen der entsprechende Kennsatz aufgesucht und die Kennsatzprüfung vorgenommen werden.

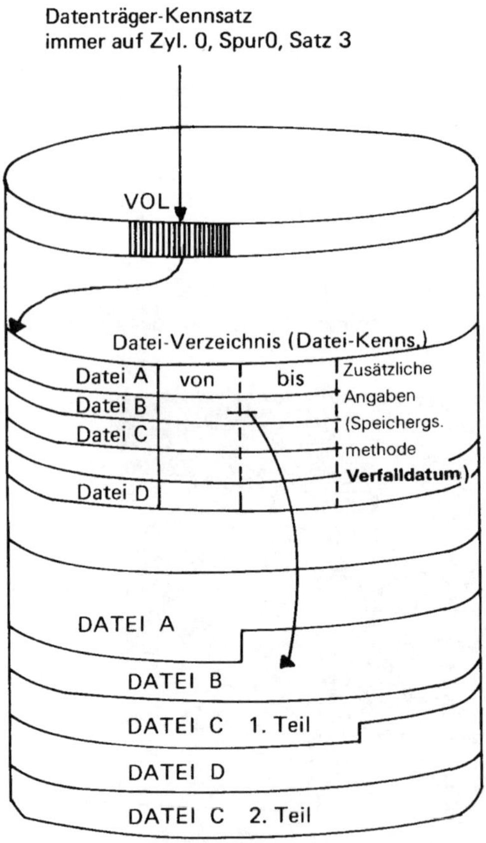

Standard-Datenträger-Kennsatz

Enthält:
- Nr. des Datenträgers
- Kunden-Name
- Adresse des Datei-Verzeichnisse

Zweck:
- Prüfung des Datenträgers
- Adresse des Datei-Verzeichnisse

Standard-Datei-Kennsatz

Enthält:
- Name der Datei
- Reservierter Bereich für die Datei
- Beschreibung der Speicherungsform

Zweck:
- Prüfung ob angesprochene Datei vorhanden
- Überwachung der Datei-Bereiche
- Adresse des Adress-Indexes bei Indexmethode
- Verhindert unerwünschtes Löschen der Datei (Freigabedatum)

Verwaltung der Standard-Kennsätze durch Steuerprogramm:

Sollten die Standard-Kennsätze besonderen Benutzeransprüchen nicht genügen, so können spezielle Benutzer-Kennsätze hinzugefügt werden.

Magnetband/Magnetbandeinheit

Allgemeines

Magnetbänder sind nach den Magnetplatten die am meisten verwendeten externen Speichermedien. Sie haben aufgrund der wesentlich komfortableren Magnetplatten als Massenspeicher etwas an Bedeutung verloren.

Aufbau

Das Magnetband besteht aus einem Kunststoffband, das einseitig mit einer sehr dünnen Eisenoxidschicht überzogen ist. Auf einer Spule mit dem Durchmesser von ca. 25 cm befindet sich meist ein Magnetband der Länge 730 m. Magnetbänder werden mit einer Magnetbandeinheit gelesen oder beschrieben. Es ist also sowohl Eingabe- als auch Ausgabegerät.

Das Magnetband wird während des Lese- bzw. Schreibvorganges von einer Spule (Abwickelspule am Lese-/Schreibkopf vorbei auf eine Lesespule (Aufwickelspule) transportiert. Damit das Band bei dem Wechsel von Start und Stopp, der mit dem Lesen/Schreiben eines jeden Blocks verbunden ist, nicht reißt, hängt zu beiden Seiten des Lese-/Schreibkopfes je eine Bandschlinge in einer Vakuumsäule. Die Schleife wirkt wie ein Puffer auf die Bewegung des Bandes. Wenn aus einer Säule Band herausgezogen wird, ergänzt es die darüberliegende Spule wieder. Wenn Band in die andere Säule hereingegeben wird, nimmt die dazugehörige Spule den Überhang auf.

Das Band läuft zwischen den Spulen über einen Zuführungsmechanismus, der über Rollen den Antrieb und den Bremsvorgang steuert. Zwischen den Vakuumsäulen liegt der Lese-/Schreibkopf. Die Lese-/Schreibköpfe umfassen zwei Stationen. Die linke, der Abwickelspule zugewandte Station «beschreibt», die andere Station «liest» das Band. Diese Anordnung erlaubt nach dem Schreiben der Daten eine Überprüfung des Schreibvorganges auf der benachbarten Lesestation.

Das Schreiben auf Band ist ein zerstörender Vorgang, das heißt, die neu aufgenommenen Daten löschen die vorher auf dem Band gespeicherten. Das Lesen wirkt dagegen nicht störend, die geschriebenen Angaben können beliebig oft gelesen werden.

Anwendung

Wie bereits oben erwähnt, hat das Magnetband als Datenspeicher an Bedeutung verloren. Dennoch hat es heute noch seinen Stellenwert, insbesondere für zwei Aufgaben:

Datensicherung, weil es ein dauerhaftes und preisgünstiges Speichermedium ist und Sicherungsarbeiten in der Regel auch sequentielle Arbeiten sind, und

Datenträgeraustausch, denn die größeren Datenverarbeitungsanlagen können ohne großen Mehraufwand Standardformate verarbeiten, so daß zum Austausch, z.B. zwischen Firmen und Banken, nicht mehr Belege, sondern Bänder genutzt werden.

Schreibsicherung

Da die Angaben auf dem Magnetband automatisch zerstört werden, sobald die Informationen geschrieben werden, hat man zur Datensicherung eine besondere Sicherheitsvorrichtung geschaffen, den **Schreibring**. Dieser Ring wird in eine Rille der Spule eingesetzt, wenn das Band beschrieben werden soll. Bänder ohne Schreibring können nicht überschrieben werden. In der folgenden Abbildung 2.13 sehen Sie rechts einen Schreibring.

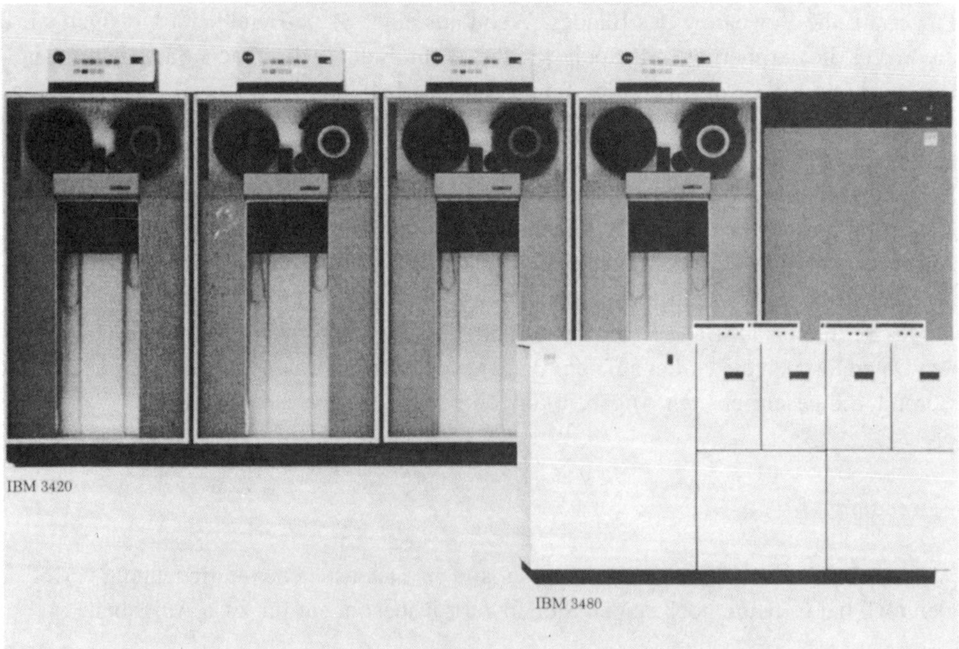

Bild 2.13 Magnetbandeinheit IBM 3420 und Kasetteneinheit 3480

Aufzeichnungsform

Magnetbänder sind in **Längsrichtung in Spuren** eingeteilt. Die heute gebräuchlichen Magnetbandanlagen arbeiten in der Regel mit 9-Spur-Bändern. Ein Zeichen wird grundsätzlich in einer Bandsprosse **(vertikal, byteseriell)** dargestellt. Die Zeichdarstellung erfolgt durch eine bestimmte Anordnung von Magnetisierungen in den Spuren einer Bandsprosse. Die Anordnung entspricht einem Code wie zum Beispiel dem EBCDI-Code. Für die Bestimmung der Anzahl der Zeichen, die ein Magnetband aufnehmen kann, ist die Zeichendichte oder Schreibdichte von Bedeutung. Sie wird gemessen als Anzahl der Bytes (Zeichen), die auf einem Magnetbandabschnitt von einem Inch (1 Inch = 2,54 cm) Länge gespeichert werden können. Zum Beispiel bedeutet 6250 **bpi (bytes per inch),** daß 6250 Zeichen auf 2,54 cm Magnetband gespeichert werden können.

AUFZEICHNUNGSFORM AUF BAND

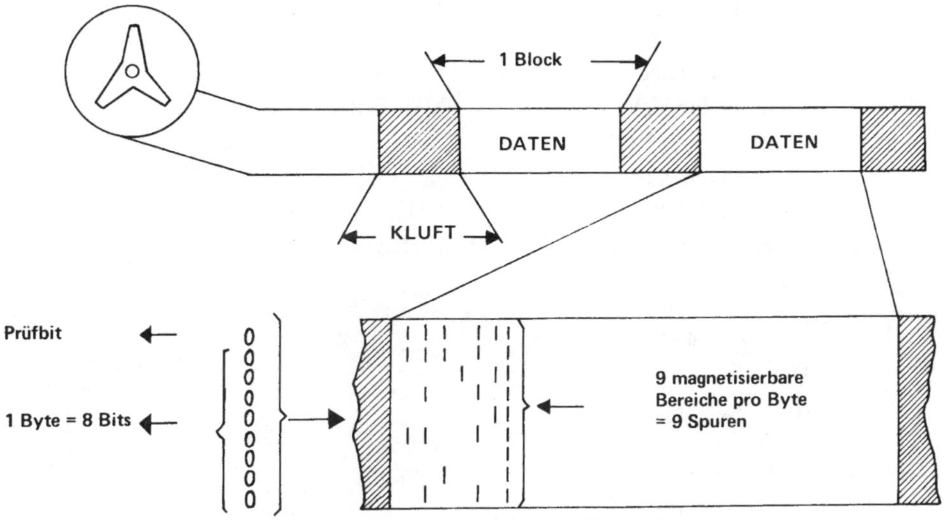

Bandkennsätze und Reflektormarken

Reflektormarke

Für das Ausrichten der Magnetbänder auf den **Anfangspunkt (Ladepunkt)** der Informationen auf dem Band und die Kennzeichnung des physischen Bandendes ist das Magnetband mit zwei Reflektormarken versehen. Die Reflektormarke besteht aus einer Aluminiumfolie, die auf die Rückseite des Bandes aufgeklebt ist. Sie dient zur Reflektion eines Lichtstrahles, wodurch die Bandeinheit Anfang und Ende des Bandes erkennt.

Bandkennsätze (Etiketten)

Magnetbänder sind in der Regel mit Sätzen versehen, die die Bandrolle und die darauf befindlichen Dateien identifizieren sollen. Diese sogenannten Etiketten oder Kennsätze werden entweder als Systemetiketten vom System (Software) generiert und verarbeitet oder als zusätzliche Benutzerkennsätze auf Wunsch vom Benutzer selbst verarbeitet. Es gibt zwei Arten von Kennsätzen:

Datenträgerkennsätze
Dateikennsätze

Der **erste** Satz einer jeden Spule ist ein Datenträgerkennsatz. Jede Datei einer Spule hat vor und nach jeder Datei einen Dateikennsatz. Die Kennsätze werden wie folgt bezeichnet:

Datenträgerkennsatz	=	VOL Volume Label
Dateikennsätze		
— vor jeder Datei	=	HDR File Header Label
— nach jeder Datei	=	EOF End of File
— an Ende der Rolle	=	EOV End of Volume
Benutzerkennsätze		
— Benutzeranfangskennsatz	=	UHL User Header Label
— Benutzerendekennsatz	=	UTL User Trailer Label

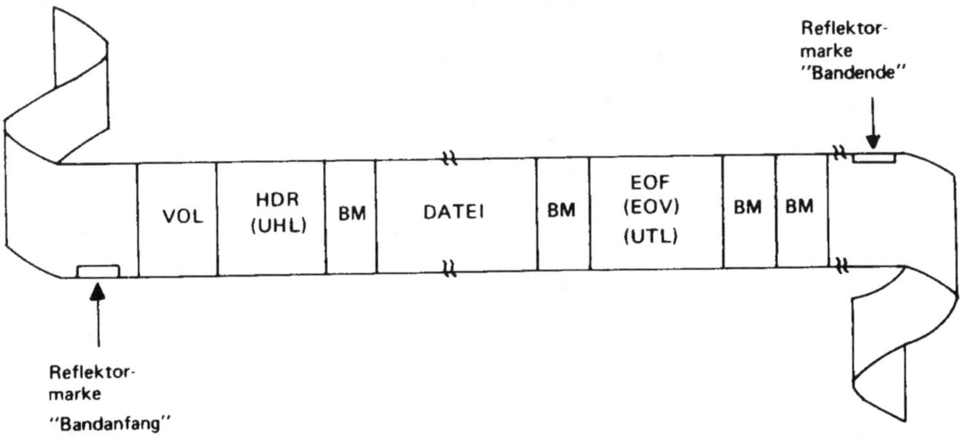

Die Datenträgerkennsätze dienen der **Identifizierung und Prüfung des Datenträgers**. Die Spulenarchivnummer wird von den Systemprogrammen mit Angaben verglichen, die der Benutzer zur Verfügung stellt. Falls eine Ungleichheit auftritt, wird eine Meldung ausgedruckt.

Dateikennsätze dienen der **Identifizierung und Prüfung des Datenbestandes**, wie zum Beispiel Name der Datei, Erstellungsdatum, Aufbewahrungszeitraum und Blockanzahl (nur bei Nachsätzen).

Bandmarken

Eine Bandmarke ist ein Block, der aus einem Byte besteht. Um Datenblöcke von Kennsätzen zu unterscheiden und um das Ende der verwendbaren Information auf einer Magnetbandspule zu kennzeichnen, wird dieses Kontrollzeichen verwendet.
Eine Bandmarke steht

hinter jeder Anfangskennsatzfolge,
vor jeder Endkennsatzfolge,
hinter jeder Endkennsatzfolge.

Zwei Abschnittsmarken hinter einer Endetikettfolge kennzeichnen das Ende der verwendbaren Information auf der Spule.

Das Dateiende wird danach gekennzeichnet durch eine EOF-Endkennsatzfolge, hinter der eine Bandmarke steht. Hinter der EOF-Endetikettfolge der letzten Datei einer Bandrolle stehen zwei Bandmarken.

Das Rollenende oder Spulenende wird kenntlich gemacht durch eine EOV-Endetikettfolge, der zwei Bandmarken folgen. Dies bedeutet, daß die Datei auf einer anderen Magnetbandspule fortgesetzt wird.

Diskette

Zum Speichern von Informationen aller Art benutzen Personal-Computer Disketten in verschiedenen Größen. Die heute gebräuchlichste Größe einer Diskette beträgt 5 1/4 Zoll. Disketten werden auch Floppy-Diskette, Mini-Floppy oder auch einfach nur Floppy genannt.

Aufbau

Die flexible Diskette, deren Oberfläche magnetisiert ist, liegt in einer schwarzen Schutzhülle, aus der sie nie entfernt werden darf. Nach dem Einlegen in das Diskettenlaufwerk dreht sich die Diskette in dieser Schutzhülle. Der Schreib-/Lesekopf des Diskettenlaufwerks kommt mit der Diskette nur an der länglichen Öffnung in der Schutzhülle in

Berührung. Ähnlich wie bei einem Magnetband oder einer Kassette wird die Information auf die magnetisierbare Oberfläche der Diskette geschrieben oder wieder von ihr gelesen. Die auf eine Diskette gespeicherte Information kann vom System beliebig oft gelesen werden, ohne daß sie zerstört wird. Das System kann aber auch neue Informationen auf einen unbenutzten Platz der Diskette schreiben oder schon bestehende gespeicherte Informationen mit neuen überschreiben. Wurde eine alte Information durch eine neue überschrieben, kann sie auf keinen Fall mehr gelesen werden.

Bild 2.14 Eine handelsübliche 5 ¼"-Diskette

Organisation

Die Informationen werden in konzentrischen Kreisen, die Spuren, auf die Diskette geschrieben. Während sich die Diskette dreht , springt der Schreib-/Lesekopf von Spur zu Spur und findet auf diese Weise die gesuchten Daten oder den Platz, auf dem er Daten speichern kann.

Wenn zum Beispiel eine Diskette über 40 Spuren verfügt, die von 0 bis 39 numeriert sind, ist die äußerste Spur die Spur 0 und die innerste die Spur 39. Teile der Spur 0 sind für den Benutzer nicht verfügbar, da das Betriebssystem diesen Speicherplatz benötigt.

Der Platz auf einer Diskette wird in Bytes gemessen. Größenangaben reichen von rund 160 000 Zeichen bis über 1 Mio. Zeichen. Jede Spur wird in eine bestimmte Anzahl von Sektoren unterteilt. Die Anzahl der Sektoren ist abhängig vom Hersteller. In einem Schreib-/Lesevorgang kann der Inhalt von einem oder mehreren Sektoren gleichzeitig zwischen Diskette und System übertragen werden.

Der Benutzer kennt normalerweise weder Spur- noch Sektornummer der gewünschten Information. Die Speicherung der Adresse wird ihm vom Betriebssystem abgenommen. Der Benutzer braucht als Information nur den Dateinamen. Das Betriebssystem sucht dann für diese Datei die richtige Adresse heraus.

Optische Platte/Optischer Speicher

Vorbemerkung

Alle herkömmlichen Speichersysteme haben gemeinsam, daß sie auf der Basis von magnetisierbaren Elementen aufgebaut sind (wie zum Beispiel Magnetband, Diskette, Magnetplatte, Blasenspeicher). Die optische Platte ist dagegen unterschiedlich, wie nachfolgend beschrieben. Zur Zeit werden zwei Arten von optischen Speichermedien unterschieden:

CD-ROM (compact disk – read-only-memory)
WORM (write-once, read-mostly).

Löschbare optische Speicher sind immer noch mehr ein Traum der Hersteller als Realität.

Aufbau

CD-ROM und WORM sind insoweit gleich, als sie einen Laserstrahl zum Lesen der gespeicherten Daten benutzen. Die Daten werden in der Form von unsichtbaren kleinen Vertiefungen (Bild 2.15) gespeichert. Die Platte besteht aus mehrschichtigem Carbonsubstrat mit einer reflektierenden metallischen Oberfläche.

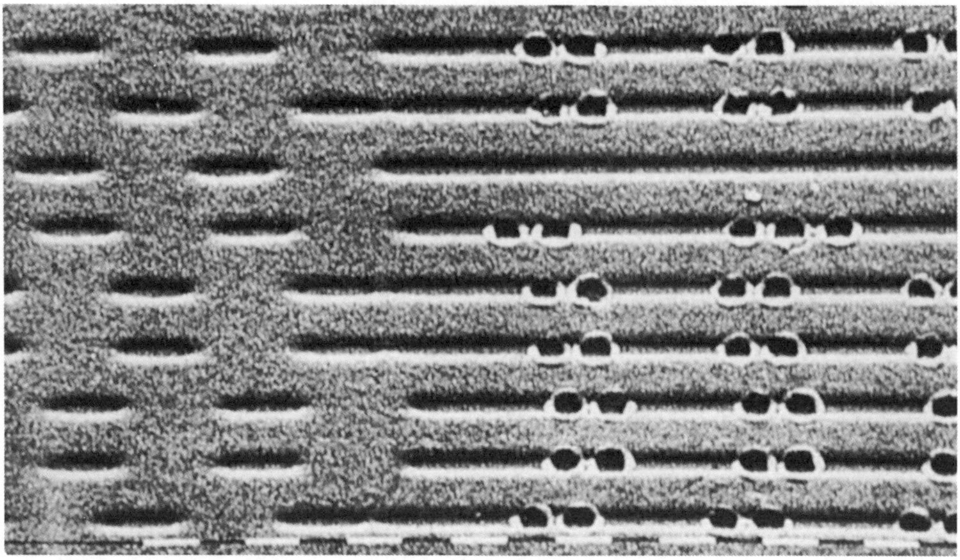

Bild 2.15 Oberfläche einer CD unter dem Elektronenmikroskop

Im Unterschied zur CD-ROM kann der WORM-Speicher auch vom Nutzer beschrieben werden. Optische Platten können, wie Disketten, auf beiden Seiten beschrieben und gelesen werden. Allerdings muß sie aus dem Laufwerk entfernt, umgedreht und danach mit der zu beschreibenden/zu lesenden Seite nach oben, wieder hineingeschoben werden – wie eine konventionelle Schallplatte.

Die Speicherungsform ist ähnlich wie beim Magnetband (sequentiell). Gelöschte Daten werden mit einem Kennzeichen versehen; der Platz kann nicht wieder genutzt werden. Es gibt kein Inhaltsverzeichnis und keine Platzzuordnungstabelle wie bei den Magnetplatten. Allerdings werden ähnliche Verzeichnisse/Tabellen im Plattenlaufwerk (disk drive) simuliert.

Vorteile der optischen Platte:

sehr hohe **Speicherkapazität,**
hohe **Geschwindigkeit** bei sequentieller Verarbeitung,
hohe **Lebensdauer** (bis zu 10 Jahren, Disketten nur bis zu 3 Jahren),
gleichzeitige Speicherung von herkömmlichen **Daten**, **Grafiken** usw. zusammen mit **audio-visuellen Daten**.

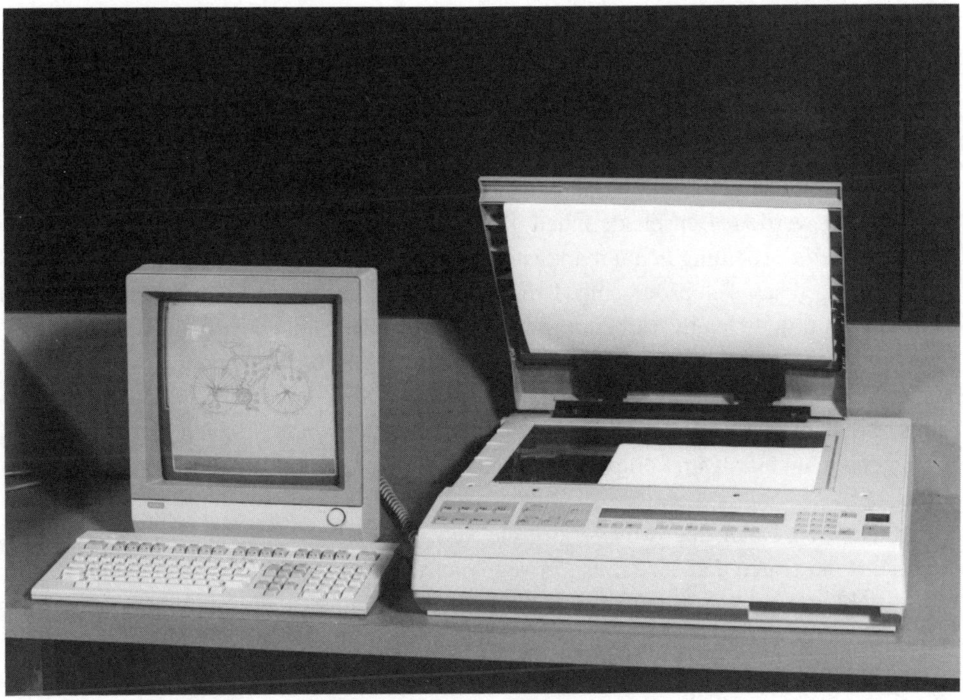

Bild 2.16 Ein Arbeitsplatz, an dem optische Platten gelesen werden

2.2.3.3 Datenfernverarbeitungsgeräte

Definition

Wenn Daten nicht dort anfallen, wo sich eine Datenverarbeitungsanlage befindet oder an einem anderen Ort gebraucht werden, was heute der Normalfall ist, müssen diese Daten transportiert werden. Den elektrischen Transport von Daten über Fernmeldewege zum Zwecke der Verarbeitung nennt man Datenfernverarbeitung oder auch Datenfernübertragung – in Englisch Teleprocessing. Um dies bewerkstelligen zu können werden auf der Seite der zentralen Datenverarbeitungsanlage (in Englisch host oder mainframe genannt) bestimmte Geräte benötigt sowie auf der empfangenden bzw. sendenden Seite auch.

Die Geräte auf der empfangenden bzw. sendenden Seite nennt man **Datenendeinrichtung** bzw. **Datenendgeräte.** Diese Einrichtungen bzw. Geräte können alle unter Ziffer 2.2.3 genannten Hardwarekomponenten, auch eine eigenständige Datenverarbeitungsanlage, sein.

Da sehr viele Daten über weit verzweigte Netze gesendet werden und die Kontrolle und Steuerung der Daten und der Transportwege nicht von der Zentraleinheit geleistet werden kann, steht auf beiden Seiten bzw. auf allen Seiten, die an das Datenübertragungsnetz angeschlossen sind, ein entsprechendes Kontrollgerät, die **Datenfernübertragungs-Steuereinheit.**

Da alle Zeichen, die ein Computer erzeugt, binäre Zeichen sind, die aber nicht ohne weiteres über die Fernmeldewege geschickt werden können, ist zusätzlich ein Gerät notwendig, das die digitalen Zeichen in Analogzeichen umwandelt, das **Modem.**

Bild 2.17 IBM-Datenfernübertraguns-Steuereinheit

Datenfernübertragungs-Steuereinheit

Die Datenferübertragungs-Steuereinheit – in Englisch communication controller – steuert den Datentransfer über die Datenfernübertragungs-Verbindungsstellen eines Netzwerkes. Die Operationen werden von einem oder mehreren Programmen, die in der Steuereinheit gespeichert sind und auch in ihr ausgeführt werden, kontrolliert. Zu den Aufgaben gehört insbesondere die Leitungssteuerung und die Verwaltung aller Teilnehmer.

Modem

Das Modem – Kunstwort für Modulator und Demodulator – konvertiert binäre Daten von einem Computer in Analogsignale, damit die Daten über eine Telefonleitung übertragen werden können und konvertiert Analogsignale in digitale Zeichen damit die Daten vom Computer verstanden werden können.

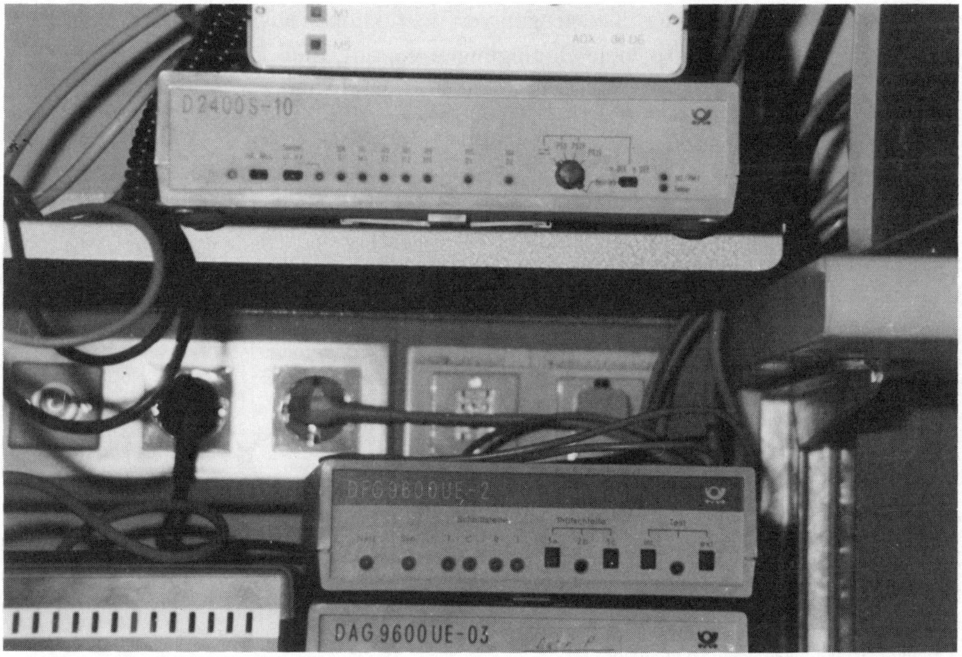

Bild 2.18 Postmodem mit verschiedenen Übertragungsgeschwindigkeiten

2.2.4 Ein-/Ausgabe-Steuerung

Vorbemerkung

Das Thema Ein- und Ausgabe-Steuerung von Daten kann man sowohl unter dem Thema «Hardware-Komponenten» als auch unter dem Thema «Software» abhandeln. Da beide Themenbereiche angesprochen sind und Software erst im Kapitel 6 zum Zuge kommt, wird die komplexe Ein-/Ausgabe-Steuerung, auch zum besseren Verständnis des am Ende dieses Kapitels folgenden Anwendungsbeispiels und der nachfolgenden Teile, an dieser Stelle behandelt.

2.2.4.1 Logische Steuerung

Jedes Programm erreicht die internen, das heißt die im Arbeitsspeicher der Zentraleinheit stehenden Daten ohne Zeitverzögerung: Steuerwerk, Speicher und Rechenwerk stehen im stetigen Wechselspiel füreinander bereit. Die meisten Programme benötigen jedoch laufend Nachschub an Daten von *externen* Einheiten. Diese Einheiten haben oft eine eigene Stromversorgung, sind mit anderen Einheiten über gemeinsame Leitungen an die Zentraleinheit angeschlossen, stellen – wie zum Beispiel Plattenspeicher, Daten für mehrere Programme bereit usw. Vor allem aber vergeht viel Zeit, bis ein Satz ein- oder ausgegeben ist, in der die Zentraleinheit große Mengen von Instruktionen ausführen kann. Vor einem exteren Zugriff müssen also viele Bedingungen geprüft, muß Mechanik in Bewegung gesetzt werden, und es fallen Wartezeiten an. Was geschehen muß, bevor die richtigen

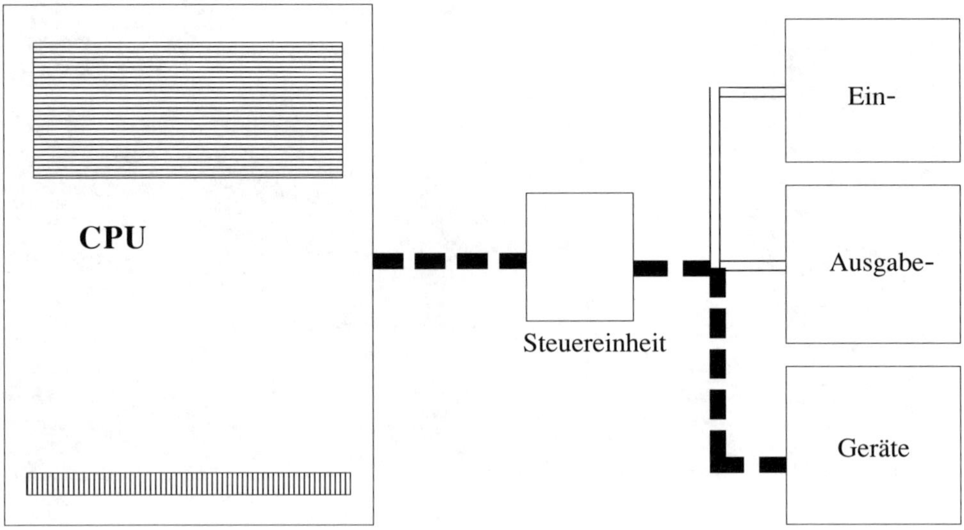

Daten an der richtigen Stelle angekommen sind, zeigt das Bild auf Seite 78 und die vereinfacht dargestellte Schrittfolge eines Ein-/Ausgabe-Programms:

Die dick gestrichelte Linie zeigt die jeweils aktive Verbindung zwischen CPU über die zugehörige Steuereinheit zum Ein-/Ausgabe-Gerät.

> Ein Programm fordert Daten eines bestimmten Datenbestands an.
> Die Zentraleinheit prüft, ob Leitung und Einheit frei sind.
> Wird signalisiert, daß die Ein-/Ausgabe ablaufen kann, dann erhält die zuständige Steuereinheit Befehle, mit denen sie die erforderlichen mechanischen Operationen für den Zugriff in der betreffenden E-/A-Einheit auslöst (zum Beispiel Adressierung auf einer Platte); dadurch kommt der Datenträger in die richtige Position fürs Lesen oder Schreiben; es folgt die
> Datenübertragung – dabei sind die richtigen Arbeitsspeicherstellen zu adressieren.
> Das Ende der E-/A-Operation wird signalisiert, und das Steuerprogramm prüft, ob sie richtig ablief.

Das folgende Bild reduziert die Schritte eines Ein-/Ausgabe-Programms auf den besonders anschaulichen Ausschnitt der Adressierung und Übertragung eines Plattensatzes.

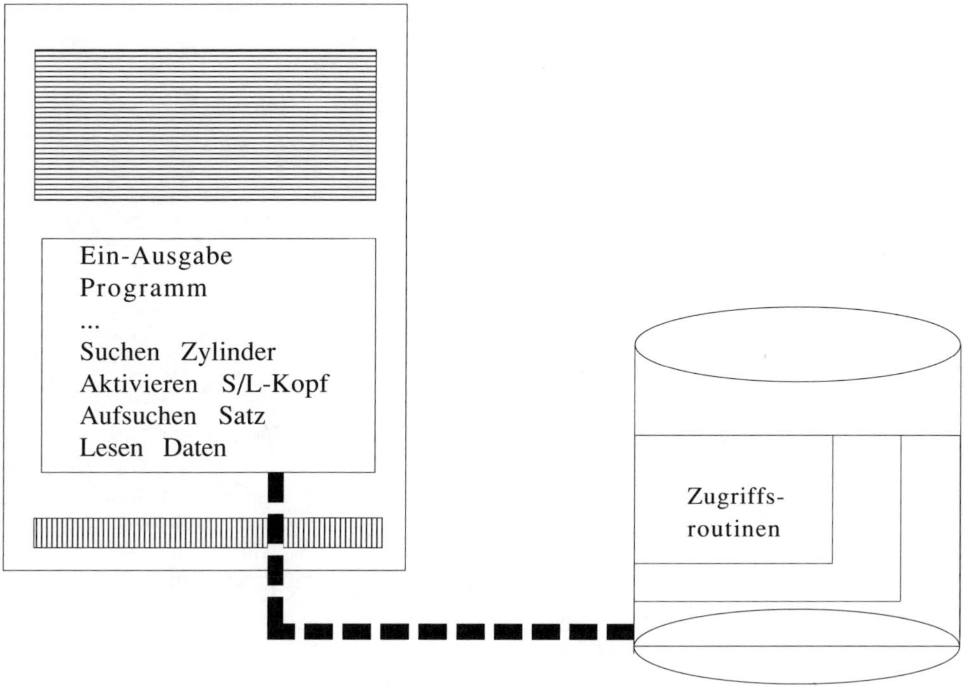

Diese oder entsprechende Befehlsfolgen müssen jedesmal ablaufen, wenn eine Ein-/Ausgabe angefordert wird. Sie sind deshalb – *in allgemein verwendbarer Form* – fertig programmierte Bestandteile des Betriebssystems: Die **Zugriffsroutinen**.

Allgemein verwendbare Form der Zugriffsroutinen bedeutet, daß sie zwar die logische Folge der Befehle für eine Ein-/Ausgabe enthalten, jedoch aber ergänzt werden müssen um Angaben wie zum Beispiel angesprochene E-/A-Einheit, Adresse des Satzes auf einem Randomspeicher, Adresse der Daten im Arbeitsspeicher, Anzahl der zu übertragenden Stellen usw. Diese Angaben muß das Anwendungsprogramm in geeigneter Form bereitstellen. Zusammengefaßt bilden sie die Dateibeschreibung. Die Angaben einer Dateibeschreibung und die Befehlsfolgen der Zugriffsroutinen miteinander zu einem arbeitsfähigen Ein-/Ausgabeprogramm zu verbinden, ist Sache des **Steuerprogramms**.

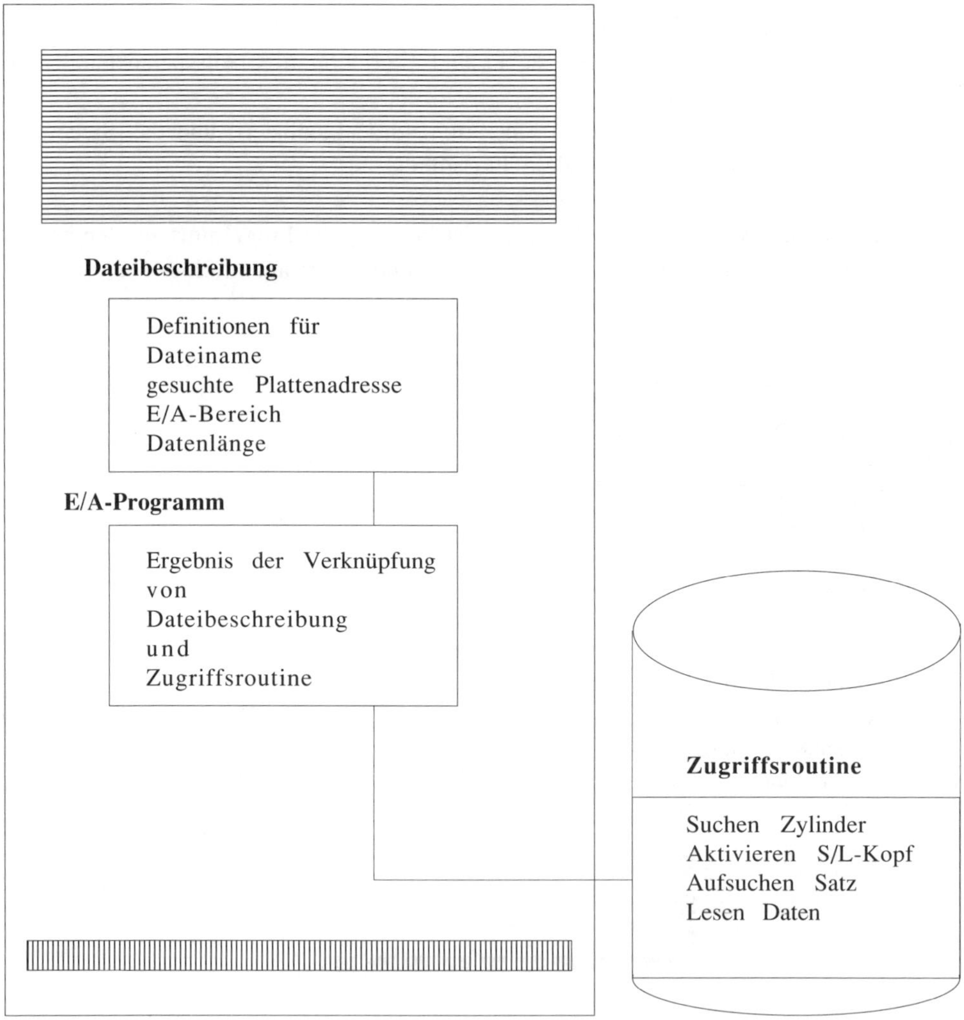

Zu welchen Zeitpunkten das Steuerprogramm die verschiedenen Verknüpfungen vornimmt, wird hier nicht untersucht. Es genügt zu wissen, daß der Anwender das E-/A-Programm nicht selbst erstellt, sondern mit einfachen Formalismen aus dem Betriebssystem abruft und modifiziert in sein Verarbeitungsprogramm übernimmt.

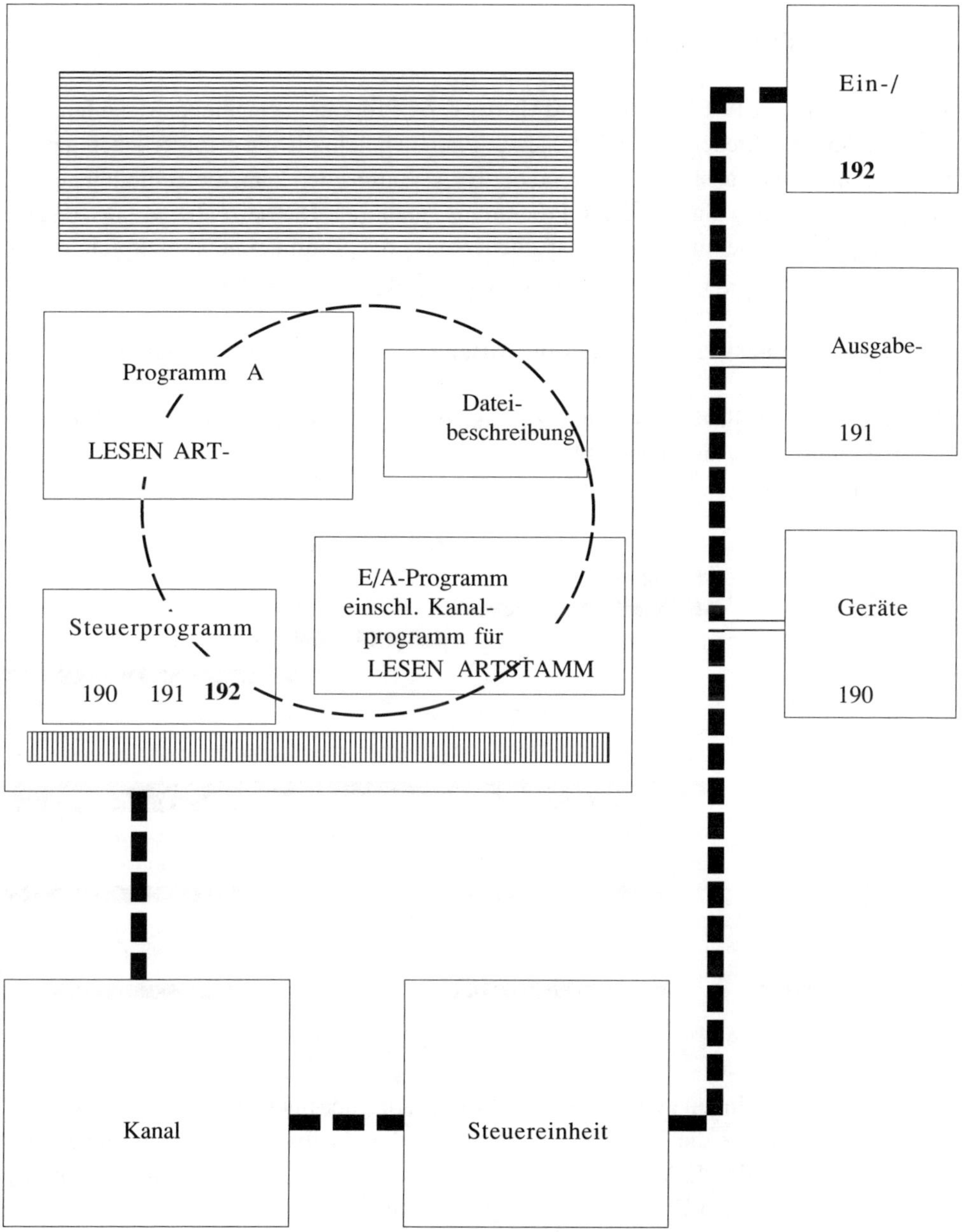

E-/A-Programme werden ausgeführt, wenn im Programmablauf dorthin verzweigt wird. Das geschieht im Beispiel mit dem Befehl «LESEN ARTSTAMM», dessen Operand mit dem Namen der Dateibeschreibung (ARTSTAMM) identisch sein muß; so wird die Verzweigung zum richtigen E-/A-Programm möglich.

2.2.4.2 Hardwarekanäle

Wenn nun durch «LESEN ARTSTAMM» das E-/A-Programm eingeleitet ist, laufen unter anderem über die Steuereinheit Befehle zur Platteneinheit, die die erforderlichen mechanischen Funktionen auslösen. Während der E-/A-Wartezeiten kann die Zentraleinheit die interne Verarbeitung eines anderen Programms ausführen. Das setzt aber voraus, daß die Ein-/Ausgabebefehle nicht über das Steuerwerk der Zentraleinheit interpretiert und gesteuert werden: E-/A-Befehle auszuführen ist Aufgabe der Kanäle.

Kanäle sind Steuerwerke für die Ein-/Ausgabe – nicht Datenübertragungswege!

Die nachfolgende Skizze zeigt in 3 Zeittakten den überlappten Ablauf von Eingabe-, Verarbeitungs- und Ausgabebefehlen:

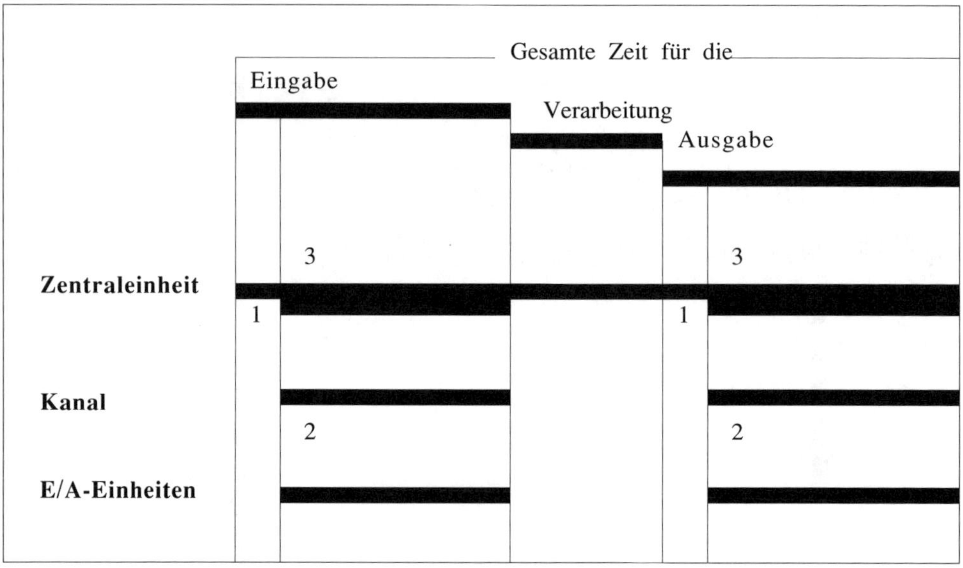

1. Die Zentraleinheit gibt für die Eingabe oder Ausgabe nur den Auftrag an den Kanal.
2. Der Kanal für die Eingabe oder Ausgabe dann selbständig aus. Er steuert und überwacht die E/A-Einheiten und entlastet damit die Zentraleinheit von den zeitaufwendigen Eingabe und Ausgabeoperationen.

3. In dieser Zeit kann die Zentraleinheit für ein anderes Programm arbeiten, das im Arbeitsspeicher steht. Durch dieses Multiprogramming wird die Zentraleinheit besser genutzt.

Prinzip des Datenaustauschs zwischen Zentraleinheit und Ein-/Ausgabe-Einheiten

Während des Verarbeitungsablaufs registriert die Zentraleinheit, daß Daten eingegeben oder ausgegeben werden sollen (E-/A-Anforderungen). Aufgrund einer E-/A-Anforderung wird das Steuerprogramm aktiv und stellt fest, welche E-/A-Einheit verlangt wird. Physische-Einheiten-Adressen lassen erkennen, über welchen Kanal und über welche Steuereinheit eine bestimmte E-/A-Einheit erreichbar ist.

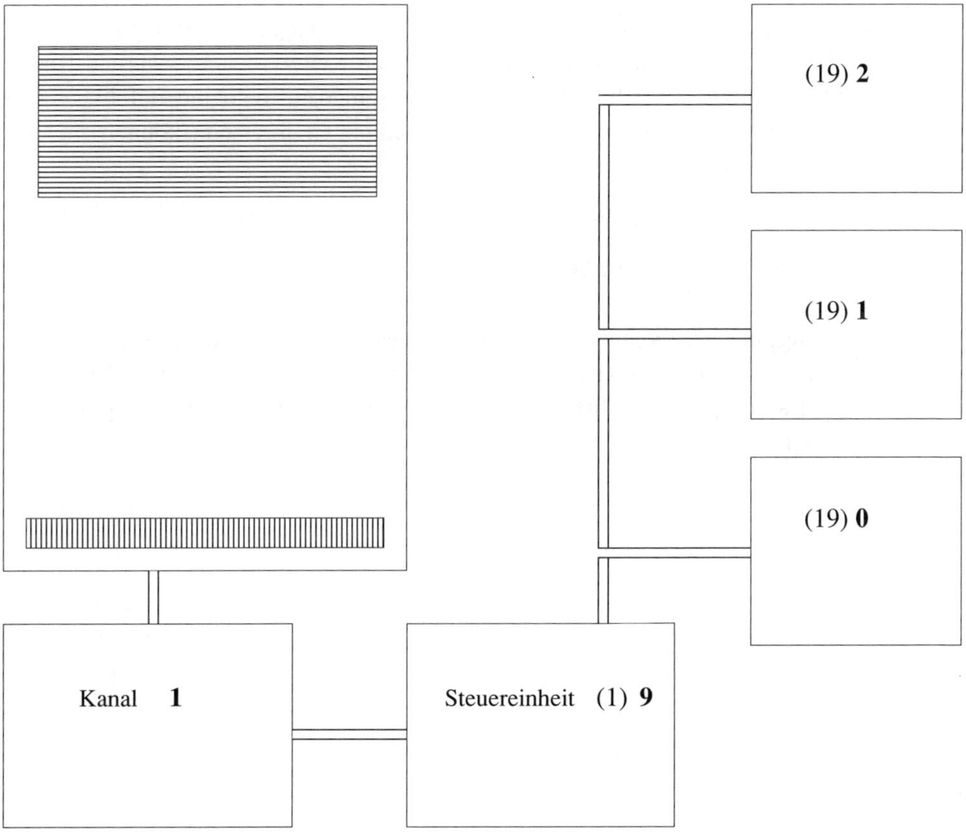

Das Steuerwerk der Zentraleinheit prüft, ob Kanal, Steuereinheit und Einheit ansprechbar sind; ist das der Fall, stellt die Zentraleinheit die Verbindung her, und das Steuerprogramm macht das richtige Kanalprogramm für den Kanal verfügbar. Alle Funktionen werden letztlich von der Zentraleinheit mit Hilfe des Steuerprogramms koordiniert – sie delegiert die Ein-/Ausgabe dabei an Kanäle. Wegen der hohen Arbeitsgeschwindigkeit der Zentraleinheit sind meist mehrere Kanäle an sie angeschlossen. Während der Ein- und Ausgabe von Daten setzt die Zentraleinheit die interne Verarbeitung fort. Der Kanal verarbeitet parallel dazu die Befehle seines Kanalprogramms. Einen Teil der Befehle (zum Beispiel solche, die mechanische Funktionen auslösen) delegiert der Kanal seinerseits an eine Steuereinheit, die unter anderem die Ausführung dieser mechanischen Vorgänge steuert. Die angesprochene E-/A-Einheit ihrerseits reagiert auf die Signale der Steuereinheit (Zugriffsmechanismus einstellen, Schreib-/Lesekopf aktivieren usw.). Soweit während eines Kanalprogramms Daten übertragen werden müssen, werden sie über Steuereinheit und Kanal geleitet; der Kanal adressiert dazu Stellen im Arbeitsspeicher. Der Kanal überprüft die Richtigkeit aller Funktionen und stellt der Zentraleinheit das Ergebnis der E-/A-Operationen zur Verfügung.

Dieser Arbeitsablauf im System wird mit dem Begriff Delegationsprinzip bezeichnet. Dieses Prinzip entlastet die Zentraleinheit: Diese kann weiterarbeiten, während Kanäle selbständig für Ein- und Ausgabe sorgen. Ein Kanal seinerseits delegiert Befehle an eine Steuereinheit. Entsprechend ausgerüstete Steuereinheiten ihrerseits können mehrere Ein-/Ausgabe-Einheiten beschäftigen.

Steuerung der Ein-/Ausgabe im System

Eine programmgesteuerte Organisation des vorher beschriebenen Delegationsprinzips ermöglicht die gemeinsame Nutzung des Systems durch mehrere Programme. Dies nennt man Multiprogramming. Die nächste Abbildung zeigt, wie die Abläufe des Multiprogramming koordiniert werden.

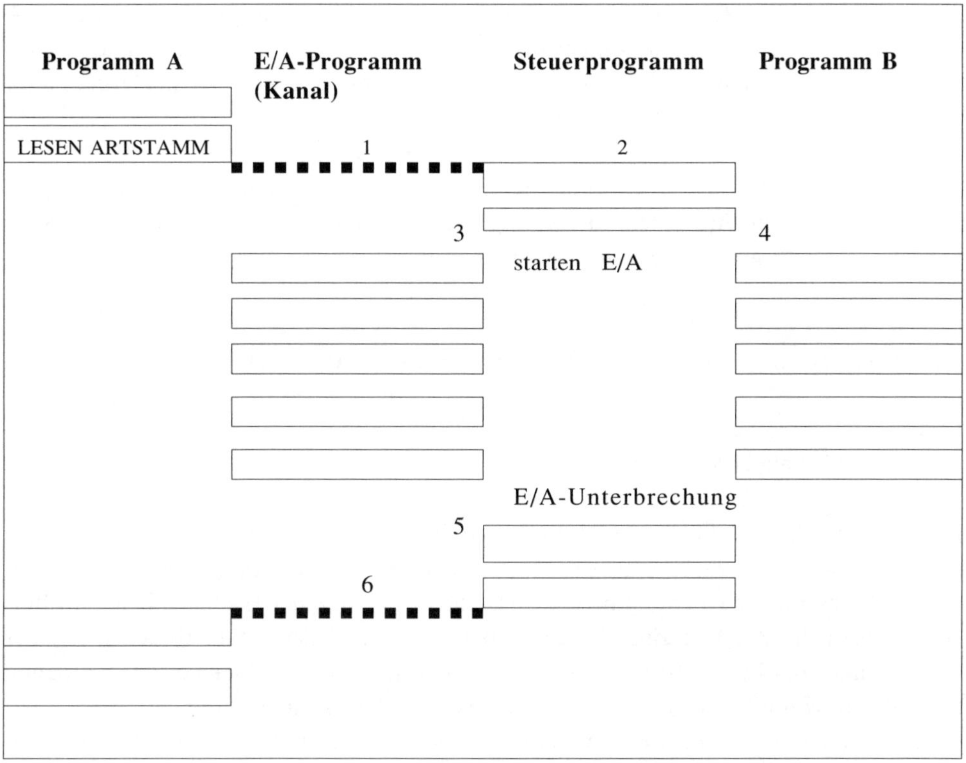

1 Ein aktives Anwendungsprogramm (Programm A) ruft mit der Ein-/Ausgabeanforderung das Steuerprogramm auf.

2 Das Steuerprogramm übernimmt daraufhin die Kontrolle in der Zentraleinheit und prüft, ab die für ARTSTAMM ermittelte Einheit verfügbar ist.

3 Das Steuerprogramm ermittelt, welches Kanalprogramm auszuführen ist und gibt dem Kanal den Anstoß, die Kanalbefehle auszuführen.

4 Sobald der Kanal seine Arbeit aufgenommen hat, wählt das Steuerprogramm ein wartendes Verarbeitungsprogramm aus: Hier erhält Programm B die Kontrolle in der Zentraleinheit. Kanalprogramm und Verarbeitungsprogramm laufen nun parallel mit zeitlich verschachteltem Zugriff zum Arbeitsspeicher.

5 Der Kanal meldet mit einer sogenannten Ein-/Ausgabeunterbrechung – Englisch: I/O-interrupt – das Ende der Ein-/Ausgabe. Dadurch wird von der Zentraleinheit Programm B gestoppt, und das Steuerprogramm erhält wieder die Kontrolle.

6 War die Übertragung fehlerfrei, wird Programm A, das nun über den angeforderten Satz verfügen kann, vom Steuerprogramm erneut aktiviert, und es kann weiterarbeiten.

Technische Konzepte für Datenübertragung und Gerätesteuerung

Arten der Zeichenübertragung

Die Geschwindigkeit, mit der E-/A-Einheiten Daten lesen oder schreiben können, entscheidet im wesentlichen über die Arbeitsweise, mit der ein Kanal die Zeichenübertragung steuert. Während der Übertragung eines Datenblocks von einer Platteneinheit zum Beispiel, folgen die Zeichen einander so schnell, daß ein Kanal ununterbrochen mit der Überwachung des Lesens bzw. Schreibens beschäftigt ist. Diese blockweise Übertragung heißt **Burst-Mode** (übersetzt: zusammenhängende Übertragungsart).

Ganz anders ist es zum Beispiel beim Belegleser: Belegtransport und Zeichenerkennung sind zeitlich aufwendiger. Deshalb bietet die Steuereinheit des Beleglesers dem Kanal die Bytes in weniger dichter Folge einzeln an. Ein Kanal überträgt in diesem Fall die Daten zeichenweise; im **Byte-Mode**.

Selektorkanal

Ein Selektorkanal überwacht die Datenübertragung von bzw. zu schnellen E-/A-Einheiten; er arbeitet im Burst-Mode: Die Verbindung zwischen Kanal und E-/A-Einheit bleibt im allgemeinen während der Ausführung eines Kanalprogramms bestehen. Danach erst kann der Selektorkanal das Kanalprogramm für eine andere E-/A-Einheit beginnen. In der Regel werden Bandeinheiten an einen Selektorkanal angeschlossen.

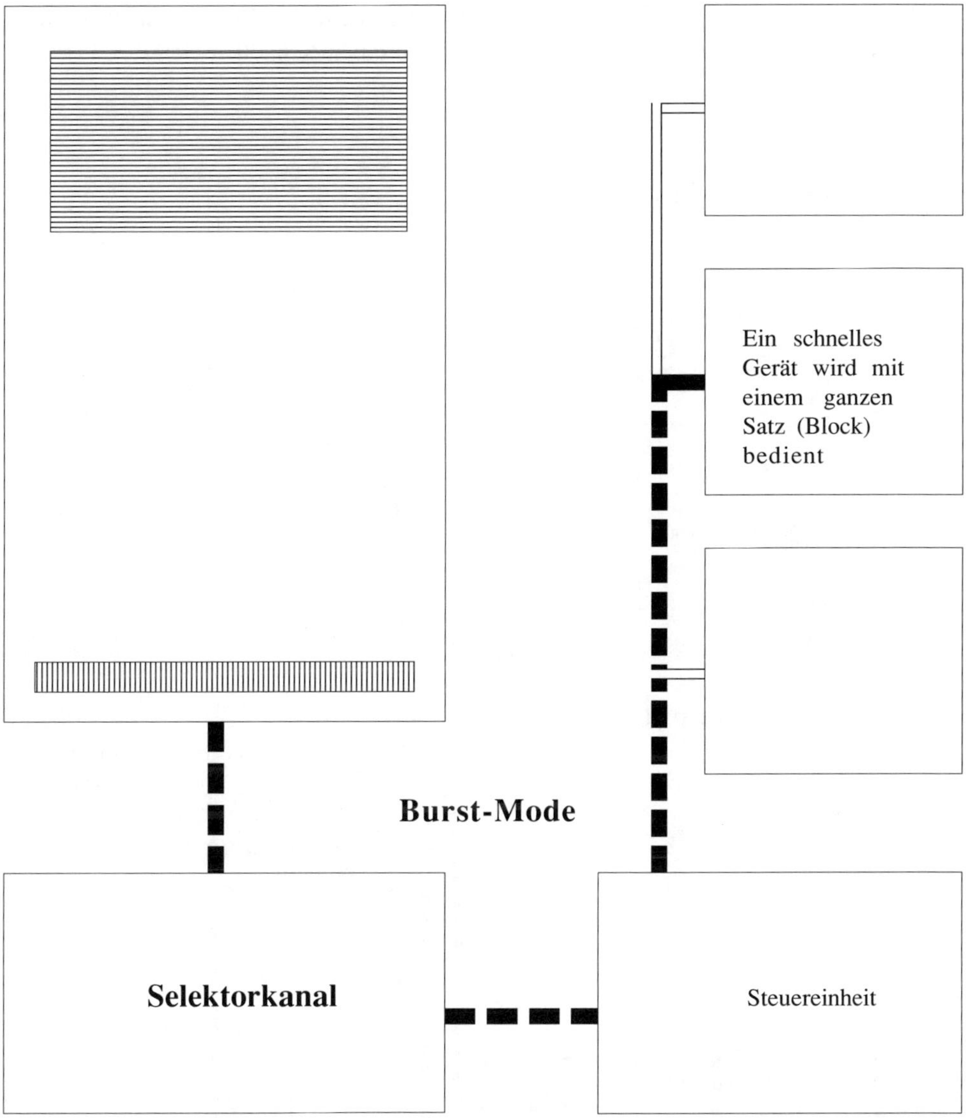

Multiplexkanal – MPX-Kanal

An einen MPX-Kanal werden in der Regel langsame, elektromechanisch arbeitende Einheiten angeschlossen, die ihre Daten im Byte-Mode übertragen. Der MPX-Kanal überwacht mit Hilfe von Unterkanälen mehrere gleichzeitig arbeitende E-/A-Einheiten, indem er deren Daten byteweise verschachtelt überträgt. Wenn ausnahmsweise auch einmal eine schnelle Einheit an einen MPX-Kanal angeschlossen wird, arbeitet er für diese Einheit wie ein Selektorkanal, also im Burst-Mode.

Wenn z.B. ein «langsamer» Drucker – aus der Sicht der Zentraleinheit – einen Puffer (s. folgende Seite) hat, dann wird er damit zu einem schnellen Gerät.

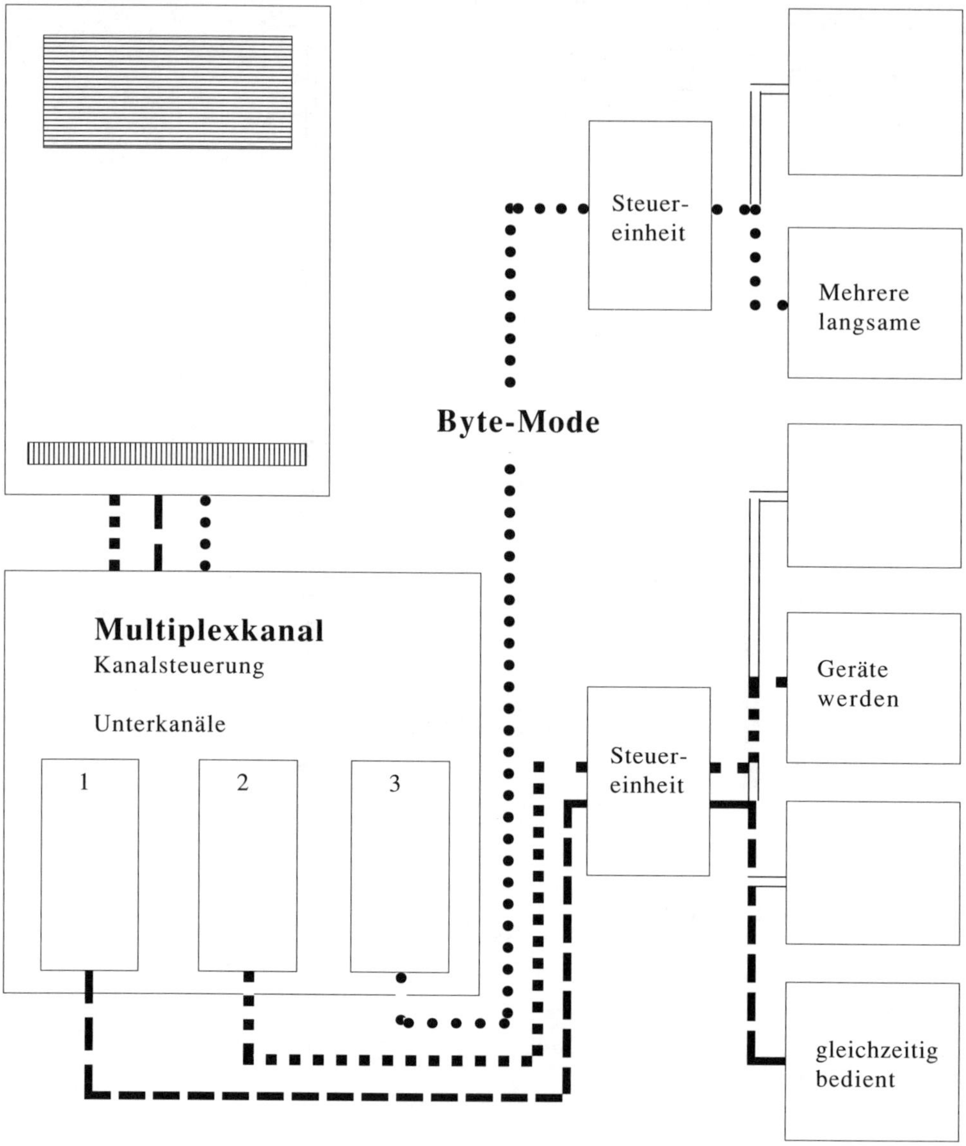

Puffer

Puffer dienen dem Ausgleich unterschiedlicher Verarbeitungsgeschwindigkeiten. Sie werden in der Zentraleinheit gleichermaßen wie in Steuereinheiten und Ausgabe/Eingabeeinheiten genutzt. Die Zentraleinheit kann einem Ausgabegerät sehr schnell einen kompletten Satz (Block) bereitstellen, während das «langsame» Ausgabegerät diesen Block z.B. nur zeichenweise abarbeiten kann. In einem Puffer zwischen Zentraleinheit und Ausgabegerät werden die Daten zwischengespeichert. Auch von einem Ausgabegrät zur Zentraleinheit hin wird gepuffert. Das Magnetbandgerät z.B. stellt einen Block in einen Puffer in der Zentraleinheit ein, aus dem dann das Programm Satz für Satz die jeweils benötigten Daten herausliest. Dieses Verfahren läßt sich noch weiter beschleunigen, wenn zwei Puffer parallel genutzt werden. Während das Programm mit einem Puffer arbeitet, kann der Kanal schon wieder den zweiten Puffer füllen oder leeren. Dann werden die Puffer umgeschaltet.

Einfacher Puffer

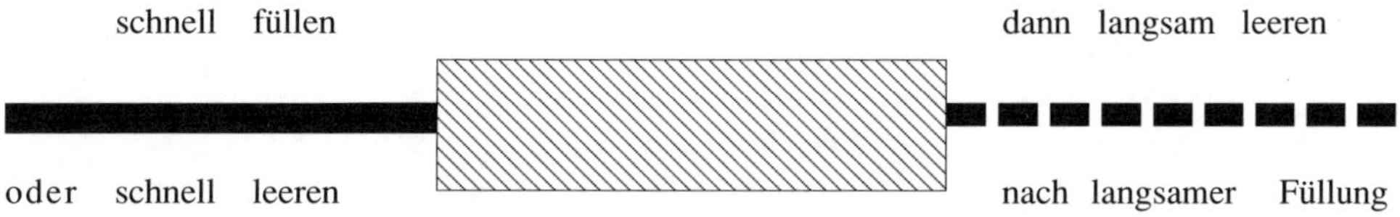

Doppelter Puffer

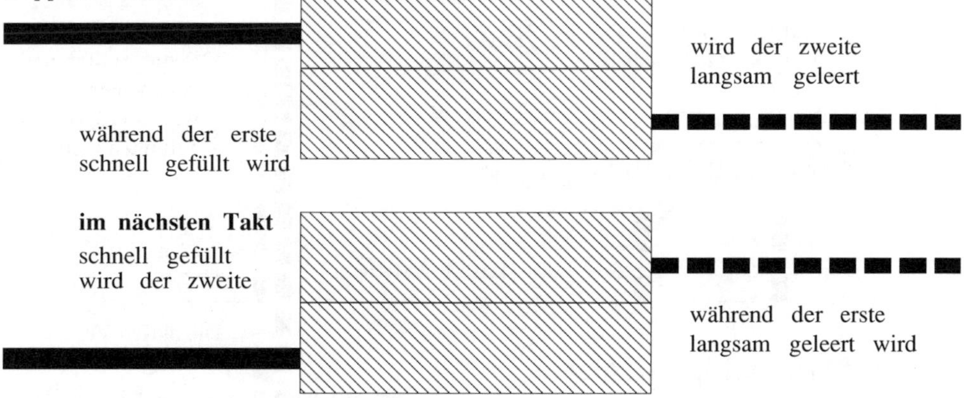

dann wird wieder zurückgeschaltet, usw.

Oder umgekehrt: schnell geleert und langsam gefüllt.

Blockmultiplexkanal – BMPX-Kanal

Ein BMPX-Kanal ist vorzugsweise zum Anschluß von Magnetplatteneinheiten geeignet: Wie ein Selektorkanal überträgt der die Datensätze im Burst-Mode, also blockweise. Der Blockmultiplex-Kanal kann sich jedoch während der Zeiten für mechanische Operationen beim Zugriff von einem Kanalprogramm trennen: Unterkanäle im BMPX-Kanal machen es möglich, daß er während solcher Zeiten abwechselnd an mehreren Kanalprogrammen arbeitet.

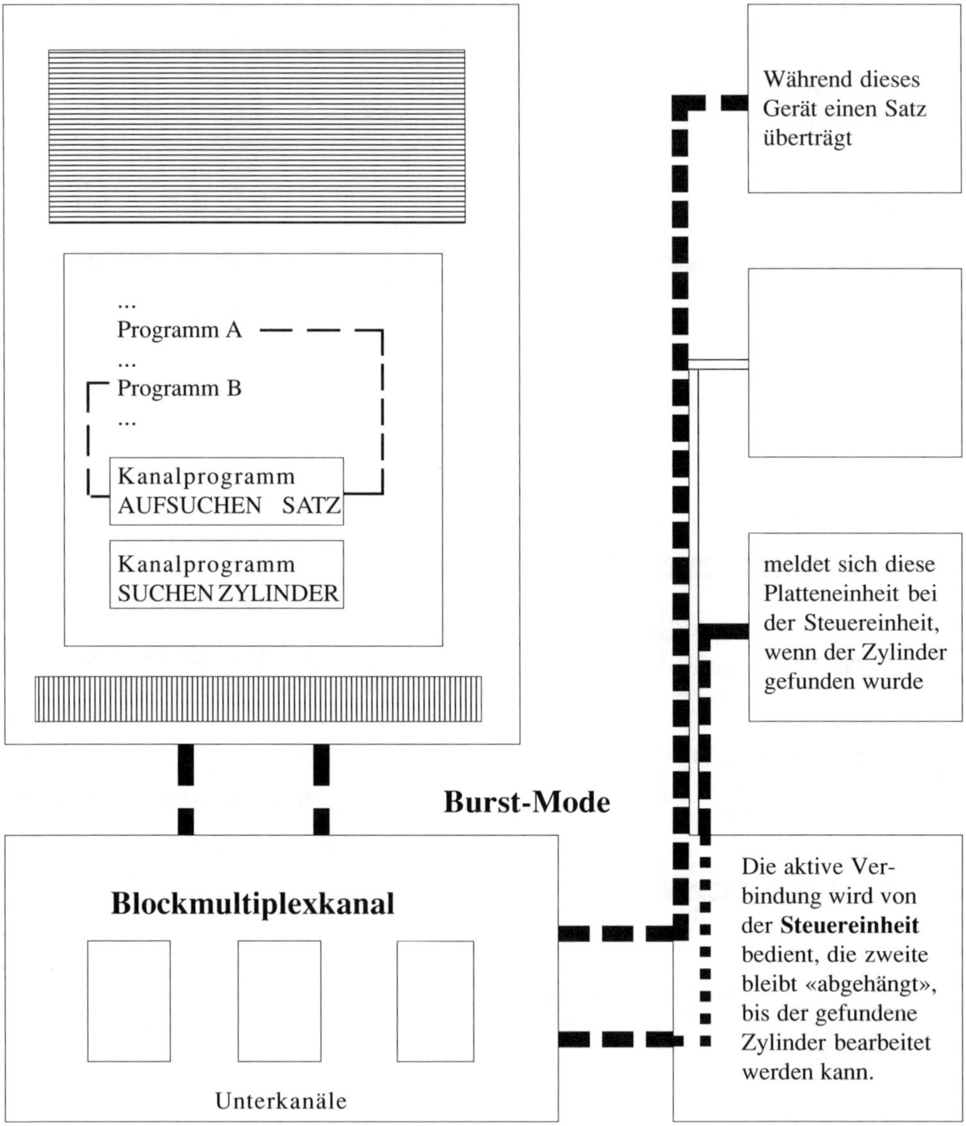

2.3 Softwarekomponenten

2.3.1 Vorbemerkung

Wenn die Leistungsfähigkeit eines elektronischen Datenverarbeitungs-Systems und sein wirtschaftlicher Einsatz betrachtet werden sollen, wird man im Regelfall technische Leistungsdaten in den Vordergrund rücken, wie zum Beispiel die Geschwindigkeit des Hauptspeichers und der Eingabe/Ausgabe-Einheiten, das Fassungsvermögen externer Speicher und die Zugriffszeit zu dort gespeicherten Daten. Außerdem wird oft die Durchführung für bestimmte Instruktionen als Bewertungsmaßstab gewählt.

Jede dieser Informationen ist, für sich betrachtet, interessant. Aber wichtiger und bedeutsamer ist es, alle Elemente des Systems, und zwar jedes zu jeder Zeit, soweit wie eben möglich zu nutzen. Den Wert eines Systems repräsentieren nicht nur die absoluten Leistungszahlen der Komponenten, sondern der Grad, zu dem die Komponenten für die Aufgaben des Unternehmens wirksam werden. Daher sollte der Wirkungsgrad eines DV-Systems in erster Linie Bewertungsmaßstab sein.

Selbstverständlich stellt die Aufgabe, ein komplexes System mit einer breiten Palette von Komponenten planvoll einzusetzen und optimal zu nutzen, ein sehr schwer lösbares

Übersicht Maschinensysteme / Betriebssysteme

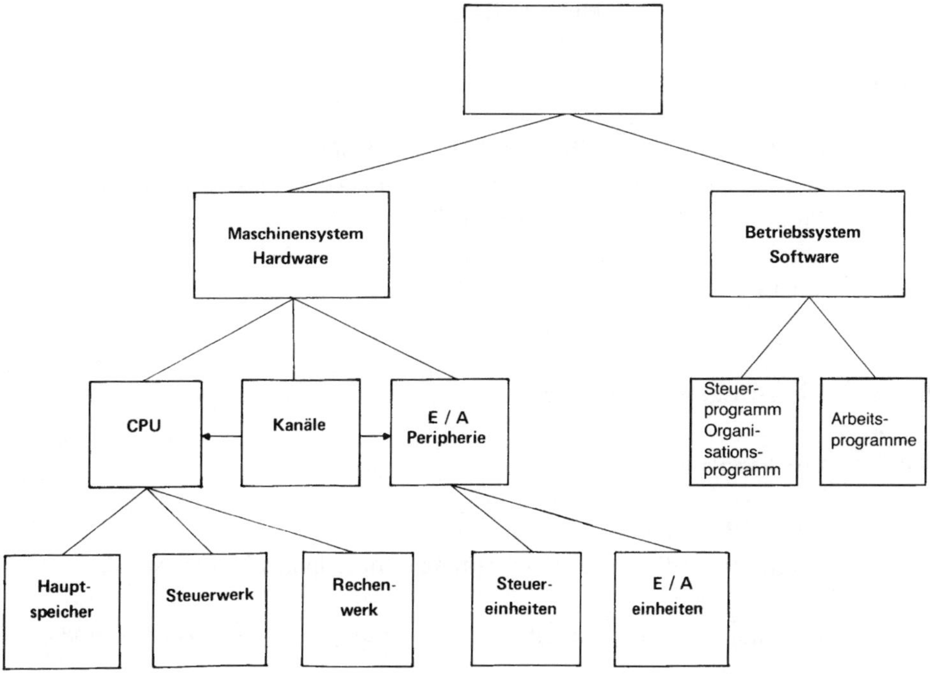

Problem dar. Es lag nahe, die hierfür notwendigen Programmroutinen zu standardisieren und vom Hersteller zur Verfügung zu stellen. Die Summe dieser Programme nennt man Betriebssystem.

2.3.2 Bestandteile des Betriebssystems

Das Betriebssystem ist auf einem Speicher mit wahlfreiem Zugriff untergebracht. Es enthält alle Programme, die zur Durchführung der Arbeiten notwendig sind:

Steuerprogramme (Organisationsprogramm)
Umwandlungsprogramme (Programmiersprachen-Übersetzer)
Anwendungsprogramme
Dienstprogramme

Mit Ausnahme der Anwendungsprogramme sind die oben genannten Programme Systemprogramme im engeren Sinne.

2.3.3 Wesentliche Funktionen der Steuerprogramme

2.3.3.1 Automatischer Arbeitswechsel

Der automatische Arbeitswechsel

beachtet die geplante Reihenfolge der Arbeiten
lädt das gewünschte Program m unter Umständen aus verschiedenen Programmteilen vom externen Speicher
überlagert nicht mehr benötigte Programme
leitet die Arbeit ein

2.3.3.2 Ein-/Ausgabe-Steuerung

Die Ein-/Ausgabe-Steuerung

überwacht sämtliche E/A-Vorgänge
überprüft, ob die für die Verarbeitung erforderlichen Datenbestände zur Verfügung stehen
prüft auf Lese- und Schreibfehler und leitet gegebenenfalls ein Korrekturprogramm ein

prüft auf Ende-Bedingungen und leitet den abschließenden Programmteil ein (END OF FILE oder END OF VOLUME)
ermöglicht eine unkomplizierte Verwaltung der gespeicherten Datenbestände

2.3.3.3 Steuerung der Programmunterbrechung

Eingabe, Ausgabe und Verarbeitung laufen parallel ab. Beginn und Ende der verschiedenen Ein-/Ausgabe-Vorgänge werden dem System gemeldet. Dieses komplizierte Zusammenspiel wird vom Betriebssystem gesteuert. Es überwacht ebenso die Unterbrechung bei Datenfernverarbeitungssignalen.

2.3.3.4 Datenfernverarbeitung

Das Betriebssystem steuert den Ablauf des entsprechenden Programms, wenn eine Anforderung das laufende Programm unterbricht, durch

Kontrolle der Leitung
Sammeln und Ausgeben von Meldungen
Bereitstellen von angeforderten Bestandsätzen

2.3.3.5 Bedienungs- und Fehlerhinweise

Über die angeschlossenen Datensichtgeräte und Konsoldrucker werden dem Bediener gezielte Hinweise und Fehlermeldungen ausgegeben.

2.3.3.6 Multiprogramming

Das System ist durch die Technik der Programmunterbrechung, des Kanalaufbaues und des großen Hauptspeichervolumens darauf konstruiert, mehrere Programme gleichzeitig aufzunehmen und sie wechselweise, in verzahnter Arbeitsweise, durchzuführen. Vom Programmierer bzw. Bediener zu vergebende Prioritäten ermöglichen eine Dringlichkeitsabstufung der einzelnen Programme und steuern die Vorrangverarbeitung.

2.3.4 Laden des Betriebssystems

Ein Teil der Steuerprogramme, der NUCLEUS, wird bei Arbeitsbeginn in den Hauptspeicher geladen (IPL = Initial Program Load = erstmaliges Laden des Betriebssystems) und ist hier ständig gespeichert. Dafür ist entsprechender Speicherplatz zu reservieren.

2.3.5 Zusammenfassung

Die an ein DV-System gestellten Anforderungen bedingen heute neben einer maschinellen Auslegung die entsprechenden Steuerungsprogramme. Beide gemeinsam bestimmen die Leistungsfähigkeit und den wirtschaftlichen Einsatz.

2.4 Zusammenwirken der Komponenten von DV-Systemen dargestellt an einem Beispiel

2.4.1 Aufgabenstellung

In El Paso, im Bundesstaat Texas der USA, Grenzstadt zu Mexiko, hat die Zweigstelle einer deutschen Dienststelle in Washington D.C. mehr als eintausend entsandte Bedienstete aus der Bundesrepublik zu betreuen. Die Bediensteten bekommen ihr Gehalt auf ihre deutschen Konten überwiesen. Um an das Geld heranzukommen (amerikanische Banken nehmen keine Euroschecks an), und um es gleichzeitig in Dollars ausgezahlt zu bekommen, bietet die Dienststelle die Möglichkeit an, einen deutschen DM-Scheck bei der Kasse der Dienststelle einzureichen, um dafür einen Dollar-Scheck zu erhalten, den der Bedienstete bei seiner US-Bank einzahlen kann.

In der Hauptniederlassung in Washington D.C. ist die gleiche Problemstellung vorhanden, aber es besteht bereits ein durch Datenverarbeitung unterstütztes Verfahren, das im Rechenzentrum Washington gefahren wird.

Eine Standleitung von Washington zu dem 2500 km entfernten El Paso ist bereits vorhanden.

Zeit- und Mengengerüst

Zahltage sind am 01. und 15. jeden Monats. Pro Zahltag sind es ca. 400 Teilnehmer, die sich einen Dollar-Gehaltsscheck auszahlen lassen. Der manuelle Aufwand beträgt ca. 4 Manntage pro Zahltag. Dies sind ca. 96 Manntage im Jahr; also eine Arbeitskraft ist ein halbes Jahr damit beschäftigt Dollar-Gehaltschecks auszustellen mit allen dazugehörigen Arbeiten.

Manueller Ablauf

Sammeln aller Anträge
Sortieren der Anträge in aufsteigender DM-Folge
Anträge summieren (Gesamtsumme c. $ 700 000/mtl.)
Im Geschäftszimmer werden die Anträge fortlaufend in die Nachweislisten eingetragen. Ist der DM/Dollar-Kurswert zu dieser Zeit nicht bekannt, wird der Kurs später nachgetragen.
Drei unterschiedliche Nachweislisten sind zu führen
Die Kasse erstellt einen US-Dollarscheck pro Geldinstitut
Schecks gemäß Nachweislisten erstellen, Prüfen und Verteilen

2.4.2 Lösung

Hardware

In El Paso ist ein dialogfähiges Datenerfassungsgerät mit einem Drucker (1 Bildschirm mit Drucker oder 1 Personal-Computer mit Drucker), 1 Steuereinheit und 1 Modem zu installieren.

Software

Das in Washington D.C. laufende Verfahren (bestehend aus n Programmen) muß geringfügig angepaßt werden.

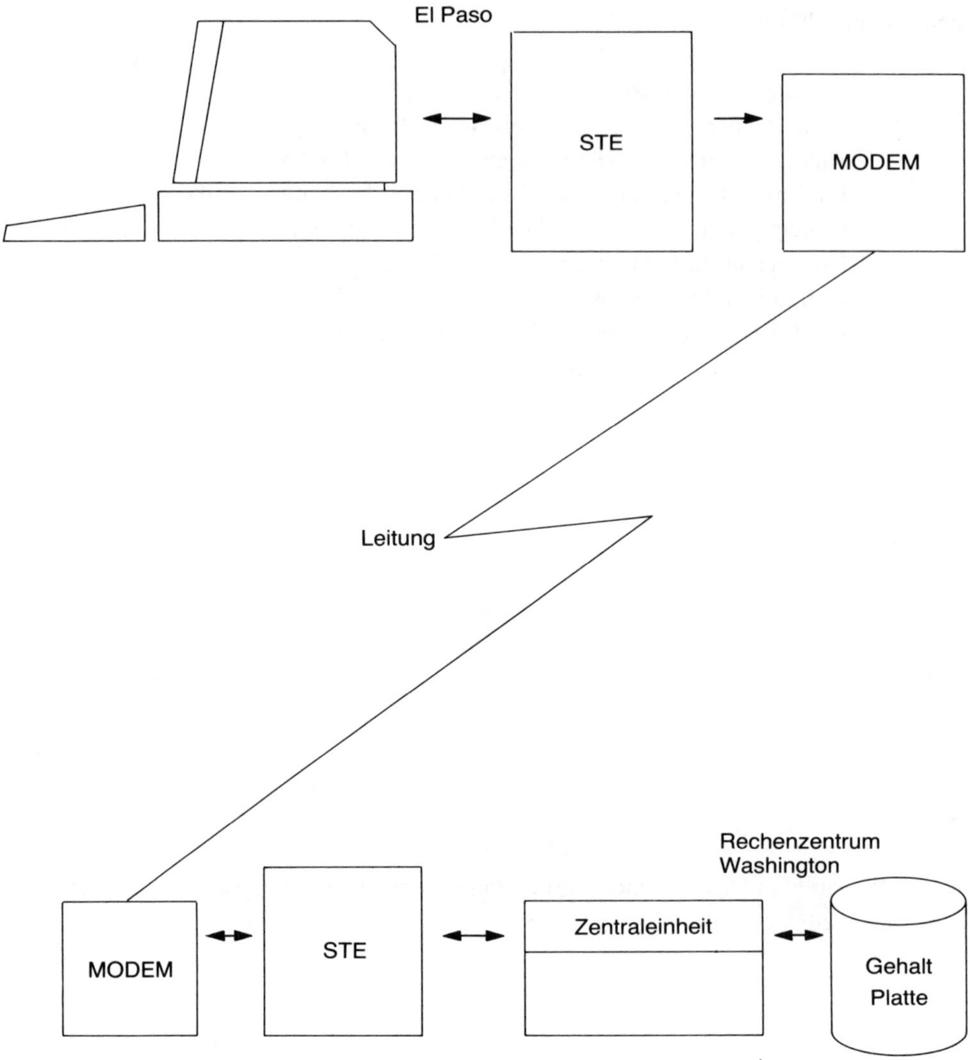

Konfiguration der in El Paso und Washington installierten Hardware

2.4.3 Ablauf vor bzw. an einem Zahltag

Datenerfassung

Die Daten (Name oder entsprechender Code und DM-Betrag) werden in El Paso über einen Bildschirm mit Tastatur OFFLINE erfaßt. Die Daten werden im Rechenzentrum Washington in einer Datei auf einer Magnetplatteneinheit gespeichert.

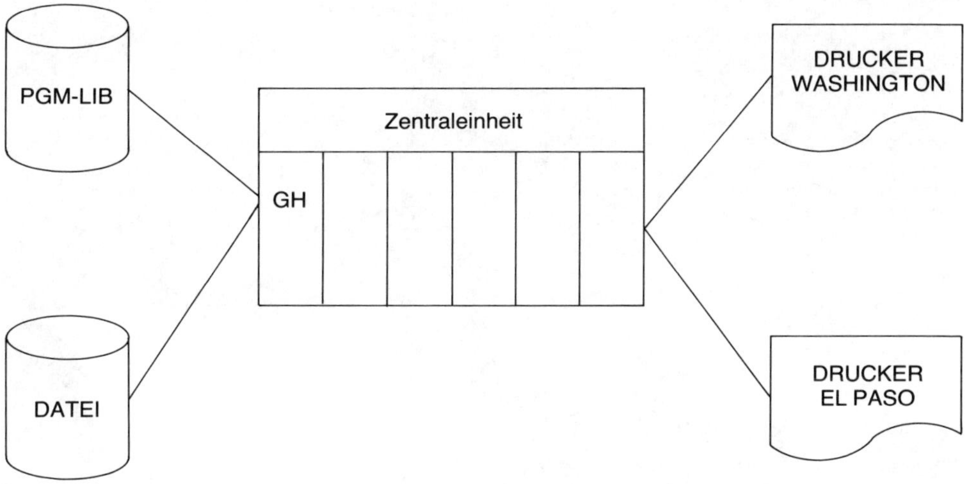

Programmdurchführung im Rechenzentrum Washington

Die Durchführung des DV-Verfahrens ist von der Arbeitsvorbereitung mit einem bestimmten Zeitpunkt eingeplant. Das Programm befindet sich in einer Programmbibliothek und wird von dort durch den Bediener zur Durchführung abgerufen, in den Hauptspeicher geladen und gestartet. Das Programm ruft sich die Daten von der Magnetplatte ab und beginnt die entsprechenden Listen und Schecks zu drucken. Die Schecks für El Paso werden dort gedruckt. Sie müssen nur noch separiert und verteilt werden.

2.4.4 Schlußbemerkung

Die Programme benötigen ca 60 Sekunden CPU-Zeit. Der Druckvorgang liegt je nach Druckgeschwindigkeit des Druckers zwischen 5 und 15 Minuten. Fehler werden weitgehend durch entsprechend programmierte Plausibilitätskontrollen ausgeschlossen. Die Sachbearbeiter sind für andere Aufgaben frei.

Bild 2.19 Eine Ameise im Größenvergleich mit Magnetkernen, zu einer Zeit, als man ein Bit noch sehen konnte. IBM-Pressefoto.

3 Informationsdarstellung

3.1 Grundbegriffe

3.1.1 Zeichen

Nach DIN 44 300 ist ein Zeichen ein Element aus einer vereinbarten endlichen Menge von (verschiedenen) Elementen, einem Zeichenvorrat.

Für eine Maschine müssen Zeichen bekannt und eindeutig sein. Wenn dies in der Datenverarbeitungspraxis so selbstverständlich wäre, wie es klingt, dürften Fehlernachrichten wie *Typ Mismatch* oder *Conversion Error* überflüssig sein. Wir müssen uns bewußt machen, daß wir geschriebene Texte, selbst maschinell erstellte, mit sehr viel Vorwissen lesen. Dies können wir einem Computer nicht unbedingt abverlangen.

Beispiel:

Bei älteren mechanischen Schreibmaschinen gab es es für die Null und die Eins keine eigene Taste. Es wurde statt dessen das große O (Buchstabe) bzw. das kleine l genutzt. Wurde z. B. auf einem Banküberweisungsträger unter der Überschrift Betrag 11,70 DM geschrieben, dann waren die ersten beiden Zeichen zweifelsfrei Ziffern und wurde der Betrag auch in Worten wiederholt, dann war das gleiche Zeichen in elf eindeutig ein Buchstabe:

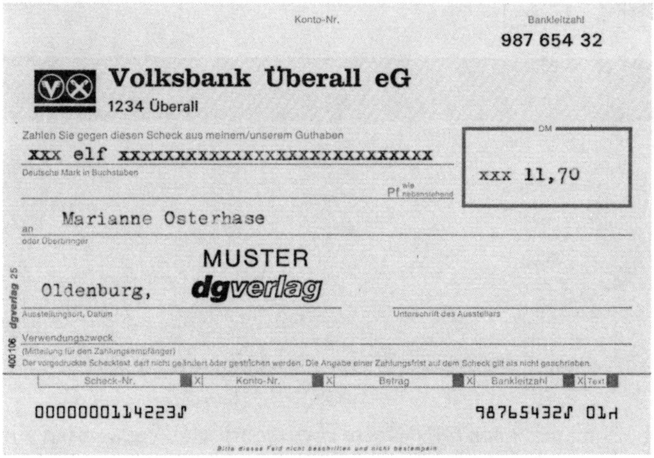
Konto-Nr.
Bankleitzahl
987 654 32
Volksbank Überall eG
1234 Überall
Zahlen Sie gegen diesen Scheck aus meinem/unserem Guthaben
xxx elf xxxxxxxxxxxxxxxxxxxxxxxxxxxxx
Deutsche Mark in Buchstaben
DM
xxx 11,70
Pf wie nebenstehend
Marianne Osterhase
an oder Überbringer
MUSTER
Oldenburg, dgverlag
Ausstellungsort, Datum
Unterschrift des Ausstellers
400 106 dgverlag 25
Verwendungszweck
(Mitteilung für den Zahlungsempfänger)
Der vorgedruckte Schecktext darf nicht geändert oder gestrichen werden. Die Angabe einer Zahlungsfrist auf dem Scheck gilt als nicht geschrieben.
Scheck-Nr. X Konto-Nr. X Betrag X Bankleitzahl X Text
0000000114223⑈ 98765432⑈ 01⑆
Bitte dieses Feld nicht beschriften und nicht bestempeln

Bild 3.1 Scheckmuster, mit einer älteren mechanischen Schreibmaschine ausgefüllt

Beim Austausch von phonetischen Signalen – beim Sprechen – gibt es eine Vielzahl von Ausprägungen. Nicht nur in unserer Sprache haben wir gleichlautende Worte mit unterschiedlicher Bedeutung, die oft nur aus dem Zusammenhang erklärbar ist oder näher erläutert werden müssen. Um ein Vielfaches schwieriger wird es bei der internationalen Verständigung:

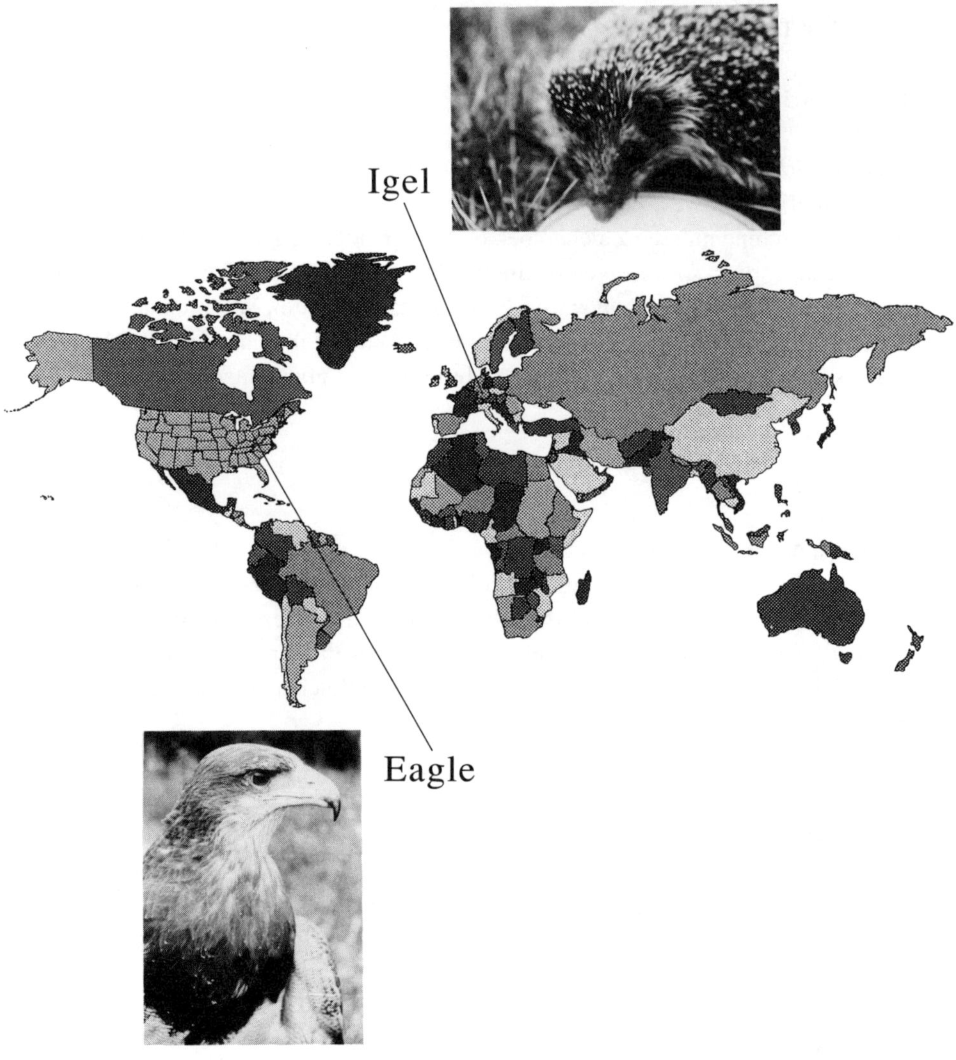

Bild 3.2 Phonetisch-inhaltliches Informationsproblem

So eng, wie in der Datenverarbeitung und nach DIN-Norm vorgeschrieben, verwenden wir im Sprachgebrauch die Vokabel «Zeichen» jedoch nicht. Schier unendlich ist die Zahl der

Zeichen, mit denen sich Liebende eindeutig ihre Zuneigung signalisieren oder aus denen die Auguren und bisweilen auch heute noch die Astrologen die Zukunft vorhersagen. Objektiv unterschiedliche Interpretationsmöglichkeiten bieten z.B. die Handzeichen eines Verkehrspolizisten, die für den einen warten und für den anderen fahren bedeuten können:

Bild 3.3 Optisch-semantisches Informationsproblem

Dagegen bewirkt der «Hallo-Effekt», daß ein Gesichtsausdruck subjektiv sowohl als freundliches Lächeln oder auch als hämisches Grinsen interpretiert werden kann. Je nach Einstellung des Betrachters.

Für die Steuerung einer Walzstraße oder einer modernen Waschmaschine geben Thermostaten oder Höhenmesser eindeutige Signale (Zeichen), von denen die weitere Bearbeitung abgeleitet wird.

3.1.2 Daten

Die Zeichen, mit denen wir uns in der kommerziellen Datenverarbeitung beschäftigen, sind die Buchstaben eines Alphabets, die Ziffern eines Zahlensystems und Sonderzeichen wie Interpunktionen oder Steuerzeichen. Um Mißverständnisse mit unserem Rechner zu vermeiden, müssen wir bisweilen berücksichtigen, daß einige Zeichen, die wir als Buchstaben ansehen, wie z.B. die Umlaute oder ß, für ihn Sonderzeichen – außerhalb des

Alphabets – sind. Auf der anderen Seite verwenden wir aber auch Ziffern wie Buchstaben – also nicht zum Rechnen im eigentlichen Sinn, wie zum Beipiel für Konfektionsgrößen, Hausnummern oder Zeugnisnoten. Wir nutzen diese Buchstaben, Ziffern und Sonderzeichen als **Daten** und verarbeiten sie; was letztlich auch der Datenverarbeitung den Namen gegeben hat. Wenn Datenverarbeitung nur die Verarbeitung von *Daten* (Zeichen) ist, dann ist auch das, was der Verkehrspolizist auf der Kreuzung leistet, Datenverarbeitung. Er sieht den Verkehrsfluß, er verarbeitet das, was er sieht, und das Ergebnis dieses Verarbeitungsprozesses ist z.B. ein Handzeichen.

Oder stellen wir uns den herkömmlich mit Karteikarten, Belegen, einer Rechenmaschine und Kugelschreiber arbeitenden Buchhalter vor. Er nimmt Ziffern und Buchstaben von den Belegen auf (er liest die Belege) und zum Rechnen benutzt er die Rechenmaschine. Das Ergebnis der Datenverarbeitung sind Eintragungen in den Karteikarten und Buchungsvermerke auf den Belegen. Grundsätzlich kann man jede Tätigkeit unter das Schema Eingabe (Aufnahme) von Daten, Verarbeitung und Ausgabe von Daten unterordnen. Datenverarbeitung, wie es in diesem Basiswissen vermittelt wird, wird durch die Attribute maschinell, automatisiert oder elektronisch eingegrenzt, was auch in den Abkürzungen *EDV* oder *ADV* zum Ausdruck kommt.

Das Wort *Daten* ist lateinischen Ursprungs von *dare – geben* bzw. *datum – die Gabe.* Unserem heutigen Sprachgebrauch angeglichen sind Daten auch Angaben. Angaben über eine bestimmte Person sind personenbezogene Daten, deren Verarbeitung etwas brisanter ist als z.B. Wetterdaten oder Angaben über einen Lagerbestand.

3.1.3 Nachrichten

Wir verarbeiten Daten, die aus einem oder mehreren Zeichen zusammengesetzt sind und die aufgrund einer bekannten oder unterstellten Abmachung eine Information darstellen. Bevor wir die Vokabel Information etwas näher betrachten, soll der Begriff **Nachricht** näher erörtert werden. Zum Verständnis hilft uns der Sprachgebrauch weiter. Das, was uns die Sendeanstalten täglich bieten, sind Nachrichten ohne jede Wertung. Die Vokabel «bieten» wird hier im eigentlichen Sinne genutzt: ein Angebot. Es ist in der Tat ein Angebot, denn unabhängig vom Interessse eines einzelnen, ob er zuhört oder zusieht oder nicht, ob das Empfangsgerät eingeschaltet ist oder nicht, die Nachrichten gehen über den Sender in den Äther. Die Nachrichtentechnik beinhaltet konsequenterweise auch nur die Technik der Vermittlung, Übertragung und Verarbeitung von Nachrichten. Ein Telefontechniker wird die Frage, ob man mit Japan von einem normalen Telefonanschluß aus telefonieren kann, korrekt mit ja beantworten. Denn wenn man wählen kann und wenn der Ruf auch rausgeht, dann ist das Gespräch in dem Moment hergestellt, in dem der angerufene Teilnehmer den Hörer abnimmt und benutzt. Das sprachliche (Deutsch, Japanisch, Englisch) und das inhaltliche Problem (spricht man über das Wetter, vom Sport oder Wechselkurse) löst kein Fernmeldetechniker. Unabhängig von den jeweiligen

Inhalten und Aussagewerten werden für die Übertragung von Schrift oder Bildern andere Medien genutzt als für die Übertragung von Sprache oder Musik.

3.1.4 Informationen

Obwohl bisher in wenigen Betrieben die organisatorischen Konsequenzen gezogen wurden, wachsen Datenverarbeitung und Nachrichtentechnik immer mehr zusammen. Während sich die Datenverarbeiter für die Datenfernverarbeitung der Nachrichtenmedien und -wege bedienen, nutzen die Nachrichtentechniker die Digitalisierung zur Steigerung von Geschwindigkeit, Menge und Qualität. Eine Nachricht wird zu einer **Information** wenn die angebotene Nachricht empfangen (aufgenommen) wird und einen Informationsgehalt hat. Während für den Nachrichtentechniker die Inhalte völlig transparent sind, setzen sich die Informatiker mit den Informationen auch inhaltlich auseinander. Kaufmännisch gesehen ist die Nachricht ein Angebot, die Information dagegen die Annahme, die Nachfrage, der Verbrauch.

3.1.5 Zusammenfassung

Bringt man diese Grundbegriffe Zeichen, Daten, Nachrichten und Informationen in eine hierarchische Ordnung, so kann man feststellen, daß *ein oder mehrere Zeichen zu Daten* zusammengefaßt werden, die Angaben für eine mögliche Verarbeitung beinhalten. *Ein oder mehrere Daten werden zu Nachrichten* verknüpft, die in dem Moment, wo sie ihr Ziel und ihren eigentlichen Zweck erreichen oder erfüllen, zu *Informationen* werden.

Der Vollständigkeit halber sei noch erwähnt, daß dies alles auch in der Umkehrung gilt, d.h., keine Nachricht kann eine Information sein, die für den Nichtempfänger eine Bedeutung hat: «Wenn Sie von mir nichts weiter hören, dann geht das in Ordnung!« Oder: «Tropft kein Öl mehr aus dem Motor, dann war das Einsetzen der neuen Dichtung erfolgreich.»

Bild 3.4 Hans Poschmann – der 1983 verstorbene Mitautor der ersten Auflage – gibt auf dem Bild seiner Mitarbeiterin in Form von Zeichen Informationen für die Verarbeitung von Daten, vielleicht hilft er ihr beim entschlüsseln der Codierung auf der Bedienerkonsole.

Spätestens nach dieser Bildunterschrift haben Sie festgestellt, daß nicht nur wegen des unterschiedlichen Sprachgebrauchs, sondern durchaus auch unter «Fachleuten» einige Begriffe zunächst der Definition bedürfen, damit man über die gleiche Sache spricht. Sie werden insbesondere auch bei vertiefender Beschäftigung mit der Informatik immer wieder feststellen müssen, daß herstellerbezogene Ausdrücke Ihnen das Lernen schwer machen. Natürlich gibt es Datenverarbeiter, die sich mit einem Schutzwall aus «Datenverarbeitungs-Latein» umgeben, die können Sie durch Fragen schnell entlarven. Herstellerspezifische Begriffe müssen Sie aber hinterfragen; denn es sind oft nur urheberrechtliche oder Wettbewerbsgründe, die für die gleichen Produkte unterschiedliche Begriffe prägen. In diesem Grundlagenband sollen Ihnen – weitgehend – herstellerneutral Prinzipien erschlossen werden.

3.2 Darstellung von Informationen im DV-System

3.2.1 Physikalische und mathematische Grundbegriffe

Rechner der heutigen Bauart sind mit extrem schnellen elektronischen Bausteinen ausgerüstet, die aus einigen wenigen Formen von elektronischen Grundschaltungen aufgebaut sind.

Diese Grundschaltungen, die aus den Regeln der *Boolschen Algebra* stammen, heißen **UND, ODER** und **NICHT.** Mit diesen Grundschaltungen kann der Rechner logische Entscheidungen treffen. Logische Schaltungen verarbeiten die binären Werte 0 und 1.

UND-Schaltung

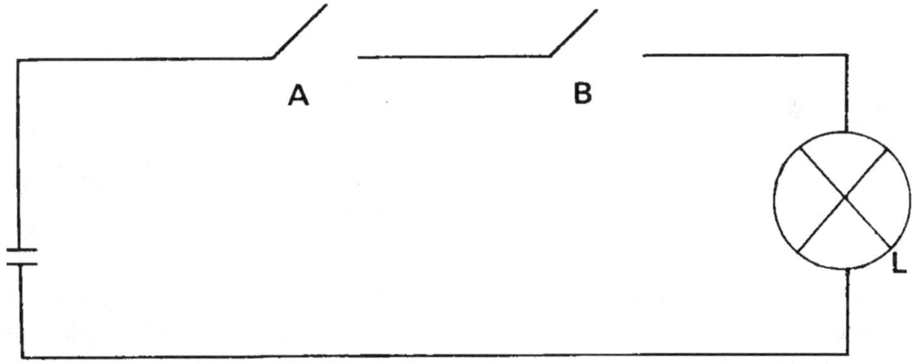

Die Lampe (L) brennt in dem Moment, wenn die Schalter A und B geschlossen sind. Es fließt also nur Strom (von der Stromquelle, den parallelen Strichen), wenn beide Schalter betätigt worden sind, d.h., wenn beide Eingänge in dem Logik-Symbol Strom führen. Bei einer solchen UND-Schaltung gibt es vier Kombinationsmöglichkeiten:

A	B	Lampe	
0	0	0	
1	0	0	
0	1	0	
1	1	1	Lampe brennt

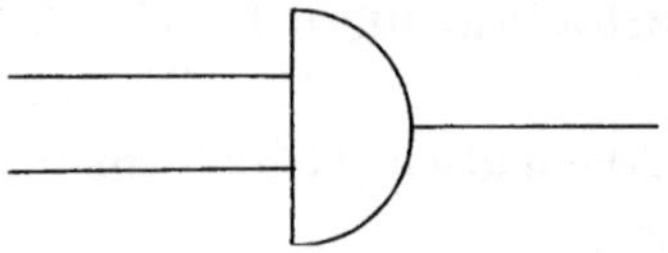

Dieses Schaltsymbol - in der Mathematik auch Konjunktion genannt - wird vielfach in Darstellungen verwendet, obwohl es nach DIN-Vorschriften auch andere Zeichen gibt.

ODER-Schaltung

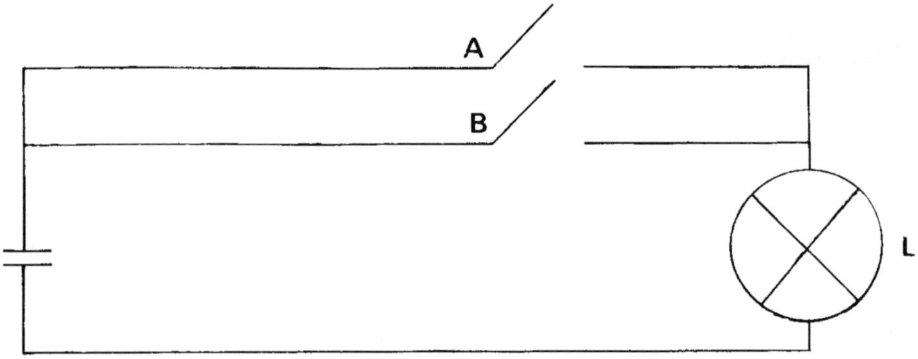

Die Lampe brennt bereits, wenn einer der Schalter A oder B geschlossen ist, d.h., wenn an mindestens einem Eingang in dem Logik-Symbol Strom fließt. Auch hier gibt es vier Kombinationsmöglichkeiten:

A	B	Lampe	
0	0	0	
1	0	1	Lampe brennt
0	1	1	Lampe brennt
1	1	1	Lampe brennt

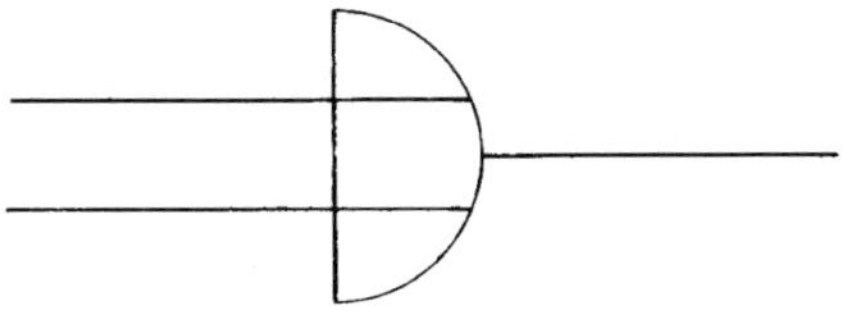

Die ODER-Schaltung (Disjunktion) als Schaltsymbol.

NICHT-Schaltung

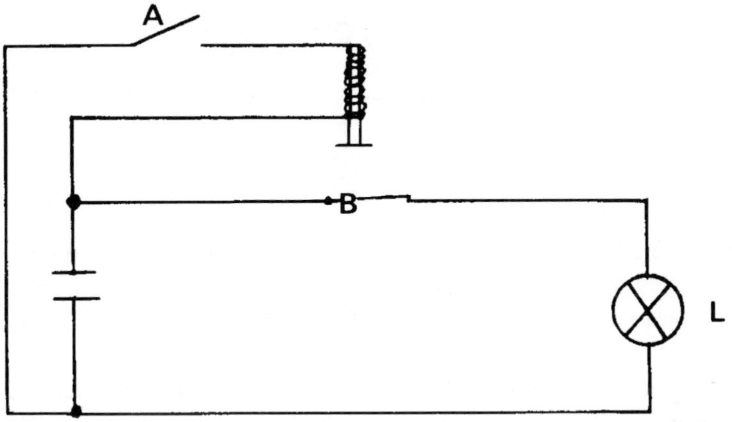

Wenn der Schalter A offen ist, dann fließt durch die Spule kein Strom und der Schalter B wird durch den Magneten nicht geöffnet. Wird der Schalter A geschlossen, dann zieht der Magnet den Schalter B auf. Die **Nicht**-Schaltung bewirkt nichts anderes, als daß das Ausgangssignal dem Eingangssignal entgegengesetzt ist, dieses also negiert wird. In einer Wertetabelle wird dies so dargestellt:

A	B	Lampe
0	1	Lampe brennt
1	0	

Die Negation als Schaltsymbol:

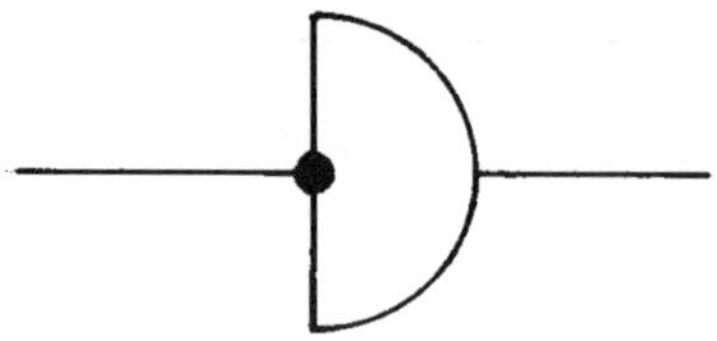

oder

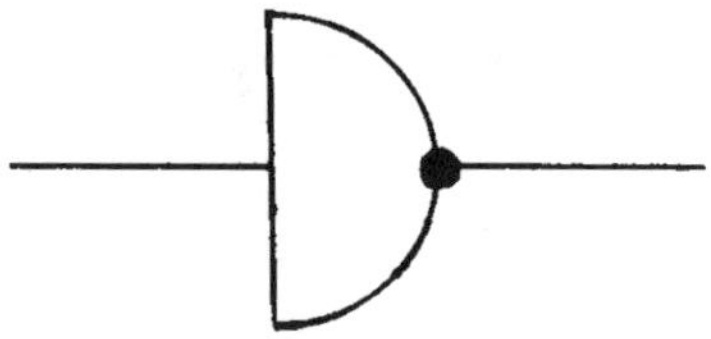

In unserem Schalterbild sieht man, daß Strom fließt, wenn der Schalter nicht betätigt wird, und es fließt kein Strom, wenn der Schalter betätigt wird. Ein typisches Beispiel hierfür ist die Kühlschrank-Lampe, die beim Schließen der Tür – Betätigung der NICHT-Schaltung – erlischt.

Diese 3 logischen Strukturen können zu komplexen Entscheidungen kombiniert werden, zum Beispiel auch zur Speicherung von binären Zeichen.

Flipflop

Ein Flipflop ist eine solche Kombination aus mehreren logischen Schaltelementen: zwei Konjunktionen (UND-Schaltungen), an deren Eingängen jeweils zwei Negationen (NICHT-Schaltungen) liegen. Für ein einzelnes Element bedeutet dies, ein Impuls geht dann und nur dann heraus, wenn an beiden Eingängen kein Impuls ankommt. Durch die Negationen werden aus den beiden «kein-Impulsen» zwei Impulse, die am Ausgang der UND-Schaltung zu einem Impuls führen.

Ein Element eines Flipflops:

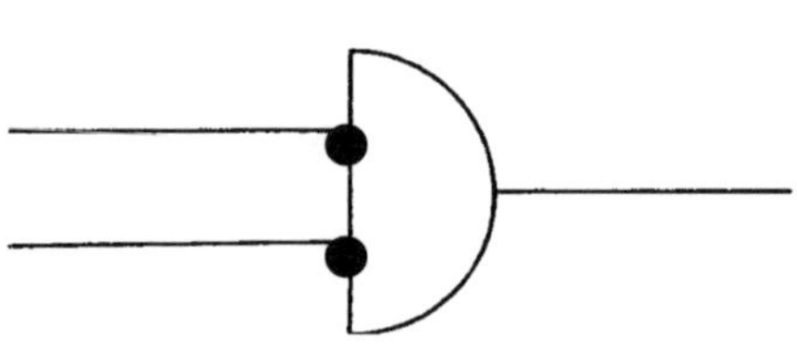

Nun das komplette Flipflop mit zwei verschiedenen Zuständen:

Die Speicherung einer 0

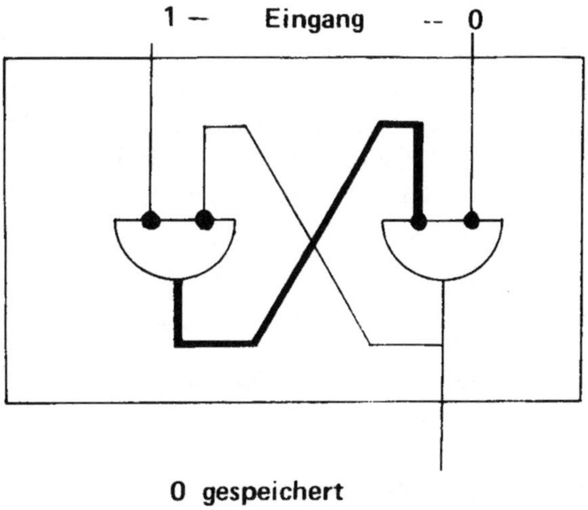

Die Speicherung einer 1

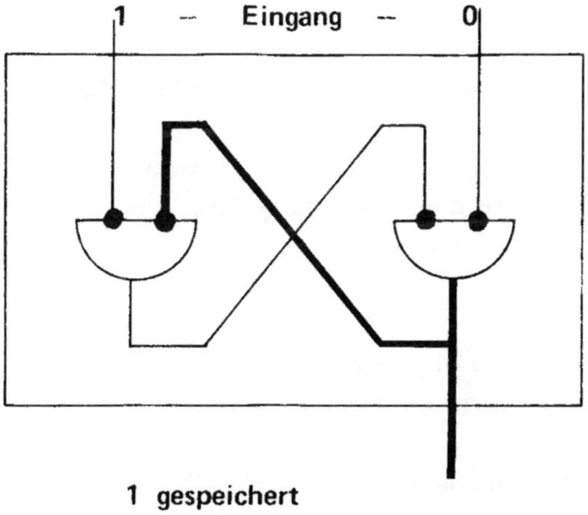

Das Flipflop (oder auch bistabile Kippstufe) ist ein in sich rückgekoppeltes, verstärkende Glieder enthaltendes Speicherglied, welches zwei eindeutig unterscheidbare elektrisch stabile Zustände einnehmen kann. Diesen beiden Zuständen lassen sich Bedeutungen binär Null und binär Eins zuordnen. Durch Auslösesignale wird das Flipflop von einer stabilen Lage in die andere gekippt. *)

*) nach: Löbel, Müller, Schmid: Lexikon der Datenverarbeitung

3.2.2 Zahlensysteme

3.2.2.1 Das Dezimalsystem

Bereits in frühester Kindheit haben wir im *Zehner- oder Dezimalsystem* zählen oder rechnen gelernt. Mit der Zeit ist es für uns selbstverständlich geworden.

Elektronische Datenverarbeitungsanlagen sind aus technischen Gründen allerdings nicht in der Lage, mit diesem Zahlensystem zu arbeiten. Sie erfordern andere Zahlensysteme. Bevor wir uns jedoch mit diesen beschäftigen, wollen wir uns noch einmal den Aufbau des

Dezimalsystems

ins Gedächtnis zurückrufen, denn die anderen Systeme sind in ihrem Aufbau eng mit ihm verwandt.

Das Dezimal-(Zehner-)System

Betrachten wir uns zunächst einmal die **Ziffern** des Dezimalsystems:

0 1 2 3 4 5 6 7 8 9

Das Dezimalsystem hat seinen Namen vom lat. *decem* = 10 und 10 ist auch die **Basis** des Systems.

Zwischen der **Basis** und den **Ziffern des Dezimalsystems** gibt es Zusammenhänge:

Wir können sagen:

Die Anzahl der Ziffern ist gleich der Basis,
die größte Ziffer ist um 1 kleiner als die Basis.

Diesen Satz sollte man sich gut merken, denn er gilt auch für alle Zahlensysteme.

Zählen wir die oben dargestellten Ziffern nach, so stellen wir fest, daß es 10 Ziffern sind. Die größte Ziffer, die 9, ist um 1 kleiner als die Basis, die 10.

Bild 3.5 Technische Realisierung des Zählens in einem Gaszähler

Nehmen wir einige Reihen von Dezimalzahlen:

0	19	39	102
1	20	40	103
2	21	..	104
3	22	..	105
4	23	..	106
5	24	95	107
6	25	96	108
7	26	97	109
8	27	98	110
9	28	99	...
10	29	100	...
11	30	101	...
..	..		

Bei näherem Betrachten fällt auf, daß in der hinteren (rechten) Stelle der Zahlen immer wieder die Ziffern des Dezimalsystems durchlaufen werden und auf die 9 immer die 0 folgt. Beim ersten Mal kommt in der nächsten Stelle eine 1 hinzu. Diese Stelle wird dann stets um 1 erhöht, wenn der Übergang von der 9 auf die 0 erfolgt. Dieses Schema setzt sich weiter nach hinten fort.

Man hat im Dezimalsystem den einzelnen Stellen Namen gegeben, die den Wert der Stelle ausdrücken:

Einer
Zehner
Hunderter
Tausender
Zehntausender
usw.

Wir können hier festhalten:

Das Dezimalsystem ist – wie die später beschriebenen Systeme auch – **ein**

Stellenwertsystem

Es gibt andere Systeme, für die das nicht zutrifft. Eines sei hier erwähnt, weil es so bekannt ist:

Das Römische Zahlensystem

I, II, III, IV, V, VI, VII, VIII, IX, X, XI, XII, XIII, XIV, XV, XVI, XVII...

Man sieht deutlich den Unterschied zum Dezimalsystem.
Betrachten wir uns eine Dezimalzahl:

4	7	1	2	Ziffer
Tausender	Hunderter	Zehner	Einer	Stellenwert

Man kann auch, indem man die Ziffer mit dem Stellenwert multipliziert, schreiben:

$$4 * 1000 + 7 * 100 + 1 * 10 + 2 * 10 = 4712$$

oder $$4 * 10^3 + 7 * 10^2 + 1 * 10^1 + 2 * 10^0 = 4712$$

Wir erkennen daraus, daß die Stellenwerte Potenzen von 10, der Basiszahl des Dezimalsystems sind. Allgemein läßt sich für Zahlensysteme, die nach dem Stellenwertprinzip aufgebaut sind, feststellen:

Die Stellenwerte einer Zahl sind Potenzen der Basis des jeweiligen Zahlensystems.

Fassen wir noch einmal zusammen:

1. Der Stellenwert wird durch die Potenzen zur Basis 10 ausgedrückt (10^0, 10^1, 10^2, 10^3.....)

2. Für jede Stelle gibt es 10 Darstellungsmöglichkeiten (0, 1, 2, ...9)

3.2.2.2 Das Dualsystem

Das Dualsystem (oder *Binärsystem oder Zweiersystem)* spielt in der elektronischen Datenverarbeitung eine besondere Rolle.

Bild 3.6 Mechanischer Schalter, der zwei Zustände haben kann

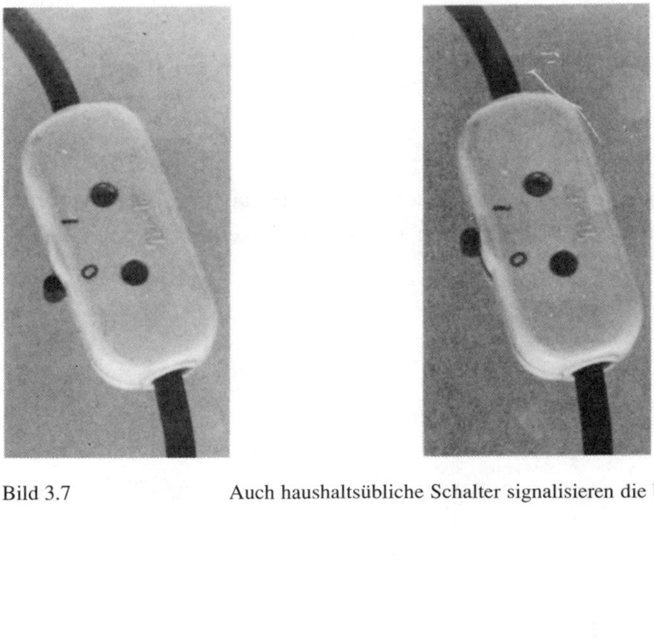

Bild 3.7 Auch haushaltsübliche Schalter signalisieren die beiden Zustände 0 und 1

Das Zweiersystem hat die Basis 2.

Erinnern wir uns an die Thesen, die wir im Dezimalsystem aufgestellt haben, denn sie sollen auch hier gelten:

=> Es gibt nur 2 Ziffern, die 0 und 1
=> Die größte Ziffer ist die 1
=> Die Stellenwerte sind Potenzen von 2

Eine Dualzahl könnte also wie folgt aussehen:

	1	0	1	0	1	0	Ziffer
	(2^5)	(2^4)	(2^3)	(2^2)	(2^1)	(2^0)	Stellenwert
oder	32	16	8	4	2	1	

Multiplizieren wir wieder Ziffer mit Stellenwert und addieren die Einzelwerte:

$$1 * 2^5 + 0 * 2^4 + 1 * 2^3 + 0 * 2^2 + 1 * 2^1 + 0 * 2^0 = 42$$

oder $1 * 32 + 0 * 16 + 1 * 8 + 0 * 4 + 1 * 2 + 0 * 1 = 42$

Der Dualzahl 101010 entspricht die Dezimalzahl 42.

Nachdem wir gesehen haben, wie eine Dualzahl in eine Dezimalzahl umgewandelt wurde, betrachten wir das umgekehrte Verfahren, nämlich die Umwandlung der Dezimalzahl in eine Dualzahl. Hierfür gibt es mehrere Verfahren; beschränken wir uns auf das sog. *Resteverfahren.*

Beispiel:

Dezimalzahl: 597
Dualzahl: ?

Die Dezimalzahl wird durch 2 (= Basis Dualsystem) dividiert, das Ergebnis wiederum durch 2 usw. einschließlich der zuletzt möglichen 1. Mit dem jeweiligen Rest – 0 oder 1 – wird die Dualzahl gebildet:

597	:	2	=	298	Rest 1
298	:	2	=	149	Rest 0
149	:	2	=	74	Rest 1
74	:	2	=	37	Rest 0
37	:	2	=	18	Rest 1
18	:	2	=	9	Rest 0
9	:	2	=	4	Rest 1
4	:	2	=	2	Rest 0
2	:	2	=	1	Rest 0
1	:	2	=	0	Rest 1

1 0 0 1 0 1 0 1 0 1

Die Dualzahl lautet: 1001010101

Die Restwerte ergeben also von unten nach oben gelesen die Dualzahl.

Rechenregeln für das duale Zahlensystem

Addition

Die Grundregeln sehen so aus:

0	+	0	=	0	
0	+	1	=	1	
1	+	0	=	1	
1	+	1	=	1 0	mit Überlauf

Man sieht also, daß die Summe der beiden Einsen nicht mehr in einer Stelle unterzubringen ist, die 1 muß also in die linke Stelle übertragen werden. Dies ist uns aber aus dem Dezimalsystem bekannt:

$$9 + 1 = 10$$

Ein paar Beispiele zur Addition:

```
    1010          1010
  + 1100        + 1111
    1             111
  ------        ------
   10110         11001
```

Sind drei Zahlen zu addieren, so macht man gedanklich daraus zwei Additionen.

Subtraktion

Die Grundregeln sehen so aus:

$$\begin{aligned} 0 &- 0 = 0 \\ 1 &- 0 = 1 \\ 1 &- 1 = 0 \\ 10 &- 1 = 1 \end{aligned}$$

Auch hierzu ein Beispiel:

```
    1 0 1 0 1
  -   1 1 1 1
  -----------
    0 0 1 1 0
```

Wir erkennen, daß es nicht so einfach ist, wenn die Ziffer im Minuenden kleiner ist, als im Subtrahenden. Man muß sich etwas borgen, und zwar vom linken «Nachbarn». Ist dieser Null, muß man soweit nach links gehen, bis eine Eins kommt, dann geht es schrittweise zurück zur Ausgangsposition.

Eine einfachere Methode könnte die Bildung des B-Komplements sein. Zunächst füllen wir den Subtrahenden mit Null auf, bis er so lang ist wie der Minuend. Aus einer 0 wird eine 1 und umgekehrt. Anschließend wird zu diesem Wert eine 1 addiert.

Der neue Wert wird zum Minuenden addiert.

Sehen wir uns das an unserem Beispiel an:

```
  10101
-  1111
```

1. Schritt: Auffüllen mit 0:

```
  01111
```

2. Schritt: Bilden B-Komplement des Subtrahenden:

```
  10000
```

3. Schritt: Addieren einer 1:

```
  10000
+     1
-------
  10001
```

4. Schritt: Addieren Minuend und neuer Wert:

```
  10101
+ 10001
-------
1]00110
```

Der Überlauf wird vernachlässigt.

Wir sehen, daß die Ergebnisse übereinstimmen.

Bei einer gewissen Übung kann man diese Schritte natürlich im Kopf ausführen. Welche Methode man anwendet, ist einem selbst überlassen.

Fassen wir noch einmal für das Zweiersystem zusammen:

1. Der Stellenwert wird durch Potenzen zur Basis 2 ausgedrückt (2^0, 2^1, 2^2, 2^3........)
2. Für jede Stelle gibt es zwei Darstellungsmöglichkeiten (0 und 1)
3. Tabelle der Dualzahlen und Dezimalzahlen von 0 bis 15

Dezimalzahl	Dualzahl
0	0000
1	0001
2	0010
3	0011
4	0100
5	0101
6	0110
7	0111
8	1000
9	1001
10	1010
11	1011
12	1100
13	1101
14	1110
15	1111

3.2.2.3 Das Hexadezimalsystem

Speicherinhalte im Computer sind eine lange Kette von Dualzahlen. Diese Form ist schwer lesbar. Um dieses Lesen zu vereinfachen, hat man ein Zahlensystem geschaffen, das jeweils vier Dualstellen zusammenfaßt. Wir sprechen von dem

H e x a d e z i m a l-System (oder Sedezimalsystem).

Hexadezimal ist ein griechisch/lateinischer Begriff und bedeutet, wie Sedezimal: 16. Vier Dualstellen ermöglichen die Darstellung der Ziffern 0 bis 15, also von 16 Werten. Es stehen uns 16 Ziffern zur Verfügung. Uns sind jedoch nur 10 verschiedene Ziffern, und zwar von 0 bis 9 bekannt. Um die restlichen sechs Ziffern zu bekommen, hat man eine Anleihe im Alphabet gemacht. So steht für die 10 der Buchstabe A, für 11 das B, für 12 das C, für 13 das D, für 14 das E und für 15 das F.

Wir haben also ein Zahlensystem mit der Basis 16. Es gelten unsere bekannten Thesen:

=> Es gibt 16 Ziffern von 0-F
=> Die größte Ziffer ist das F
=> Der Stellenwert sind Potenzen von 16.

Im folgenden eine Übersicht über die Hexadezimal-, Dual- und Dezimalzahlen, von 0 bis 16.

Dezimalzahl	Dualzahl	Hexadezimalzahl
0	0000	0
1	0001	1
2	0010	2
3	0011	3
4	0100	4
5	0101	5
6	0110	6
7	0111	7
8	1000	8
9	1001	9
10	1010	A
11	1011	B
12	1100	C
13	1101	D
14	1110	E
15	1111	F
16	10000	10

Eine Hexadezimalzahl könnte wie folgt aussehen:

	5	A	7	F	Ziffern
	(16^3)	(16^2)	(16^1)	(16^0)	
					Stellenwert
oder	4096	256	16	1	

Multiplizieren wir wieder Ziffer mit Stellenwert und addieren die Einzelwerte:

$$5 * 4096 + A\ (10) * 256 + 7 * 16 + F\ (15) * 1 = 23167$$

Der Hexadezimalzahl 5A7F entspricht also die Dezimalzahl 23167.

Nachdem wir eine Hexadezimalzahl in eine Dezimalzahl umgewandelt haben, wandeln wir jetzt eine

Hexadezimalzahl in eine Dualzahl um.

Das ist recht einfach, denn jeweils eine Hexadezimalzahl wird in vier entsprechende Dualziffern umgesetzt:

Beispiel:

5	A	7	F
0101	1010	0111	1111

Umwandlung einer Dualzahl in eine Hexadezimalzahl

Dies ist eine Umkehrung des Vorhergesagten.
Jeweils vier Dualzahlen werden zu einer Hexadezimalzahl zusammengefaßt:

1100	1010	1111	1110
C	A	F	E

Umwandlung einer Dezimalzahl in eine Hexadezimalzahl

Die Dezimalzahl wird durch 16 (= Basis Hexadezimalsystem) dividiert, das Ergebnis wieder durch 16 dividiert usw. Mit dem jeweils möglichen Rest (0 bis F) wird die Hexadezimalzahl gebildet:

51966	:	16	=	3247	Rest E (14)
3247	:	16	=	202	Rest F (15)
202	:	16	=	12	Rest A (10)
12	:	16	=	0	Rest C (12)

Die Hexadezimalzahl lautet: C A F E

Rechenregeln für das Hexadezimalsystem

Addition

Die Additionsregeln entsprechen denen des Dezimalsystems, allerdings läuft die letzte Stelle nicht nach der 9, sondern nach dem F über:

Beispiele:

		2	7	D
	+	9	2	4
			1	
		B	A	1

		C	A	F	E
	+	A	F	F	E
		1	1	1	
	1	7	A	F	C

Subtraktion

Es gibt keine wesentlichen Unterschiede zum Dezimalsystem. Es ist allerdings zu beachten, daß der «geborgte» Wert 16 ist.

Beispiele:

		9	16
	B	~~A~~	1
–	9	2	4
	2	7	D

		16	16	16	
		6	9	E	16
–	~~1~~	~~7~~	~~A~~	~~F~~	C
–		A	F	F	E
		C	A	F	E

Fassen wir wieder zusammen:

1. Der Stellenwert wird durch Potenzen zur Basis 16 ausgedrückt (16^0, 16^1, 16^2, 16^3....)
2. Für jede Stelle gibt es 16 Darstellungsmöglichkeiten (0 bis 9, A bis F).

3.2.2.4 Umwandlung von Zahlen eines Zahlensystems in ein anderes

nach / von	**Dualsystem** Stellenwert: Potenzen von 2 Ziffern: 0 + 1	**Dezimalsystem** Stellenwert: Potenzen von 10 Ziffern: 0 bis 9	**Hexadezimalsystem** Stellenwert: Potenzen von 16 Ziffern: 0 bis 9, A bis F
Dualsystem		Ziffern mit Stellenwert multiplizieren und die Ergebnisse addieren s.S. 114	Duale Zahl in Vierergruppen unterteilen, jede Gruppe in eine hexadezimale Ziffer umsetzen s.S. 120
Dezimalsystem	Zahl durch 2 und das Ergebnis wieder durch 2 usw. dividieren. Den jeweiligen Rest (0 oder 1) «kippen» s.S. 115		Zahl durch 16 und das Ergebnis wieder durch 16 usw. dividieren. Den jeweiligen Rest «kippen» s.S. 120
Hexadezimal-system	Jeweils eine hexadezimale Zahl in vier duale Ziffern umsetzen s.S. 119	Ziffer mit Stellenwert multiplizieren und die Ergebnisse addieren s.S. 119	

3.2.3 Codes

Die **DIN-Norm 44 300** definiert einen CODE wie folgt:

> *«Eine Vorschrift für die eindeutige Zuordnung (Codierung) der* Zeichen eines Zeichenvorrats zu denjenigen eines anderen Zeichenvorrats *(Bildmenge)»*

Zeichen werden in der Nachrichtentechnik mit Morsetelegraphen, Flaggen- oder Lichtsignalen oder einem Nummernwahlcode (Telefon) übertragen. Dabei ist allerdings Voraussetzung, daß man sich vorher über die Darstellung der Zeichen einigt.

So hat Samuel *Morse* bereits 1837 die 2-Zeichen-Methode für sein Morsealphabet verwendet, das mit den beiden Zeichen Punkt/Strich (optisch) oder kurz/lang (akustisch) auskommt, um sämtliche Ziffern, Buchstaben oder Sonderzeichen darzustellen.

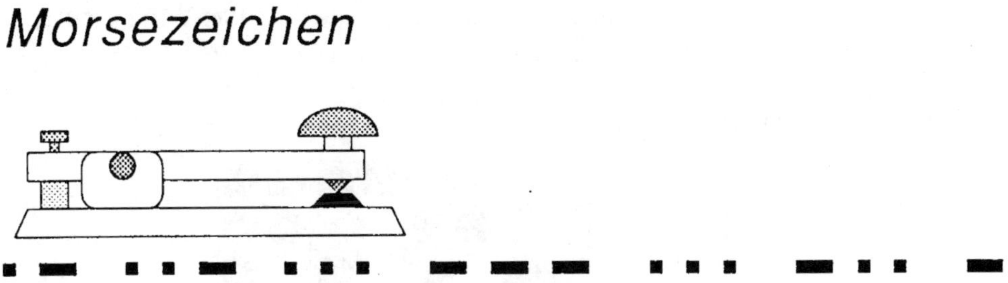

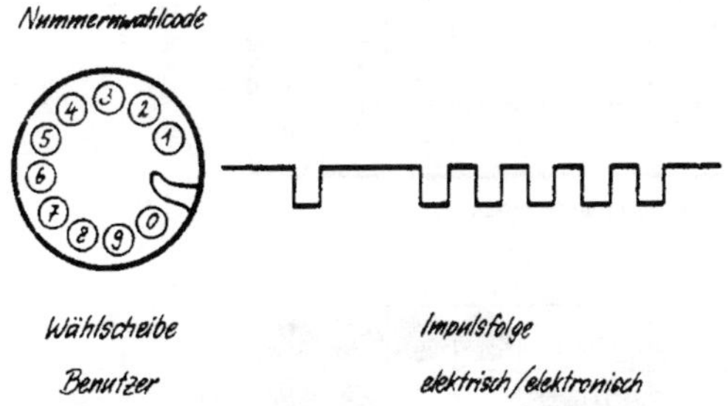

Gottfried Wilhelm *Leibniz* hat Mitte des 17. Jahrhunderts aufgrund technischer Schwierigkeiten beim Bau eines Rechners nach einem Zahlensystem gesucht, das für die Maschinen leichter zu bewältigen war als das Dezimalsystem. Er fand das im vorigen Abschnitt vorgestellte DUALSYSTEM. In der Literatur wurde es einmal als das *«Zwei des Columbus»* bezeichnet.

Die Konstrukteure der Computer griffen gern auf die Erfindung von Leibniz zurück, denn sie arbeiteten mit Strom und kannten nur die beiden Zustände

Strom (= 1)
oder Nichtstrom (= 0).

Dies ist also der Grund, weshalb man in der Datenverarbeitung mit den Binärcodes arbeitet. Die kleinste Darstellungseinheit im Binärcodesystem ist das **BIT** (*binary digit*). Es kann die Bedeutung 0 oder 1 annehmen.

Für den Computer hat ein Tag 11000 Stunden, ein Jahr 101101101 Tage und ein Meter 1100100 Zentimeter.

Eine bestimmte Anzahl (5, 6, 7, 8) von Bits werden zu einem BYTE zusammengefaßt. Je nach Anzahl der Bits pro Byte gibt es unterschiedliche Verschlüsselungen von Zeichen.

Im folgenden einige Codes:

5 Bit = 32 Verschlüsselungsmöglichkeiten => CCITT-NR2-CODE
6 Bit = 64 Verschlüsselungsmöglichkeiten => BCD-CODE
7 Bit = 128 Verschlüsselungsmöglichkeiten => ISO-7-BIT-CODE
8 Bit = 256 Verschlüsselungsmöglichkeiten => EBCDI-CODE

Darstellung des CCITT-Nr. 2 Codes:

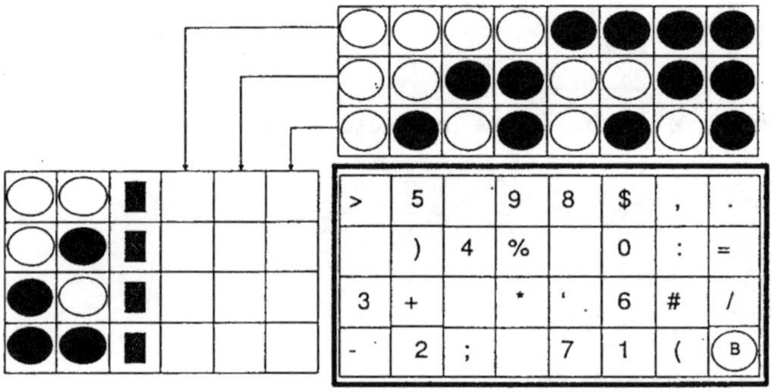

(B) = Buchstabenumschaltung

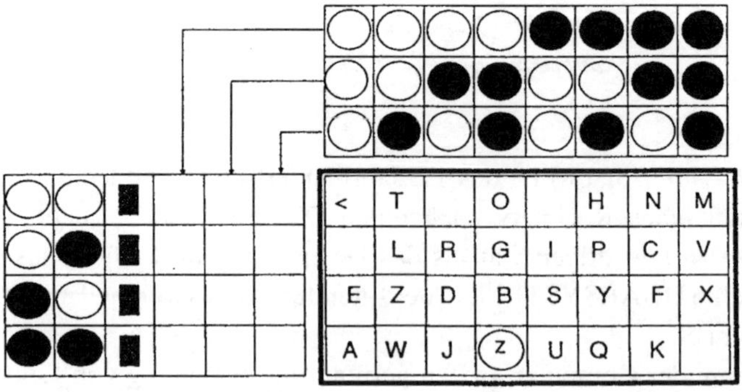

(Z) =Ziffernumschaltung

Der *BCD-Code* (Binary Coded Decimal Code) wurde auf Anlagen der 2. Computer-Generation verwendet und hat heute an Bedeutung verloren, da die 64 Verschlüsselungsmöglichkeiten den heutigen Ansprüchen nicht mehr genügen. Der *7-Bit-Code* bietet vor allem die Verschlüsselungsmöglichkeiten von Daten in PCs, bekannt auch als ASCII (american standard code of information interchange):

international **ASCII** national

					international								national							
				b_7	0	0	0	0	1	1	1	1	0	0	0	0	1	1	1	1
				b_6	0	0	1	1	0	0	1	1	0	0	1	1	0	0	1	1
				b_5	0	1	0	1	0	1	0	1	0	1	0	1	0	1	0	1
b_4	b_3	b_2	b_1		0	1	2	3	4	5	6	7	0	1	2	3	4	5	6	7
0	0	0	0	0	NUL	TC_7 (DLE)	SP	0	@	P	`	p	NUL	TC_7 (DLE)	SP	0	§	P	`	p
0	0	0	1	1	TC_1 (SOH)	DC_1	!	1	A	Q	a	q	TC_1 (SOH)	DC_1	!	1	A	Q	a	q
0	0	1	0	2	TC_2 (STX)	DC_2	"	2	B	R	b	r	TC_2 (STX)	DC_2	"	2	B	R	b	r
0	0	1	1	3	TC_3 (ETX)	DC_3	#	3	C	S	c	s	TC_3 (ETX)	DC_3	#	3	C	S	c	s
0	1	0	0	4	TC_4 (EOT)	DC_4	¤	4	D	T	d	t	TC_4 (EOT)	DC_4	$	4	D	T	d	t
0	1	0	1	5	TC_5 (ENQ)	TC_8 (NAK)	%	5	E	U	e	u	TC_5 (ENQ)	TC_8 (NAK)	%	5	E	U	e	u
0	1	1	0	6	TC_6 (ACK)	TC_9 (SYN)	&	6	F	V	f	v	TC_6 (ACK)	TC_9 (SYN)	&	6	F	V	f	v
0	1	1	1	7	BEL	TC_{10} (ETB)	'	7	G	W	g	w	BEL	TC_{10} (ETB)	'	7	G	W	g	w
1	0	0	0	8	FE_0 (BS)	CAN	(	8	H	X	h	x	FE_0 (BS)	CAN	(	8	H	X	h	x
1	0	0	1	9	FE_1 (HT)	EM	)	9	I	Y	i	y	FE_1 (HT)	EM	)	9	I	Y	i	y
1	0	1	0	10	FE_2 (LF)	SUB	*	:	J	Z	j	z	FE_2 (LF)	SUB	*	:	J	Z	j	z
1	0	1	1	11	FE_3 (VT)	ESC	+	;	K	[	k	{	FE_3 (VT)	ESC	+	;	K	Ä	k	ä
1	1	0	0	12	FE_4 (FF)	IS_4 (FS)	,	<	L	\	l	|	FE_4 (FF)	IS_4 (FS)	,	<	L	Ö	l	ö
1	1	0	1	13	FE_5 (CR)	IS_3 (GS)	–	=	M	]	m	}	FE_5 (CR)	IS_3 (GS)	–	=	M	Ü	m	ü
1	1	1	0	14	SO	IS_2 (RS)	.	>	N	^	n	‾	SO	IS_2 (RS)	.	>	N	^	n	ß
1	1	1	1	15	SI	IS_1 (US)	/	?	O	_	o	DEL	SI	IS_1 (US)	/	?	O	_	o	DEL

Der am weitesten verbreitete Code zur Darstellung von Daten in Computern der 3. Generation ist der *EBCDI*-Code (Extended Binary Coded Decimal Interchange Code). Er ist eine Erweiterung des BCD-Codes und kann neben Großbuchstaben, Ziffern und Sonderzeichen auch Kleinbuchstaben und Zeichen anderer Sprachen verschlüsseln. Insgesamt ist die Verschlüsselung von 256 Zeichen möglich.

EBCDIC

DARSTELLUNG DER 256 BIT – KOMBINATIONSMÖGLICHKEITEN

Zonenteil (Bitpositionen 0-3)		Ziffernteil (Bitpositionen 4-7)															
		0	1	2	3	4	5	6	7	8	9	A	B	C	D	E	F
		0000	0001	0010	0011	0100	0101	0110	0111	1000	1001	1010	1011	1100	1101	1110	1111
0	0000																
1	0001																
2	0010	∇	[	]													
3	0011																
4	0100	ƀ										¢	.	<	(	+	|
5	0101	&										!	$	*	)	;	¬
6	0110	–	/						ß	|			,	%	–	>	?
7	0111											:	#	@	'	=	"
8	1000		a	b	c	d	e	f	g	h	i		Ä	Ö	Ü		
9	1001		j	k	l	m	n	o	p	q	r						
A	1010			s	t	u	v	w	x	y	z		ä	ö	ü		
B	1011	0	1	2	3	4	5	6	7	8	9						
C	1100		A	B	C	D	E	F	G	H	I						
D	1101		J	K	L	M	N	O	P	Q	R						
E	1110			S	T	U	V	W	X	Y	Z						
F	1111	0	1	2	3	4	5	6	7	8	9						¤

8 Bits bilden also ein Byte oder 2 Halbbytes. Das Byte wird dann aufgeteilt in den

Zonenteil und den
Ziffernteil

Beispiel:

1111	0010 =2
F	2
Zonenteil	Ziffernteil

Weitere Bezeichnungen im Zusammenhang mit dem Byte:

1 K	oder KByte («Kilo»)	=	1024 Byte		
1 M	oder MByte («Mega»)	=	1024 KByte	=	1 048 576 Byte
1 G	oder GByte («Giga»)	=	1024 MByte	=	1 073 741 824 Byte

Der **EAN-Code** (Europäische Artikel-Numerierung) ist sowohl ein Organisationssystem der Warenwirtschaft, als auch eine maschinenorientiert lesbare Strichkodierung für die Datenerfassung. Ein Beispiel für die Anwendung sehen Sie auf der folgenden Seite. Der Lesestift oder die Lesepistole (Scanner) «erkennt» aufgrund der hell/dunkel Impulse die Markierungen und setzt sie dann für die weitere Verarbeitung im Rechner in den EBCDIC, ASCII oder sonst verwendeten Code um. Es werden nicht, wie häufig angenommen, die Preise, sondern nur die Artikelnummern verschlüsselt:

Länderkenn-zeichnung	Betrieb	Artikel-nummer	Prüfziffer	Bedeutung
2	5	5	1	Anzahl Stellen

Vorteile:

schnelle Abwicklung an der Kasse
gleitende Inventur
automatische Neubestellung
Verkaufsstatistik (Ladenhüter/Renner)
Einschränkung von Fehlbedienung und Manipulation

Nachteile:

flexible Preisgestaltung?
?

4 008535 120916

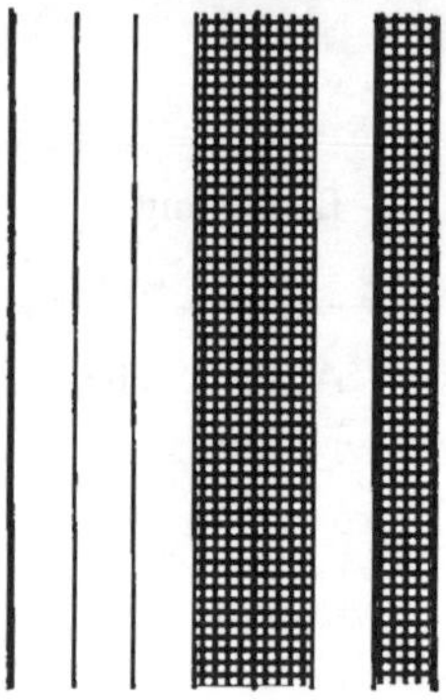

0	0	0	1	1	0	1	=	0
0	0	1	1	0	0	1	=	1
0	0	1	0	0	1	1	=	2
0	1	1	1	1	0	1	=	3
0	1	0	0	0	1	1	=	4
0	1	1	0	0	0	1	=	5
0	1	0	1	1	1	1	=	6
0	1	1	1	0	1	1	=	7
0	1	1	0	1	1	1	=	8
0	0	0	1	0	1	1	=	9

linke Hälfte

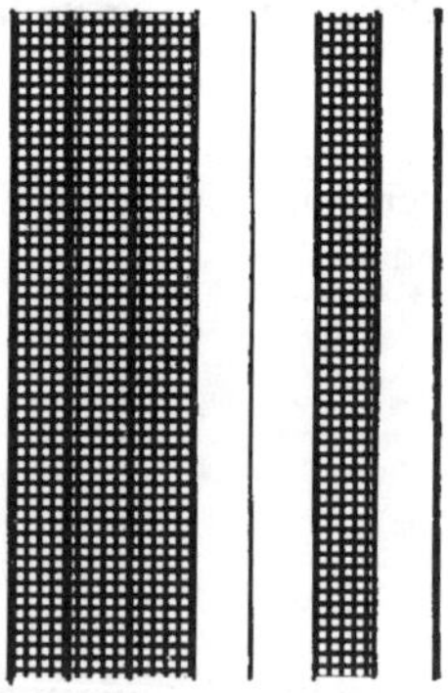

1	1	1	0	0	1	0	=	0
1	1	0	0	1	1	0	=	1
1	1	0	1	1	0	0	=	2
1	0	0	0	0	1	0	=	3
1	0	1	1	1	0	0	=	4
1	0	0	1	1	1	0	=	5
1	0	1	0	0	0	0	=	6
1	0	0	0	1	0	0	=	7
1	0	0	1	0	0	0	=	8
1	1	1	0	1	0	0	=	9

rechte Hälfte

3.2.4 Datendarstellung

3.2.4.1 Packen und Entpacken von Dezimalzahlen

Das bekannte dezimale Stellenwertprinzip (siehe «Zahlensysteme») bleibt bei der Verarbeitung von Dezimalzahlen im Rechner erhalten. Wird von irgendeiner Stelle, z.B. von einer Tastatur am Bildschirm, eine Dezimalzahl eingegeben, so wird sie gemäß der vorgenannten EBCDIC-Tabelle verschlüsselt. Dadurch entsteht das interne Datenformat *«Dezimalzahl entpackt»*. Jede Ziffer ist in diesem Format durch den Wert F (zur Basis 16) im Zonenteil gekennzeichnet. Der Ziffernwert wird eindeutig im Ziffernteil festgelegt (siehe EBCDIC-Tabelle).

Beispiel:

Eingabezahl 4 7 1 2

Hexadezimale Darstellung F 4 F 7 F 1 F 2

Duale Darstellung entpackt. |1111 0100|1111 0111|1111 0001|1111 0010|

Die Dezimalarithmetik im Rechenwerk der Zentraleinheit verlangt nun allerdings für alle dezimal-arithmetischen Operationen das interne Datenformat *«Dezimalzahl gepackt»*. Beim Packen der Dezimalzahl entfallen bis auf die niedrigstwertige Stelle die Zonenteile ,und die Ziffernteile werden nach rechts geschoben, so daß danach in einem Byte 2 Ziffern untergebracht werden können. Im niedrigstwertigen Byte bleibt das Vorzeichen erhalten, allerdings werden Zonen- und Ziffernteil vertauscht:

Duale Darstellung

entpackt: |1111 0100|1111 0111|1111 0001|1111 0010|

Duale Darstellung

gepackt: |0000 0100|0111 0001|0010 1111|

Hexadezimale Darstellung |0 4|7 1|2F|

Vorzeichen

Um die Zahlen später wieder ausdrucken zu können, müssen die gepackten Dezimalzahlen wieder in das entpackte Format zurückgeführt werden.

Als Vorzeichen sind im EBCDI-Code gültig:

Bitkombination	Hexadezimal	Vorzeichen
1111	F	+
1100	C	+
1110	D	-

Anmerkung:
Wie aus der EBCDIC-Tabelle zu ersehen ist, ist der Zonenteil bei allen anderen Zeichengruppen sehr unterschiedlich. So hat das große Alphabet z.B. hexadezimal C, D oder E im Zonenteil. Packt man die Buchstaben, so fallen die Zonenteile weg und der Rechner weiß beim Entpacken nicht, was er in den Zonenteil einsteuern soll. Also gilt:

nur Ziffern werden gepackt.

3.2.4.2 Datenhierarchien

Daten, die verarbeitet werden, stehen nicht ohne Bedeutung im Raum, sondern beinhalten eine bestimmte Information. Wir kennen

den Namen
den Vornamen
den Geburtsort
die Artikelbezeichnung
die Menge oder
den Rechnungsbetrag

Bestimmte gleichartige Daten werden zusammengefaßt.

Sinngemäß zusammengehörige Datengruppen bilden die

logischen Einheiten.

Denen gegenüber spricht man von

physikalischen Einheiten,

die abhängig sind von der Hardware des Rechners.

Logische Einheiten

Die kleinste logische Einheit ist das

Zeichen,

das eine Ziffer, ein Buchstabe oder ein Sonderzeichen sein kann.
Ein oder mehrere solcher Zeichen bilden ein

Feld,

das ein Name, eine Kundennummer, eine Steuerklasse oder ein Bruttogehalt sein kann.
Ein oder mehrere Felder ergeben einen

Satz,

der sich zusammensetzen könnte aus Kundennummer, Kundenname, Rechnungsanschrift, Ver-sandanschrift, Menge, Rechnungsbetrag und Lieferbedingungen.
Ein oder in der Regel mehrere logisch zusammengehörige Sätze bilden eine

Datei.

Wir kennen hier die Artikelstammdatei, die Kundenumsatzdatei, die Bestandsdatei oder Gehaltsabrechnungsdatei.

Erläuterung:

Bevor wir etwas von elektronischer Datenverarbeitung wußten, kannten wir schon die Kartei, die einzelne Karteiblätter hatte (unsere Datensätze) und auf diesen waren mehrere Angaben (unsere Felder), die aus Buchstaben oder Zahlen zusammengesetzt waren (unsere Zeichen).

Man kann sich diese Unterscheidung verständlich machen, wenn man nach den Adressaten (Sendern, Empfängern) fragt. Wenn wir telefonisch eine Bestellung aufnehmen, dann fragen wir nach der Straße und Hausnummer, nach Lieferort und Postleitzahl, nach Feldern. Wenn wir den Namen nicht kennen, dann lassen wir ihn buchstabieren (Zeichen). Diese Bestellung (Satz) kommt zu den anderen Bestellungen (Datei) zur weiteren Verarbeitung. Das ist unsere logische (aufgabenbezogene) Denkweise:

DATEI					
Satz		Satz		Satz	
Feld	Feld	Feld	Feld	Feld	Feld
ZZZZ	ZZZZZ	ZZZZ	ZZZZZ	ZZZZ	ZZZZZ

4711	MAIER	4713	MAYER	4715	MEIER	Zeichen
KDNR	NAME	KDNR	NAME	KDNR	NAME	Feld
KUNDE		KUNDE		KUNDE		Satz
Kundendatei						Datei

Die Maschine dagegen, eine Magnetbandeinheit z.B., die diese Bestellungen verarbeiten soll, muß erkennen können, ob es die richtige Datei ist (Dateikennsatz), muß erkennen können, wann sie mit der Übertragung in den Arbeitsspeicher beginnt und aufhört (die Blocklänge lesen) und schließlich die einzelnen Zeichen (byteweise) in den Arbeitsspeicher (bit für bit) übertragen. Welche Bedeutung die Daten haben, ist für die Arbeit der Magnatbandeinheit unwichtig, sie erkennt:

Physikalische Einheiten

Die kleinste physikalische Einheit ist das bereits bekannte *BIT*, das entweder den Zustand 0 oder 1 annehmen kann.

Die kleinste adressierbare Einheit im Hauptspeicher ist das *BYTE*, das sich aus 8 Bits zusammensetzt, und – wie mehrfach gesehen – eine Ziffer, einen Buchstaben oder ein Sonderzeichen aufnehmen kann. Weitere Einheiten (z.B. für das interne binäre Rechnen mit Dualzahlen) sind das *HALBWORT*, das *WORT*, das *DOPPELWORT* und der *BLOCK*.

00000000 00000000	00000000 00000000	00000000 00000000	00000101 00001111
HALBWORT	HALBWORT	HALBWORT	HALBWORT
WORT		WORT	
DOPPELWORT			

Zusammenfassung logischer und physikalischer Einheiten

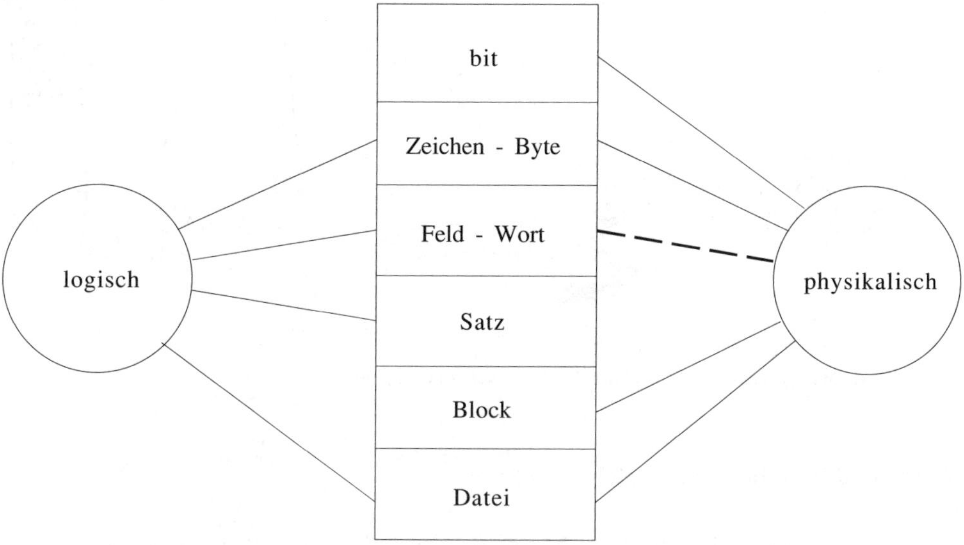

3.2.5 Befehlsdarstellung

Fragen wir uns, was ein *B e f e h l* in der Datenverarbeitung ist, so lautet die Antwort:

«Eine Aufforderung, etwas zu tun».

Eine logische Folge von solchen Aufforderungen bezeichnet man als

P r o g r a m m .

Ein solches Programm ist eine Arbeitsanweisung an den Rechner, der ohne eine solche überhaupt nichts tut, genau wie ein Kassettenrecorder ohne Kassetten. Programme werden in einer Programmiersprache entwickelt, doch darüber in einem späteren Kapitel. Beschäftigen wir uns zunächst mit dem Befehl. Der Programmierer, der die Programme schreibt, muß dem Rechner Anweisung geben, welche Daten er zu nehmen hat, was er damit machen soll, auf welche Weise, in welcher Reihenfolge und mit welchem Ziel.

In einer Veröffentlichung der Firma IBM steht zu lesen: *«das Programm macht der Mensch, es ist das <Menschlichste> am Computer»*. Wie wahr!

Quelle: IBM «Wie erklären Sie jemand,der Sie fragt, wie ein Computer....»

Wie sieht der Aufbau eines Befehls aus?

Ein Befehl in der Maschinensprache ist eine Folge von Nullen und Einsen. Die Anzahl und Folge dieser Nullen und Einsen ist unterschiedlich je nach Befehlstyp und auch Rechner.

Zunächst einmal muß der Befehl eine Anweisung enthalten «WAS ZU TUN IST». Das kann sein:

ADDIERE
SUBTRAHIERE
ÜBERTRAGE ZEICHEN
VERZWEIGE
VERGLEICHE
SPRINGE

Dieser Teil des Befehls wird als

OPERATIONSCODE

bezeichnet.

Wie bereits erwähnt, ist der Teil, der nach dem Operationscode folgt, unterschiedlich aufgebaut. Hier soll an einem Typ, dem Übertragungsbefehl, der generelle Aufbau aufgezeigt werden.

Der Übertragungsbefehl bewirkt die Übertragung eines oder mehrerer Zeichen von einem Bereich des Arbeitsspeichers, der in Adressen (= 1 Byte) aufgeteilt ist, in einem anderen Bereich, wobei der ursprüngliche Bereich unverändert bleibt.

Ein Übertragungsbefehl muß folgende Angaben enthalten:

1. *Was* ist zu tun (Operationscode)?
2. *Woher* ist die Zeichenfolge zu nehmen (Sendefeld)?
3. *Wohin* ist die Zeichenfolge zu übertragen (Empfangsfeld)?

Die richtige Reihenfolge lautet:

1. *W A S ?*
2. *W O H I N ?*
3. *W O H E R ?*

WAS	WOHIN	WOHER
ÜBER TRAGEN ZEICHEN FOLGE	INS EMPFANGS-FELD	VOM SENDE-FELD

Der Programmierer schreibt natürlich nicht ausführlich: «Übertrage Zeichenfolge ins Empfangsfeld vom Sendefeld», sondern er kürzt z.B. in der Programmiersprache Assembler (siehe Programmiersprachen) für «übertragene Zeichenfolge» ab:

MVC = *Move Characters.*

Solche Abkürzungen nennt man

*MNEMOTECHNISCHE * CODES,*

weil sie sich gut ins Gedächtnis einprägen lassen. Empfangs- und Sendefeld kann man z.B. abkürzen:

EMPF und SEND.

Damit kann der Befehl so aussehen:

MVC EMPF, SEND

Das Feld ist bekanntlich eine Folge aufeinanderfolgender Bytes im Arbeitsspeicher, z.B. zur Aufnahme des Sendefeldes. Haben die Bytes des Sendefeldes die Adressen 36, 37, 38 und die des Empfangsfeldes 64, 65, 66 so könnte man theoretisch diese *absoluten Adressen* schreiben. Man wird jedoch stets die *symbolischen Adressen* EMPF und SEND verwenden.

Die symbolische Adresse kennzeichnet nur das 1. Byte des betreffenden Feldes. Deswegen ist neben den bisherigen Angaben im Befehl noch anzugeben,

Wieviel Bytes

übertragen werden sollen. Diese Angabe steht hinter der symbolischen Adresse für das Empfangsfeld:

WAS	WOHIN	WIEVIEL	WOHER
MVC	EMPF	(3)	SEND

Diese Schreibweise des Programmierers kann allerdings die Maschine nicht verstehen. Mit Hilfe eines Übersetzungsprogramms wird der Befehl in eine für die Maschine lesbare Form gebracht.

Gliederung des MVC-Befehls im Maschinencode:

Operationsteil:	*Operationscode*
Längenteil:	*Länge*
Adreßteil 1:	*Empfangsadresse*
Adreßteil 2:	*Sendeadresse*

* MNEMOTECHNIK lt. Duden: «die Kunst, das Einprägen von Gedächtnisstoff durch besondere Lernhilfen zu erleichtern».

Die einzelnen Teile des Maschinenbefehls sind unterschiedlich lang:

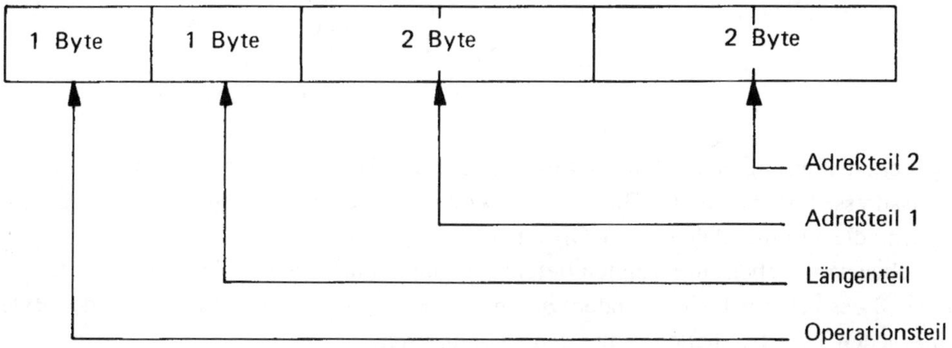

Der Operationsteil heißt für das Beispiel D2, der Längenteil ist 2, da er im Maschinencode um 1 kleiner angegeben wird und die absoluten Adressen werden in das Dualsystem umgerechnet.

Der Befehl MVC EMPF (3), SEND sieht im Maschinencode wie folgt aus:

110100100000001000000000010000000000000000100100

oder hexadezimal

D 2 0 2 0 0 4 0 0 0 2 4

Diese festvergebenen Adressen bedeuten, daß das Programm immer an derselben Stelle im Arbeitsspeicher steht. Bei den heutigen Anlagen, bei denen «gleichzeitig» mehrere Programme geladen sind, ist das natürlich nicht mehr der Fall. Das bedeutet, daß die Anfangsadresse eines Programms bei jedem Ablauf eine andere ist. Dem hat man Rechnung getragen, indem man im Adreßteil nicht mehr die absolute Adresse stehen hat, sondern den «Abstand vom Programmanfang» und die «Angabe über den Programmanfang».

Den «Abstand vom Programmanfang» nennt man die

«Distanzadresse»

oder das *«Displacement»*.

Die Programmanfangsadresse (auch Basisadresse) steht in einem *Mehrzweckregister*. Allgemein versteht man unter einem Register einen kleinen Speicher (innerhalb des Arbeitsspeichers) für die vorübergehende Aufnahme von Informationen.

Die Mehrzweckregister sind durchnumeriert und die Nummer des Mehrzweckregisters, in welchem die Programmanfangsadresse steht, wird im Befehl angegeben (= Basisregister).

Die Adresse im Befehl sieht nunmehr wie folgt aus:

2	040
Basisregister	Distanzadresse

Bei der Ausführung eines Befehls wird zunächst mit Hilfe der Basisregisternummer die Basisadresse festgestellt. Zur Basisadresse wird die Distanzadresse addiert. Das Ergebnis ist dann die absolute Adresse des Operanden.

Neben dem soeben aufgezeigten Befehlstyp gibt es noch andere, die nicht an die Länge von 6 Bytes gebunden sind, sondern die mit 4 oder 2 Bytes auskommen. Das erste Byte eines jeden Typs beinhaltet immer den Operationsteil.

Wie erkennt der Rechner, um welchen Befehlstyp es sich handelt? Sieht man sich den Operationsteil für den MVC-Befehl an:

Bitposition	2^7	2^6	2^5	2^4	2^3	2^2	2^1	2^0
Bit des Op.teils	1	1	0	1	0	0	1	0

Für die Länge eines Befehls sind ausschließlich die Bits 2^7 und 2^6 maßgebend:

Sind beide Bits gleich 1, so handelt es sich um einen 6-Byte-Befehl,
ist ein Bit 0 und das andere 1, so liegt ein 4-Byte-Befehl vor,
sind beide Bits gleich 0, so hat der Befehl nur 2 Bytes.

Zusammenfassung:

Grundsätzlicher Aufbau einer 2-Adress-Instruktion

WAS	WIEVIEL	WOHIN	WOHER
1 Byte	1 Byte	2 Bytes	2 Bytes

Eine Instruktion sagt aus:

WAS ist zu tun (Operationsschlüssel)
WIEVIEL Bytes sind zu verarbeiten (Feldlänge)
WOHIN kommen die Daten (Anfangsadresse von Feld 1)
WOHER kommen die Daten (Anfangsadresse von Feld 2)

3.3 Kenngrößen und Maßeinheiten der Informationsdarstellung

Die Leistung der Zentraleinheit und der peripheren Geräte hängt von einer Reihe von Kenngrößen ab, auf die im folgenden eingegangen wird.

3.3.1 Zentraleinheiten

Der Hauptspeicher der Zentraleinheit nimmt neben den Programmen auch die dazugehörigen Daten auf. Daher ist die Hauptspeichergröße eine nicht unbedeutende Kenngröße. Die Speicherkapazität wird in Kilobytes (KBytes) oder Megabytes (MBytes) angegeben:

1 *Kilobyte*	=	1 024 Bytes
1 *Megabyte*	=	1 048 576 Bytes

Oft wird – vereinfacht – nur von KB oder MB gesprochen. Weil dies aber hier zu Verwechslungen mit Kilobit führen kann, die Angaben etwas praxisfremd. Im Datenfernübertragungs-Bereich werden Geschwindigkeitsangaben meistens in Kilobit oder Megabit pro Zeiteinheit gemacht.

Beispiel:

1 DIN-A4-Seite umfaßt ca. 2 KBytes,
der kleine Brockhaus von ca. 500 Seiten würde ca. 1 MByte benötigen.

Bekanntermaßen haben sich in den letzten Jahren durch moderne Herstellungsverfahren die Strukturen der Schaltungen verkleinert, die Packungsdichten der Transistoren wurden erhöht. 1983 hatten die größten auf dem Markt erhältlichen Speicherbausteine eine Kapazität von 65 536 BIT (= 64 KBit). Diese wurde mit 150 000 Schaltungselementen auf einem Siliziumkristall von 25 mm^2 Chipfläche realisiert. Innerhalb eines Jahrzehnts hat sich der Flächenbedarf für eine Computer-Speichereinheit dieser Größe auf 1/380 verkleinert. 1984/85 hatten die Speicherbausteine bereits eine Kapazität von 256 KBit und über einer halben Million Transistoren. 1987 sind schon Bausteine mit einer Kapazität von 1 MBit im Einsatz. Die nächste Generation hat 4 MBit.

Entgegengesetzt proportional zu der Entwicklung der Integrationsdichte sind die Kosten pro Transistorfunktion verlaufen.

Entwicklung der Integrationsdichte und der Kosten pro Transistorfunktion:

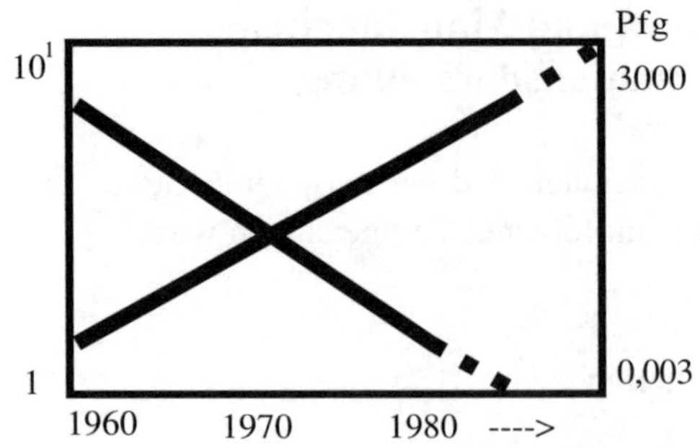

Neben der Speicherkapazität ist die interne Verarbeitungsgeschwindigkeit eine wichtige Kenngröße. Sprach man vor einigen Jahren noch von KOPS (Kilo Operationen pro Sekunde), so sind es heute MIPS (= Millionen Instruktion pro Sekunde). Moderne Rechner haben heute eine interne Verarbeitungsgeschwindigkeit von über 100 MIPS.

3.3.2 Peripheriespeicher

Neben den Kapazitäten der Zentraleinheit haben sich auch die der peripheren Speicher verändert. Hatten die ersten *Plattenspeicher* noch eine Speicherkapazität von 7,25 MByte so gibt es heute solche mit 7,56 GByte. Die mittleren Zugriffszeiten liegen bei 20 ms, das ist die Zeit, die im Durchschnitt benötigt wird, um Daten auf dem Plattenspeicher zu lesen.

Bei den *Magnetbändern* sind zwei wesentliche Kenngrößen zu vermerken:

> die Aufzeichnungsdichte auf dem Magnetband, die in BPI (Byte Per Inch) gemessen wird
> und
> die Datenübertragungsrate das ist die Geschwindigkeit mit der Daten vom Magnetbandgerät in die Zentraleinheit übertragen werden, sie wird in KByte (Kilobyte) gemessen.

Hierzu ein paar Angaben:

> Die Aufzeichnungsdichte liegt zwischen 1 600 und 6 250 BPI, das sind 630 bis 2 460 Zeichen pro Zentimeter;
> die Datenübertragungsrate liegt zwischen 40 KByte und 1250 KByte pro Sekunde (abhängig vom Gerätetyp).

Disketten haben eine Größe, die zwischen 3 1/2" und 8" liegt und eine Speicherkapazität zwischen 360 und 1200 KByte.

Magnet-optische Speicher (auch optical disc genannt) haben eine Plattengröße von 4 bis 14 inches und eine Kapazität von 4,5 bis 13 GByte.

4 Datenerfassung: Eingabe und Ausgabe

4.1 Vorbemerkung

Die Datenerfassung herkömmlicher Art mit großen Datenmengen und vielen Erfassungskräften hat in der moderen Datenverarbeitung an Bedeutung verloren, obwohl die Datenmengen in Verbindung mit dem ständig steigenden Informationsbedarf wachsen. Zwei grundsätzliche Veränderungen in der Informationsverarbeitung sind in diesem Zusammenhang zu nennen:

moderne dialogfähige DV-Systeme zusammen mit der Datenfernverarbeitung mit immer dichter werdendem Netzwerk und

die breite Basis der seit ca. 30 Jahren angesammelten, eben mit herkömmlichen Mitteln erfaßten, Daten zusammen mit der Datenfernverarbeitung.

Moderne DV-Systeme sind dialogfähig, das heißt, An- und Abfragen und Veränderungen der Daten werden unmittelbar vom Sachbearbeiter über ein dialogfähiges Datenendgerät, wie zum Beispiel ein Datensichtgerät, durchgeführt und vom DV-System entweder sofort – online – oder zu einem anderen Zeitpunkt – offline – durchgeführt. Das aufwendige, fehlerintensive und mühsame Signieren von Belegen mit der Weitergabe an entsprechende Datenerfassungsstellen entfällt. Die ist auch heute in der Ablauforganisation von Rechenzentren zu erkennen: Die Datenerfassungskomponente ist nur noch selten vorhanden.

Für neue Anwendungen werden die Datenbasen aus den bereits bestehenden Datenbeständen mit Hilfe von Datenbanktechniken und Programmiersoftware entwickelt. Meistens sind es nur noch wenige neue Informationen, die hinzukommen. Diese werden dann im Dialog eingegeben. Typische Dialogerfassungsplätze kennen Sie von Ihrer Bank:

Bild 4.1 Datenerfassung am Schalterterminal

In diesem Kapitel wird deshalb nur noch auf die Belegleser eingegangen und nicht mehr auf die Lochstreifenleser/-stanzer und die Lochkartenleser/-stanzer, nur ganz kurz – aus historischer Sicht – auf die Lochkarte. Hermann Hollerith wählte das Lochkartenformat, das sich äußerlich bis in unsere Zeit so gehalten hatte, wie die damalige Dollarnote, 83 x 187,5 mm:

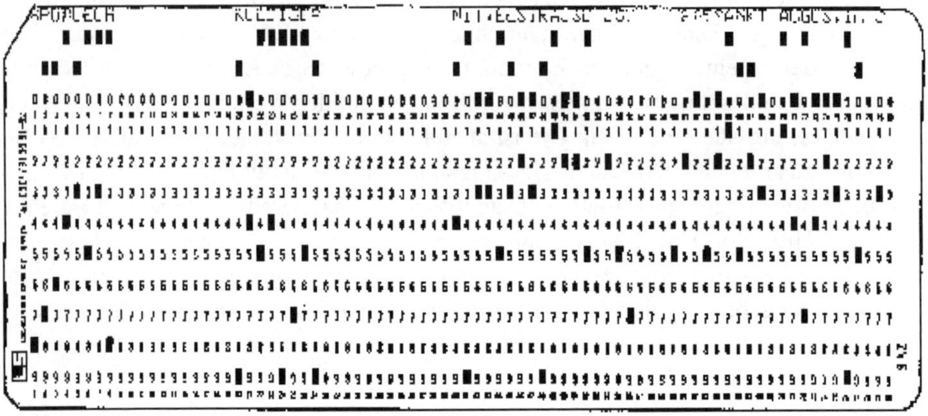

Nach dem Lochkartencode wurden Ziffern mit einem Loch je Spalte:

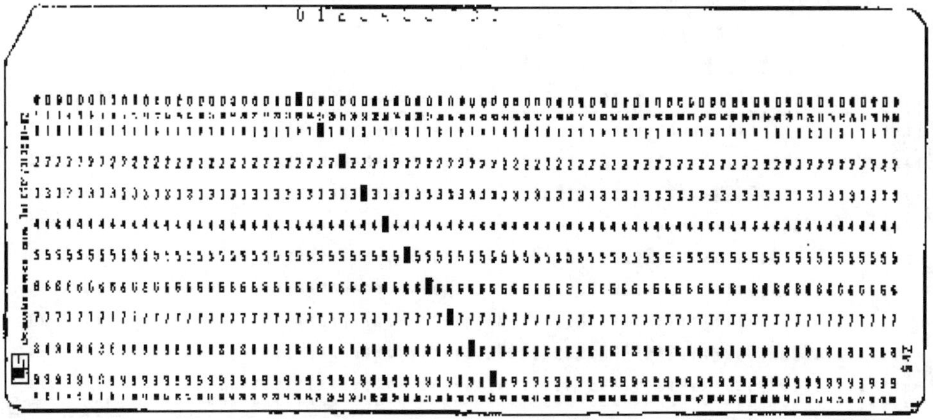

Buchstaben mit zwei Löchern (Zonen- und Ziffernlochung):

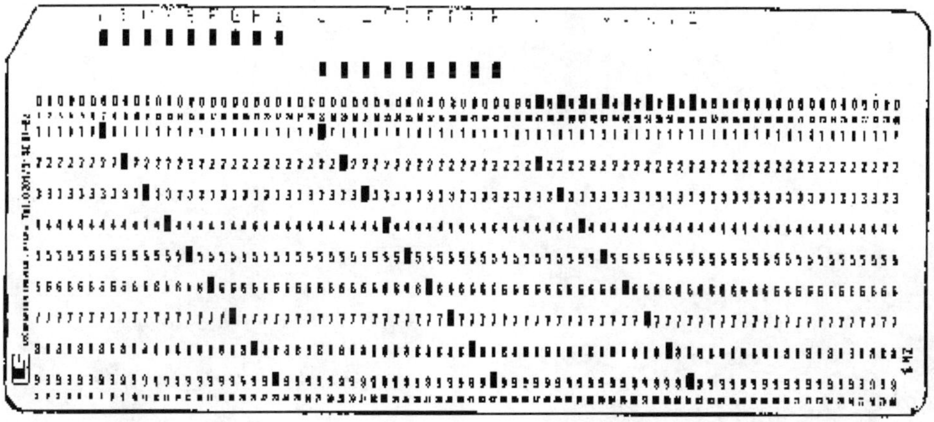

und Sonderzeichen als Beispiel mit folgenden Kombinationen erfaßt:

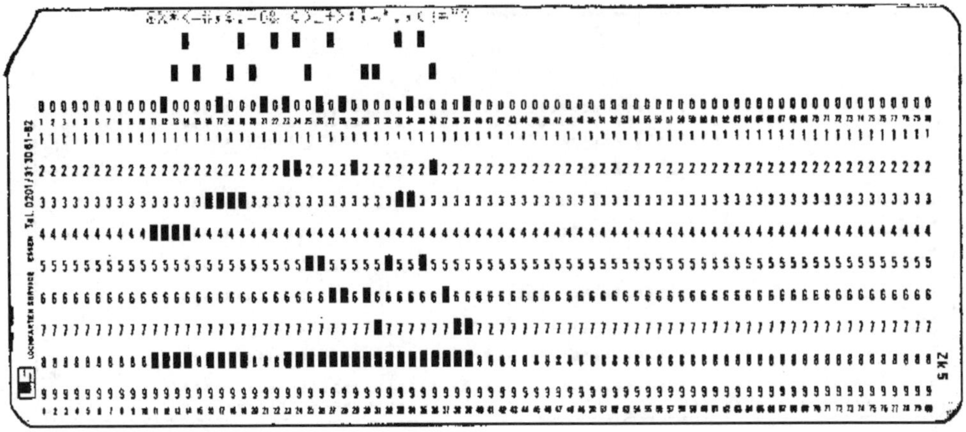

Arbeitsplätze in der Datenerfassung sahen etwa so aus:

Bild 4.2 Datenerfassung im «Lochsaal»

Die Aufteilung einer Lochkarte in Namens- und Adreßfelder – wie auf Seite 142 oben abgebildet – war eine typische Verwendung, aber, wie erwähnt, Historie. Daher zurück zur Gegenwart.

4.2 Belegleser

Unter dem Begriff Belegleser werden vier Gruppen derartiger Geräte zusammengefaßt:

Klarschriftleser
Magnetschriftleser
Markierungsleser
Mehrfunktionsleser

4.2.1 Klarschriftleser

Die Klarschriftleser erleichtern das Erfassen von schriftlich in Form von Urbelegen vorliegenden Daten. Unter Klarschrift versteht man in diesem Zusammenhang die konventionelle Druck- und Schreibmaschinenschrift, aber auch speziell für diese Lesegeräte entwickelte stilisierte Schriften, wie zum Beispiel OCR-A-Schrift, IBM-1428-Schrift, CZ-Schrift. Diese Schriften umfassen alphabetische und numerische Zeichen. Das nachfolgende Beispiel zeigt die Ziffern und Hilfszeichen der Normschrift A 1 in ihrem Raster:

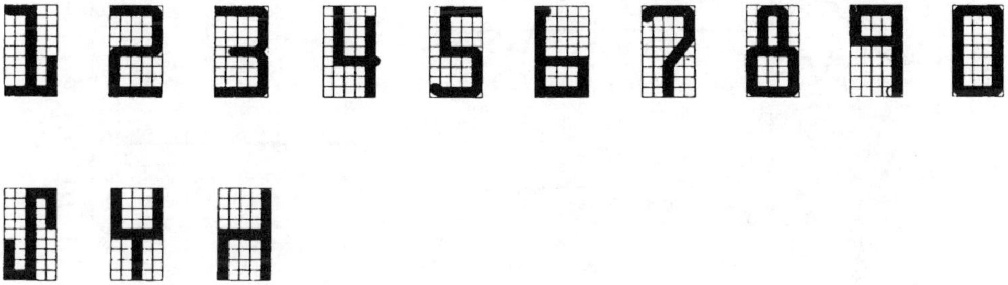

Zugleich mit dem Lesen der Belege kann auch ein Sortieren nach bestimmten Kennzahlen erfolgen. Zur Verarbeitung der darüber hinaus in den gelesenen Daten enthaltenen Information muß der Klarschriftleser an eine Datenverarbeitungsanlage angeschlossen werden. Für Dokumentationsaufgaben ist die Fähigkeit mancher Klarschriftleser wichtig, ganze Textseiten in einem Durchlauf zu lesen. Entsprechend der Lesetechnik werden zwei Grundtypen unterschieden:

Festkopfmaschinen

Bei diesen Geräten bewegt sich der Beleg am räumlich fixierten Lesekopf vorbei. Derartige Geräte eignen sich vor allem für Probleme mit Massenanfall von gleichartigen Belegen. Typisches Anwendungsbeispiel ist der Scheck- und Überweisungsverkehr der

Banken. Diese Geräte erkennen, ob an einer bestimmten Stelle ein bestimmtes genormtes Zeichen ist (eine Ziffer oder wenige Sonderzeichen) oder andere Geräte, ob eine Markierung angebracht ist oder nicht (wie beim Lottoschein). Ein Beispiel ist auf der folgenden Seite der Markierungsbogen für Fernstudenten der FernUniversität Hagen.

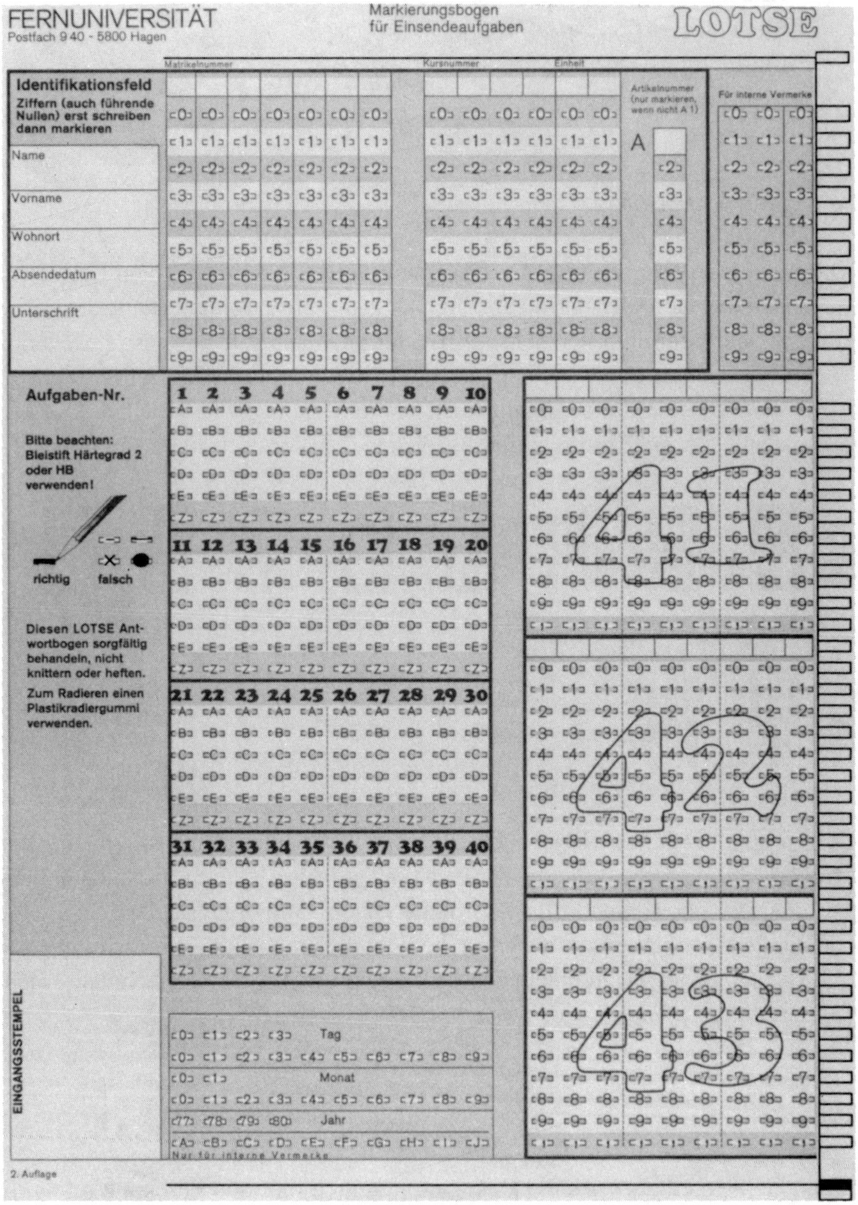

Bild 4.3 Markierungsbogen für die Ergebnisse der «Schularbeiten» von Fernstudenten

Maschinen mit programmgesteuertem Abtaststrahl

Bei Geräten dieser Art ruht der Beleg und wird mittels Abtaststrahl, der vom Leseprogramm gesteuert wird, gelesen. Diese Maschinen sind flexibler als Festkopfmaschinen. Hierzu ein Beispiel von der ZVS in Dortmund:

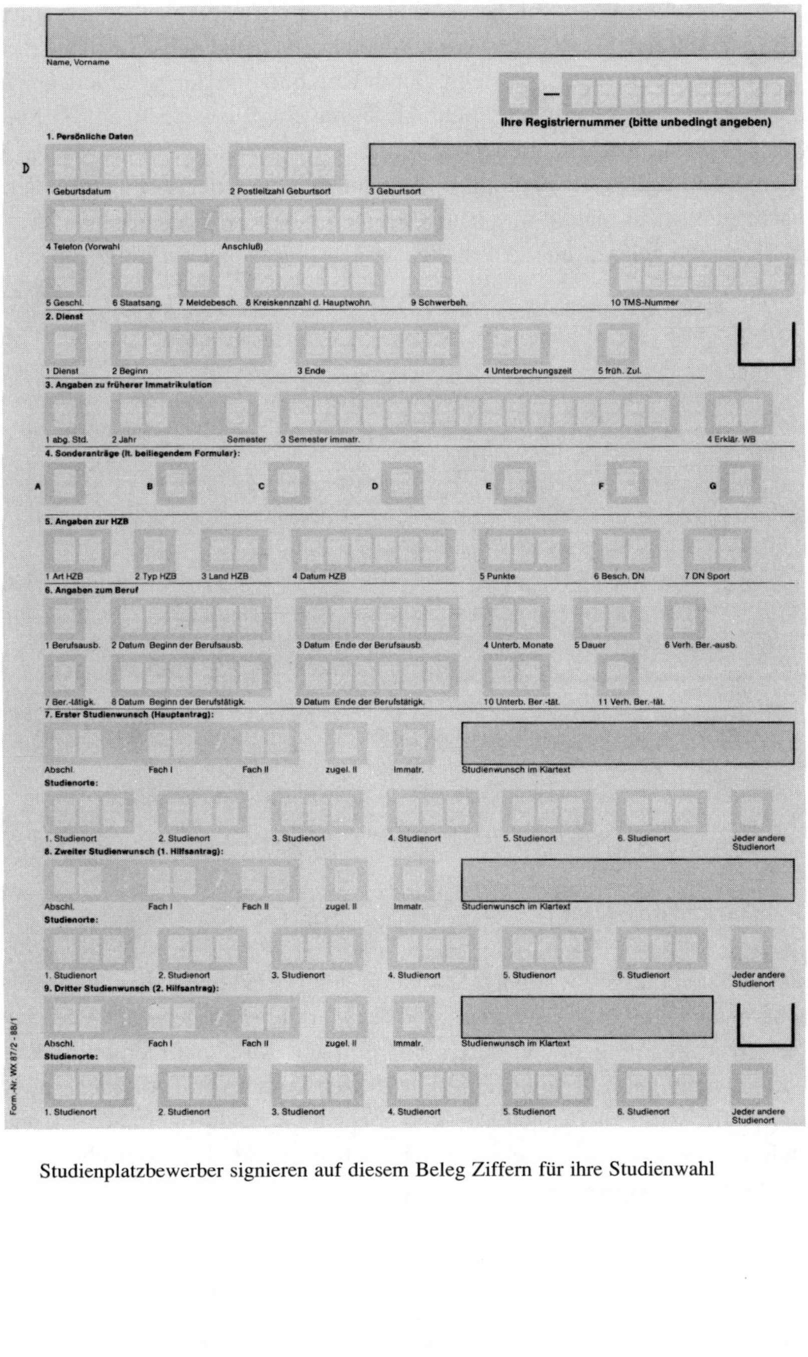
Name, Vorname

Ihre Registriernummer (bitte unbedingt angeben)

1. Persönliche Daten

D

1 Geburtsdatum 2 Postleitzahl Geburtsort 3 Geburtsort

4 Telefon (Vorwahl Anschluß)

5 Geschl. 6 Staatsang. 7 Meldebesch. 8 Kreiskennzahl d. Hauptwohn. 9 Schwerbeh. 10 TMS-Nummer

2. Dienst

1 Dienst 2 Beginn 3 Ende 4 Unterbrechungszeit 5 früh. Zul.

3. Angaben zu früherer Immatrikulation

1 abg. Std. 2 Jahr Semester 3 Semester immatr. 4 Erklär. WB

4. Sonderanträge (lt. beiliegendem Formular):

A B C D E F G

5. Angaben zur HZB

1 Art HZB 2 Typ HZB 3 Land HZB 4 Datum HZB 5 Punkte 6 Besch. DN 7 DN Sport

6. Angaben zum Beruf

1 Berufsausb. 2 Datum Beginn der Berufsausb. 3 Datum Ende der Berufsausb. 4 Unterb. Monate 5 Dauer 6 Verh. Ber.-ausb.

7 Ber.-tätigk. 8 Datum Beginn der Berufstätigk. 9 Datum Ende der Berufstätigk. 10 Unterb. Ber.-tät. 11 Verh. Ber.-tät.

7. Erster Studienwunsch (Hauptantrag):

Abschl. Fach I Fach II zugel. II Immatr. Studienwunsch im Klartext

Studienorte:

1. Studienort 2. Studienort 3. Studienort 4. Studienort 5. Studienort 6. Studienort Jeder andere Studienort

8. Zweiter Studienwunsch (1. Hilfsantrag):

Abschl. Fach I Fach II zugel. II Immatr. Studienwunsch im Klartext

Studienorte:

1. Studienort 2. Studienort 3. Studienort 4. Studienort 5. Studienort 6. Studienort Jeder andere Studienort

9. Dritter Studienwunsch (2. Hilfsantrag):

Abschl. Fach I Fach II zugel. II Immatr. Studienwunsch im Klartext

Studienorte:

1. Studienort 2. Studienort 3. Studienort 4. Studienort 5. Studienort 6. Studienort Jeder andere Studienort

Form.-Nr. WX 87/2 - 88/1

Bild 4.4 Studienplatzbewerber signieren auf diesem Beleg Ziffern für ihre Studienwahl

4.2.2 Magnetschriftleser

Die hohen Anforderungen unter anderem an die Papierqualität und den Schwärzungsgrad der gedruckten Zeichen entfallen, wenn beim Schreiben eine magnetisierbare «Tinte» aufgedruckt wird. Die Zeichenerkennung wird dann nicht mehr optisch, sondern magnetisch vorgenommen. Weit verbreitet ist auch die Verwendung fluoreszierender Markierungen. Für diese Verfahren wurden spezielle Schriften entwickelt, wie zum Beispiel CMC 7, E 13 – B. Bei der CMC 7-Schrift wird jedes Zeichen durch 7 vertikale Balken aus magnetisierbarer Druckfarbe dargestellt. Durch Kombination der zwischen den 7 Balken liegenden 6 Abstände – breit oder schmal – sind 26 Buchstaben, 10 Ziffern und 5 Sonderzeichen darstellbar. Die meisten Magnetschriftleser können zwei Magnetschriften interpretieren. Ein weites Anwendungsfeld findet sich bei Briefverteilungsanlagen. Auf Briefumschlägen findet man immer häufiger eine präparierte Balkenschrift, die von den Briefverteilanlagen gelesen und verarbeitet wird. Als Beispiel ein Lottoschein:

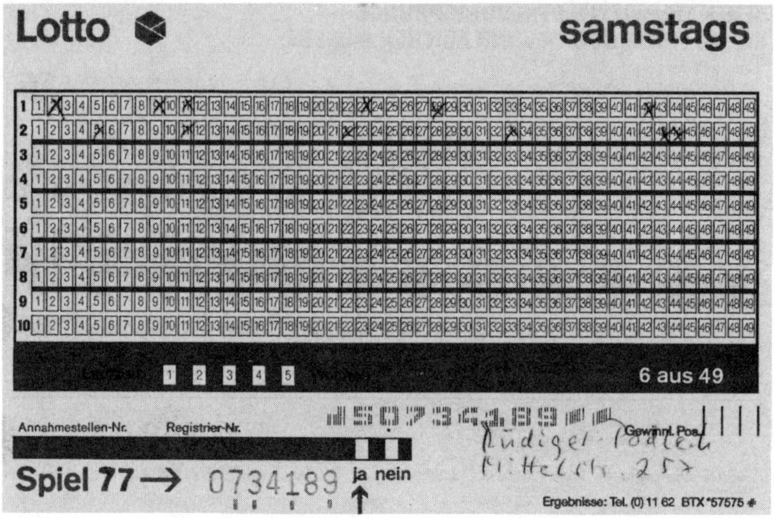

Bild 4.5 Der Lottoschein als typisches Beispiel für die schnelle Erfassung von Massendaten

4.2.3 Markierungsleser

Ein handliches und billiges Mittel zur Datenerfassung bei kleinem ‚einmaligem Datenanfall gleichermaßen wie bei Massendaten sind die Markierungsleser. Die Markierungsblätter können in Markierungsstellen durch eine einfache Strichmarkierung «beschrieben» werden. Zur Datenerfassung genügt ein Bleistift oder Tintenstift. Typisches Anwendungsgebiet sind statistische Erhebungen, wie Verkehrszählungen. Erinnern Sie sich noch an die Volkszählung 1987? Auf der folgenden Seite sehen Sie den Erfassungsbogen für Wohnungs- und Gebäudeangaben.

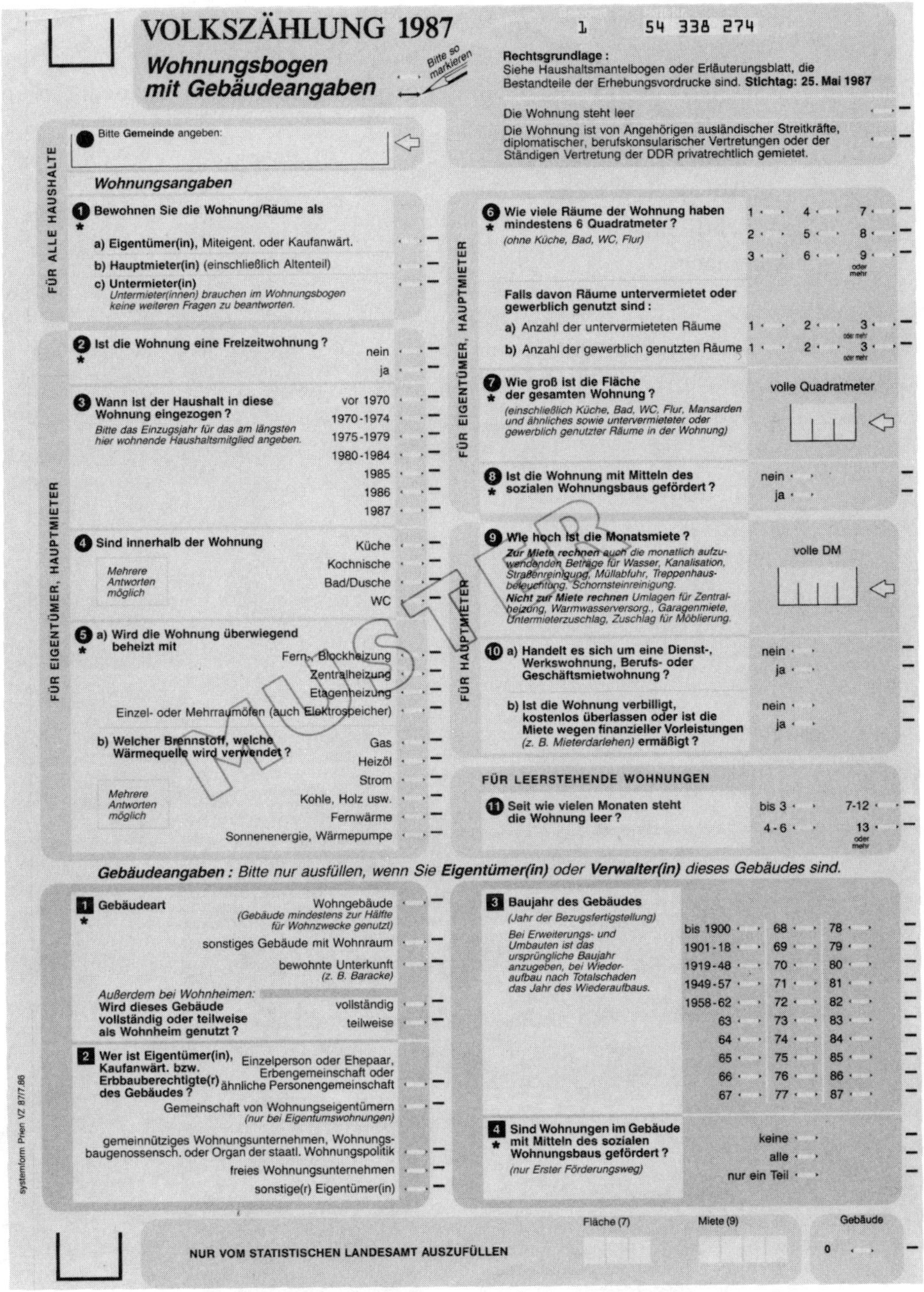

VOLKSZÄHLUNG 1987

1 54 338 274

Wohnungsbogen mit Gebäudeangaben

Bitte so markieren

Rechtsgrundlage:
Siehe Haushaltsmantelbogen oder Erläuterungsblatt, die Bestandteile der Erhebungsvordrucke sind. **Stichtag: 25. Mai 1987**

Die Wohnung steht leer

Die Wohnung ist von Angehörigen ausländischer Streitkräfte, diplomatischer, berufskonsularischer Vertretungen oder der Ständigen Vertretung der DDR privatrechtlich gemietet.

FÜR ALLE HAUSHALTE

Bitte **Gemeinde** angeben:

Wohnungsangaben

1 Bewohnen Sie die Wohnung/Räume als *

a) **Eigentümer(in),** Miteigent. oder Kaufanwärt.

b) **Hauptmieter(in)** (einschließlich Altenteil)

c) **Untermieter(in)**
Untermieter(innen) brauchen im Wohnungsbogen keine weiteren Fragen zu beantworten.

FÜR EIGENTÜMER, HAUPTMIETER

2 Ist die Wohnung eine Freizeitwohnung? *
nein
ja

3 Wann ist der Haushalt in diese Wohnung eingezogen?
Bitte das Einzugsjahr für das am längsten hier wohnende Haushaltsmitglied angeben.
vor 1970
1970-1974
1975-1979
1980-1984
1985
1986
1987

4 Sind innerhalb der Wohnung
Mehrere Antworten möglich
Küche
Kochnische
Bad/Dusche
WC

5 a) Wird die Wohnung überwiegend beheizt mit *
Fern-, Blockheizung
Zentralheizung
Etagenheizung
Einzel- oder Mehrraumöfen (auch Elektrospeicher)

b) Welcher Brennstoff, welche Wärmequelle wird verwendet?
Mehrere Antworten möglich
Gas
Heizöl
Strom
Kohle, Holz usw.
Fernwärme
Sonnenenergie, Wärmepumpe

FÜR EIGENTÜMER, HAUPTMIETER

6 Wie viele Räume der Wohnung haben mindestens 6 Quadratmeter? *
(ohne Küche, Bad, WC, Flur)
1 4 7
2 5 8
3 6 9 oder mehr

Falls davon Räume untervermietet oder gewerblich genutzt sind:
a) Anzahl der untervermieteten Räume 1 2 3 oder mehr
b) Anzahl der gewerblich genutzten Räume 1 2 3 oder mehr

7 Wie groß ist die Fläche der gesamten Wohnung? *
(einschließlich Küche, Bad, WC, Flur, Mansarden und ähnliches sowie untervermieteter oder gewerblich genutzter Räume in der Wohnung)
volle Quadratmeter

8 Ist die Wohnung mit Mitteln des sozialen Wohnungsbaus gefördert? *
nein
ja

FÜR HAUPTMIETER

9 Wie hoch ist die Monatsmiete?
Zur Miete rechnen *auch die monatlich aufzuwendenden Beträge für Wasser, Kanalisation, Straßenreinigung, Müllabfuhr, Treppenhausbeleuchtung, Schornsteinreinigung.*
Nicht zur Miete rechnen *Umlagen für Zentralheizung, Warmwasserversorg., Garagenmiete, Untermieterzuschlag, Zuschlag für Möblierung.*
volle DM

10 a) Handelt es sich um eine Dienst-, Werkswohnung, Berufs- oder Geschäftsmietwohnung?
nein
ja

b) Ist die Wohnung verbilligt, kostenlos überlassen oder ist die Miete wegen finanzieller Vorleistungen *(z. B. Mieterdarlehen)* **ermäßigt?**
nein
ja

FÜR LEERSTEHENDE WOHNUNGEN

11 Seit wie vielen Monaten steht die Wohnung leer?
bis 3 7-12
4-6 13 oder mehr

MUSTER

***Gebäudeangaben:** Bitte nur ausfüllen, wenn Sie **Eigentümer(in)** oder **Verwalter(in)** dieses Gebäudes sind.*

1 Gebäudeart *
Wohngebäude *(Gebäude mindestens zur Hälfte für Wohnzwecke genutzt)*
sonstiges Gebäude mit Wohnraum
bewohnte Unterkunft *(z. B. Baracke)*

Außerdem bei Wohnheimen:
Wird dieses Gebäude vollständig oder teilweise als Wohnheim genutzt?
vollständig
teilweise

2 Wer ist Eigentümer(in), Kaufanwärt. bzw. Erbbauberechtigte(r) des Gebäudes?
Einzelperson oder Ehepaar, Erbengemeinschaft oder ähnliche Personengemeinschaft
Gemeinschaft von Wohnungseigentümern *(nur bei Eigentumswohnungen)*
gemeinnütziges Wohnungsunternehmen, Wohnungsbaugenossensch. oder Organ der staatl. Wohnungspolitik
freies Wohnungsunternehmen
sonstige(r) Eigentümer(in)

3 Baujahr des Gebäudes
(Jahr der Bezugsfertigstellung)
Bei Erweiterungs- und Umbauten ist das ursprüngliche Baujahr anzugeben, bei Wiederaufbau nach Totalschaden das Jahr des Wiederaufbaus.

bis 1900	68	78
1901-18	69	79
1919-48	70	80
1949-57	71	81
1958-62	72	82
63	73	83
64	74	84
65	75	85
66	76	86
67	77	87

4 Sind Wohnungen im Gebäude mit Mitteln des sozialen Wohnungsbaus gefördert? *
(nur Erster Förderungsweg)
keine
alle
nur ein Teil

systemform Prien VZ 87/7.86

NUR VOM STATISTISCHEN LANDESAMT AUSZUFÜLLEN
Fläche (7) Miete (9) Gebäude
0

Bild 4.6 Markierungsbogen der Volkszählung 1987 für Angaben über Gebäude und Wohnungen

4.2.4 Mehrfunktions-Belegleser

Mehrfunktionsleser vereinigen Fähigkeiten der genannten drei Beleglesearten, d.h. mit ihnen können:

Klarschriftbelege,
Magnetschriften und
Markierungen

gelesen werden.

Bild 4.7 Markierungsleser IBM 3881

4.3 Erfassung von Bildern

Zunehmend werden Geräte eingesetzt, die mehr können, als nur Daten aufnehmen, man nennt sie Scanner. Das folgende im Schema gezeigte Gerät kann jede maschinelle Schrift so erkennen und in eine Kodierung umsetzen, als hätte man die Vorlage abgetippt.

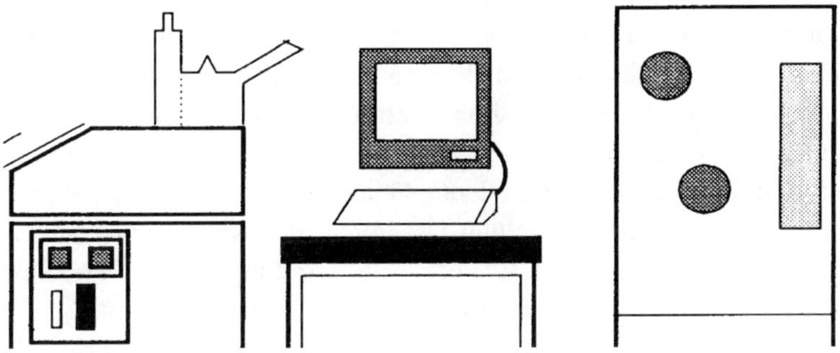

Kurzweil 4000 Scanner der Firma CCS

Die Geräte werden immer kleiner und leistungsfähiger. Mit dem folgenden Scanner wurden zum Beispiel die Grafiken und Bilder für dieses Buch erfaßt, aufgearbeitet und dann für die Druckaufbereitung bereitgestellt.

Bild 4.8 Scannen mit einem Agfa-Gerät und der Texterkennungs-Software Recognita

4.4 Überlegungen für die Datenorganisation

Ehe man die ersten Daten erfaßt, sind Überlegungen zum Ordnungsbegriff – **Schlüssel** – geboten. Sie müssen auf die Aufgabe bezogen sein, denn Informationen sind ihrem Wesen nach immateriell. Es bedarf daher einer materiellen Darstellung der Zuordnung eines vereinbarten Zeichens oder eines Symbols. Voraussetzung der Informationsübermittlung durch ein vereinbartes Zeichen oder ein Symbol ist, daß allen beteiligten Personen der Sinngehalt der Zeichen bekannt ist. Der sogenannte Schlüssel – Code – dient also der gegenseitigen Verständigung in Kurzform. Bei der Normung von Schlüsseln kommt es immer darauf an, daß die gewählte Kurzform für die verschlüsselte Information absolut eindeutig und möglichst kurz ist. Da durch die Abkürzung eines «Namens» beispielsweise eine Information nie eindeutig, kurz und systematisch gekennzeichnet werden kann, erfolgt eine Verschlüsselung fast immer durch die Kennzeichnung einer Sache mit Zahlen. Sie eignen sich besonders dazu, Ordnungsbegriffe systematisch zu gliedern. **Systematik ist die Voraussetzung jeder guten Organisation.**

Der Zweck jeder Verschlüsselung ist im weitesten Sinne das **Informieren**. Neben der Informationsaufgabe stehen aber auch die Forderungen nach der **Identifizierung** von Gegenständen, Materialien usw. und nach der **Klassifizierung**. Schlüssel zum Selektieren werden beispielweise in einer Verbrecherkartei benötigt, um beim maschinellen Sortiervorgang/Suchvorgang bestimmte Datensätze von vornherein «auszusondern». Schlüssel zum Kontrollieren werden benötigt, um durch selbstprüfende Nummernkombinationen Kontrollarbeiten und Fehlersuche weitgehend einzuschränken. Für die Aufgaben der Dokumentation von allgemeinem Wissensstoff kommt es darauf an, all die vielen Einzelheiten unabhängig voneinander, gewissermaßen als eigene Dimension, festzuhalten. Hier wird nicht nach einem einzelnen Schlüsselbegriff gesucht, sondern nach einer von Fall zu Fall veränderten Kombination von Begriffen.

Bei einem Schlüssel müssen folgende Probleme gelöst sein:

> die Schlüsselmaterie muß für einen hierarchischen Aufbau geeignet sein,
> die Ausschließlichkeit der Gruppenzuordnung muß gewährleistet sein,
> durch Klassifizierung muß weitgehend identifiziert werden können und
> Umfang und zu erwartendes Wachstum der Gruppen muß so gering sein, daß der Schlüssel nicht gesprengt wird.

Bei jeder Übertragung von Zahlen, sei es manuell von einem Beleg auf einen anderen, sei es beim Datenerfassen oder bei maschinellem Lesen von Belegen, können Fehler entstehen. Um sich gegen solche Übertragungsfehler zu sichern, werden Zahlen oder Zahlengruppen sogenannte **Prüfziffern** hinzugefügt. Diese Prüfziffern werden auf eine bestimmte Weise aus den Ziffern der zu prüfenden Zahl berechnet und nach der Übertragung zur Kontrolle der Richtigkeit nach demselben Rechenverfahren aufs neue gewonnen und mit der Prüfziffer verglichen. Das Rechenverfahren zur Bestimmung der Prüfziffer richtet sich zweckmäßigerweise nach der möglichen Fehlerhäufigkeit bei der beabsichtigten Übertragungsart. Es gibt verschiedene Verfahren zum Beispiel Zahlendreher oder Substitionsfehler zu erkennen.

Beispiel :

Bei der Prüfziffernerrechnung nach dem **Modulo 11-Verfahren** werden einfache Substitutionen, die an beliebiger Stelle vorkommen können, erkannt. Die Prüfziffer für eine Zahl wird bei diesem Verfahren folgendermaßen errechnet:

1. Den Stellen einer jeden Ziffer werden von rechts nach links – mit 2 beginnend – in aufsteigender Reihenfolge die Faktoren 2, 3, 4 usw. fest zugeordnet. Ist eine Zahl größer als 6stellig, so erhalten von der 7. Ziffer ab die Stellen wieder die Faktoren 2, 3 usw.

2. Jede Ziffer wird dann mit dem zugehörigen Faktor multipliziert.

3. Die Ergebnisse der einzelnen Multiplikationen werden addiert.

4. Die auf diese Weise gebildete Summe der Produkte wird durch 11 dividiert.

5. Ergibt sich kein Rest, so ist die Prüfziffer 0

6. Ist der Divisionsrest ungleich 0, so wird dieser von 11 subtrahiert. Die Differenz ist die Prüfziffer.

Zahlenbeispiel:

Grundzahl	4	5	6	2	6	7	
Faktoren	7	6	5	4	3	2	
Produkt	28	+ 30	+ 30	+ 8	+ 18	+ 14	= 128

Division der Produktsumme durch 11 $\quad 128 : 11 = 11$ Rest 7

Subtraktion des Restes von 11 $\quad 11 - 7 = 4$

Prüfziffer 4

Durch dieses Verfahren werden sämtliche Zahlendreher und Substitutionsfehler in einer Stelle aufgedeckt. Bei mehrfachen Substitutionen benachbarter oder entfernter Stellen bleiben alle Fehler unerkannt, die einen Ausgleich der Produktdifferenz ergeben, oder wenn die Summe der Produkte ein ganzes Vielfaches von 11 ergibt. Zahlen, bei denen der Divisionsrest den Wert 1 beträgt, können nicht nach dieser Methode geprüft werden, da hier die Differenz 11 – 1 = 10, also eine zweistellige Zahl ergeben würde.

5 Datenorganisation

5.1 Grundbegriffe und Bedeutung der Datenorganisation

Die Datenträger werden immer mächtiger und preisgünstiger. Im Gegensatz zur «Pionierzeit», als die «Bitfummler» ihre große Stunde hatten, wenn sie mal wieder irgendwo eine Datei oder ein Datenfeld verkleinern konnten, spielt dies heute unter dem Gesichtspunkt von Kapazität und Kosten keine Rolle mehr. Gleichwohl, und das ist heute das knappe Gut, ist die Zeit ein entscheidender Faktor für organisatorische Überlegungen geworden. Als Antwortzeit oder als Basis für die Belastung der Kostenstelle ist entscheidend, wie man einen Datenbestand organisiert. Ein geflügeltets Wort unter Datenverarbeitern sagt, daß weniger das Speichern, sondern vielmehr das Wiederfinden von Daten das A und O sei.

5.1.1 Vorbemerkung

Was Zeichen und Daten sind, wurde bereits im Kapitel 3 abgehandelt. An dieser Stelle wird auf die Zusammenfassung von Daten (Datenmengen) nach **logischen** und **physikalischen** Einheiten eingegangen.

5.1.2 Satz oder Datensatz

Der Ausdruck Satz kann einen physischen oder einen logischen Satz bezeichnen. Ein logischer Satz enthält alle die Daten, die sich auf einen bestimmten Ordnungsbegriff beziehen. So würde eine Inventardatei für jede Teilenummer des Lagers einen logischen Satz enthalten.

5.1.3 Block

Ein physischer Satz besteht aus **einem** oder **mehreren logischen** Sätzen. Anstelle des Ausdrucks physischer Satz verwendet man auch den Begriff **Block.**

5.1.4 Datei

Unter Datei versteht man die **Zusammenfassung von logischen Sätzen.** So enthält zum Beispiel eine Inventardatei alle Informationen, die sich auf ein bestimmtes Inventar beziehen.

5.1.5 Datenorganisation

Der Begriff Datenorganisation hat dieselbe Bedeutung wie Dateiorganisation: Das Arrangement von Informationen in einer Datei wie zum Beispiel sequentielle Organisation, serielle Organisation oder untergliederte Organisation. Von dieser Organisation hängt es entscheidend ab, wie die Daten verarbeitet werden können. Ein entscheidender Hinweis schon vorab: Es gibt nicht **die** optimale Organisationsform, die jeweilige Aufgabe ist für diese Überlegungen der wichtigste Faktor.

5.2 Struktrierung und Speicherung von Daten und Dateien

5.2.1 Logische Datenorganisation

Die logische Datenorganisation wurde schon in Kapitel 3 behandelt. Hier soll nur noch der Unterschied zum physischen Satz herausgestellt werden.

5.2.2 Physikalische Datenorganisation

5.2.2.1 Ungeblockte und geblockte Sätze auf dem Magnetband

Betrachten Sie bitte nachfolgendes Beispiel:

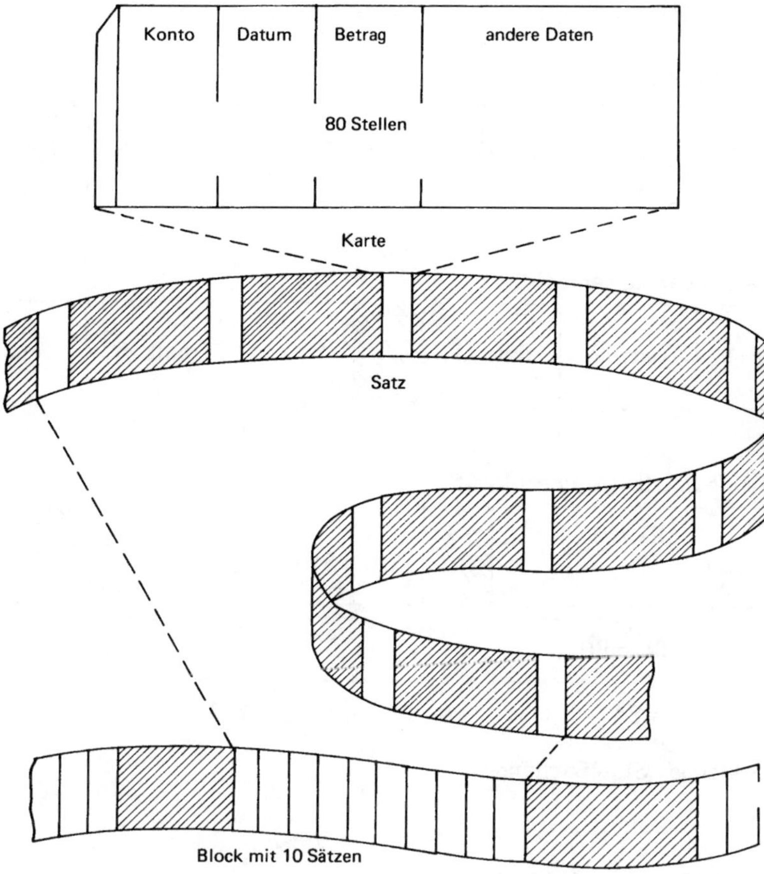

Der Vorteil der Blockung ist erkennbar:

Hohe Ausnutzung der Bandkapazität
Hohe Lese- und Schreib-Geschwindigkeit

durch Wegfall der Start-Stopp-Zeiten innerhalb des Blocks

Folgende Satzformen auf Magnetbanddatenträger sind möglich:

Feste Satzlänge, ungeblockt
Feste Satzlänge, geblockt
Variable Satzlänge, ungeblockt
Variable Satzlänge, geblockt
Undefinierte Sätze

Siehe hierzu nachfolgendes Bild und vergleiche Abschnitt 5.2.2.2.

1. Feste Satzlänge, ungeblockt

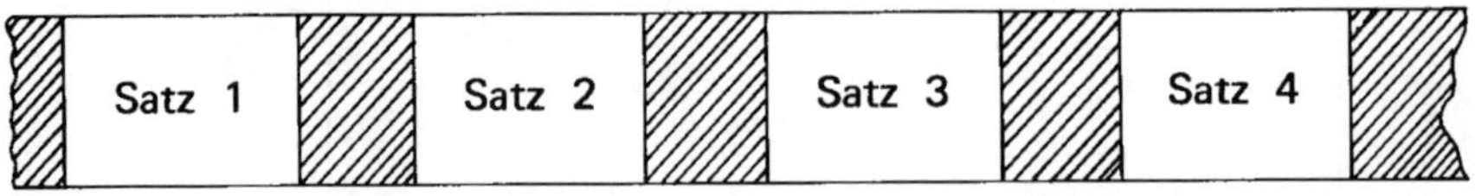

2. Feste Satzlänge, geblockt

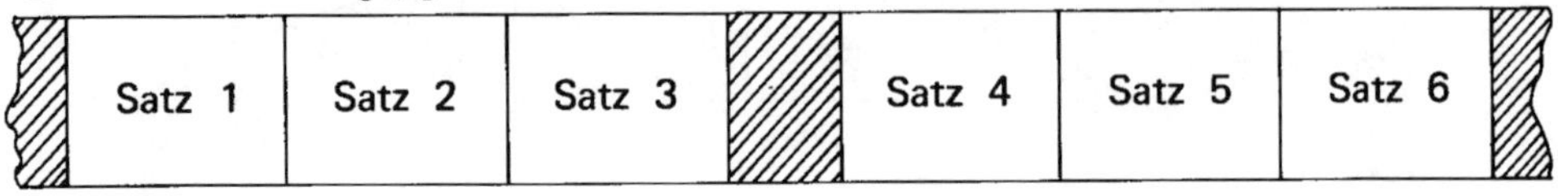

3. Variable Satzlänge, ungeblockt

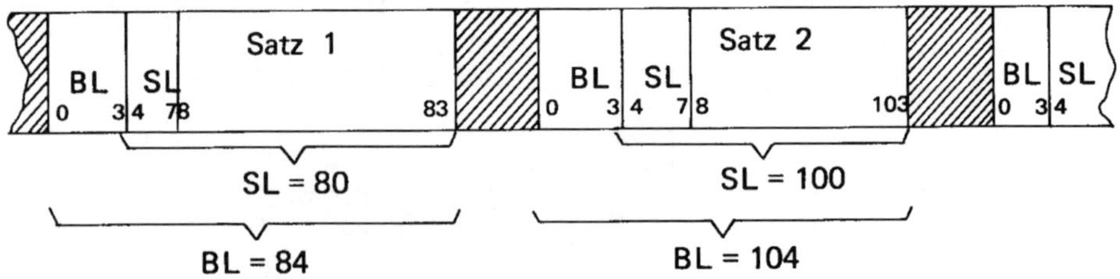

BL = Blocklänge, SL = Satzlänge

4. Variable Satzlänge, geblockt

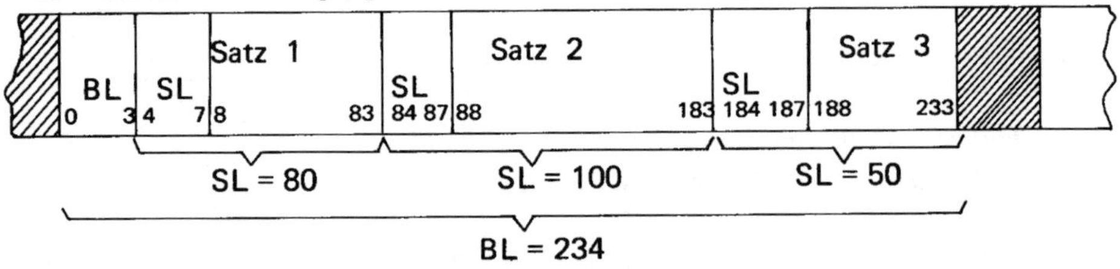

5.2.2.2 Satzformen auf Magnetplattendatenträger

Feste Satzlänge, ungeblockt

Alle Sätze der Datei haben **dieselbe Länge.** Jeder Datenteil enthält einen logischen Satz. Werden die Sätze mit Schlüsseln gespeichert, so wird der Schlüssel im Datenteil gewöhnlich nicht wiederholt. In manchen Fällen kann er jedoch in beiden Bereichen auftreten.

Feste Satzlänge, geblockt

Alle Sätze der Datei haben dieselbe Länge. Jeder Datenteil enthält einen Block aus **mehr als einem logischen Satz.** Alle Blöcke haben **dieselbe** Länge. Das Schlüsselfeld enthält den Schlüssel des höchsten Satzes im Block. Der betreffende Ordnungsbegriff (Schlüssel) befindet sich auch in jedem logischen Satz, so daß eine eindeutige Identifizierung während der Verarbeitung möglich ist.

Variable Satzlänge, ungeblockt

Die Sätze der Datei haben **verschiedene** Längen. Jeder Datenteil enthält einen logischen Satz und zwei zusätzliche Felder: BL – Blocklänge – sind die ersten 4 Bytes des Blocks. Hier ist die Länge des Blocks einschließlich des Feldes BL angegeben. SL sind die ersten 4 Bytes des logischen Satzes. Hier ist die Länge des logischen Satzes einschließlich des Feldes SL angegeben.

Variable Satzlänge, geblockt

Die Sätze der Datei haben verschiedene Längen. Jeder Datenteil enthält einen Block logischer Sätze. Die Felder BL und SL haben dieselbe Bedeutung wie bei der variabel-ungeblockten Form.

Undefinierte Satzlänge

In dieser Form können alle Sätze behandelt werden, die nicht den bisher erwähnten Formen entsprechen. In diesem Zusammenhang sei nochmal auf die Darstellung der Sätze mit und ohne Schlüssel Abschnitt 2.2.3.2 – Externe Speicher, Magnetplatten – verwiesen.

Die zwei wichtigsten Gründe zum Blocken von Sätzen sind

Speicherplatz zu sparen

Adreßmarke, Kennzeichnung, Schlüssel und Kluft treten nur einmal je Block und nicht für jeden Satz auf und noch wichtiger ist heute die

Einsparung von Zeit

Bei fortlaufender Verarbeitung der Sätze entsteht nur beim Lesen bzw. Schreiben eines Blocks ein Umdrehungszeitverlust, nicht bei jedem Satz. Werden die Sätze wahlweise verarbeitet, so kann sich das Blocken als nachteilig erweisen, da die Übertragung eines ganzen Blocks länger dauert als die des zu verarbeitenden Satzes.

5.2.3 Aufbau und Anwendungstypen von Dateien

Wie eine Datei aufgebaut werden soll, also in welcher Form die Daten gespeichert werden sollen, hängt entscheidend von der zukünftigen Anwendung ab.

5.2.3.1 Aufbau von Dateien

Kriterien für die Beurteilung der künftigen Anwendung sind:

Veränderungshäufigkeit

Diese Eigenschaft bezieht sich auf Zugänge und Abgänge von Sätzen einer Datei. Zu- und Abgänge können häufig oder selten auftreten. Dies ist für die Auswahl der Speicherungsform von entscheidender Bedeutung; denn nicht jede Speicherungsform ist in allen Fällen gleich geeignet. Dient ein Datenbestand nur der Information, dann ist er anders zu behandeln, als wenn Inhalte oder gar Strukturen häufig verändert werden.

Bewegungshäufigkeit

Ein weiterer nicht unwichtiger Einflußfaktor ist die Bewegungshäufigkeit und ihre Verteilung auf die einzelnen Sätze. Wird bei einem Lauf nur ein geringer Teil der Sätze benötigt, so sollte man eine Speicherungsform wählen, die schnellen Zugriff zu einzelnen Sätzen erlaubt. Wird dagegen eine bestimmte Gruppe von Sätzen häufiger benötigt als die übrigen, so sollte man vorsehen, daß diese besonders schnell erreicht werden können. Der

Zugriff vom Kassenterminal auf die Sonderangebote oder Saisonartikel muß anders organisiert werden, als der auf die «Ladenhüter».

Häufigkeit der Anwendung

Wichtig ist auch, wie häufig eine Datei benötigt wird. Gerade der Aufbau einer häufig benutzten Datei muß mit besonderer Sorgfalt betrachtet werden, da sich hier die Zugriffszeiten zu ansehnlichen Beträgen addieren können. Bei wenig benutzten Dateien andererseits spielen die Zugriffszeiten eine erheblich geringere Rolle.

Umfang

Eine Datei, die so groß ist, daß sie nicht dauernd vollständig im Zugriff sein kann, verlangt besondere Überlegungen hinsichtlich der Verarbeitung. Beim Aufbau einer Datei wird man deren voraussichtliches Wachstum über einen gewissen Zeitraum mit einplanen, aber man sollte sich auch Gedanken darüber machen, was zu tun ist, wenn die Datei schneller als vorhergesehen wächst. Bei einer Datei, die auf der Platte z.B. nur wenige Spuren innerhalb eines Zylinders belegt, sind organisatorische Überlegungen meistens müßig, weil das sequentielle Suchen in einem kleinen Bestand in der Regel erheblich schneller ist, als über ausgefeilte Verzeichnisse.

Servicegrad

Können Sie sich vorstellen, daß Kunden an der Kasse eines Kaufhauses, bei der Bank oder im Reisebüro kritisch beobachten, wie zügig sie bedient werden? Hier entscheiden oft wenige Sekunden, während der Datenbankbenutzer, der eine umfangreiche Recherche zu einem komplexen Thema formuliert, mit einer Antwort im Minutenbereich zufrieden sein wird.

5.2.3.2 Anwendungstypen von Dateien

Starrfortlaufende Dateien

Starrfortlaufende Dateien – Englisch: consecutive data set – sind Dateien, in welchen Sätze und Blöcke physisch starrfortlaufend, ohne Rücksichtnahme auf eine Sortierung, vom Beginn bis zum Ende der Datei gespeichert sind. Daten können auch nur in dieser Folge verarbeitet werden (zum Beispiel beim Magnetband).

Sequentielle Dateien

In einer sequentiellen Datei – Englisch: sequential data set – sind die Sätze hintereinander gespeichert. Es liegt eine Sortierung nach einem Ordnungsbegriff vor. Die Sätze werden gewöhnlich in der Reihenfolge gespeichert, in der sie verarbeitet werden. Zum Beispiel wird der hundertste Satz erst dann verarbeitet , wenn die 99 vorhergehenden bereits erledigt sind.

Dateien mit direktem Zugriff

Dateien bei denen der direkte Zugriff möglich ist – Englisch: direct data set – sind in **«zufälliger»** Folge (englisch random) auf Speichereinheiten, die den direkten Zugriff ermöglichen (zum Beispiel Magnetplatten), gespeichert. Solche Speichermedien heißen deshalb in Englisch DASD – Direct Access Storage Device bzw. RANDOM STORAGE.

Untergliederte Dateien

Eine untergliederte Datei – Englisch: partitioned data set – ist in **mehrere Glieder** aufgeteilt, wovon jedes einen eindeutigen Namen hat. Die Glieder können mit ihren Namen für die Verarbeitung aufgerufen werden. Glieder können beliebig hinzugefügt oder entfernt werden. Die Sätze innerhalb der Glieder sind fortlaufend organisiert und das Schreiben bzw. Einlesen erfolgt in dieser Reihenfolge. Die Form der untergliederten Datei wird hauptsächlich zur sequentiellen Speicherung von Daten, wie Programme, Unterroutinen und Tabellen, verwendet, in erster Linie für Programmbibliotheken.

5.3 Organisations- und Verarbeitungsformen

Die Organisations- bzw. Speicherungsform ist abhängig vom Speichermedium. Nachfolgende Tabelle unter 5.3.2 zeigt nur Verarbeitungsformen und Speicherungsformen auf DASD-Einheiten, sogenannten Random-Speichern.

5.3.1 Organisations- und Verarbeitungsform beim Magnetband

Bei Sicherungs- oder Archivierungsarbeiten, die üblicherweise mit Standardprogrammen durchgeführt werden, hat der Nutzer kaum Einfluß auf organisatorische Veränderungen. Daher gelten die nachstehenden Ausführungen für die praktische Arbeit nur dann, wenn aktive Dateien unmittelbar verarbeitet werden.

5.3.1.1 Speicherungsform

Beim Magnetband werden alle Datensätz – geblockt oder ungeblockt – **hintereinander**, normalerweise nach einem Ordnungsbegriff sortiert (sequentiell), gespeichert.

5.3.1.2 Verarbeitung

Verarbeitet wird nur in der **gespeicherten Folge.** Alle (auch nicht angesprochene Sätze) werden lückenlos verarbeitet. Ein Zurückschreiben auf denselben Platz (englisch update) ist nicht möglich; wird ein Satz verändert, müssen alle Sätze auf ein neues Band geschrieben werden. Dadurch ist die Verarbeitungszeit unabhängig von der Zahl der Bewegungen, sondern nur von der Gesamtzahl der Sätze.

Beispiel für Verarbeitung

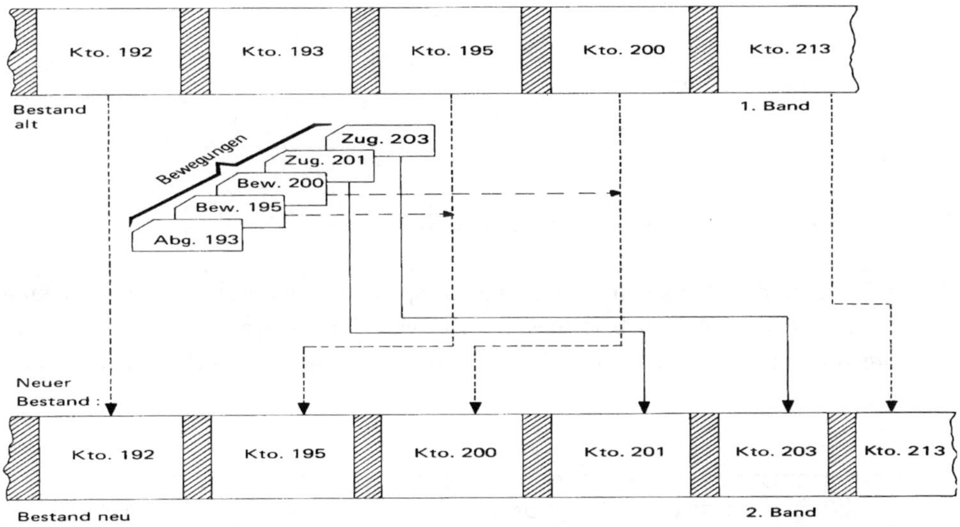

5.3.2 Organisations- und Verarbeitungsformen bei Speichereinheiten mit direktem Zugriff (DASD-Einheiten, Random-Speicher)

Jeder Hersteller und jeder Anbieter eines Betriebssystems hat eigene Namen für seine Datei-Organisationsformen. Die Prinzipien, die Ihnen nachfolgend erläutert werden, finden Sie in irgend einer Form immer wieder realisiert, Unterschiede gibt es vielleicht in Nuancen, ganz sicher aber in den Bezeichnungen!

5.3.2.1 Übersicht

Verarbeitungsform	Speicherungsform
Starr fortlaufend	Seriell/Sequentiell
Wahlfrei	Gestreut — direkte Adressierung — indirekte Adressierung
Logisch fortlaufend und wahlfrei	Index-sequentiell
Logisch fortlaufend und wahlfrei	VSAM
Logisch fortlaufend und wahlfrei	Datenbanken

5.3.2.2 Speicherungsform seriell/sequentiell

Alle Sätze werden **lückenlos hintereinander** gespeichert. Eine Aufsplittung in mehrere Teilbereiche ist möglich. Es besteht keine Beziehung zwischen Ordnungsbegriff und Satzadresse. Ein separates Schlüsselfeld ist nicht erforderlich. Siehe nachstehendes Beispiel:

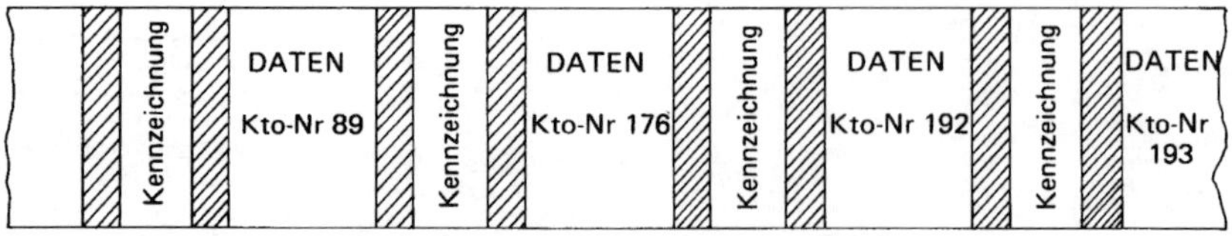

Kennzeichnung enthält Satz- bzw. Blockadresse

Verarbeitungsform

Wie bei der Bandtechnik wird die gesamte Datei von Anfang an durchlaufen. Siehe nachfolgendes Beispiel:

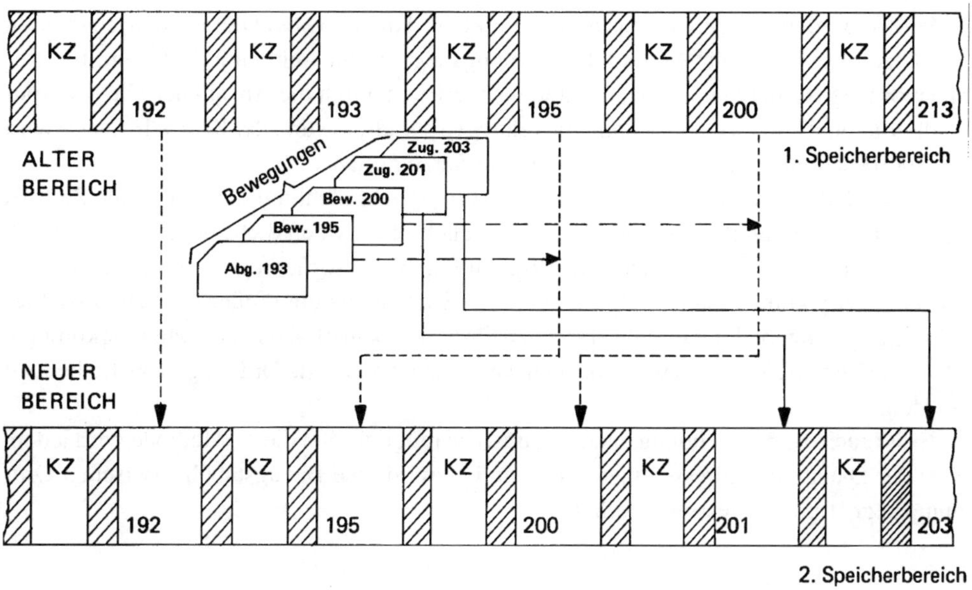

5.3.2.3 Speicherungsform gestreut

Allgemeine Eigenschaften

Bei der gestreuten Speicherungsform besteht eine **eindeutige Beziehung zwischen dem Ordnungsbegriff eines Satzes und seiner Adresse.** Diese Beziehung erlaubt schnellen Zugriff zu jedem beliebigen Satz, wenn die Datei sorgfältig organisiert ist. Die Sätze werden normalerweise nicht in der Reihenfolge ihres Sortierbegriffs auf dem Speicher untergebracht. Das Verarbeiten der Sätze in dieser Reihenfolge ist dann nur mit Hilfe eines vorhergehenden Sortierganges oder einer besonderen «Suchdatei» möglich.

Adressierung

Bei gestreuter Speicherungsform ermittelt das Benutzerprogramm im allgemeinen Satzadressen, die von null bis zu einem bestimmten Maximalwert reichen.

Speicherungsform gestreut – mit direkter Adressierung

Bei direkter Adressierung wird jeder in der Datei mögliche Ordnungsbegriff in eine **eindeutige** Adresse umgesetzt. So kann jeder beliebige Satz einer Datei mit einer Suchbewegung und einer Leseoperation gefunden werden.

Soll der Ordnungsbegriff eines Satzes direkt als Adresse verwendet werden, so müssen die Sätze feste Länge haben, und die Ordnungsbegriffe müssen numerisch sein. Ein Rechenvorgang ist hierzu nötig. Der Ordnungsbegriff ist durch die Anzahl der Sätze je Spur zu dividieren. Der Quotient ist dann die relative Spuradresse und der Rest + 1 (Satz 0 wird als Spurbeschreibungssatz verwendet) ist die Satznummer.

Diese Methode der direkten Adressierung ermöglicht nicht nur eine minimale Zeit bei der wahlweisen Verarbeitung, sondern sie ist auch ideal, wenn die Datei fortlaufend verarbeitet werden soll, da die Sätze in der Reihenfolge ihrer Sortierbegriffe gespeichert sind. Als nachteilig könnte man anführen, daß unter Umständen ein großer Teil des Speicherplatzes ungenutzt bleibt, es muß ja für jeden Ordnungsbegriff, der in der Datei vorkommen kann, ein Platz freigehalten werden, auch wenn längst nicht alle Ordnungsbegriffe benutzt werden.

Es ist auch die Verwendung einer Bezugsliste möglich. Bei dieser Methode wird jedem Satz der Datei eine Adresse zugeordnet, und es wird eine Bezugstabelle zwischen Ordnungsbegriff und Adressen unterhalten.

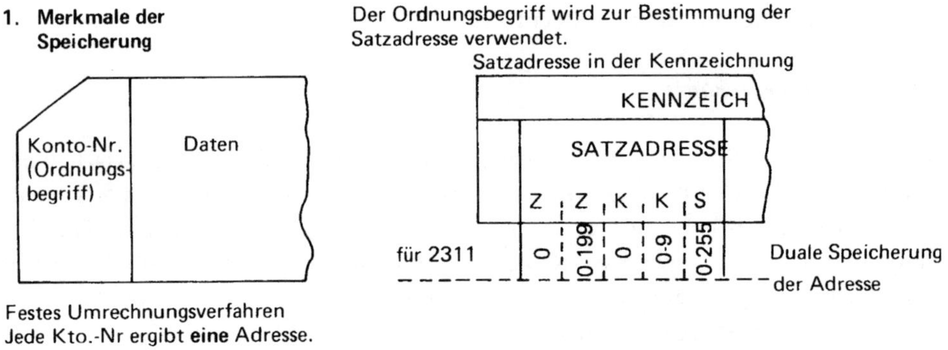

Speicherungsform gestreut – mit indirekter Adressierung

Indirekte Adressierung wird im allgemeinen dort angewendet, wo das System der Ordnungsbegriffe größere Lücken aufweist, so daß sich die direkte Adressierung wegen des vielen leerbleibenden Platzes von selbst verbietet. So zum Beispiel, wenn die Personal-Nummern zwar von 0001 bis 9999 reiche, jedoch nur etwa 3000 der 9999 möglichen, tatsächlich belegt sind. Indirekte Adressierung wird auch bei nicht-numerischen Schlüsseln benutzt.

Bei indirekter Adressierung wird der Bereich der Ordnungsbegriffe einer Datei mit Hilfe irgendeiner Berechnung auf den gewünschten engeren Bereich der Adresse verdichtet. Hierbei tritt jedoch der Fall auf, daß für zwei oder mehr Ordnungsbegriffe dieselbe Adresse ermittelt wird. Zwei Punkte sind bei diesem Verfahren wichtig:

Jeder in der Datei mögliche Ordnungsbegriff muß eine Adresse innerhalb des ausgewählten Bereichs ergeben.

Die Adressen sollten sich möglichst gleichmäßig über den Bereich verteilen, so daß möglichst wenige Mehrfachbelegungen vorkommen.

Ein Satz, der an den Platz der ermittelten Adresse geschrieben wird, wird Haussatz genannt. Alle anderen Sätze, für die die gleiche Adresse ermittelt wird, sind Überlaufsätze.

Berechnungsmethoden

Es gibt eine Vielzahl von Methoden zur Adreßermittlung, wie zum Beispiel die Divisionsrest-Methode, die Ziffernanalyse, das Falten usw. Hier sei zur Verdeutlichung nur die Divisionsrest-Methode erklärt, da sie einfach ist und meistens gute Resultate ergibt:

Der Ordnungsbegriff (Schlüssel) wird durch eine möglichst ungerade Zahl, am besten durch eine Primzahl dividiert, die annähernd so groß sein sollte wie die Zahl der Adressen in der Datei. Der Divisionsrest findet als Adresse Verwendung.

Beispiel:

Es sind 8000 200stellige Sätze zu laden, wobei ihre Spuradressen ermittelt werden.

a) Bei einer Belegungsdichte von 80 % werden 10 000 Plätze benötigt.
b) 13 Sätze je Spur werden geladen, so daß 770 Spuren benötigt werden.
c) Die Primzahl, die 770 am nächsten ist, ist 769.
d) Der Ordnungsbegriff ist durch 769 zu dividieren.
e) Der Divisionsrest (000 bis 768) ist die relative Spuradresse.

Mehrfachbelegungen/Überlaufsätze

Jede Umrechnungsmethode kann Mehrfachbelegungen mit sich bringen. Ihre Anzahl wird von zwei Faktoren bestimmt:

a) Von dem Platz, der dem Datenbestand zur Verfügung gestellt wird, das heißt von der Belegungsdichte. Je mehr Speicherplatz zur Verfügung gestellt wird, desto weniger Mehrfachbelegungen.

b) Von der Anzahl der Sätze, für die dieselbe Adresse zugelassen wird, zum Beispiel nur die Spuradresse wird errechnet, das heißt, alle Sätze für welche die gleiche Spuradresse errechnet wird, werden in dieser Spur gespeichert. Es wird also von vornherein festgelegt, daß eine bestimmte Anzahl gleicher Adressen erlaubt ist.

Werden mehr Sätze für eine Spur errechnet als dort untergebracht werden können, so ergeben sich **Überlaufsätze.** Überlaufsätze werden entweder auf den nächsten freien Platz oder in einen Überlaufbereich ausgelagert.

Merkmale der Verarbeitung

Die Datei wird wahlfrei verarbeitet.
Nur bewegte Sätze werden angesprochen.
Das Einfügen von Zugängen ist möglich.
Während der wahlfreie Zugriff ohne weiteres möglich ist, ist die Verarbeitung in Sortierfolge nur mit Hilfsmitteln (Sortierung, Suchdatei) zu erreichen.

Verarbeitung von Zugängen

Satz Nr / Spur Nr	0	1	2	3	4	5	6	7
6	SBS	3400	(309003) 249033	193				1234
7	SBS	201	717	2016	3126	(1417) 2345	1818	4567
8	SBS		1860			9876	340	

Überlaufspur im Zylinder und/oder unabhängiger Überlaufbereich

n	SBS	309003	1417					

6	SBS	3400	249033	193	1234	309003		
7	SBS	201	717	2016	3126	2345	1818	4567
8	SBS	1860	9876	340				

Überlaufspur im Zylinder und/oder unabhängiger Überlaufbereich

n	SBS	1417						

Enthält der Ordnungsbegriff Lücken, so werden auch ihnen bei der Umrechnung Adressen zugeordnet. Die entsprechenden Speicherplätze werden freigehalten und können bei einem Zugang benutzt werden.

Satz Nr / Spur Nr	0	1	2	3	4	5	6	7
6	SBS	3400	249033	193	1234	309003		
7	SBS	201	717	2016	3126	2345	1818	4567
8	SBS	1860	9876	340	1417			

Überlaufspur im Zylinder und / oder unabhängiger Überlaufbereich

n	SBS							

5.3.2.4 Speicherungsform Index-sequentiell

Eine index-sequentielle Datei ist eine **sequentielle** Datei, die über zusätzliche Index-Tabellen (Adreßverzeichnisse) verfügt, die ein schnelles Auffinden einzelner Sätze sowie eine schnelle fortlaufende Verarbeitung erlauben. Eine solche Datei besteht aus drei Bereichen: Hauptbereich, Adreß-Index und Folgebereich.

Hauptbereich

Der Hauptbereich ist der Bereich, in den die Sätze beim Erstellen oder Reorganisieren der Datei geschrieben werden. Ergänzungen zu der Datei können ebenfalls in den Hauptbereich geschrieben werden. Der Hauptbereich kann sich über mehrere Datenträger erstrecken und aus mehreren nicht aufeinanderfolgenden Bereichen des Datenträgers bestehen. Die Sätze im Hauptbereich sind in der Reihenfolge des Schlüssels gespeichert.

Adreß-Index

Gleichzeitig mit dem Laden eines Datenbestandes wird vom Steuerprogramm ein Adreß-Index aufgebaut. Er besteht aus **Spur-Index, Zylinder-Index** und eventuell noch aus dem **Haupt-Index.**

Spur-Index

Der Spur-Index ist der Index **niedrigster Ordnung.** Er ist immer vorhanden und befindet sich auf der Spur 0 jedes Zylinders. Er enthält die jeweils **höchsten Ordnungsbegriffe einer jeden Spur dieses Zylinders.** Wird ein Satz auf diesem Zylinder gesucht, so kann durch Abfragen des Spur-Indexes festgestellt werden, in welcher Spur der Satz zu finden ist. Der Spur-Index enthält für jede Spur des Zylinders zwei Eintragungen:

> den Ordnungsbegriff des höchsten Satzes in der Spur und die Spur-Adresse, das heißt Schlüssel des physisch höchsten Satzes und seine Spur-Adresse.
>
> den Ordnungsbegriff des höchsten Folgesatzes dieser Spur und die Satz-Adresse des logisch nächstfolgenden Satzes, das heißt: Schlüssel des logisch höchsten Satzes, der zu dieser Spur gehört und Satz-Adresse des logisch nächstfolgenden Satzes.

Unmittelbar nach dem Laden des Datenbestandes sind beide Eintragungen des Spur-Index gleich.

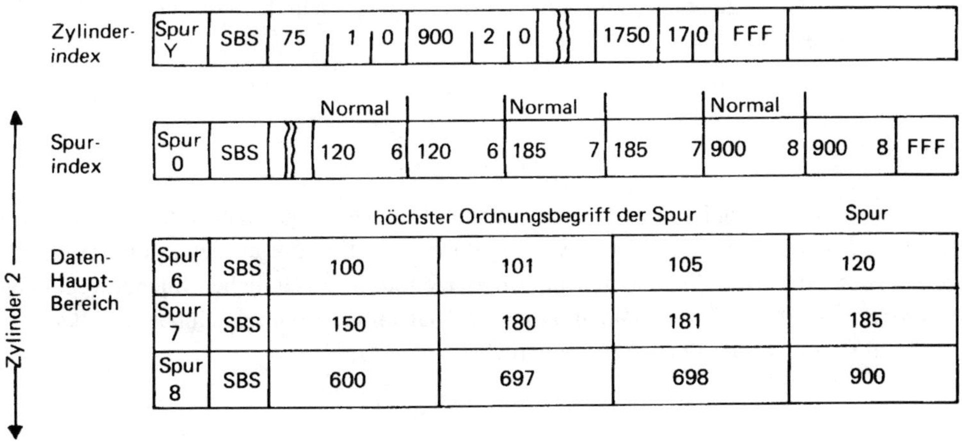

Zylinder-Index

Wird ein Satz gesucht, so gibt der Zylinder-Index an, in welchem Zylinder der Satz zu finden ist. Sodann wird der Spur-Index des betreffenden Zylinders abgefragt, der die Spur angibt, auf der sich der Satz befindet. Der Zylinder-Index ist die nächst höhere Stufe zum Spur-Index. Er kann in einem gesonderten Bereich untergebracht werden. Dieser Bereich kann sich auf einer anderen Speichereinheit befinden. Für jeden mit Daten belegten Zylinder erfolgt eine Eintragung im Zylinder-Index. Sie enthält den Ordnungsbegriff des höchsten Satzes, der zu diesem Zylinder gehört, und die Adresse des zu diesem Zylinder gehörenden Spur-Indexes, das heißt Schlüssel des höchsten Satzes im Zylinder und Adresse des dazugehörigen Spur-Index.

Haupt-Index

Der Haupt-Index ist der Index der höchsten Stufe. Seine Verwendung ist freigestellt und allgemein erst sinnvoll, wenn der Zylinder-Index mehr als drei Spuren belegt. Wie der Zylinder-Index, so kann auch der Haupt-Index in einem beliebigen Bereich gespeichert werden. Er muß jedoch unmittelbar vor dem Zylinder-Index stehen. Für jede Spur des Zylinder-Index erfolgt eine Eintragung im Haupt-Index. Diese enthält den höchsten Ordnungsbegriff in der Spur des Zylinder-Indexes und die Spur-Adresse dieses Zylinder-Indexes.

Folgebereich

Die Folgebereiche werden nach Zylinderfolgebereich und unabhängigem Folgebereich unterschieden. Erwartet man die Zugänge verteilt über den gesamten Bestand, oder kommen alle Zugänge in einen bestimmten Bereich? Das hängt wieder von der Aufgabe ab, die zu lösen ist.

Zylinderfolgebereich

Eine bestimmte Anzahl ganzer Spuren, die vom Benutzer angegeben werden kann, wird für die Überläufe innerhalb eines Zylinders reserviert. Ein Vorteil des Zylinderfolgebereichs ist es, daß zum Auffinden von Folgesätzen keine zusätzlichen Suchbewegungen erforderlich sind. Erfolgt die Hinzufügung von Sätzen jedoch ungleichmäßig, so kann es nachteilig sein, so viel Platz freizuhalten.

Unabhängiger Folgebereich

Überläufe, die von irgendeiner Spur im Hauptberich stammen, werden in einem unabhängigen Folgebereich untergebracht, dessen Zylinder speziell für Überläufe freigehalten sind. Vorteilhaft ist, daß insgesamt weniger Platz für Überläufe reserviert werden braucht, nachteilig ist jedoch, daß der Zugriff zu Folgesätzen zusätzliche Suchbewegungen erforderlich macht.

Hinzufügen von Sätzen

Wenn Sätze zu einer Datei hizugefügt werden, ist die physische Reihenfolge nicht mehr die des Ordnungsbegriffs. Logisch bleibt diese Reihenfolge jedoch erhalten durch die Verwendung der Indextabellen und der Folgeadressen. Siehe hierzu nachfolgendes

Beispiel:

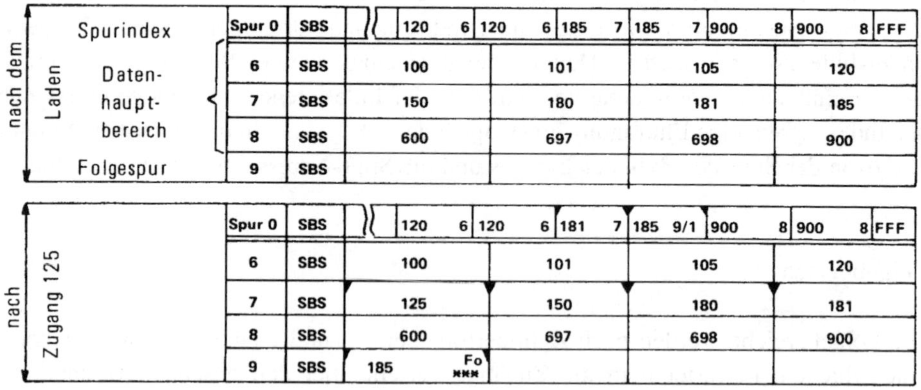

Im Zusammenhang noch einmal das komplette Beispiel. Die Felder, in denen sich durch die Verarbeitung nach dem Laden Änderungen ergeben, sind durch dunkle Ecken gekennzeichnet. Beim «Löschen» von Sätzen wird der Vorgang nicht rückwärts wiederholt. Die Sätze werden nur als gelöscht gekennzeichnet und beim nächsten Reorganisieren entfernt.

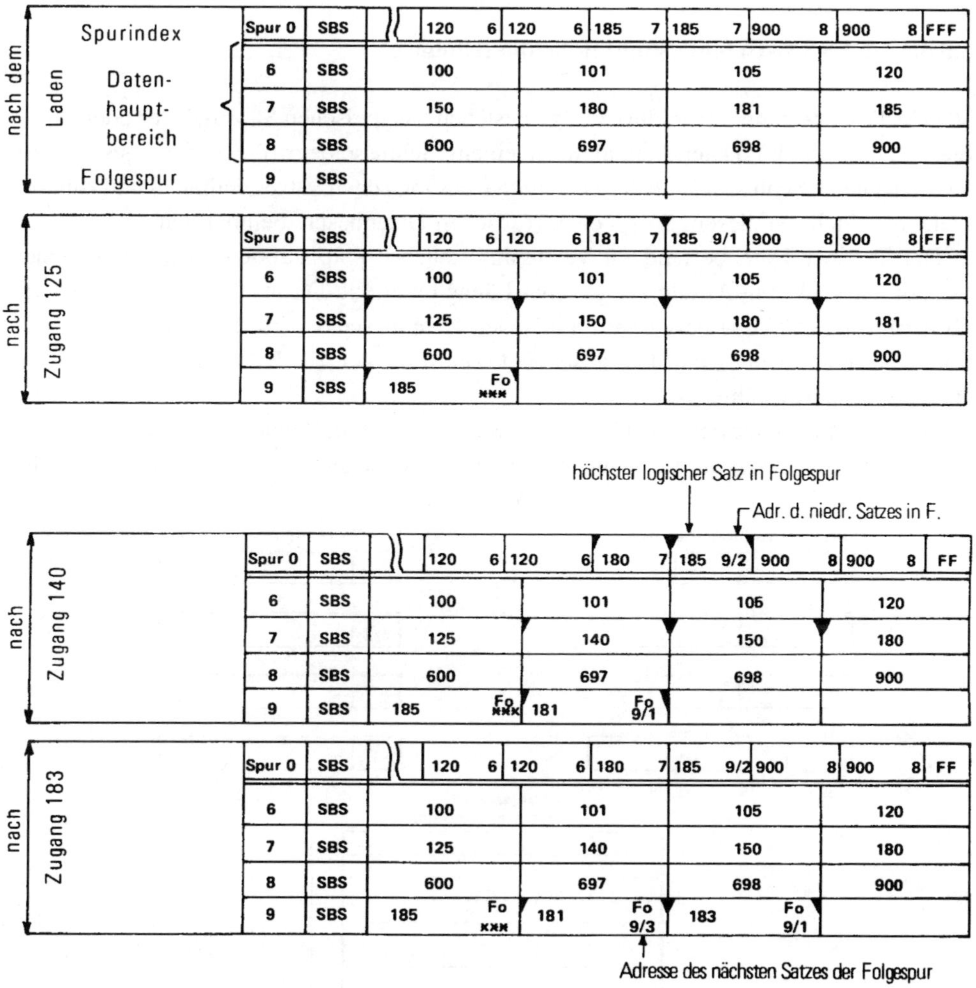

Merkmale der Verarbeitung

θ Sowohl logisch fortlaufende als auch wahlfreie Verarbeitung ist möglich.

θ Zugänge werden in die freien Plätze eingefügt.

θ Nur die bewegten Sätze werden verarbeitet.

5.3.3 Speicherungsform VSAM (Virtual Storage Access Method)

Die Datenorganisation VSAM ist darauf ausgelegt, mit Betriebssystemen zu arbeiten, die auf dem Konzept des virtuellen Speichers aufbauen.

5.3.3.1 VSAM-Datenbestand in Schlüsselfolge

VSAM-Datenbestände in Schlüsselfolge bestehen aus logischen Sätzen fester oder variabler Länge, die im Datenbestand nach einem Schlüsselbegriff geordnet gespeichert werden. Dieser Schlüssel ist in der Datenlänge des logischen Satzes enthalten und kann an beliebiger Stelle in diesem Satz stehen (für jeden Datenbestand einheitlich).

Der für einen Datenbestand zur Verfügung stehende Platz auf dem externen Speicher wird durch VSAM in Abschnitte gleicher Länge unterteilt. Diese Abschnitte werden als **Kontrollintervall (CI)** bezeichnet. Für jeden Datenbestand wird die Kontrollintervall-Länge aus einer Reihe von Standardlängen (zum Beispiel 512 Bytes, 1024 Bytes, 1536 Bytes usw.) ausgewählt.

Die logischen Sätze des Datenbestandes werden, von links beginnend, in aufsteigender Folge ihres Schlüssels in die Kontrollintervalle gespeichert. Zusätzlich werden für die

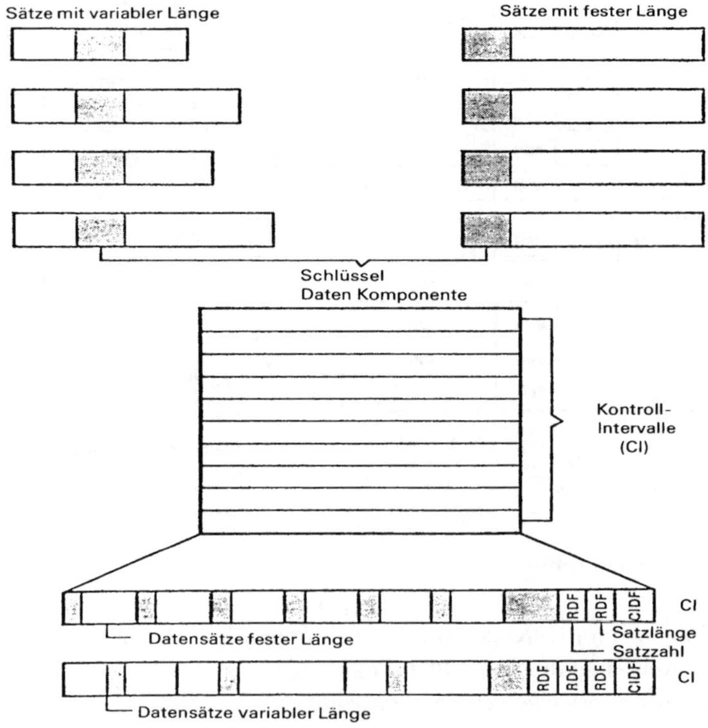

gespeicherten Sätze sogenannte Satzbeschreibungsfelder (RDF) angelegt, die im Kontrollintervall von rechts zugeordnet werden, das heißt umgekehrt wie die logischen Sätze. Jedes Satzbeschreibungsfeld ist 3 Bytes lang.

Ein Kontrollintervall kann nur vollständige logische Sätze enthalten. Deshalb kann es vorkommen, daß ein Kontrollintervall nicht ganz ausgefüllt wird, daß also zwischen Daten und Satzbeschreibungsfeldern ungenutzter Platz übrigbleibt. Die Zahl der ungenutzten Bytes in diesem Kontrollintervall wird im Kontrollintervall-Beschreibungsfeld (CIDF) festgehalten. Dieses enthält einen Zähler, der bei Vänderungen fortgeschrieben wird.

Soll ein Datenbestand neu geladen werden, so kann dies entweder durch ein vom Benutzer geschriebenes Programm oder aber durch ein Dienstprogramm (AMS = Access Method Services) durchgeführt werden.

Um die Sätze des Datenbestandes aufsuchen zu können, werden ihnen Adressen zugeordnet. VSAM benützt als Grundlage der Adressierungstechnik die relative Byteadresse. Der Datenbestand wird als eine Bytekette betrachtet, die, mit 0 beginnend, fortlaufende Nummern für jedes Byte enthält. Die höchstmögliche Adresse ist 2^{32}, der Datenbestand kann also maximal 4,29 Milliarden Bytes umfassen.

VSAM verwendet die relativen Byteadressen der Kontrollintervallanfänge, um ein Adreßverzeichnis, Index genannt, anzulegen. Ein VSAM-Datenbestand in Schlüsselfolge besteht damit aus der Datenkomponente einerseits und aus der Indexkomponente andererseits. Die Sätze der Indexkomponente dienen VSAM zum Auffinden des gesuchten Kontrollintervalls. In jedem Eintrag eines Indexsatzes speichert VSAM den höchsten Schlüssel eines Kontrollintervalls sowie einen Zeiger auf dessen relative Byteadresse. Die Speicherung im Indexsatz beginnt hier von rechts.

Daher legt VSAM über der ersten Indexstufe, die man auch als Folgestufe bezeichnet, eine oder mehrere weitere Indexstufen an. Dazu wird aus jedem Indexsatz der Folgestufe der höchste Schlüssel entnommen und zusammen mit einem Zeiger auf die Adresse dieses Indexsatzes in einem Indexsatz der darüberliegenden Stufe gespeichert. Die höchste Indexstufe besteht immer nur aus einem Satz.

Die Zeiger in den höheren Stufen unterscheiden sich also von denen der Folgestufe dadurch, daß sie auf andere Indexsätze verweisen, während in der Folgestufe auf die Kontrollintervalle der Datenkomponente verwiesen wird. Geht man davon aus, daß alle Kontrollintervalle belegt sind, so ist die Anzahl der Eintragungen in allen Indexsätzen der Folgestufe gleich, sie entspricht ja der Anzahl der Kontrollintervalle im KOntrollbereich. Da auch bei den Indexsätzen Standardlängen verwendet werden, kann hier ungenutzter Platz entstehen.

5.3.3.2 VSAM-Datenbestände in Zugangsfolge

Bei VSAM-Datenbeständen in Zugangsfolge (entry sequenced data set – ESDS) werden die Sätze sequentiell in der Reihenfolge in die Kontrollintervalle gespeichert, in der sie hintereinander zur Speicherung einlaufen. Für die Sätze in diesen Datenbeständen werden für VSAM keine Schlüssel definiert.

Wegen des Fehlens des Schlüssels kann natürlich für einen solchen Datenbestand auch kein Index aufgebaut werden. Der Datenbestand besteht deshalb ausschließlich aus der Datenkomponente. Diese Datenkomponente ist ebenfalls in Kontrollintervalle unterteilt, die wiederum die logischen Sätze enthalten. Da der Index fehlt, entfällt jedoch eine Zusammenfassung zu Kontrollbereichen.

VSAM-Datenbestand in Zugangsfolge

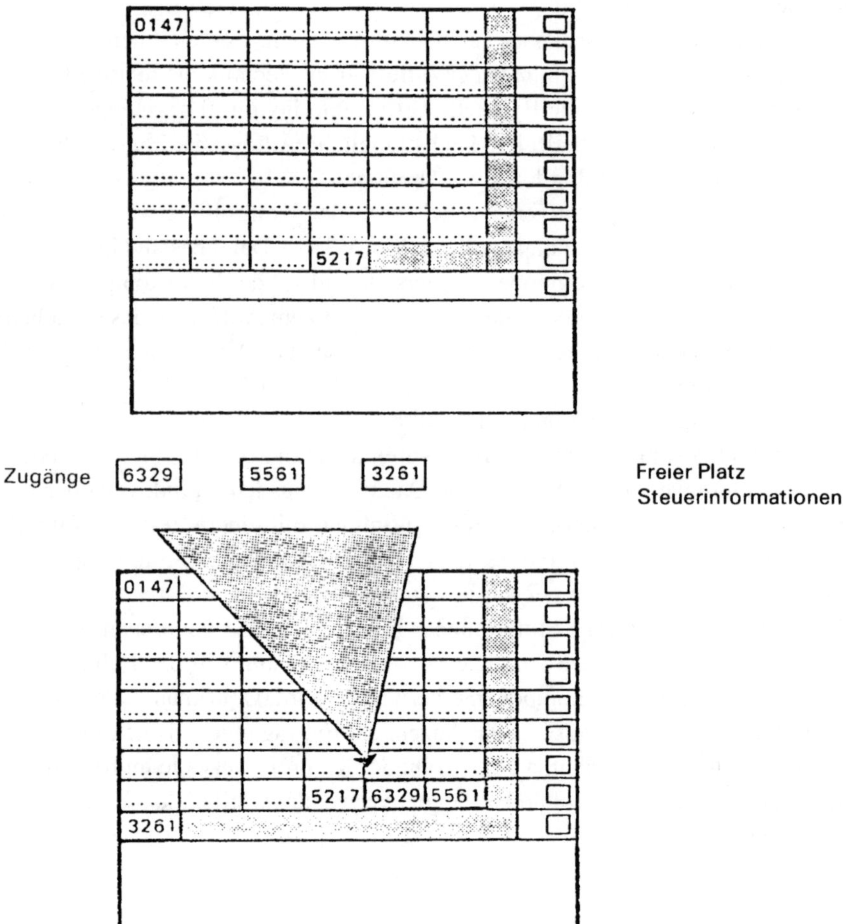

Zugänge werden am Ende des Bestandes in Zugangsfolge gespeichert

Die Kontrollintervalle können auch hier nur vollständige logische Sätze enthalten. Deshalb kann es also vorkommen, daß in Kontrollintervallen freier Platz ausgewiesen wird. Er wird ebenso wie die Satzlängen in den Steuerinformationen festgehalten.

Da der Schlüssel in den Sätzen als Ordnungskriterium fehlt, ist es auch nicht möglich, Einfügungen in den Datenbestand an anderer Stelle als am Ende des Datenbestandes vorzunehmen. Ebenso wie es nicht möglich ist, Einfügungen vorzunehmen, können auch keine Satzlängenänderungen und Satzlöschungen durchgeführt werden.

5.3.3.3 Zusammenfassung und Vergleich der beiden Datenbestandsformen

Betrachten Sie zunächst im Vergleich die beiden Arten von VSAM-Datenbeständen, nämlich Datenbestände in Schlüsselfolge und Datenbestände in Zugangsfolge. Hierbei ist wieder zu beachten, daß nicht die eine oder andere Technik die bessere sein kann, wenn man es losgelöst von der Aufgabe sieht.

Datenbestände in Schlüsselfolge	**Datenbestände in Zugangsfolge**
Die Sätze sind nach Schlüssel sortiert.	Die Sätze befinden sich in der Folge ihrer Eingabe.
Der Zugriff erfolgt nach Schlüssel.	Der Zugriff erfolgt über RBA. Kein Index vorhanden.
Die RBA eines Satzes kann sich ändern	Die RBA eines Satzes ist unveränderlich
Der verteilte freie Platz kann für das Einfügen von Sätzen benutzt werden und um die Länge der Sätze auf der Stelle zu verändern.	Der Raum am Ende einer Datei wird zum Hinzufügen von Sätzen verwendet, das Verändern der Satzlänge auf der Stelle ist nicht möglich.
Der von einem gelöschten oder verkürzten Satz freigegebene Platz wird automatisch zurückgegeben.	Ein Satz kann nicht entfernt werden, sein Platz jedoch für einen Satz gleicher Länge wiederverwendet werden.

5.3.3.4 Zugriffsmöglichkeiten und Verarbeitungsformen

Vergleichen Sie nun in der folgenden Aufstellung, welche unterschiedlichen Zugriffsmöglichkeiten und Verarbeitungsformen bei den beiden Datenbestandsarten unter VSAM möglich sind.

Datenbestand	Zugriff über	Verarb-form	Lesen	Ändern	Zugang	Löschen
in Schlüsselfolge (KSDS)	Schlüssel	sequent.	X	X	X	X
		sprungs.	X	X	X	X
		direkt	X	X	X	X
	RBA***	sequent.	X	–	–	X
		direkt	X	–	–	X
in Zugangsfolge (ESDS)	RBA	sequent.	X	X**	X*	–
		direkt	X	X**	X*	–

* Nur am Ende des Datenbestandes
** Ohne Längenänderung des Satzes
*** Vorsicht wegen Adreßänderung bei CI- und CA-Teilungen

5.3.4 Datenbanken

Spricht man über die Chancen und Risiken der Datenverarbeitung, dann spielt die Furcht vor der Konzentration von Daten in Datenbanken eine Rolle. Die nachfolgenden grundsätzlichen Erläuterungen mögen auch zur Ernüchterung dieser Diskussionen führen. Denn die Datenbank, in der das Wissen der Welt über alles und jeden gespeichert ist, wird es auch in überschaubarer Zukunft nicht geben.

5.3.4.1 Definition

Eine Datenbank ist eine **nichtredundante** Sammlung von zusammengehörigen Daten, die durch eine oder mehrere Anwendungen verarbeitet werden können. Der Einsatz derartiger Systeme, die auch unter den Schlagworten Datenbank und Infomationssysteme (DB/DC – Data Base/Data Communication) bekannt sind, setzt die Verwendung von adressierbaren Speichergeräten, also vorwiegend Magnetplatten voraus. Alle Anwendungsdaten werden in einer oder mehreren Datenbanken in hierarchischer Weise gespeichert, das heißt, die wichtigsten Daten befinden sich auf der hierarchisch höchsten Ebene, während weniger wichtige, aber dazugehörige, Daten (abhängige Daten) auf untergeordneten Ebenen zu finden sind. Jedes Anwendungsprogramm wählt dann nur solche Daten aus dieser Stuktur aus, die gerade gebraucht werden.

5.3.4.2 Konzept der Datenbanken

In der Regel sind Daten in Dateien organisiert. Jede dieser Dateien ist physisch so strukturiert, daß die Daten in der von dem Anwendungsprogramm benötigten physischen Reihenfolge und dem entsprechenden Format dargestellt sind. Wenn nun die gleichen Daten von mehreren Anwendungsprogrammen benötigt werden, werden die Daten in verschiedene Dateien dupliziert, so daß sie für jedes Anwendungsprogramm in der benötigten physischen Reihenfolge und dem entsprechenden Format vorhanden sind. Dies bedeutet, daß zusätzlicher Speicherplatz erforderlich ist; es bedeutet aber auch einen erhöhten Zeit- und Kostenaufwand für die Wartung der Daten, da dieselben Daten gleichzeitig an mehreren Stellen gewartet werden müssen.

Man hat nun nach Wegen gesucht, die diese vehementen Nachteile beseitigen, und hat Konzepte von Datenbanken entwickelt. Diese Entwicklung wurde unabhängig voneinander von den verschiedenen Computer-Herstellern und von Software-Häusern vorgenommen. Leider hat man sich bisher nicht auf ein einheitliches Konzept einigen können. So sind heute unter anderem folgende Systeme auf dem Markt:

IBM :	DL/I IMS
Siemens :	UDS SESAM
UNIVAC :	DBS, DMS
Software AG:	ADABAS
ADV-ORGA :	IDMS
Cincom System GmbH:	TOTAL

Im Rahmen dieses Buches ist es nicht möglich, alle Systeme in ihrer Struktur und ihrem Aufbau im einzelnen zu betrachten. Das hier beschriebene System ist das IBM-System IMS (Information Management System).

5.3.4.3 Logische Datenbankstrukturen
Hierarchie und Beziehungen untereinander

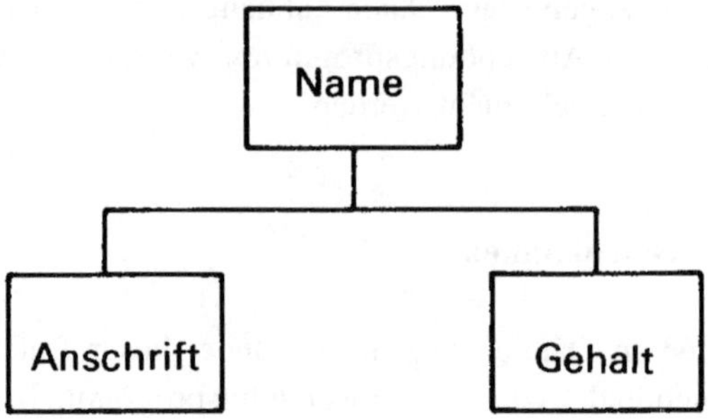

In dem Beispiel auf der vorhergehenden Seite sind in einem Element der Name, in einem anderen die Anschrift und in einem weiteren Element das Gehalt gespeichert.

Es soll nun angenommen werden, daß für eine Anwendung die Information *Name* und *Anschrift* benötigt wird, für eine zweite Anwendung *Name* und *Gehalt*. Beide Anwendungen benutzen die gemeinsamen Daten Name. Für jede dieser Anwendungen sind Daten, die von der anderen Anwendung benutzt werden, ausgenommen natürlich die gemeinsamen Daten, nicht vorhanden.

Name	Anschrift	Gehalt

Nach konventioneller Methode hätte dieser Datensatz so ausgesehen:
Dieser Datensatz sieht als logische IMS-Datenstruktur wie folgt aus:

Name, Anschrift und Gehalt werden als Segmente betrachtet. Jedes dieser Segmente besteht aus einigen Feldern.

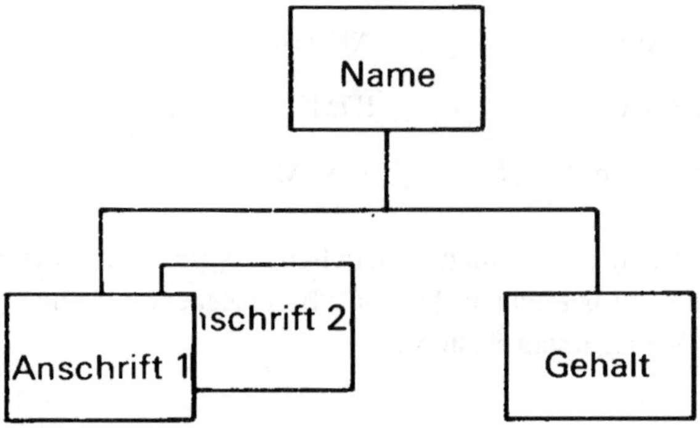

Es liegt ein **logischer Datenbanksatz** vor.

Wir haben auf der obersten Stufe, dem Rootsegment, ein Segment, auf den nachfolgenden Ebenen können jedoch mehrere Segmente vorkommen, z.B. mehrere Anschriften für ein Namenssegment.

Die nächste Abbildung zeigt eine weitere logische Datenstruktur, und zwar für einen Bestand über Befähigungen der Mitarbeiter:

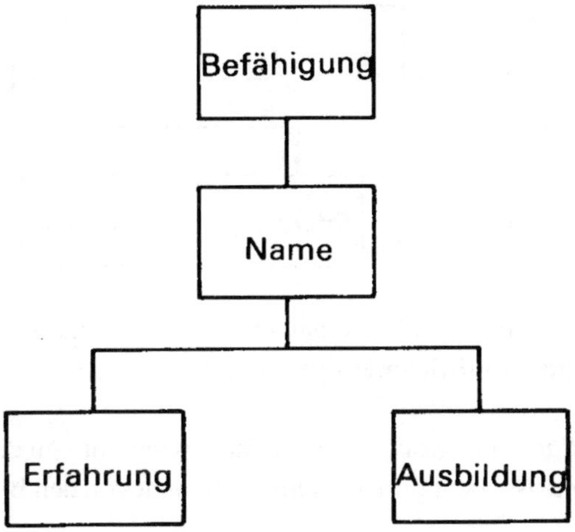

Merke: Segment ist ein Datenelement, das **ein oder mehrere logische zusammengehörende Datenfelder** enthält.
Auf der obersten Sufe ist immer nur 1 Segment, das **Root-Segment**.
In den nachfolgenden Ebenen können mehrere Segmente vorkommen.

Die logische Verbindung zeigt, daß das Namenssegment jetzt ein abhängiges Segment des Rootsegments Befähigung ist, daß Erfahrung und Ausbidlung wiederum vom Namenssegment abhängig sind. Da die Anzahl der Namen unterhalb der Befähigung bei den einzelnen Befähigungen schwankt, ist es für logische Datenbanksätze notwendig, daß sie durch die Anzahl der Segmente, die in der Hierarchie der Datenbankstruktur vorkommen, verschieden groß sind. Das folgende Beispiel zeigt einen solchen Fall:

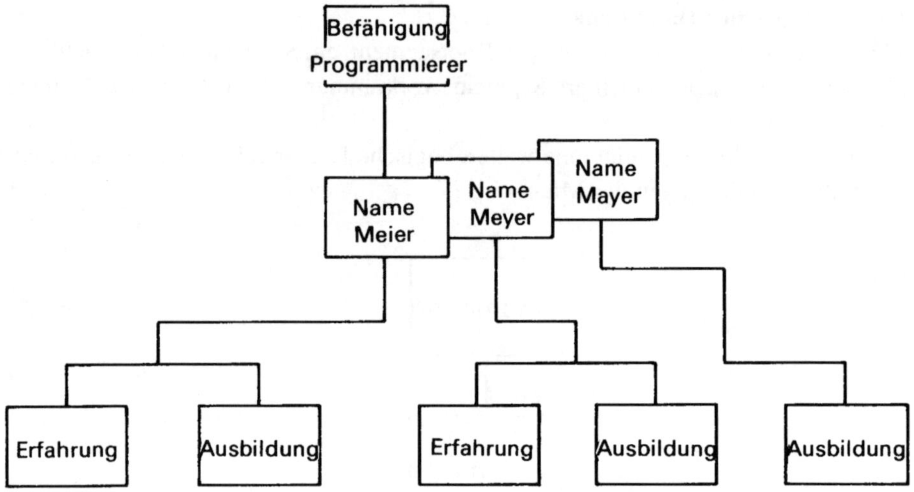

Merke: Die Segmenttypen, die übereinander bzw. untereinander stehen, werden **Parent- und Child-Segment** genannt.

In dem Beispiel ist das *Befähigungssegment* das Parentsegment von den *Namenssegmenten;* jedes dieser Segmente ist wiederum das Child-Segment von den Befähigungssegmenten.

Beim Vergleich der beiden Strukturen sieht man, daß das Namenssegment in jeder Struktur enthalten ist.

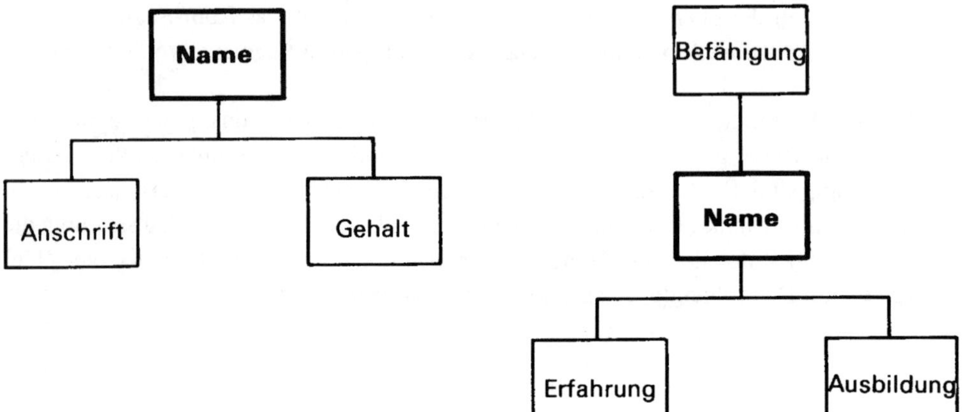

Es muß nun keineswegs so sein, daß ein Segment unbedingt ein Teil einer einzigen logischen Datenstruktur ist. Die physische Speicherungstechnik des IMS ermöglicht es, daß ein Segment in mehr als nur einer logischen Datenbankstruktur vorkommt, das heißt durch die Möglichkeit, daß ein Segment nur einmal existiert, aber in einer Reihe logischer Datenbankstrukturen vorkommt, erlaubt IMS das Unterdrücken gleichartiger Daten. Die beiden logischen Datenstrukturen können verknüpft werden. Das Namenssegment in der Befähigungsdatenbank wird durch einen sogenannten «Pointer» ersetzt, der direkt das Namenssegment adressiert.

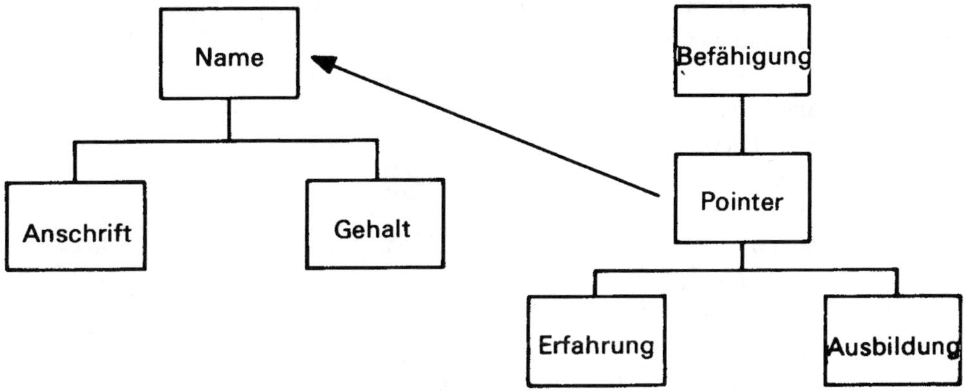

Wir sprechen von einer **verknüpften Baumstruktur**.

5.3.4.4 Relationale Datenbanken

Relationale Datenbanken sind nach dem Grundprinzip aufgebaut, die Daten **aus Nutzersicht** zu betrachten: Sie gehen von der logischen – also nicht von der physischen – Beschreibung/Darstellung der Daten aus. Dies bedeutet für das Data-Management, daß die gesamten Datenstrukturen separat von der physischen Darstellung der Daten gehalten werden. Die physische Darstellung, aber auch die Hardware, kann jederzeit, wenn notwendig, geändert werden, ohne daß die logische Beschreibung sich ändert.

Der natürlichste Weg Daten für einen «Nichtdatenverarbeiter» darzustellen ist, sie in **Tabellen** zu representieren. In der Mathematik nennt man Tabellen formal **Relation**. Eine Datenbasis die auf Tabellenbasis konstruiert ist nennt man deshalb **Relationale Datenbank**.

Tabellen sind zweidimensional, sie weisen vertikal gesehen **Zeilen** und horizontal gesehen **Spalten** auf. Mit den Spalten werden mit einheitlicher Charakteristik über die ganze Tabelle die Daten beschrieben. Dies ist die Basis aller relationalen Datenbank-Modelle:

Im relationalen Datenmodell wird jede Information einer Tabelle mit einer Spaltendefiniton abgedeckt. Das bedeutet, daß relationale Systeme im Unterschied zu anderen feldorientiert sind. In den Zeilen sind zusammengehörige Informationen eines Objektes zusammengefaßt. Zeilen und Spalten einer Tabelle weisen keine notwendig vorbestimmte Reihenfolge auf. Spalten können dynamisch – während des Betriebs – zu existierenden Tabellen hinzugefügt werden, auch wenn die Tabellen schon mit Daten geladen sind.

Das relationale Datenmodell garantiert den Zugriff zu Daten in Tabellen über die Inhalte von Spalten in Zeilen, das heißt Datenwerten oder Feldinhalten, wobei für die Wahl der Spalten keine Vorbedingung erfüllt sein muß. Mit Hilfe von Operationen können aus bestehenden Relationen neue Relationen erzeugt werden. Dazu dienen exakt definierte relationale Operationen wie

Selektion
Projektion
Join
Outer-Join
Union
Outer-Union
Intersektion
Differenz
Kartesisches Produkt

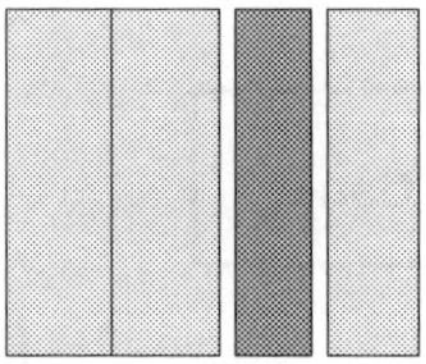

Projektion

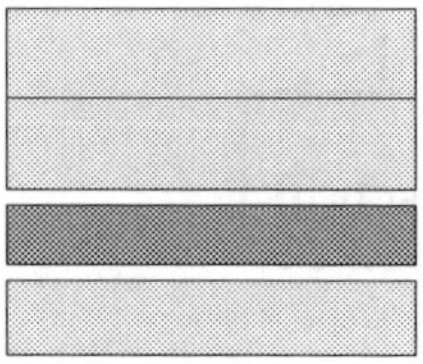

Selektion

In einem Datenbank-Managementsystem sind diese Operationen alle in der Datensprache SQL enthalten. Relationale Operationen werden auf eine oder mehrere Tabellen angewendet. Das Ergebnis einer relationalen Operation ist wieder eine Tabelle – die Ergebnistabelle, die weiterverarbeitet oder abgespeichert werden kann. Die Ergebnistabelle wird vom Datenbank-Managementsystem, nach vom Benutzer angegebenen Kriterien sortiert, zur Verfügung gestellt. Am Beispiel der Projektion kann am leichtesten erkannt werden, wie eine relationale Operation arbeitet. Die Projektion bedeutet nichts anderes, als wenn aus einer Tabelle auf Papier mit einer Schere ausgewählte Spalten herausgeschnitten werden und nebeneinander in der gewünschten Reihenfolge der Spalten aufgeklebt werden. Bei dieser Betrachtungsweise ist leicht einzusehen, daß das Ergebnis der Operation wieder eine Tabelle ist. Dies gilt auch für das Benutzen weitergehender Sprachelemente der Sprache SQL, wie eingebaute Funktionen (Summierung, Durchschnittsbildung usw.), Gruppierung und andere.

Im Unterschied zu einer realen Tabelle, die auch tatsächlich abgespeichert ist, kann es Benutzersichten geben, die auch als Tabelle sichtbar sind, aber nur virtuell existieren. Eine Benutzersicht ist aus einer oder mehreren Tabellen (realen oder virtuellen) abgeleitet – durch die Anwendung relationaler Operationen. Benutzersichten können dazu benutzt werden, um Benutzern die Anwendung relationaler Operationen transparent zu machen, so daß die Benutzer einfach nur Tabellen zu kennen brauchen. Mit einer Benutzersicht kann aber auch einem Benutzer der Datenausschnitt zur Verfügung gestellt werden, zu dem er aus Gründen des Datenschutzes autorisiert sein darf. Eine Benutzersicht wird bei Bedarf eingerichtet. Erst bei der Ausführung von SQL-Befehlen auf eine Benutzersicht werden die Daten, gemäß der Sicht, zusammengestellt.

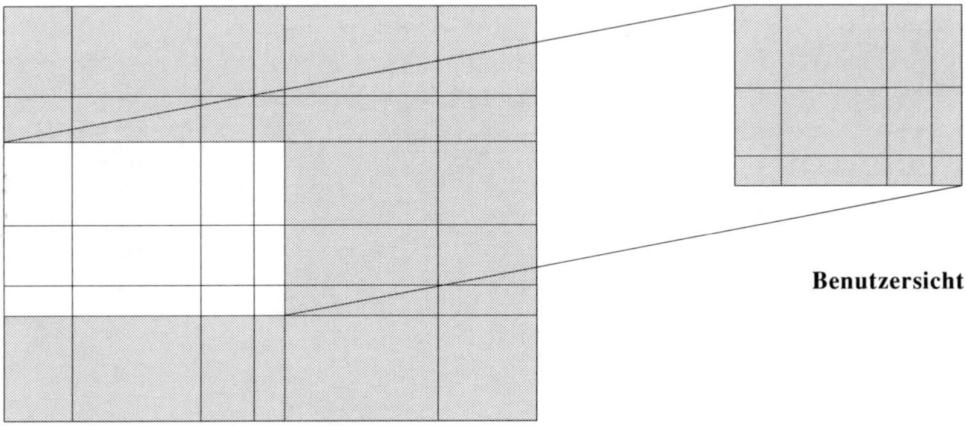

6 Software

6.1 Abgrenzung von Softwaresystemen gegenüber Hardwaresystemen

6.1.1 Begriffsklärung

Hardware sind alle Geräte eines DV-Systems oder anders ausgedrückt: Es *ist die Gesamtheit aller technischen und physikalischen Einrichtungen* eines Datenverarbeitungssystems einschließlich des Teils der Funktionen, der unabhängig von den Programmen abläuft und festgeschaltet ist.

Zur Hardware gehören also die in Kapitel 2 bereits näher beschriebenen Komponenten wie Zentraleinheit, Ein-/Ausgabegeräte, externe Speicher und die Datenfernverarbeitungsgeräte.

Software ist die Gesamtheit aller für eine Datenverarbeitungsanlage zur Verfügung stehenden Programme einschließlich des Betriebssystems und der anwendungsorientierten Programme.

6.1.2 Abgrenzung der beiden Systeme

In der «Wirtschaftswoche-Special» vom 09.10.87 schreibt Peter Lanzendorf:

«Heutige Software nutzt die Potenz schneller Chips nur wie ein Rennfahrer, der einen Formel-1-Wagen im ersten Gang fortbewegt. Programmentwickler zögern mit Leistungssteigerungen, weil sie nicht wissen, wo die Rechnerzukunft liegt. Experten sprechen von einer Softwarekrise.»

Diese kritischen Worte sind für manchen nicht zu verstehen, denn Computer vollbringen doch ganz enorme Leistungen. Ohne sie könnten keine Satelliten in den Weltraum geschossen werden, keine Roboter Autos montieren, keine Unternehmen verwaltet und gesteuert werden. Das sind doch alles enorme Leistungen. Aber sie könnten noch viel größer sein.

Elektronische Datenverarbeitungsanlagen werden immer leistungsfähiger. Wenn man dabei von *Leistungsfähigkeit* spricht, so ist die interne Verarbeitungsgeschwindigkeit der Zentraleinheit, die Kapazität des Arbeitsspeichers, die Größe der externen Speicher, die Übertragungsgeschwindigkeit der Daten vom peripheren Gerät zur Zentraleinheit gemeint. Bevor die Hardware diese Leistungen aber erbringen kann, muß die Software erstellt werden.

Bei dieser Softwareerstellung, also bei der Programmierung, wird die Logik festgelegt, nach der die Hardware arbeiten soll. Um es noch einmal zu betonen, der Computer, d.h., die Hardware, ist von Natur aus dumm, es sei denn, daß gewisse Programmteile fest verdrahtet sind. Die Hardware ist dann natürlich nur für bestimmte Dinge geeignet. Beispiele für «feste Verdrahtung» sind die Waschmaschine oder der Geschirrspüler.

Diese Art von «Programmierung» ist allerdings nichts für unsere heutigen Rechner, egal ob PC oder Großrechner. Diese Rechner müssen flexibel sein, sie müssen Aufgaben unterschiedlichster Art in beliebiger, wechselnder Reihenfolge lösen. Die Software muß änderbar sein und sich den betrieblichen oder sonstigen Gegebenheiten anpassen, ohne dabei die Hardware gleich auszutauschen.

6.2 Abgrenzung und Klassifizierung von System- und Anwendungssoftware

Im vorangegangenen Kapitel wurde die Software als die Summe aller Programme definiert, die auf einer Datenverarbeitungsanlage ablaufen.

Ein Teil der Software wird in der Regel vom Hardwarehersteller geliefert, die *System- und systemnahe Software*. Ein anderer Teil wird vom Anwender selbst erstellt.

6.2.1 Systemsoftware

Zur *Systemsoftware* gehören alle Programme, die zum Betrieb der Datenverarbeitungsanlagen notwendig sind. Sie ermöglichen das Zusammenspiel der einzelnen Teile der Anlage. Sie überwachen und steuern die Anlage.

Man bezeichnet diese Programme auch als *Betriebssystem*.

Hierzu einige Beispiele mit ihren Herstellern:

BS 2000	SIEMENS
OS/MVS	IBM
MS-DOS	MICROSOFT

Während die Betriebssysteme für Großrechner – von Ausnahmen abgesehen – in der Regel nur für ihren «Hausrechner» bestimmt und auf ihm ablauffähig sind, hat sich mit dem MS-DOS ein Standard entwickelt, der inzwischen von nahezu allen PC-Anbietern verwendet oder unterstützt wird. Von UNIX hofft der Anwender auch, daß dieses Betriebssystem auf dem Markt den Stellenwert bekommt, und damit auch herstellerneutral Software entwickelt und angeboten wird.

6.2.2 Systemnahe Software

Die *systemnahe Software* bietet dem Anwender zusätzlichen Komfort bei der Arbeit mit der DV-Anlage. Zu ihr gehören die Dienstprogramme, wie Sortierprogramm, Dateiverwaltungsprogramm und die Übersetzer der Computersprachen, die alle Anwender benutzen können.

6.2.3 Anwendungssoftware

Unter *Anwendungssoftware* versteht man die Programme, die der Anwender für seine individuellen Bedürfnisse erstellt oder erstellen läßt. Zu der Anwendersoftware gehören die bereits vorher erwähnten Programme für die Verkaufsabwicklung, für den Einkauf, für die Lohn- und Gehaltsabrechnung etc..

6.3 Betriebssysteme, Betriebsarten und Nutzungsformen

6.3.1 Betriebssysteme

Ein Widerspruch zwischen Theorie und Praxis muß vorab aufgeklärt werden. Während zum Betriebssystem alle die Programme gehören, die zum Betrieb eines Rechners notwendig sind – also auch die Anwendungsprogramme – meint ein Datenverarbeiter, der vom Betriebssystem spricht, meistens nur die Steuerprogramme, nicht die Anwendungssoftware.

6.3.1.1 Aufgaben

Aufgabe eines Betriebssystems ist es, Anwenderprogramme auszuführen. Diese sind in Programmbibliotheken gespeichert.

Folgende Einrichtungen – auch *Betriebsmittel* genannt – werden für die Ausführung der Programme benötigt:

=> Datenbestände
=> Datenträger für die Datenbestände
=> E/A-Einheiten, in denen sich die Datenträger befinden
    (z.B. Magnetplatteneinheiten, Magnetbandeinheiten)
=> Kanäle für die Datenübertragung
=> Platz im Arbeitsspeicher
=> Systemprogramme

=> Programmbibliotheken
=> Zentraleinheit, die die Programme ausführen soll

Ein wichtiger Teil des Betriebssystems ist das

Steuerprogramm,

das den wirtschaftlichen Einsatz der Betriebsmittel gewährleistet und für die Produktivität des Systems bestimmend ist. Es hat die Aufgabe, die Betriebsmittel zu verwalten:

=> Belegung der E/A-Einheiten
=> Verwaltung der Datenbestände und Datenträger
=> Zuteilung des Arbeitsspeichers
=> Zuteilung der Rechenzeit für die Durchführung der Ein- u. Ausgabe.

Dem Betriebssystem wird in den Programmen mitgeteilt, welche Betriebsmittel benötigt werden:

=> durch die Reihenfolge der Befehle für die Erfordernisse für Arbeitsspeicher und Rechenzeit,
=> aus Ein-/Ausgabebefehlen für die Benutzung der Kanäle,
=> etc., etc..

Andere Betriebsmittel werden über sog. «Job-Control-Anweisungen» dem Rechner mitgeteilt.

6.3.1.2 Aufbau

Der Aufbau der einzelnen Betriebssysteme ist naturgemäß nicht gleich, da jeder Hersteller seine eigenen Vorstellungen aber auch Bezeichnungen hat. Im folgenden sei kurz der Aufbau eines IBM-Betriebssystems skizziert. Man unterscheidet:

Steuerprogramme und
Arbeitsprogramme

Die *Steuerprogramme* haben die Aufgabe, die Durchführung der Jobs, die Verwaltung der Betriebsmittel und die Durchführung der Ein- und Ausgabe zu steuern.
Die Steuerprogramme werden in 3 Gruppen eingeteilt:

=> Das Job-Management ist die Gesamtheit aller Routinen des Steuerprogrammes, das die Durchführung der Jobs regelt. Es stellt die Verbindung zwischen dem Benutzer und dem System her, d.h., es nimmt seine Arbeitsaufträge, die Jobs, entgegen und steuert ihre Durchführung.

=> Das Task-Management steuert die Programme, die sich in Ausführung befinden, die Tasks. Es steuert das Multiprogramming, das Nebeneinanderablaufen von Programmen und teilt die Betriebsmittel zu, die während der Programmausführung benötigt werden.

=> Das Datenmanagement bildet die Routinen des Steuerprogramms, die die Ein- und Ausgabe steuern. Dazu gehören:
die Durchführung der Ein- und Ausgabebefehle der Programme,
die Verwaltung der Kanäle,
die Organisation der Daten und
die Verwaltung der Datenträger und Daten.

Die *Arbeitsprogramme* werden unter der Steuerung der Steuerprogramme im System durchgeführt.

Es gibt 3 Gruppen:

=> Die Übersetzer, die aus Programmen, geschrieben in einer Programmiersprache, Maschinenprogramme erzeugen;

=> die Dienstprogramme, zu denen die Hilfsprogramme – auch Utilities genannt – gehören. Es sind solche für die Verarbeitung von Datenbeständen, für die Wartung des Systems, für das Sortieren oder Mischen von Datenbeständen sowie der *Linkage Editor* – auch Binder genannt – und Hilfen für die Systempflege.

=> die Anwenderprogramme, die die eigentliche Arbeit durchführen und für die alle vorher genannten Programme da sind.

6.3.1.3 Speicherung

Die Programme des Betriebssystems sind in Systembibliotheken gespeichert. Der Datenträger, von dem das Betriebssystem beim Systemstart geladen wird, heißt Systemresidenz. Er befindet sich heute in der Regel auf einer Magnetplatte.

6.3.1.4 Generierung

Entsprechend der vorhandenen Hardware und den Erfordernissen an die Software wird ein Betriebssystem zusammengestellt; man nennt diese Zusammenstellung

Systemgenerierung

Nicht jeder Anwender benötigt alle Komponenten eines Betriebssystems, denn nicht jeder hat die gleiche Hardware, nicht jeder setzt alle Programmiersprachen ein und nicht jeder alle Speicherungsformen. Natürlich gibt es eine Reihe von Grundkomponenten, die jeder benötigt, so z.B. aus der systemnahen Software die Sortierprogramme oder die Bibliotheksverwaltungsprogramme.

Struktur eines Betriebssystems

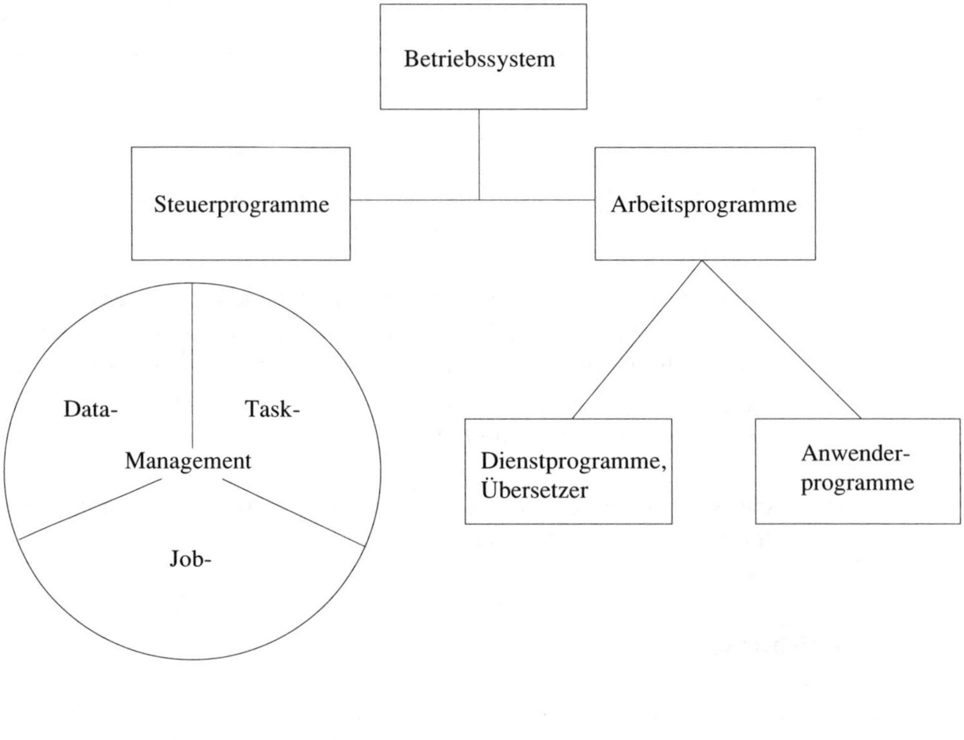

6.3.2 Betriebsarten

Bei der Generierung des Betriebssystems wird auch festgelegt, auf welche Art das System bzw. die DV-Anlage betrieben wird. Die Betriebsart bestimmt, wie die Benutzer mit der Anlage arbeiten können, ob sie nacheinander arbeiten oder ob viele Benutzer gleichzeitig auf die Anlage zugreifen können.

Man unterscheidet zwischen

dem *Stapelbetrieb* und
dem *Realtimebetrieb*.

6.3.2.1 Stapelbetrieb

Der *Stapelbetrieb* – auch *batch processing* oder *Batchverarbeitung* genannt – ist die Betriebsart, die bis vor einigen Jahren noch die alleinige war. Er wird eingesetzt, wenn große Mengen von Daten in vorbestimmten Arbeitsläufen verarbeitet werden sollen. Es werden alle Daten gesammelt, die für ein Programm benötigt werden und dann in einem Lauf verarbeitet. Danach läuft das nächste Programm ab, usw.
Ein Beispiel: Es werden alle Aufträge eines Tages gesammelt und am Abend werden die Rechnungen geschrieben. Danach werden im nächsten Lauf die Rechnungsbeträge im Buchhaltungssystem verbucht.

6.3.2.2 Realtimebetrieb

Vom *Realtimebetrieb* – auch *Echtzeitbetrieb* genannt – spricht man, wenn mehrere Benutzer gleichzeitig auf die Anlage zugreifen. Die Daten, die eingegeben werden, werden sofort verarbeitet und nicht gesammelt. Das bedeutet z.B., daß die Eingabe von Wareneingängen sofort in der Bestandsführung und in der Buchhaltung ihren Niederschlag finden. Typische Anwendungen findet man auch in der Prozeßkontrolle einer Fertigung. Meßdaten, die der Rechner aufnimmt, werden sofort verarbeitet und ausgewertet, um ggf. in den Fertigungsprozeß eingreifen zu können.

Eine Form des Realtimebetriebes ist der

Dialogbetrieb.

Der Dialog zwischen dem Anwender und dem System erfolgt über ein Dialoggerät, in der Regel über einen Bildschirm. Diese Geräte ermöglichen ein Frage-Antwort-«Spiel» zwischen Anwender und Anlage.

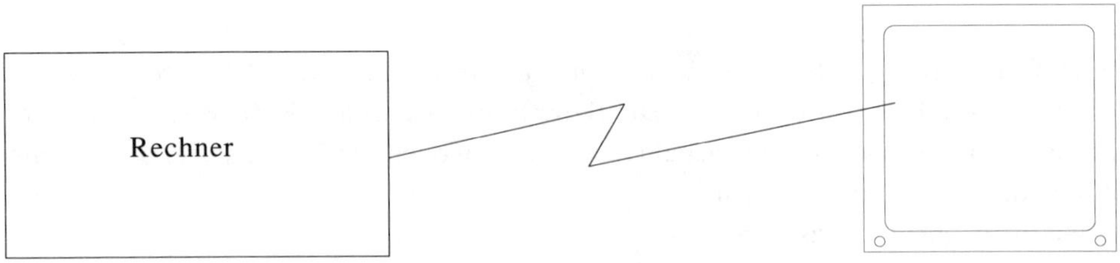

Der Dialogbetrieb kann auf zwei Arten durchgeführt werden:

als *Teilnehmerbetrieb* und
als *Teilhaberbetrieb*.

Im *Teilnehmerbetrieb* arbeiten mehrere Anwender gleichzeitig mit dem DV-System. Jeder Teilnehmer hat das gesamte System zur Verfügung und kann sein eigenes Programm laden und die Verarbeitung durchführen. Je mehr Anwender im System sind, um so größer müßte der Arbeitsspeicher sein. Da man hier aber trotz der großen Rechner an Grenzen stößt, wird dieser «erweitert», indem man Programmteile, mit denen im Moment nicht gearbeitet wird, auf Direktzugriffsspeicher, in der Regel Magnetplatten, auslagert. Werden die Teile benötigt, werden sie mit Hilfe des zuständigen Betriebssystemprogramms sehr schnell in den Arbeitsspeicher nachgeladen. Dieses Verfahren nennt man die Technik des *virtuellen Speichers*.

Wenn gesagt wird, daß jeder Teilnehmer das gesamte System zur Verfügung hat, so ist das nur scheinbar so. Es gibt auch hier das später beschriebene Prinzip des Multiprogramming.

Teilnehmerbetrieb

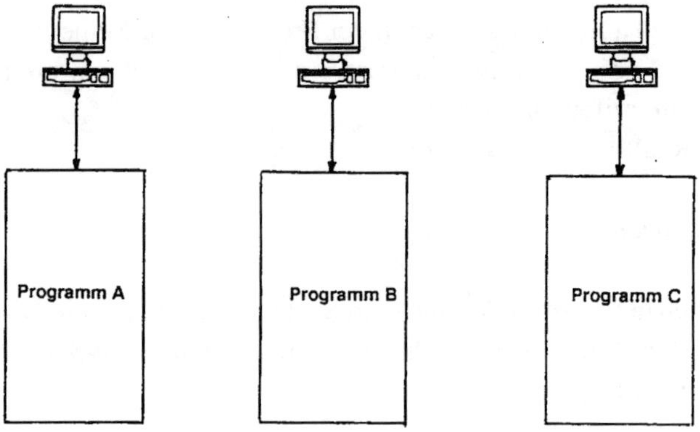

Im *Teilhaberbetrieb* arbeiten viele Anwender mit einem Programm oder Programmsystem und mit einem Datenbestand. Die Kommunikation mit dem DV-System geschieht natürlich genau wie im Teilnehmerbetrieb über Bildschirme. Jeder Teilhaber kann in demselben Datenbestand ändern. Es sind dabei natürlich gewisse Regeln zu beachten.

Wenn ein Anwender den Bestand des Artikels X ändert, muß ein 2. Anwender, der den gleichen Artikelbestand ändern will, so lange warten, bis die Änderung des 1. Anwenders beendet ist.

Typische Anwendungsgebiete für den Teilhaberbetrieb sind Platzbuchungssysteme der Fluggesellschaften, Auskunftssysteme oder dezentrale Auftragsabwicklungssysteme, bei denen Erfassungsgeräte, die mit dem Rechner verbunden sind, in Hamburg und München stehen, während der Rechner und die Daten in Mainz sind.

Teilnehmerbetrieb

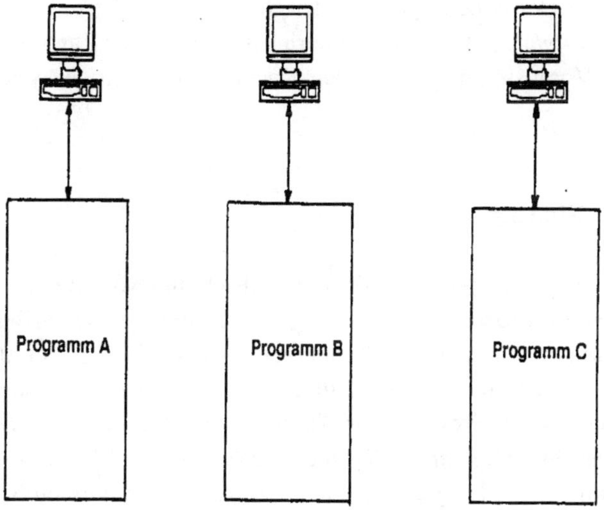

6.3.2.3 Multiprogramming

Bekanntlich läuft jedes Programm nach dem E-V-A-Prinzip ab, d.h. nach dem Prinzip: Eingabe-Verarbeitung-Ausgabe. Nur die eigentliche Verarbeitung findet in der Zentraleinheit statt.

Während der Zeit der Ein- und Ausgabe können weitere Programme ablaufen. Da die interne Verarbeitungsgeschwindigkeit wesentlich höher ist als die Verarbeitungszeit auf und mit den peripheren Geräten, ist die Anzahl der *«parallel»* laufenden Programme oft sehr groß.

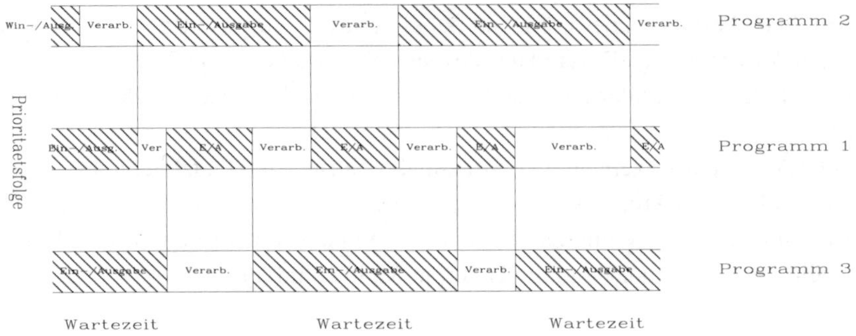

Multiprogramming

Man nennt dieses Verfahren *Multiprogramming*. Voraussetzung dafür ist hardwareseits ein ausreichend großer Arbeitsspeicher, der gleichzeitig mehrere Programme aufnehmen kann. Von der Softwareseite muß das Betriebssystem in der Lage sein, den Wechsel zu steuern. Beide Voraussetzungen erfüllen Rechner und Betriebssysteme, die heute im Einsatz sind.

6.3.2.4 Time-Sharing

Wie in den vorherigen Kapiteln (Teilnehmerbetrieb und Multiprogramming) zu ersehen war, laufen mehrere Prozesse «gleichzeitig» ab. Damit die vielen Benutzer in etwa zur selben Zeit drankommen, wird die Rechnerzeit, – auch CPU-(Central Processing Unit)-Zeit genannt – in Zeitscheiben aufgeteilt. Ist die einem Programm zugeteilte Zeitscheibe fertig, kommt das nächste Programm an die Reihe. Der Benutzer bemerkt wegen der hohen Verarbeitungsgeschwindigkeit häufig nicht, daß noch andere neben ihm arbeiten. In welcher Reihenfolge die Programme ablaufen, wird durch die vom Operator vergebene Priorität beeinflußt. Höchste Priorität haben in der Regel die Dialogprogramme, denn man will den Benutzer am Bildschirm am wenigsten «warten» lassen, während es häufig keine Rolle spielt, ob ein «gleichzeitig» ablaufendes Batchprogramm etwas früher oder später fertig ist.

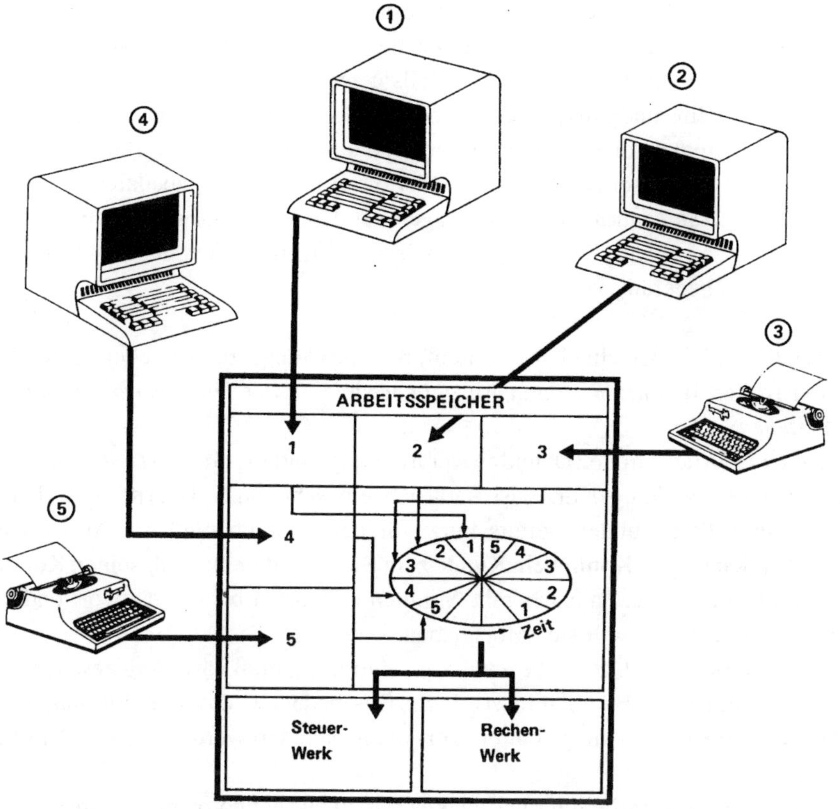

6.3.2.5 Multiprocessing

Beim *Multiprocessing* sind zwei oder mehr Rechner in einer Datenverarbeitungsanlage zusammengeschlossen. Dadurch erreicht man eine größere Leistungsfähigkeit der Anlage, eine schnellere Verarbeitung und größere Sicherheit.

6.3.3 Nutzungsformen

6.3.3.1 Datenfernverarbeitung

In den vorausgegangenen Abschnitten wurde einiges über Batchverarbeitung und Dialogverarbeitung ausgeführt. Im folgenden soll nun über die Datenfernverarbeitung gesprochen werden und welche Rolle die Post dabei spielt.

Erinnert man sich daran, was in der konventionellen, in der Batchverarbeitung passiert:

=> die Eingabedaten werden gesammelt,

=> die Verarbeitung erfolgt nach einem festen Plan für alle Eingaben,

=> die Ausgabe erfolgt ebenfalls gemeinsam,

=> Ein- und Ausgabegeräte befinden sich mit der Zentraleinheit normalerweise in einem Raum und sind miteinander verbunden,

=> die Geschwindigkeit, mit der die Ein- und Ausgabedaten von und zur Zentraleinheit übertragen werden, ist nur begrenzt durch die mechanischen und elektronischen Eigenschaften der Ein-/Ausgabegeräte.

Der wesentlichste Unterschied der Datenfernverarbeitung zu den eben geschilderten Verfahren ist der, daß *die Ein- und Ausgabegeräte von der Datenverarbeitungsanlage entfernt stehen.*

Ein weiteres Kriterium der Datenfernverarbeitung sind die *Antwortzeiten,* die so kurz wie möglich sein sollen. «Kurz» ist natürlich ein sehr vager Begriff. Für den einen Anwender sind 20 Sekunden bereits kurz, für den anderen muß die Antwortzeit im Sekundenbereich liegen. Kommt ein Kunde zum Bankschalter und will seinen Kontostand wissen, ist er in der Regel nicht bereit, Minuten zu warten bis die Antwort endlich am Bildschirm erscheint. Er will sie sofort haben.

Die Verarbeitung von Daten, die *«zufällig»* eintreffen, muß vorrangig geschehen, auch wenn gleichzeitig noch Batchläufe erfolgen. Das bedeutet, daß die Prioritäten für die einzelnen Jobs, die in der Anlage laufen, kurzfristig geändert werden müssen. Das besorgt das Betriebssystem.

Bei der Datenfernverarbeitung hat man es mit zwei Technologien zu tun:

der Datenverarbeitung und
der Übertragung der Nachrichten.

Im Sprachgebrauch wird für Datenfernverarbeitung auch der englische Begriff *TELEPROCESSING* verwendet. *TELE* kommt aus dem Griechischen und bedeutet soviel wie *«entfernt», PROCESSING* soviel wie *«Aufbereitung».*

Die ersten kommerziellen Datenfernverarbeitungssysteme kamen dort zum Einsatz, wo aktuelle Informationen gefragt waren und wo große Datenmengen auftraten. Bereits Ende der fünfziger Jahre gab es die ersten Flug-Reservierungssysteme, in denen neben der Platzbuchung auch schon alle mit dem Fliegen in Zusammenhang stehenden Abrechnungen vorgenommen wurden.

Diese neuen Systeme erforderten natürlich auch neue Hardware. So mußten getrennte Kanäle zum Anschluß der Datenfernverarbeitungsgeräte geschaffen werden. Für den dezentralen Einsatz war die Entwicklung neuer Endgeräte erforderlich. Um Mißbrauch zu vermeiden, mußten die Zentraleinheiten gegen unbefugten Zugriff geschützt werden, bzw. gegen absichtliche oder unbeabsichtigte Zerstörung der Daten. Durch die Vielzahl der Benutzer wurde die Gefahr des Mißbrauchs immer größer. Dieser Mißbrauchschutz bezieht sich aber nur zum einen auf die Zentraleinheit. Die Daten müssen nicht nur gegen Zerstörung geschützt werden, sondern auch dagegen, daß sich Unbefugte in den Rechner «einschleichen», um sich Informationen zu besorgen. Man liest in letzter Zeit öfter Berichte zu diesem Problem und spricht von sog. «Hackern».

Der Mißbrauchschutz ist aber genauso wichtig für die Software. Damit ist gemeint, daß die Software so gestaltet sein muß. daß nur berechtigte Personen bestimmte Programme, Programmteile oder Daten benutzen können. Dieser Schutz ist möglich, indem man entweder einem bestimmten Benutzer oder einer Benutzergruppe die «Erlaubnis gibt», bestimmte Abfragen tätigen zu können bzw. vorher festgelegte Eingaben machen zu dürfen. Diese «Erlaubnis» wird in einer Datei hinterlegt, auf die natürlich nur ganz wenige Benutzer Zugriff haben.

Man findet dort den Eintrag, daß der Herr X Kontostände abfragen und daß die Frau Y Aufträge eingeben darf. Damit nun nicht ein Unberechtigter den Namen X oder Y benutzt, hinterlegt Herr X in der Datei ein Paßwort. Jedes Mal, wenn er sich am Bildschirm anmeldet, gibt er als erstes das Paßwort ein. Dieses wird mit dem hinterlegten abgeglichen. Stimmt es nicht, bekommt der Anmeldende keine Berechtigung. Man sollte das Passwort des öfteren ändern, und es sollte nicht zu kurz sein, damit ein Fremder nicht versucht, es herauszubekommen.

Ein ganz wichtiger Aspekt der Datenfernverarbeitung ist der *direkte Zugriff* auf möglichst viele Datenbestände. Das bedeutete, daß größere Direktzugriffsspeicher geschaffen werden mußten. Wie in einem vorherigen Kapitel gezeigt wurde, ist die Kapazität der Plattenspeicher nicht zuletzt aus diesem Grunde enorm gestiegen.

Aber nicht nur der direkte Zugriff auf Datenbestände, die für Abfragen relevant sind, ist ein wichtiges Kriterium der Datenfernverarbeitung, sondern auch die *Aktualität der Daten* ist äußerst wichtig.

Was nutzt ein Platzbuchungssystem für Reisebüros, wenn die Daten über freie Plätze nicht aktuell sind? Was nutzt einem Unternehmen ein Abfragesystem über verfügbare Artikel, wenn die Daten von gestern sind? Welcher Informationswert hat für einen Bankkunden der Kontostand von vorgestern?

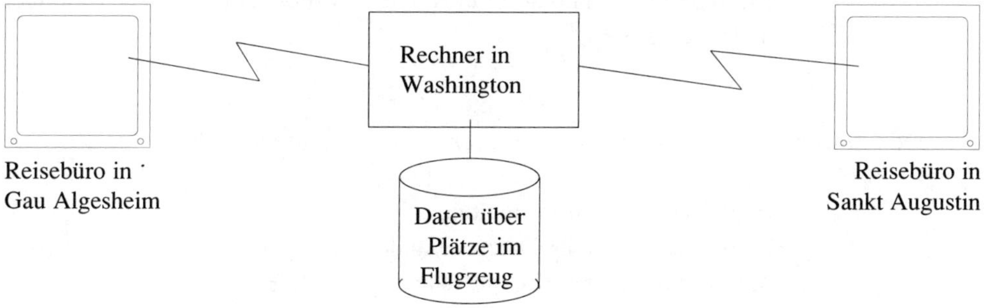

Diese Liste läßt sich beliebig fortsetzen. Man sieht, daß alle technischen Einrichtungen, die selbstverständlich da sein müssen, nichts wert sind, wenn die Software nicht stimmt. Und das bedeutet in unserem Fall: wir benötigen Software, um die Datenbestände bei Anfall sofort zu verändern. Man spricht manchmal auch vom «updaten» der Daten.

Daten müssen direkt am Ort ihres Entstehens in den Rechner eingegeben und sofort verarbeitet werden. Produktionsdaten sollen in den Werkstätten erfaßt, Wareneingänge direkt bei Anlieferung der Ware in den Rechner eingegeben werden, etc. etc..

Bevor auf die technischen Details eingegangen wird, ist zusammenfassend festzuhalten:

Datenfernverarbeitungssysteme sind durch folgende Merkmale gekennzeichnet:

=> Die Ein- und Ausgabe der Daten erfolgt an einem anderen Standort als der der Datenverarbeitungsanlage.

=> Die Eingabe der Daten erfolgt «zufällig».
Jede der Datenstationen (Bildschirme) ist ständig an den Rechner angeschlossen. Tritt ein Ereignis ein – z.B. ein Kunde will einen Auftrag erteilen, will eine Auskunft über seinen Kontostand.... – so wird seine Verarbeitung veranlaßt.

=> Die Verarbeitung des Vorganges erfolgt unmittelbar.
Im Gegensatz zur Stapelverarbeitung, bei der die einzelnen Vorgänge gesammelt werden, wird jeder Vorgang individuell und unmittelbar nach seinem Auftreten erledigt.

=> Die Antwortzeit muß kurz sein.
Die Systeme müssen so ausgelegt sein, daß die Antwortzeiten für jeden Benutzer kurz sind.

=> Viele Anwender benutzen «gleichzeitig» die Anlage und das gleiche Programm.
Jeder von ihnen muß allerdings den Eindruck haben, daß er alleiniger Anwender ist.

Folgende *Anwendungsformen der Datenfernverarbeitung* sind möglich:

=> Abruf von Daten, Informationen
Hierbei werden keine Daten verändert. Wichtig ist eine sofortige Auskunft von aktuellen Bestandsdaten.

=> Bestandsänderung
Ein Vorgang wird sofort und vollständig bearbeitet, und zwar mit allen bestandsverändernden Auswirkungen.

=> Dateneingabe
Die Daten werden am Entstehungsort erfaßt und über Leitungen direkt in das DV-System zur Verarbeitung übertragen.

=> Gemeinschaftsbetrieb/Time-Sharing
Viele voneinander unabhängige Benutzer teilen sich einen Rechner. Jeder tut so, als ob er der einzige ist und keine Rücksicht auf den anderen nehmen muß.

Die Anforderungen der Benutzer an ein Datenfernverarbeitungssystem lassen sich in folgende Kreise strukturieren:

Lokale oder Nahverbindungen

An einen Rechner sind innerhalb eines Betriebsgeländes ein- oder mehrere Datensichtstationen (Terminals oder Bildschirme) angeschlossen. Es wird kein öffentliches Gelände betreten. Der Anwender kann in diesem Fall selbst die Verbindungen zwischen Terminal und Rechner herstellen.

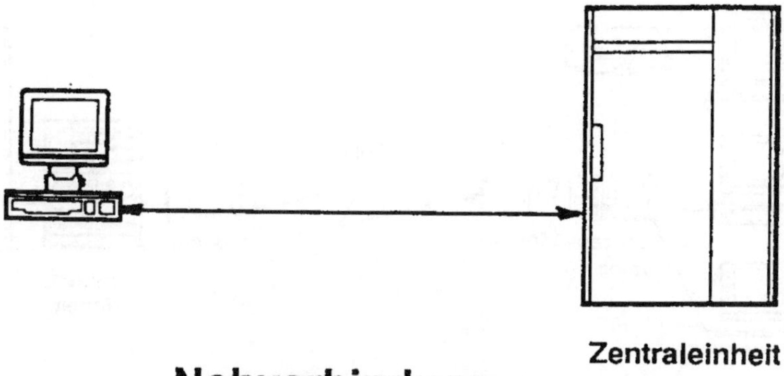

Nahverbindung

Fern- und Postverbindungen

In dem Moment, wo das Betriebsgelände verlassen und öffentliches Gelände erreicht wird, sind die posttechnischen bzw. fernmeldegesetzlichen Richtlinien zu beachten. Es sind die Übertragungsnetze der Deutschen Bundespost zu nutzen. Näheres dazu später.

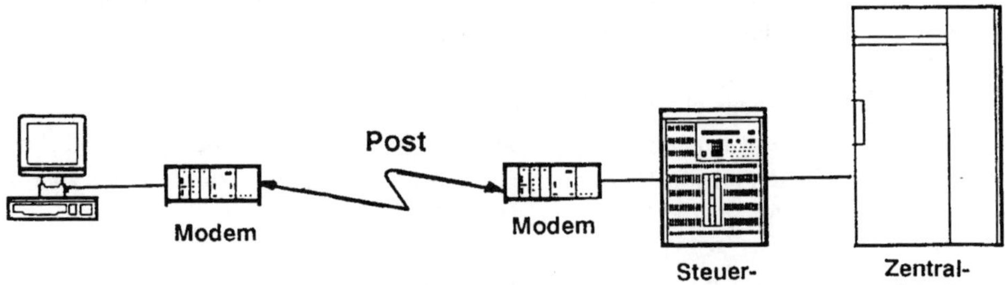

Fernverbindung

Leitungskonzentratoren

Es liegt in der Regel eine Fernverbindung vor. An dem Ort der Endbenutzer stehen eine Vielzahl von Bildschirmen oder kleinen Druckern. Zusätzlich muß eine Steuereinheit bzw. ein Konzentrator installiert sein, dessen Aufgabe es ist, ankommende Daten zu sammeln und an die einzelnen Terminals bzw. Drucker weiterzuleiten. Der Weg geht natürlich auch umgekehrt. Durch diese Geräte ist es möglich, daß nicht jedes Endgerät eine eigene Leitung zum Rechner hat.

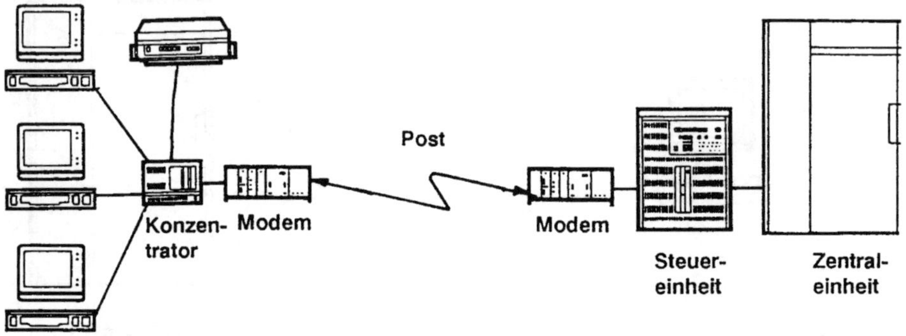

Leitungskonzentratoren

Verteilte Verarbeitung in Rechnernetzen

An Stelle der relativ «dummen» Endgeräte steht ein «intelligenter» Rechner, an den wiederum alle möglichen Endgeräte angeschlossen werden können. Jeder Rechner kann für sich selbständig arbeiten, aber auch Daten zum anderen Rechner schicken.

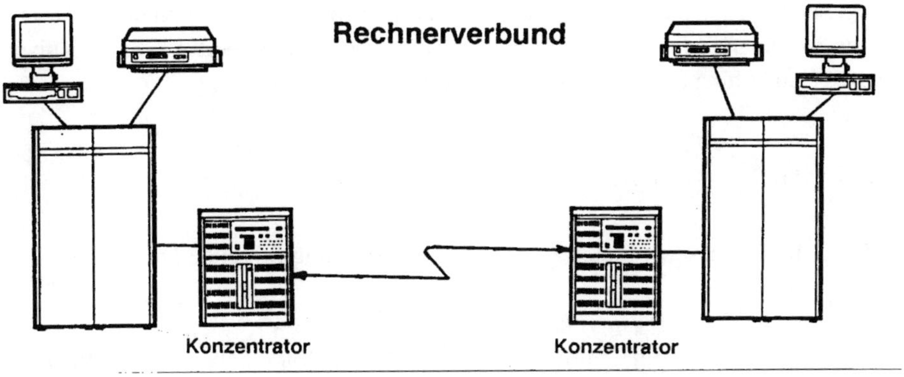

Die vorgenannten Kreise lassen sich natürlich auch kombinieren.

Wie mehrfach erwähnt, haben wir es bei der Datenfernverarbeitung sowohl mit der Datenverarbeitung zu tun als auch mit der **Nachrichtenübertragung**. Ebenso wurde der Begriff der **Steuereinheit** gebraucht. Was macht diese Steuereinheit? Sie sitzt an der Stelle, an der sich Datenverarbeitung und Nachrichtenübertragung treffen und ist die Schnitt- oder Nahtstelle zwischen den beiden Einheiten. Man bezeichnet diese Stellen auch als Interfaces. Die Steuereinheit ermöglicht es, daß die beiden Systeme zusammenarbeiten und miteinander kommunizieren. Sie ist programmierbar. Ein Datenfernverarbeitungssystem besteht also aus folgenden fünf Komponenten:

=> **Datenverarbeitungsanlage,**
die die erforderlichen Verarbeitungsprogramme ausführt.

=> **Steuereinheit,**
die den Kontakt zu den Übertragungseinrichtungen herstellt und die Steuerung und Überwachung des Datentransports übernimmt.

=> **Steuerprogramme**
Programme, die es den Steuerungen ermöglichen, ihre Funktionen auszuführen.

=> **Übertragungseinrichtungen,**
die die Endstellen verbinden und den Datentransport übernehmen.

=> **Datenendgeräte.**
Dies können Bildschirme, Drucker oder auch andere Geräte sein.

Im folgenden werden die Übertragungseinrichtungen der Deutschen Bundespost erläutert, denn es wurde mehrfach erwähnt, daß für die Nachrichtenübertragung, die über das Betriebsgelände hinausgeht, die Fernmeldehoheit der Post anfängt.

6.3.3.2 Öffentliche Netze

Die Deutsche Bundespost bietet für die Datenübertragung folgende Dienste an:

=> Das *Fernsprechnetz*
Es ist ein analoges Wählnetz, das der Sprachübertragung dient. Durch Einsatz von Modems können aber auch digitale Nachrichten, wie sie im Rechner enthalten sind, übertragen werden. Die Bits, die Nullen und Einsen, müssen über das Netz transportiert werden. Das Postnetz überträgt aber nur sogenannte analoge Signale. Die Umsetzung erfolgt über Modulatoren. Am anderen Ende der Leitung sitzt ein Demodulator, der die analogen Zeichen wieder in digitale umsetzt. Da die Datenübertragung in beide Richtungen erfolgt, muß das Gerät sowohl <u>mo</u>dulieren als auch <u>dem</u>odulieren und man spricht deshalb von einem MODEM.

=> *DATEX-L-NETZ*
Neben dem analogen Netz stellt die Post auch ein digitales Netz zur Verfügung. Das öffentliche digitale Wählnetz benötigt jedes Mal eine Leitungsvermittlung, wenn die Verbindung aufgebaut werden soll. Es gibt unterschiedliche Übertragungsgeschwindigkeiten, die zwischen 300 Bit/s und 64 000 Bit/s liegen. Für die Übertragungsgeschwindigkeit, die in Bit/s gemessen wird, verwendet man auch die Bezeichnung BAUD (1 Bit/s). Die Gebühren werden, wie im Telefonnetz, nach verbrauchten Zeiteinheiten, die von der Entfernung und Übertragungsgeschwindigkeit abhängig sind, berechnet. Hinzu kommen noch Grundgebühren.

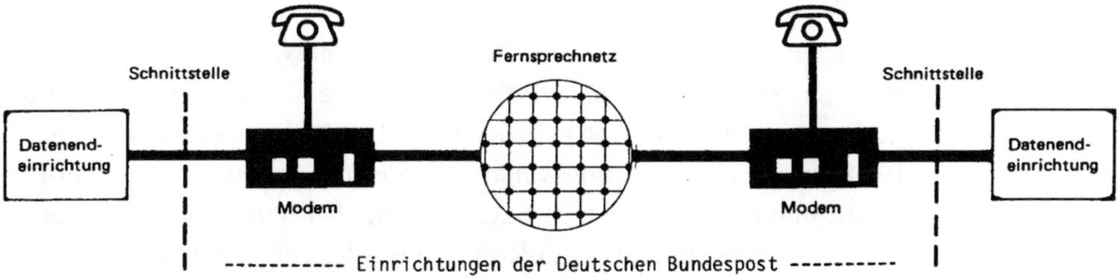

=> *DATEX-P-NETZ*

Auch das Datex-P-Netz ist ein digitales Netz. Der wesentliche Unterschied zum Datex-L-Netz besteht darin, daß die Gebühren volumenabhängig sind. Die Daten werden in sogenannten «Paketen» übertragen. Die Übertragungsgeschwindigkeiten liegen zwischen 300 und 48 000 Baud. Zusätzlich zur Volu-menabhängigkeit für die Gebühren kommt noch die Übertragungsgeschwindigkeit hinzu.

=> *DIREKTRUFNETZ*

Der Anschluß an dieses Netz erfolgt über den Hauptanschluß für Direktruf (**HfD**). Die Anschlüsse werden fest miteinander verbunden. Man spricht auch von der sogenannten «Standleitung». Das wichtigste Merkmal dieses Netzes ist, daß die Verbindung ständig besteht. Auch hier sind mehrere Übertragungsgeschwindigkeiten möglich, die derzeit zwischen 50 und 192 000 Baud liegen. Die Kosten setzen sich aus einer Grundgebühr und entfernungs- sowie geschwindigkeitsabhängigen Verkehrsgebühren zusammen. Das bedeutet, daß für die ersten 80 Stunden Übertragungszeiten eine feste Gebühr zu zahlen ist.

=> *TEXTKOMMUNIKATIONSDIENSTE*

Neben den bisher beschriebenen DATELDIENSTEN, die der Datenkommunikation dienen, bietet die Post weitere Dienste an:

Telex und Teletex,
Telefax,
Bildschirmtext.

=> *ISDN*

Im Laufe der Jahre sind die vorgenannten Dienste in den unterschiedlichsten Netzen entstanden. Man hat nach Wegen gesucht, die Vielfalt der Netze abzubauen und die verschiedenen Dienste in einem Netz anzubieten.

Dabei ist **ISDN** (Integrated Services Digital Network) nach internationalem Standard entstanden. Es wird dabei eine einheitliche Übertragungsrate von 64 Kbit/s geben. Der ISDN-Basisanschluß stellt dem Benutzer drei Übertragungskanäle zur Verfügung, von denen zwei für die Kommunikation (Daten, Text, Sprache, Bild) und ein Steuerkanal für die Zeichenübergabe von Rufnummer etc. verwendet werden.

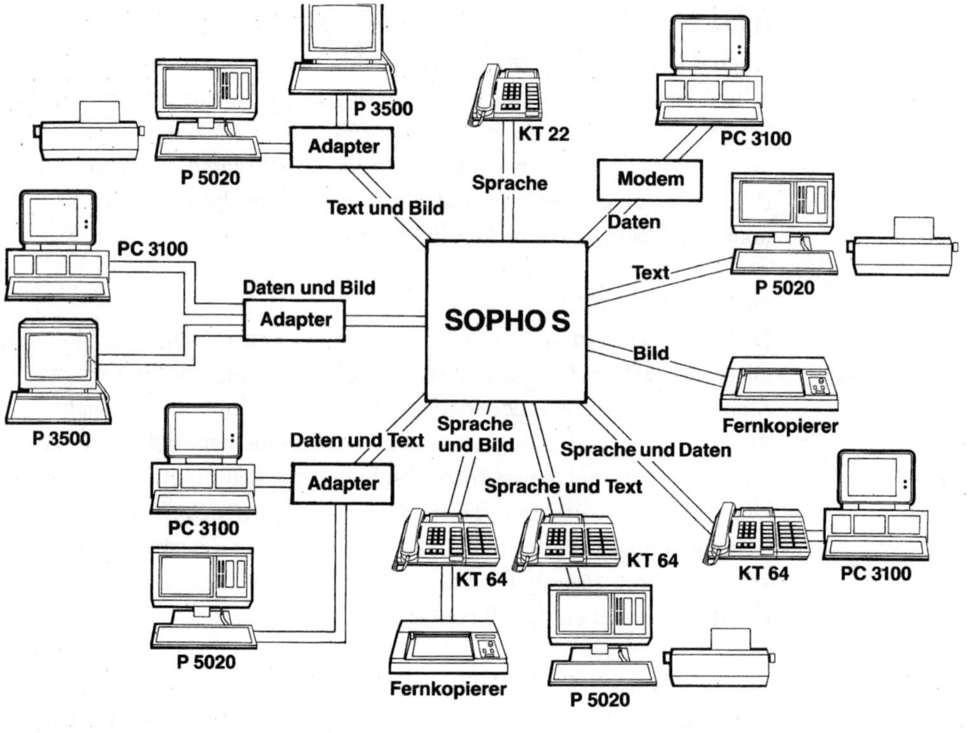

Die ISDN-Zukunft aus der Sicht der Firma Philips mit SOPHO-S

=> *Weitere Entwicklung*

Die Weiterentwicklung der Dienste geht voraussichtlich dahin, daß ISDN zu einem sog. Breitband-ISDN erweitert wird, um vollwertige Bewegbild-Kommunikation zu ermöglichen. Dafür sind allerdings Kanäle von 140 Mbit/s erforderlich. Siehe dazu auch Abschnitt 9.1.3 - Entwicklung der Kommunikationstechnik.

6.3.3.3 Rechnerstrukturen

In diesem Kapitel soll das Problem der zentralen oder dezentralen Datenverarbeitung behandelt werden.

Die *zentrale Datenverarbeitung* ist die Urform der DV. Sie bedeutet, daß die DV-Anlage mit der entsprechenden Peripherie an einem zentralen Ort installiert ist. Im Laufe der Jahre wurden dann an diesen zentralen Rechner «dumme» Bildschirme und Drucker angeschlossen.

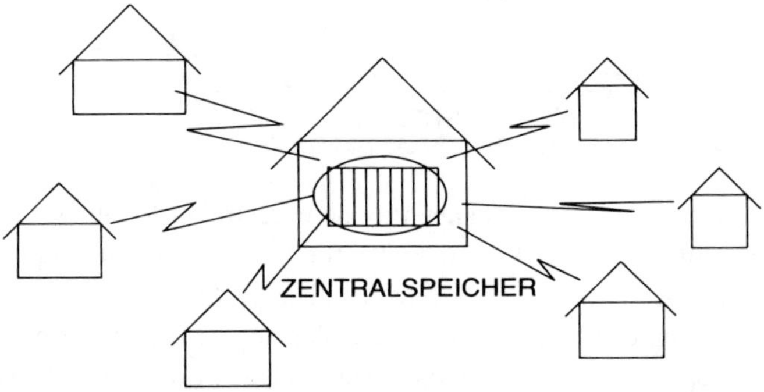

Es ist aber dabei geblieben, daß für ein Unternehmen, das mehrere Filialen, Werke etc. hat, eine Datenverarbeitung existiert, die z.B. zentral für das Unternehmen die Buchführung macht. Die Außenstellen sind über Postleitung an den Rechner angeschlossen.

Spricht man von *dezentraler Datenverarbeitung*, so stehen in demselben Unternehmen in jedem Werk eigene kleine Rechner. Auf jedem Rechner läuft eine eigene Buchführung.

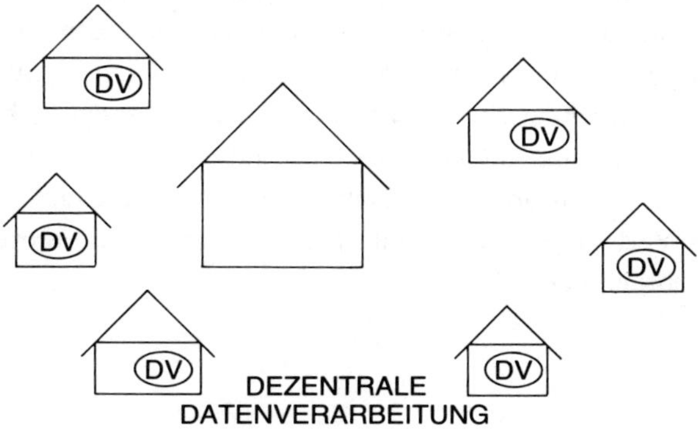

Damit läßt man den einzelnen Werken zwar eine große Selbständigkeit; es besteht aber auch die Gefahr, daß Verfahren doppelt entwickelt werden. Ein weiteres Problem ist das Zusammenführen der Daten für das Gesamtunternehmen. Man sieht, daß derartige dezentrale Verfahren eine Reihe von Nachteilen haben und muß sich deren Einsatz sehr genau überlegen. Eine Mischform dieser beiden Organisationsformen ist die *«verteilte» Datenverarbeitung,* die im Englischen *distributed data processing* genannt wird.

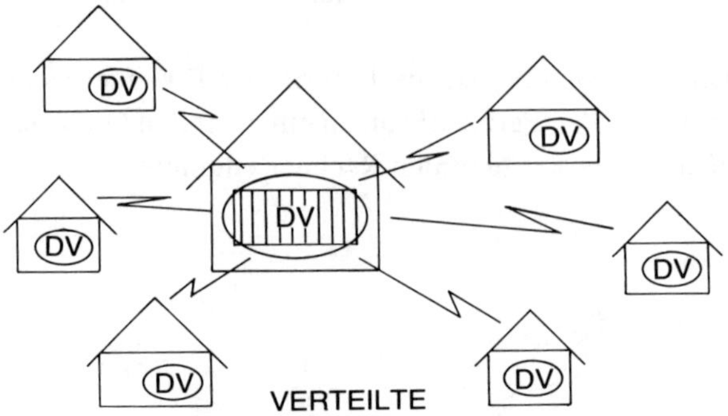

VERTEILTE
DATENVERARBEITUNG

Wie aus der Grafik zu ersehen ist, hängen an dem zentralen Rechner mehrere kleinere Rechner. Damit will man erreichen, daß die für das Gesamtunternehmen relevanten Applikationen wie Buchhaltung, Lohn- und Gehaltsabrechnung, Materialwirtschaft zentral ablaufen, aber jeder, der berechtigt ist, von außen auf die Daten zugreifen kann. Es hat aber auch den großen Vorteil, daß gewisse Stammdateien nur einmal gepflegt werden müssen. Aber nicht nur die Dateien, auch die Programme sind nur einmal zu warten. Werkspezifische Anwendungen laufen dann auf den dezentralen Rechnern.

Diese dezentralen Rechner können auch Personalcomputer sein, auf die im *«Download-Verfahren»* vom Großrechner Daten überspielt werden, die dort ermittelt werden. Diese mittels Filetransfer übermittelten Daten sind in der Regel Auszüge aus größeren Datenbanken. Der Anwender kann dann diese Daten mit anderen eigenen Daten kombinieren. Er kann aber auch mit den verschiedenen «Werkzeugen», die auf den PCs ablauffähig sind, wie die Kalkulationsprogramme, Simulationsrechnungen durchführen.

Eine weitere Möglichkeit der Kopplung von Rechnern ist der sogenannte Rechnerverbund, bei dem mehrere Rechner über ein Leitungsnetz miteinander verbunden sind. Jeder Benutzer eines Terminals kann auf jeden Rechner und seine Peripherie zugreifen, falls er dazu berechtigt ist. Er kann aber auch Daten von einem Rechner auf einen anderen übertragen. Dieses Verfahren muß zentral gesteuert werden und diese Steuerung kann einer der Rechner vornehmen.

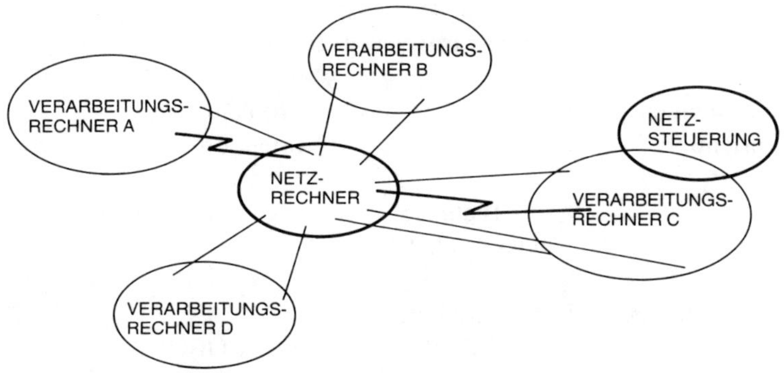

Mit solchem *Rechnerverbund* kann man die vorher behandelten geschlossenen Warenwirtschaftssysteme steuern. Besondere Beachtung ist allerdings der Berechtigungsprüfung zu schenken.

6.4 Programmiersprachen

Der Mensch muß dem Computer mitteilen, was er tun soll. Nur versteht der Rechner den Menschen nicht, wenn er ihm seine Anweisungen in seiner Umgangssprache geben würde.

Auf der anderen Seite wäre es für den Menschen doch sehr mühevoll und kaum zumutbar, wenn er dem Rechner die Anweisungen in der Sprache gibt, die dieser versteht: nämlich in lauter Nullen und Einsen! Ein Lohnabrechnungsprogramm hätte sicher einige Hunderttausend solcher Nullen und Einsen aufzuweisen.

Wer soll das noch überblicken?

Man ist deshalb dazu übergegangen, Programmiersprachen zu entwickeln, die mit Hilfe eines «Übersetzers» in die Sprache übersetzt werden, die der Rechner versteht, in die Maschinensprache.

Ursprünglich gab es für jeden Computertyp eine eigene Programmiersprache mit dem dazugehörigen Übersetzungsprogramm. Zu diesen maschinenorientierten Sprachen gehört der *Assembler* und *Autocoder*.

Daneben wurden für die verschiedenen Anwendungsgebiete spezielle Programmiersprachen entwickelt, die in

maschinenorientierte

und

problemorientierte

Programmiersprachen unterschieden werden.

Programmiersprachen			
Maschinen-orientiert	Problem-orientiert		
	Technisch-wissenschaftlich	Kommerziell	Universell
Assembler	ALGOL BASIC FORTRAN Pascal	C COBOL	PL / 1

6.4.1 Maschinenorientierte Programmiersprachen

Die *maschinenorientierten Programmiersprachen* nutzen die technischen Möglichkeiten, die der Computer bietet, aus. Sie sind damit aber auch oft von dem Rechner abhängig und nicht ohne weiteres von einem Rechner auf einen anderen übertragbar. Das gilt u.U. sogar für Anlagen des gleichen Herstellers, da der Befehlsumfang von der Größe des Hauptspeichers abhängig ist.

Diese maschinenorientierten Sprachen heißen meist

Assembler

Die Befehle in Assembler haben in der Regel den gleichen Aufbau wie die Befehle der Maschinensprache. Man verwendet jedoch nicht die bekannte hexadezimale Schreibweise, sondern eine symbolische. Statt D2 34 1234 5678 würde man MVC FELDB, FELDA schreiben. Dieser Befehl bedeutet, daß der Inhalt des Feldes A zum Feld B übertragen werden soll.

Da die Assembler-Sprache der Maschinensprache sehr nahe ist, ist sie auch recht schwierig zu beherrschen und zu erlernen. Dennoch gibt es weiterhin eine Reihe von Fällen in denen sie eingesetzt wird. Dazu gehört z.B. die Systemsoftware. Aber auch eine Anzahl von Programmen der Standardsoftware ist noch in Assembler geschrieben. Gründe hierfür sind vor allem, daß die Programme schneller ablaufen und daß der Hauptspeicher wegen der Nähe zur Maschinensprache besser genutzt wird.

Aber auch die Assembler-Programme müssen noch in die Maschinensprache übersetzt werden. Hierfür gibt es Übersetzungsprogramme, die für die Sprache genauso heißen wie der Sprachenname, nämlich Assembler. Bei der Übersetzung wird in der Regel aus einem Assemblerbefehl ein Maschinenbefehl. Für die größeren DV-Anlagen existieren ca. 200 verschiedene Assemblerbefehle.

Näheres zu dem Thema Assembler können Sie in dem in der gleichen Reihe erschienen Band von R. Podlech/M. Herrmann *PL/1 und Assembler* entnehmen.

6.4.2 Problemorientierte Programmiersprachen

Die *problemorientierten Sprachen* sind normalerweise anlagenunabhängig bzw. können durch ganz geringe Anpassungen von einem auf den anderen Rechner übertragen werden. Diese Anlagenunabhängigkeit wurde dadurch erreicht, daß die verschiedenen Hardwarehersteller gewisse Normierungen festgelegt haben, die den neuen Möglichkeiten der Anlagen des öfteren angepaßt wurden. Wie der Oberbegriff dieser Sprachengruppe aussagt, sind sie zum Teil auf gewisse Problemkreise ausgerichtet. Es werden zwei große Gruppen unterschieden, und zwar diejenigen die für *kommerzielle* (kaufmännische) Zwecke eingesetzt werden und solche für *technisch-wissenschaftliche* Aufgaben. Daneben gibt es Sprachen, die *universell* gebraucht werden oder spezielle für die Steuerung von Maschinen.

Diese Sprachen sind umfassender als die Maschinensprache, so daß mehrere Maschinenbefehle einen Befehl in einer problemorientierten Sprache ergeben. Ihr großer Vorteil besteht darin, daß sie sehr überschaubar und damit auch leicht erlernbar sind. Die Befehle sind häufig auf diesen Verwendungszweck ausgerichtet und entsprechen damit der Sprache des Fachgebietes. Alle prob-lemorientierten Sprachen haben gemeinsam, daß ihr Befehlsvorrat sehr oft Abkürzungen oder Begriffe aus der englischen Sprache sind. Hierzu Beispiele bei den einzelnen Sprachen. Auch die problemorientierten Sprachen müssen in die Maschinensprache übersetzt werden. Die für die einzelnen Sprachen spezifischen Übersetzungsprogramme heißen *Compiler*.

6.4.2.1 Technisch-wissenschaftliche Sprachen

ALGOL *(Algorithmic Language)* ist eine sehr alte Sprache, die besonders für mathematische Probleme verwendet wurde, da bei der Syntax weitgehend arithmetische Formeln eingesetzt sind.

BASIC *(Beginners All-purpose Symbolic Instruction Code)* wurde für die Dialogprogrammierung entwickelt. BASIC ist zugleich eine Interpreter-Sprache. Sie wird sowohl im Großrechnerbereich als auch auf PCs eingesetzt. BASIC ist zeilenorientiert. Pro Anweisung muß eine Zeilennummer vergeben werden. Neben diesen Anweisungen gibt es Kommandos, die sofort ausgeführt werden.

Beispiele für Anweisungen:

IF (Bedingung) THEN (Anweisung)	Wenn die Bedingung erfüllt ist, dann wird die Anweisung im THEN-Teil abgearbeitet.....
PRINT (Argument)	Druckt das Argument auf der Konsole aus.

Beispiele für Kommandos:

SAVE (Dateiname)	Speichert das im Rechner stehende Programm auf einer Diskette unter dem Dateinamen ab.
RUN (Zeile)	Startet die Programmabarbeitung wahlweise ab der angegebenen Zeile.

FORTRAN *(Formula Translation)* ist eine der ältesten Sprachen, die bereits seit Mitte der 50iger Jahre existiert, 1966 erstmals normiert und 1977 weiterentwickelt wurde. In der FORTRAN-Sprache werden Konstanten und Variablen verwendet. Diese werden durch Operatoren zu Ausdrükken verbunden. Ausdrücke führen ihrerseits zu Anweisungen.

Konstanten sind feste, unveränderliche Größen, z.B. die Zahl 173.
Eine Variable ist die symbolische Darstellung einer Größe, die verschiedene Werte annehmen kann. Beispiel: HAUS, A1.
Ausdrücke können aus einer einzigen Konstanten bestehen, aber auch eine Rechenvorschrift darstellen.
Die Operatoren (+, -, /, *) verbinden die Konstanten zu arithmetischen Ausdrücken.
Beispiel: A/(B+2*C)

Pascal erhielt ihren Namen nach dem französischen Mathematiker Blaise *Pascal* (1623–1663), wurde Ende der 60iger Jahre entwickelt und wird häufig an

Universitäten gelehrt. Sie eignet sich besonders zur Entwicklung von Systemsoftware und unterstützt die Methode der Strukturierten Programmierung.

Beispiel einer Anweisung:

IF A > 5 THEN B = 6 ELSE
IF A > 2 THEN B = 3 ELSE B = 2;

6.4.2.2 Kommerzielle oder kaufmännische Sprachen

C ist eine moderne Sprache und wird für die Erstellung von Anwender- sowie Systemsoftware eingesetzt. C unterstützt ebenfalls die Methode der Strukturierten Programmierung. Neben dem Komfort der problemorientierten Sprachen hat sie aber auch die Leistungsfähigkeit maschinenorientierter Sprachen. Aufgrund dieser Effizienz wird sie neuerdings bei der Erstellung größerer Standardsoftwarepakete eingesetzt. Ein komplettes Beispiel sehen sie am Ende des Kapitels unter Ausblick.

Beispiele aus einem Programm:

IF (A > 5) B = 6; ELSE IF (A > 2) B = 3; ELSE B = 2;

COBOL *(Common Business Oriented Language)* ist immer noch die Programmiersprache, die am häufigsten für die Lösung kaufmännischer Probleme eingesetzt wird. Sie wurde etwa 1960 entwickelt und in den Jahren 1968, 1974 und 1985 normiert bzw. weiterentwickelt. Ein COBOL-Programm besteht generell aus 4 Abschnitten, hier Division genannt:

Die *IDENTIFICATION DIVISION* beschreibt das Programm bzw. die Aufgabenstellung.

Die *ENVIRONMENT DIVISION* definiert die Ein- und Ausgabegeräte.

In der *DATA DIVISION* werden die Dateien mit ihren Feldern sowie Arbeitsbereiche detailliert beschrieben.

In der *PROCEDURE DIVISION* stehen die einzelnen Befehle.

Die Syntax muß ziemlich genau eingehalten werden. Etwaige Fehler werden bereits bei der Übersetzung vom Compiler ausgewiesen.

Beispiel aus einem COBOL-Programm:

```
IDENTIFICATION DIVISION.
PROGRAM-ID. RUEDIGER.
AUTHOR. KLAUS-PETER

ENVIRONMENT DIVISION.
FILE CONTROL.
          SELECT HARALD ASSIGN TO HANNELORE.

DATA DIVISION.
FILE SECTION.
FD        HARALD, LABEL RECORD OMITTED, DATA
          RECORD JENS.
01        JENS.
          03 ANKE                  PIC 9(10).
          03 BRITTA                PIC X(16).
          03 MONI                  PIC 9(3) COMP-3.
WORKING-STORAGE SECTION.
77   CHRISTA                       PIC   9(6)   VALUE
ZERO.
77   BRIGITTE                      PIC 99.
77   SONJA                         PIC XX.

PROCEDURE DIVISION.
          .
          .
          .
IF ANKE > 5
THEN MOVE 6 TO MONI
ELSE IF ANKE > 2
THEN MOVE 3 TO MONI
ELSE MOVE 2 TO MONI.
          .
          .
```

Neben der erwähnten strengen Syntax sind allerdings die Feld-/Dateibezeichnungen frei wählbar und bleiben dem Programmierer überlassen.

Näheres hierzu können Sie dem in der gleichen Reihe erschienen Band von K. Arzdorf *Programmieren mit COBOL* entnehmen.

6.4.2.3 Universell einsetzbare Sprachen

PL/1 (*Program Language 1*) ist eine Programmiersprache, die sowohl im kaufmännischen als auch im technisch-wissenschaftlichen Bereich eingesetzt wird.
Man hat diese Sprache entwickelt, indem man Elemente von ALGOL, COBOL und FORTRAN vereinigt hatte. Dadurch wurde der Sprachumfang natürlich größer als bei den einzelnen Sprachen. Man hat dabei die Vorteile der drei Sprachen genutzt.
Der Kaufmann kann so neben seinen kommerziellen Anwendungen (z.B. Lohnabrechnung, Buchhaltung etc.) auch andere eher mathematische Aufgaben wie beispielsweise lineare Optimierung, statistische Vorhersagen u.ä. in Angriff nehmen.

Dem Techniker und Wissenschaftler bietet sich umgekehrt die Möglichkeit, neben rechenintensiven Arbeiten auch ein- und ausgabeintensive Arbeiten durchzuführen.

Der Anwender kann mit PL/1 die Leistungsfähigkeit der heutigen Großrechner ausnutzen und trotzdem in nur einer Sprache programmieren, die zudem noch leicht verständlich und leicht erlernbar ist.

PL/1 wurde 1977 normiert.

Ein PL/1-Programm setzt sich aus Statements zusammen. Im deutschen Sprachgebrauch kann der englische Begriff unterteilt werden in

1. Vereinbarung und
2. Anweisungen.

Zu den Vereinbarungen gehören

Datei-Deklarationen und Deklarationen der Variablen, Strukturen und Bereiche.

Beispiele

```
DCL KARTE FILE RECORD INPUT;
DCL SATZ CHAR (80);
```

Anweisungen dienen z.B. der

Eröffnung der Dateien,
der Verarbeitung und dem
Abschluß der Dateien.

Beispiele:

```
OPEN FILE (LISTE);
READ FILE (KARTE) INTO (SATZ);
GOTO LESEN;
IF A > 5
THEN B = 6;
ELSE IF A > 2
THEN B = 3;
ELSE B = 2.
```

Näheres zu dieser Programmiersprache entnehmen Sie bitte dem in der gleichen Reihe erschienen Band von R. Podlech/M. Herrmann *PL/1 und Assembler*.

6.4.3 Sonstige Sprachen

Neben den vorgenannten Sprachen gibt es noch eine Reihe anderer Sprachen, die aber noch nicht deren Bedeutung erlangt haben oder nur einem kleinen Kreis von Spezialisten bekannt sind.

Hierzu gehören

ADA	für die Programmierung mikroprozeßorgesteuerter Systeme
SPL	zur Entwicklung von Systemsoftware
LISP	ebenfalls Systemsoftwareentwicklung.

6.4.4 Interpreter oder Nichtprozedurale Sprachen

Außer den obigen Sprachen rücken in letzter Zeit mehr und mehr «Interpreter» oder Sprachen der 4. und 5. Generation in den Vordergrund.

Auslöser hierfür waren die Datenbanken, die an Bedeutung gewannen und die dazu gehörenden Abfragesprachen, die auch als Interpreter oder Query Languages bezeichnet werden.

Bei der Entwicklung der sogenannten «Künstlichen Intelligenz» oder wie der englische Ausdruck «Artifical Intelligence» besser heißt, setzt man u.a. die Nichtprozedurale Sprache **PROLOG** ein. Es werden die gewünschten Ergebnisse beschrieben ganz im Gegensatz zu den «alten» Sprachen, bei denen Programmabläufe formuliert werden.

6.4.5 Zusammenfassung

Die Vielzahl der Sprachen bringt oft auch Probleme dahingehend mit sich, daß die Wahl der richtigen Sprache zur Lösung eines Problems nicht immer einfach zu beantworten ist. Man muß sich eine Checkliste erstellen und dann entscheiden. Sie könnte folgende Fragen beinhalten:

Welche Sprachen kennen und beherrschen meine Mitarbeiter?

Weißt das Problem auf eine Sprachengruppe hin (kaufmännisch/techn.-wissenschaftlich)?

Welche Sprachen haben wir auf unserem Rechner?

Soll das Programm später auf verschiedenen Rechnern laufen?

Will man den Rechner voll nutzen?

Will man schnell entwickeln?

Diese Liste läßt sich beliebig fortsetzen. Die Entscheidung fällt häufig so, daß man in einem Unternehmen max. drei Sprachen einsetzt und dann je nach Problemstellung eine Sprache auswählt.

6.4.6 Ausblick

Obwohl die maschinenorientierten Sprachen schon oft totgesagt wurden, leben sie immer noch. Trotzdem scheint mittelfristig der Trend in Richtung der Sprachen wie C oder Nichtprozeduraler Sprachen zu gehen. Allerdings werden in den nächsten Jahren auch COBOL und FORTRAN noch ihre Berechtigung haben. Die Einflüsse auf die Berufsbilder in der Datenverarbeitung sind im Abschnitt 9.3 beschrieben.

7 Grundlagen der Entwicklung von DV-Anwendungssystemen

Der Entwicklungsprozeß unterliegt selbst einer Wandlung, die in der Vergangenheit immer wieder an andere, neue, bessere Techniken angepaßt wurde und – ganz sicher – sich auch in Zukunft wandeln wird. Der Blick in den Stellenanzeigenteil einer überregionalen Tageszeitung (Samstagsausgabe) vermittelt einen Eindruck von der Berufsvielfalt. Der Stellenmarkt ist ein Abbild der Tätigkeiten, die u.a. bei der Entwicklung von Anwendungssystemen gefragt sind. Beobachtet man dies über Jahre, dann kann man daraus einen Trend ableiten, ohne dabei nur auf Aussagen aus dem Kaffeesatz angewiesen zu sein.

Die nachfolgende Matrix gibt einen für diese Überlegung hinreichend genauen Überblick über die Generationen der Systementwicklungs-Methoden und -Werkzeuge. Eine vertiefende Diskussion in bezug auf die Berufsbilder finden Sie im Abschnitt 9.3.1.

Generation/Beruf	Sprache	**Wo** ist in bezug auf Methoden und Werkzeuge das organisatorische	überwiegend abgebildet/angesiedelt?
		DV-Wissen	**Fachwissen**
1. **Kodierer**	echte Maschinensprache LOOLLOLOOOLO...	an der Maschine	in der Fachabteilung, selbst für kleinste Aufgaben/Probleme
2. **Programmierer**	Maschinen-orientierte Sprache z.B. Assembler	in Maschinennähe	in der Fachabteilung
3. **Organisations-programmierer**	problemorientierte Sprache z.B. COBOL oder C	in der DV-Abteilung, zwischen Maschine und Fachabteilung	in der Fachabteilung für komplexe Probleme auf hohem Abstraktionsgrad
4. **DV-Fachkraft**	Datenbanksysteme Textverarbeitung Tabellenkalkulation Standardsoftware	in der — Fachabteilung, typische Fachaufgaben — DV-Abteilung, sehr komplexe und fachabteilungsübergreifende (zentrale) Aufgaben	

Aus der vorstehenden Übersicht kann abgeleitet werden:

> Die Entwicklung von Anwendungssystemen ist einem ständigen Wandel unterworfen.
>
> Der Trend zur Integration von Datenverarbeitung und Fachaufgabe hält an. Die Aufgabenverteilung zwischen DV- und Fachabteilung muß immer wieder neu überdacht werden.
>
> Die individuell zu entwickelnde Software stellt immer höhere Anforderungen an ihre Entwickler, das Betätigungsfeld für professionelle Datenverarbeiter wird immer schmäler, aber tiefer.

Die in den folgenden Teilen beschriebenen Phasen der Entwicklung von Software haben unter den oben geschilderten Tendenzen immer noch ihren Stellenwert, insbesondere bei großen Anwendern mit differenzierter Arbeitsteilung, für die erwähnten sehr komplexen Systeme, für die Entwicklung von Standardsoftware in Softwarehäusern, für die Entwicklung von Sprachen der 4. Generation und schließlich auch für die Entwicklung der systemnahen Software und der Betriebssysteme im engeren Sinne.

7.1 Ausgewählte Arbeitstechniken

Die folgenden Arbeitstechniken (Werkzeuge) werden zu verschiedenen Zeitpunkten während der phasenorientierten Entwicklung von Software eingesetzt. Daher werden sie hier vorweg gezeigt, bevor der Phasenablauf in 7.2 geschildert wird.

7.1.1 Zeichenschablone

Die Zeichenschablone nach DIN 66 001 hilft beim Erstellen von

> Datenflußplänen,
> Programmablaufplänen,
> Programmnetzen,
> Datennetzen,
> Programmhierarchien,
> Datenhierarchien und
> Konfigurationsplänen

nach dieser Norm.

Modernere Datenverarbeiter, die Dokumentationen mit Hilfe eines – grafischen – Systems erstellen, verwenden statt der Schablone schon komfortablere Werkzeuge auf dem Bildschirm. Die Ergebnisse sind gleich.

7.1.2 Datenflußplan

Ein Datenflußplan stellt Verarbeitungen und Daten sowie die Verbindungen zwischen beiden dar. Die Verbindungen stellen dabei die Zugriffsmöglichkeiten von Verarbeitungen auf Daten dar.

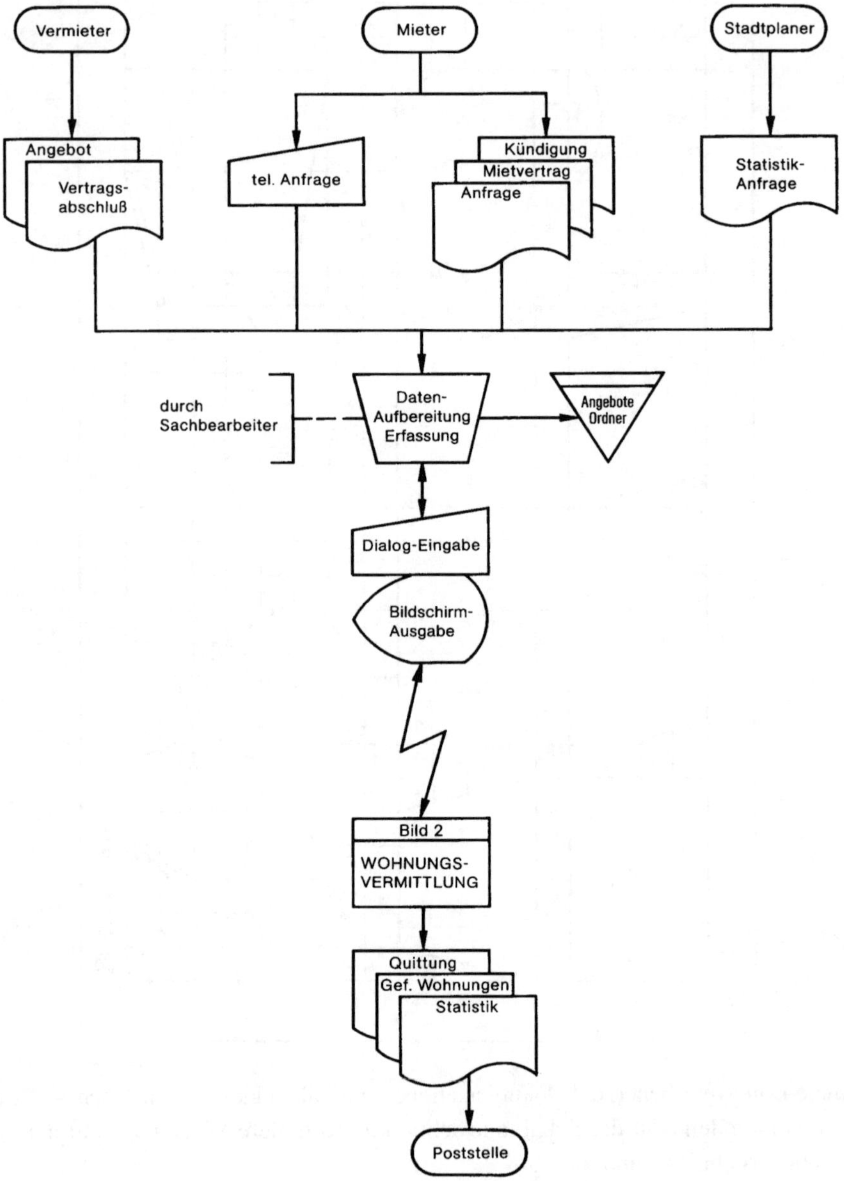

7.1.3 Programmablaufplan

Ein Programmablaufplan stellt die Verarbeitungsfolgen in einem Programm dar. Die Verbindungen zeigen dabei die Reihenfolge der Verarbeitungen auf. Daten werden nicht dargestellt.

Sinnbilder für Programmablaufpläne nach DIN 66 001

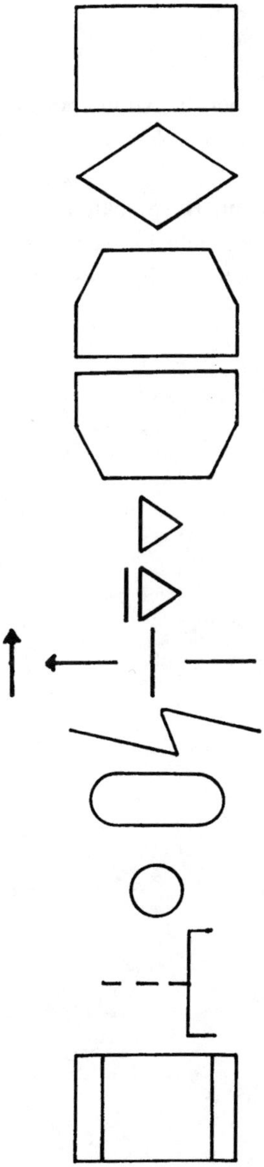

Verarbeitung, allgemein (einschließlich Ein-/Ausgabe)

Verzweigung (abhängig von einer Bedingung)

Schleifenabgrenzung

Anfang

Ende

Sprung mit Rückkehr

Sprung ohne Rückkehr

Verbindung, Verarbeitungsfolge

Datenübertragung

Grenzstelle, Beginn oder Ende einer Folge

Verbindungsstelle

Bemerkung

Dokumentation an anderer Stelle, z. B. Unterprogramm.

Innerhalb der Symbole verwendet man eine an die Mathematik angelehnte «Kurzschrift», wie z.B. die Zeichen > für größer als, —> für übertrage nach, + für addieren und = für ist gleich. Das Fachgebiet, für das eine Aufgabe gelöst wird, liefert häufig auch spezielle Zeichen für die Darstellung bestimmter Sachverhalte. Der Programmablaufplan muß von allen Beteiligten zweifelsfrei gelesen werden können, das sind z.B. die Mitarbeiter der Fachabteilung, die Nachfolger bei notwendiger Programmpflege und die Prüfer bei betriebsinterner und externer Revision.

Beispiel :

Bei einer Kfz-Versicherung sind die Informationen über die Mitglieder in einer Idexsequentiellen Datei gespeichert. Der Jahresbeitrag wird aus dem Beitragssatz abzüglich Schadenfreiheitsrabatt berechnet.

Die Versicherung beteiligt ihre Mitglieder am Gewinn. Bei Schadensfreiheit und rechtzeitiger Zahlung der Mitgliedsbeiträge wird für das letzte Jahr 12% vom Beitragssatz dem Konto gutgeschrieben und in der nächsten Beitragsrechnung berücksichtigt.

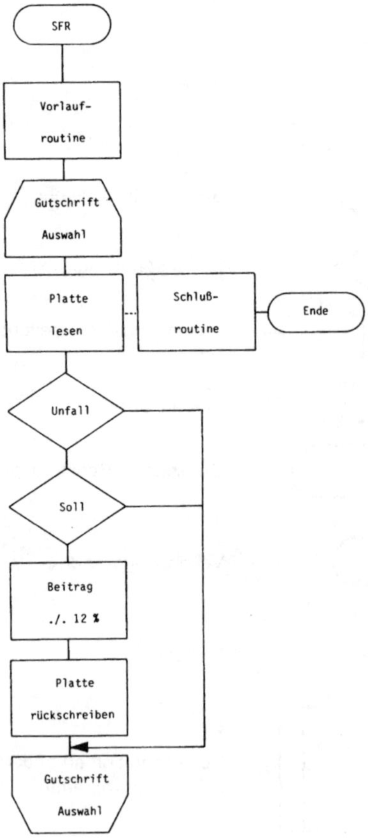

7.1.4 Programmnetz

Ein Programmnetz ist die Vereinigung von einem oder mehreren Programmablaufplänen mit einem oder mehreren Datenflußplänen. Es kommt hier nicht auf die einzelnen Schritte an – die auch kaum lesbar sind – sondern auf eine komprimierte Darstellung eines komplexen Programmnetzes mit der Symbolvielfalt.

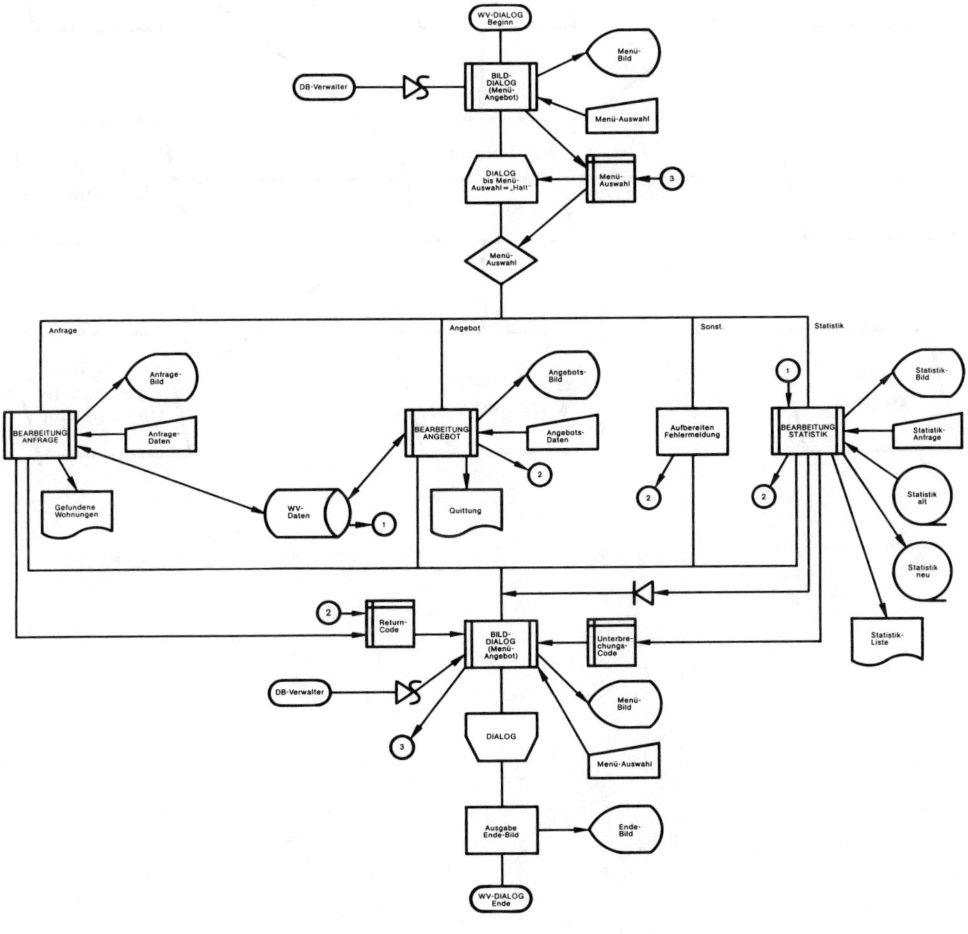

7.1.5 Datennetz

Ein Datennetz zeigt Daten mit Ihren Verbindungen als mögliche Zugriffswege auf. Verarbeitungen werden nicht dargestellt.

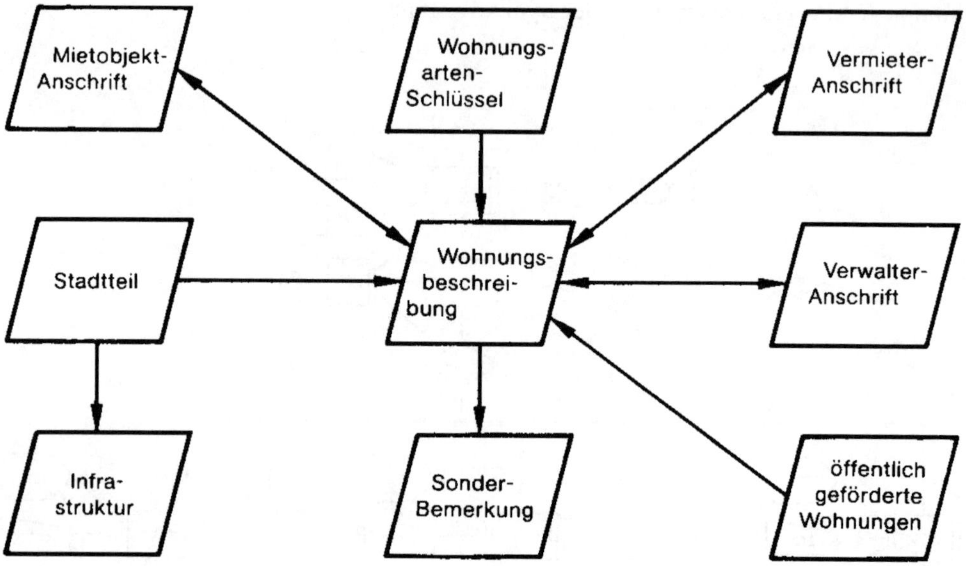

7.1.6 Programmhierarchie

Eine Programmhierarchie stellt die Über-/Unterordnungen von Verarbeitungen dar. Die Verbindungen sagen aus, ob eine Verarbeitung eine andere verwendet (in Richtung der Verbindung) bzw. in ihr verwendet wird (entgegen der Verbindungsrichtung). Daten und Verarbeitungsreihenfolgen werden nicht dargestellt.

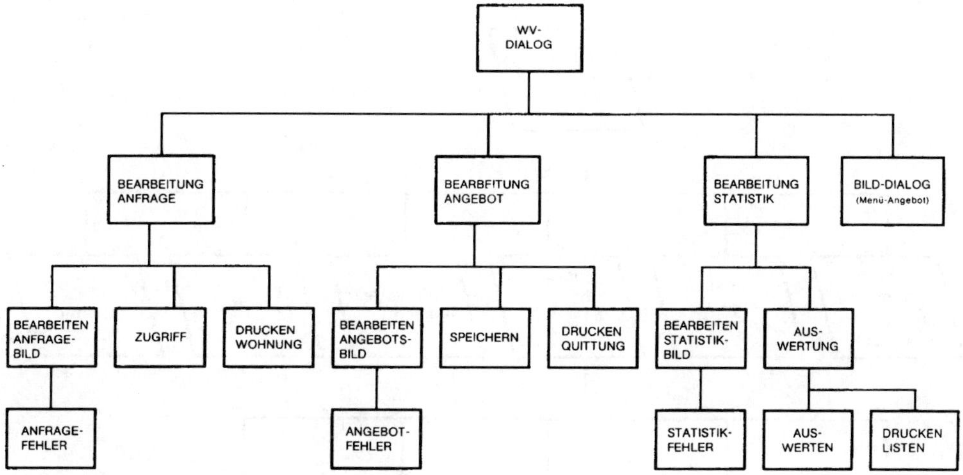

7.1.7 Datenhierarchie

Eine Datenhierarchie stellt die Zusammenfassung bzw. Unterteilung von Daten dar. Die Verbindungen sagen aus, welche Daten andere enthalten (in Richtung der Verbindung) bzw. in anderen enthalten sind (entgegen der Verbindungsrichtung). Die Unterteilung muß nicht vollständig sein und drückt keine Reihenfolge der Anordnung aus. Verarbeitungen und Zugriffswege werden nicht dargestellt.

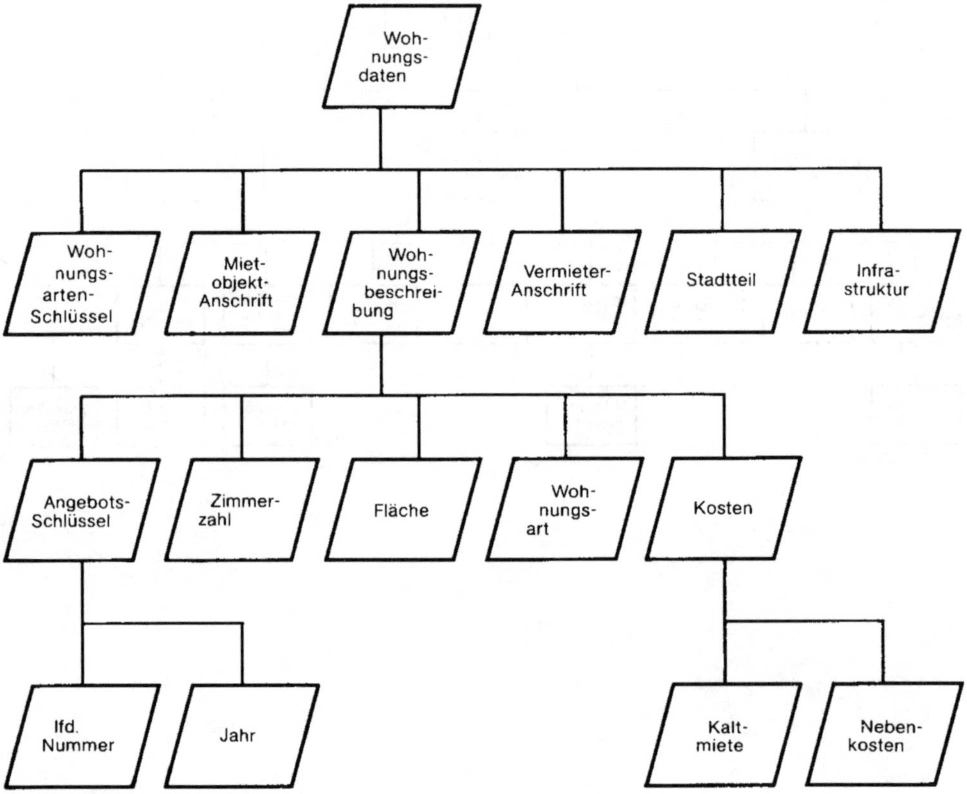

7.1.8 Konfigurationsplan

Ein Konfigurationsplan stellt Verarbeitungseinheiten (s. Abschnitt 2.1.1) und Datenträgereinheiten mit ihren Verbindungen dar. Die Verbindungen zeigen die Datenübertragungswege. Jedes Sinnbild einer Verarbeitungseinheit oder Datenträgereinheit kann als Zusammenfassung zusammengehöriger Einheiten benutzt werden. Verarbeitungen und Daten werden nicht dargestellt.

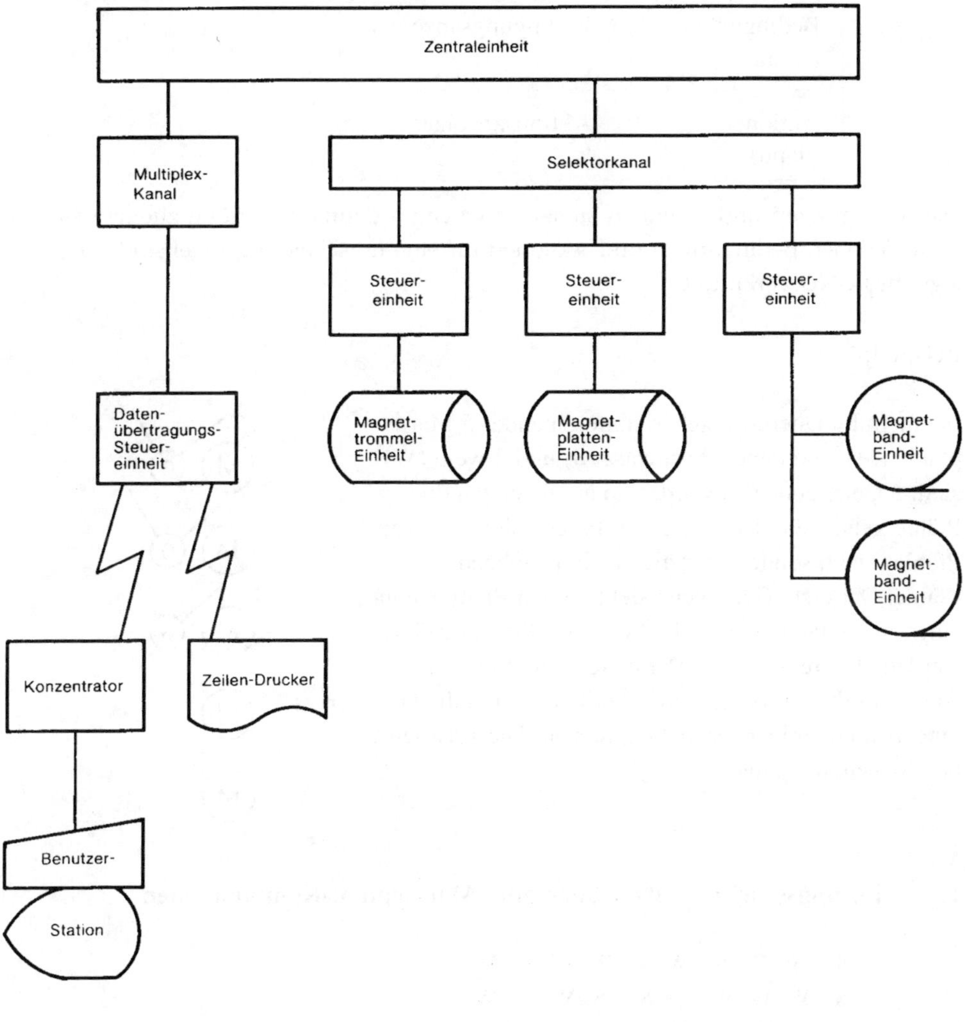

7.1.9 Entscheidungstabellen

Die Entscheidungstabelle ist eine Vierfeldertafel, die durch senkrechte und waagerechte Linien aufgeteilt wird.

Die beiden oberen Felder enthalten die Bedingungen und den Bedingungsanzeiger; unterhalb der doppelten Trennlinie sind die daraus abgeleiteten Aktionen und der Aktionsanzeiger aufgeführt.

Bedingungen (wenn)	Bedingungsanzeiger
Aktionen (dann)	Aktionsanzeiger

Die Bedingungen und Aktionen stehen in **«wenn – dann»** Beziehung zueinander. Die verschiedenen Bedingungen und Aktionen für eine Entscheidungsregel sind durch ein logisches UND verknüpft.

Beispiel:

In einem Indianerdorf stehen hintereinander 5 Marterpfähle (M), von denen 2 schwarz (S) und 3 weiß (W) sind. 3 Gefangene (G) werden so an die ersten drei Pfähle gebunden, daß keiner die Farbe seines eigenen Pfahles sieht, sondern nur die vor ihm stehenden Pfähle. Der erste Gefangene sieht keinen Pfahl. Nennt einer der Gefangenen die Farbe seines Pfahles richtig, werden alle freigelassen. Die erste – und nur eine Antwort gilt – und selbstverständlich dürfen die Gefangenen untereinander nicht sprechen. Die Frist läuft bis Sonnenuntergang.

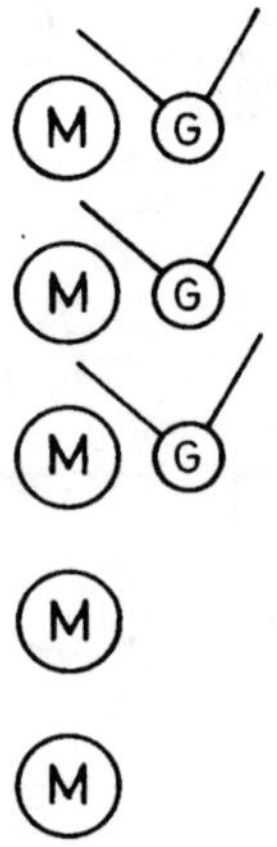

1. Lösungsschritt: Aufzeichnen aller Marterpfahl-Kombinationen

S	S	S	S	W	W	W	W	W	W
S	W	W	W	S	S	S	W	W	W
W	S	W	W	S	W	W	S	S	W
W	W	S	W	W	S	W	S	W	S
W	W	W	S	W	W	S	W	S	S

2. Lösungsschritt: Reduzieren auf die entscheidungsrelevanten ersten drei Marterpfähle und herausstreichen von Redundanzen:

S	S	S	S	W	W	W	W	W	W
S	W	W	W	S	S	S	W	W	W
W	S	W	W	S	W	W	S	S	W

S	S	S	W	W	W	W
S	W	W	S	S	W	W
W	S	W	S	W	S	W

3. Lösungsschritt: Entscheidung des hinteren Gefangenen, wenn er die erste Kombination sieht, daß er an einem weißen Pfahl steht.

wenn er aber schweigt, dann bleibt folgendes Entscheidungsfeld:

S	S	W	W	W	W
W	W	S	S	W	W

aus dem auch wieder die Redundanzen gestrichen werden:

S			W		W		
W					S		W

Sieht der mittlere Gefangene einen schwarzen Pfahl, nachdem der hintere nichts sagte, dann ist für ihn die Aussage eindeutig. Sonst schweigt auch er, wodurch das Entscheidungsfeld wieder reduziert wird:

W	W

woraus auf die Antwort des vorderen Gefangenen geschlossen werden kann, wenn seine Hintermänner geschwiegen haben – aus Sicherheitsgründen kurz vor Sonnenuntergang.

Das Ergebnis ist die Entscheidungstabelle mit Regeln, Bedingungen und Aktionen:

Bedingungen/Aktionen \ Regeln	1	2	3
1. Pfahl schwarz	J	J	N
2. Pfahl schwarz	J	N	–
3. Mann schweigt	–	J	J
2. Mann schweigt	–	–	J
1. Mann ruft weiß			X
2. Mann ruft weiß		X	
3. Mann ruft weiß	X		

7.1.10 Strukturierte Programmierung

Nassi-Shneiderman entwickelte Struktogramme zur grafischen Darstellung von Programmabläufen. Diese verdeutlichen die Übersicht über die Strukturen von Programmen. Nach Bedarf werden einfache Sinnbilder zusammengestellt. Diese Art der Darstellung erlaubt eine neuartige Programmierung, bei der die Strukturelemente des Programms gleichzeitig Grundlage einer modularen Einteilung sind. Diese Verfahren bezeichnet man als strukturierte Programmierung. Es erleichtert und verkürzt die Programmierarbeit und ermöglicht es, vorhandene Programm-Module bausteinartig immer wieder zu verwenden.

Zusammensetzung von Strukturblöcken

Ein Strukturblock wird an einen anderen gereiht, indem seine gesamte Eingangskante mit der gesamten Ausgangskante des Vorgängers zusammengelegt wird. In die freien Rechtecke der Figuren 3, 4, 5 und 6 kann jeder beliebige Strukturblock kantendeckend eingesetzt werden. Um jeden Strukturblock kann eine Klammer gelegt werden; dadurch wird es möglich, ihn zu seiner unmittelbaren Umgebung zu beschreiben.

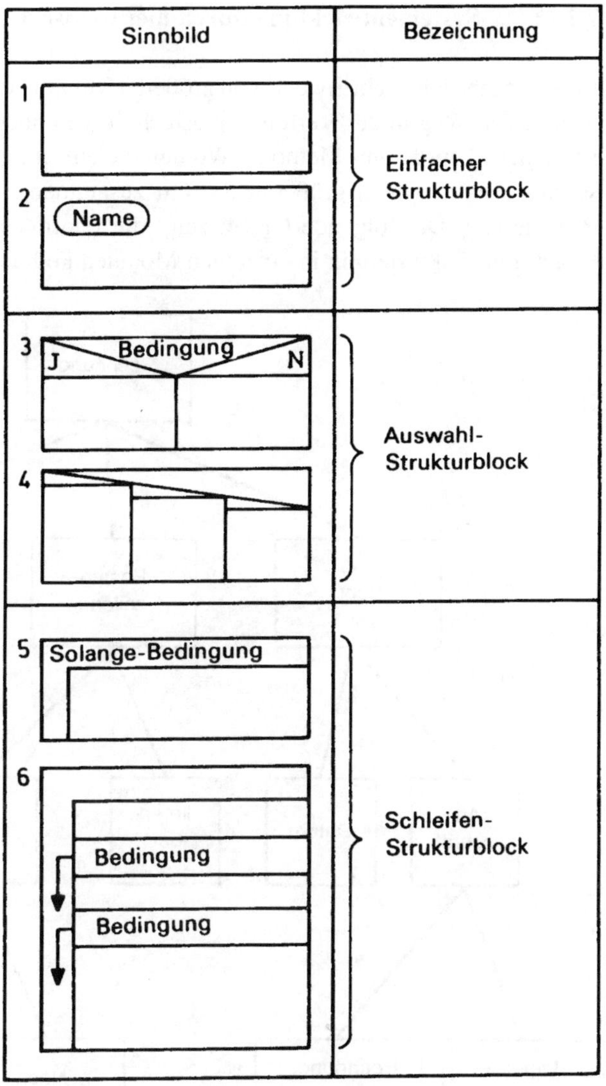

Quelle: H. H. Schulze, Lexikon zur Datenverarbeitung, rororo Taschenbuch Nr. 6220

7.1.11 Systementwicklung durch hierarchische Modularisierung

Eine Aufgabe wird schrittweise von größeren Komplexen in kleinere Module zerlegt. Geht man diesen Weg in der Verfeinerungstechnik von oben nach unten, sprechen Fachleute von einer «Top-down»-Methode. Werden die einzelnen Module programmiert und dann schrittweise zu einem größeren System zusammengefügt, ist dies eine «Bottom-up»-Realisierung. Die folgende Grafik zeigt die Funtionen, die bei der Realisierung eines Programms Fakturierung in einzelnen Modulen kodiert werden.

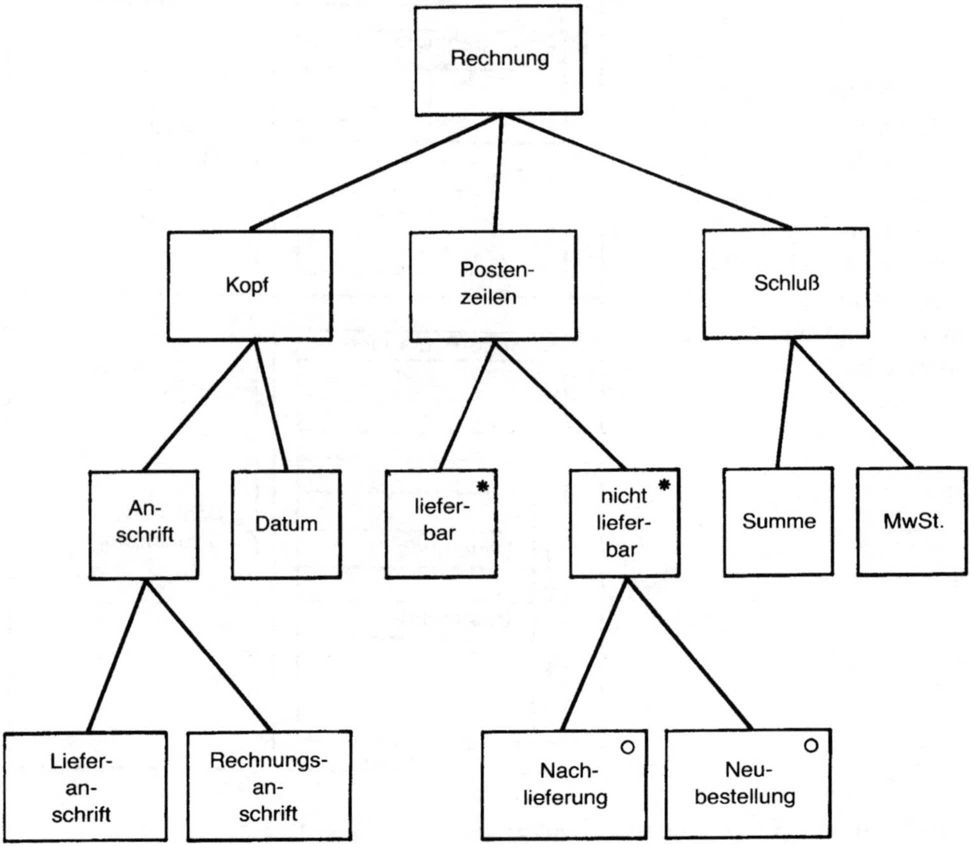

7.1.12 Dynamische Programmierung

Beispiel:

Die Reederei Seefix fährt mit ihrem Schiff «Fixfracht» die Route Hamburg-New York-Kapstadt. In einer Periode kann das Schiff eine dieser Routen mit Fracht zurücklegen oder in dem jeweiligen Hafen liegenbleiben. Die Liegegebühr beträgt 10 000 DM. Die Frachtfahrten ergeben folgende Gewinne (in Tausend DM):

Hamburg New York	Hamburg Kapstadt	New York Hamburg	New York Kapstadt	Kapstadt New York	Kapstadt Hamburg	Periode
43	23					1
83	43	22	27	43	46	2
27	28	63	27	24	36	3
		31			24	4

Die «Fixfracht» soll am Ende der 4. Periode wieder in Hamburg sein.

Die Lösung mit einem Entscheidungsbaum:

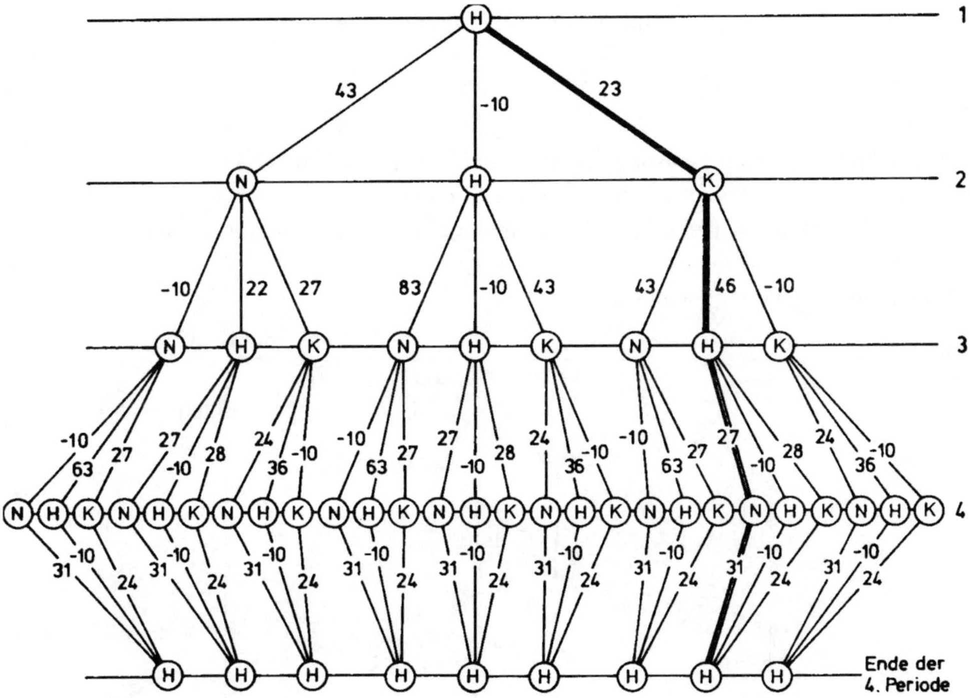

Durch Summierung von der zeitlich letzten Entscheidung rückwärts findet man den optimalen Weg, für dieses Beispiel den optimalen Gewinn von DM 127 000 DM

Quelle: M. Rogusch, Entscheidungstheorie, Hagen 1978

7.1.13 Vennsche Diagramme

In der Mengenlehre verwendet man Vennsche Diagramme, um Operationen auf Mengen grafisch darzustellen. Es werden Mengen durch Flächen abgebildet. Bestimmte Aufgabentypen lassen sich mit Hilfe dieser Diagramme verständlich lösen.

Ein typisches Beispiel ist die folgende Aufgabenstellung aus der Statistik:

Eine Umfrage bei 100 Haushalten ergab folgende Antworten:

44 Haushalte besitzen eine Kamera,
34 Haushalte haben einen Taschenrechner,
9 Haushalte verfügen über einen Taschenrechner und eine Schreibmaschine,
12 Haushalte besitzen eine Kamera und eine Schreibmaschine,
25 Haushalte haben nur eine Kamera,
11 Haushalte besitzen eine Kamera und einen Taschenrechner und
5 Haushalte haben keines der drei Geräte.

Fragen:

Wieviel der befragten Haushalte besitzen nur einen Taschenrechner?
Wieviel Haushalte haben wenigstens zwei Geräte?
Wieviel Haushalte haben einen Taschenrechner oder eine Schreibmaschine, aber keine Kamera?
Wieviel Haushalte haben alle drei Geräte?

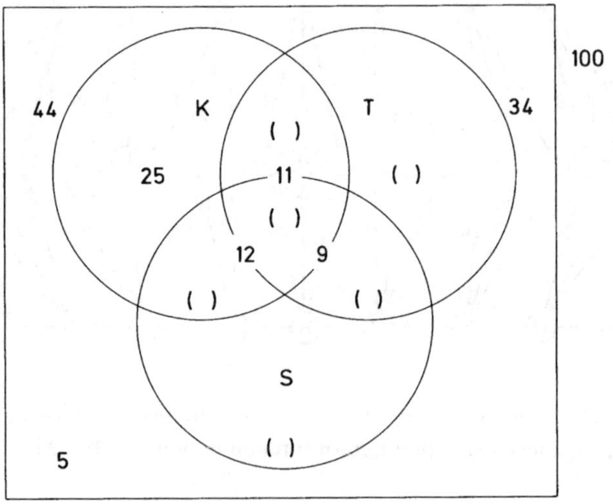

Quelle: IBM-Nachrichten

7.1.14 Balkendiagramme

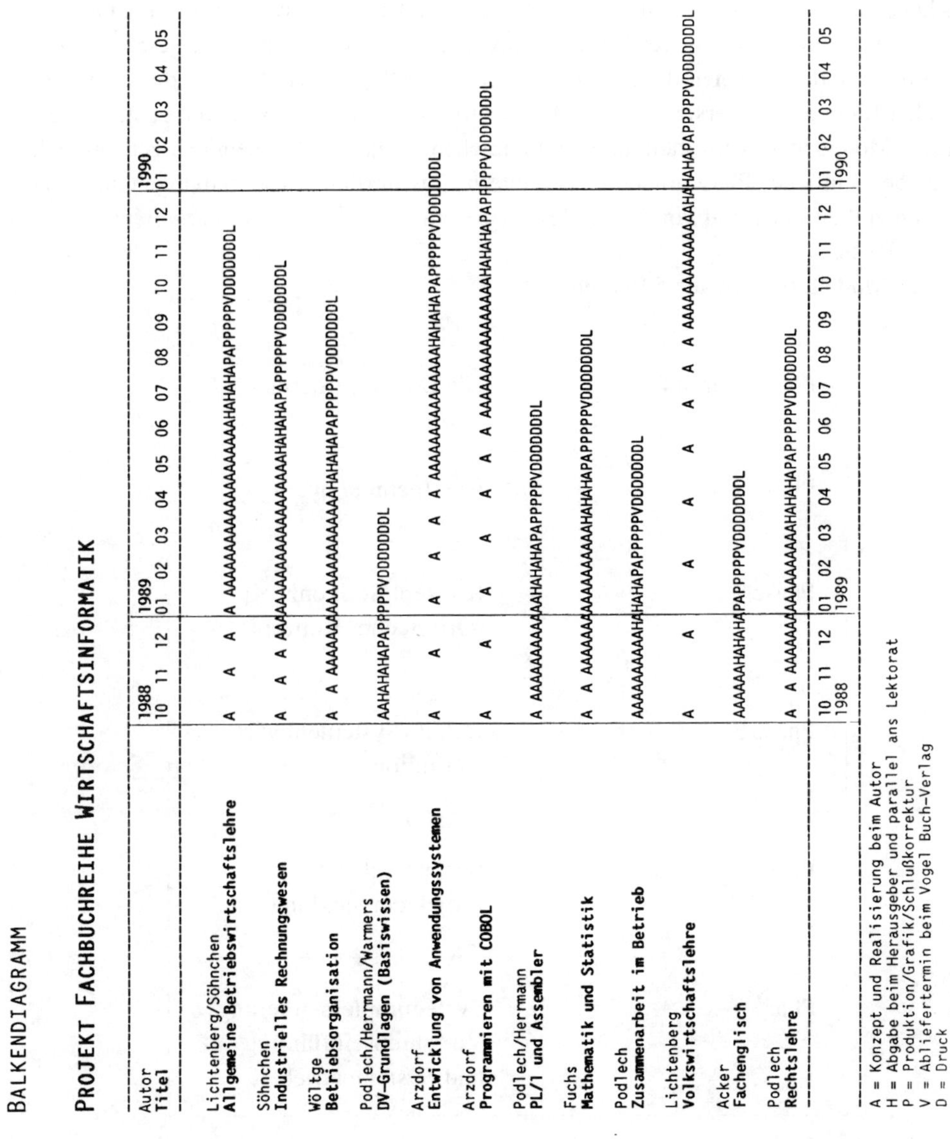

Mit dem Balkendiagramm, das als Projekt die Produktion dieser Fachbuchreihe Wirtschaftsinformatik zeigt, soll ein Beispiel dafür gegeben werden, daß auch mit einfachen Hilfmitteln (Textverarbeitung, Schreibmaschine) nützliche Darstellungen gestaltet werden können.

7.2 Phasen des Systementwicklungsprozesses

Es haben in der Vergangenheit insbesondere die großen DV-Anwender für ihre Organisation und Programmierung **Richtlinien** entwickelt, die unterschiedlich geschnitten und detailliert sind. Sie bieten darüber hinaus auch eine Begriffsvielfalt, die diesen grundlegenden Rahmen unübersichtlich machen würde. Nachstehend wird versucht, zwischen diesen Modellen zu vermitteln und ein hinreichend genaues aber dennoch verständliches und übersichtliches Phasenmodell zu erläutern. Ausführliche Beschreibungen und Anleitungen enthält der Band von Klaus Arzdorf *Entwicklung von Anwendungssystemen* in dieser Reihe.

Das Modell besteht aus 5 Phasen:

Phasenvorlauf	Die DV-Anforderung
Phase 1	Istaufnahme/-analyse
Phase 2	Konzept/Sollkonzept (Org-/techn. Konzept)
Phase 3	Detail-/Systementwurf Definition
Phase 4	Systemrealisierung Projektentwicklung
Phase 5	Systemimplementierung Verfahrenseinführung und Systembetrieb

Theoretisch besteht nach Ende jeder Phase die Möglichkeit, das Projekt aus

Kosten-
Kapazitäts- oder
sonstigen Gründen

nicht weiter zu bearbeiten. So könnte z.B. festgestellt werden, daß die bisherige Aufgabe nur umstellbar ist, wenn einschneidende personelle Veränderungen einhergehen, denen der Betriebsrat aber nicht zustimmt. Oder eine maßgeschneiderte Entwicklung wird nicht eingeleitet, weil auf dem Markt passende Konfektion angeboten wird.

Bei größeren Projekten sollten alle Phasen immer durchlaufen werden. Bei kleineren, leicht überschaubaren Projekten kann auf einige Arbeiten verzichtet werden.

7.2.1 Die organisatorischen Tätigkeiten innerhalb der einzelnen Phasen

Phasenvorlauf: **Die DV-Anforderung**

formale und inhaltliche Prüfungen
Einarbeitung in die Aufgabenstellung
Einarbeitung in die Problemstellung
Zielvorstellungen entwickeln – Was soll erreicht werden?
Forderungen erarbeiten – was muß das System leisten?
Nutzen-Kosten-Analyse
Untersuchung der Realisierbarkeit (Finanzierbarkeit)
Dokumentation

Das Ergebnis der Phase 1 wird den Entscheidungsträgern zur Genehmigung vorgelegt. Bei Zustimmung wird das weitere Vorgehen «freigegeben».

Phase 1: **Die Istaufnahme (Istanalyse)**

Aufnahme aller Aktivitäten
- Ausgaben
- Eingaben
- Zeiten/Mengen
- Sicherungsmaßnahmen

Untersuchung der aufgenommen Werte
Feststellen von Schwachstellen (Informationsqualität, Redundanzen, Bearbeitungszeiten, Sicherheit)
Abgleich mit der DV-Anforderung
Marktsichtung
Terminplan
Dokumentation, Entscheidung

In der Istanalyse ist der bisherige Stand zu ermitteln. Sie kann entfallen, wenn es sich um eine völlig neue Aufgabe handelt. Der Ist-Zustand wird durch Aktenstudien, Interviews,

Konferenzen oder Beobachtungen festgestellt. Ziel ist es, das Ausgangsmaterial für die nächste Phase so aufzubereiten, daß daraus ein – neues – Konzept entwickelt werden kann. Es soll vermieden werden, in eine Pferdekutsche einen Motor einzubauen (so, wie die ersten Autos entstanden), sondern es soll ein den neuen Erfordernissen entsprechendes Automobil konstruiert werden können.

Phase 2: **Das Konzept (Zielsetzung, Sollkonzeption, Grobkonzept)**

Entwurf einer Anwendungsstruktur
Globale Festlegung der zukünftigen
- Ausgaben
- Algorithmen
- Eingaben
- Zeiten/Mengen
- Sicherungsmaßnahmen

Festlegung der Datenbasis
Auswahl Hardware/Software
Festlegung Personalbedarf
Festlegung der Kosten
Realisierungsvorschlag/Entscheidung

Ein organisatorisches Konzept soll alle Konsequenzen, die sich aus der weiteren Entwicklung ergeben, transparent machen. Rahmenbedingungen, der künftige Informationsfluß und mögliche Schnittstellenanforderungen sind für die nächste Phase zu dokumentieren. Die Aufgabe der Datenverarbeiter für die Fachabteilung ist eine Dienstleistung; das Angebot des Dienstleistenden muß zu diesem Zeitpunkt so offen liegen, daß der Kunde weiß, was ihm ins Haus steht. Durch einen fruchtbaren Dialog zwischen den Partnern muß auf beiden Seiten über Wünsche und Möglichkeiten der Realisierung einvernehmlich Klarheit herrschen.

Phase 3: **Der Systementwurf (Detailentwurf, Definition, Feinkonzept)**

Detaillierte Beschreibung der einzelnen Aufgaben
Festlegen Datei-/Satzstrukturen (Datenbanken)
Dialogbeschreibung
Entwurf einer Programmstruktur
Erstellen Programmvorgaben
Dokumentation, Entscheidung

Das Ergebnis dieser Phase – oft auch Pflichtenheft genannt – ist eine detaillierte Aufzeichnung der zu erfüllenden Forderungen durch das zu entwickelnde System. Die an das zu erstellende Programm oder System zu stellenden Anforderungen sind hierin so beschrieben, daß danach von Programmierern Software entwickelt werden kann.

Phase 4: **Die Systemrealisierung (Projektentwicklung)**

Programmierung, Test
Erstellen Testdaten und -spezifikationen
Abnahme der Programme
Koordinierung der Realisierung
Zusammenspiel der realisierten Programme
Dokumentation des Verfahrens
Entscheidung

In dieser Phase werden hauptsächlich die Werkzeuge, die im ersten Teil dieses Kapitels vorgestellt wurden, genutzt. Die Auswahl sollte eigentlich der Aufgabe entsprechend getroffen werden. Oft werden jedoch durch hausinterne Vorgaben oder Richtlinien, nicht zuletzt aber durch die Kenntnisse und Erfahrungen des Programmierers, bestimmte Werkzeuge vorgezogen oder gar nicht genutzt. Entscheidend ist letztlich doch der Erfolg, auch wenn mal ein Nagel mit einer Zange eingeschlagen wurde. Erfolg ist allerdings mehr, als nur ein fehlerfreier Testlauf. Die Wartbarkeit ist ein ebenso wichtiges Kriterium, und diese setzt schließlich doch Anleitungen voraus, die die Nutzung der Werkzeuge regeln.

Phase 5: **Implementierung und Systembetrieb (Verfahrenseinführung)**

Verfahrensabnahmetest (Simulation)
Schulung des Nutzers (Fachabteilung)
Betreuung während der Übergangs- und Einarbeitungszeit
Überwachung der Sicherheitsmaßnahmen
Überwachung des Betriebs
Verbesserungsvorschläge
Änderungswünsche

Diese Phase offenbart, wie gut oder schlecht der Dialog zwischen Datenverarbeitung und Fachabteilung war. Ausführlich wird diese Problematik im Band dieser Reihe *Zusammenarbeit im Betrieb* behandelt. Nicht nur für die Implementierung von maßgeschneiderten Systemen, sondern auch beim Einsatz von Standardsoftware oder der Anwendung von Sprachen der vierten Generation in der Fachabteilung hat sich ein neues Berufsbild entwickelt (s. Abschnitt 9.3). In der Schulung und Betreuung sind Datenverarbeiter gefordert, die nicht nur ihr eigenes Metier beherrschen, sondern auch die Aufgaben und Probleme der Fachabteilung kennen und darüber hinaus pädagogisches Geschick haben.

Kleinere Änderungen können noch während der Implementierung berücksichtigt werden. Bei umfangreichen Änderungswünschen wird in der Phase wieder aufgesetzt, in der sich die Änderungen erstmals auswirken. Das kann im Extremfall eine Änderungsforderung als DV-Anforderung im Phasenvorlauf sein.

7.2.2 Kritische Analyse

In der Zeit, als in großen Organisationen zentrale Institutionen für rationellen und wirtschaftlichen Einsatz der Datenverarbeitung zuständig waren, brauchte man mehr oder weniger verfeinerte Instrumente, die Ablauf und Zuständigkeiten regelten. Daraus wurde teilweise eine neue Bürokratie um ihrer selbst willen, so daß oft ein Berg kreißte, aber nur ein Mäuslein das Licht der Welt erblickte – zum Ärger der Anwender. Die Dezentralisierung nicht nur der Hardware bringt neue Formen der Zusammenarbeit zwischen der Datenverarbeitung und der Fachabteilung – zum Nutzen der Anwender.

In der folgenden Fallstudie wird – soweit es Sinn macht – nach dem Phasenmodell vorgegangen. Es sind aber auch schon modernere Ideen der Kooperation verwirklicht.

7.3 Beispiel einer einfachen Entwicklung eines DV-Anwendungssystems

Ein Widerspruch zwischen Theorie und Praxis ist vorab aufzulösen. Im vorigen Abschnitt wurde ein Phasenmodell vorgestellt, das sinnvoll nur für die Planung und Realisierung umfangreicher und komplexer Systeme gilt. Ein solches jedoch im Rahmen dieses Lehrbuches abzuhandeln, würde den Rahmen sprengen und das Ziel verfehlen. Daher wird ein für angehende Wirtschaftsinformatiker zwar vertrautes, aber dennoch verhältnismäßig kleines Problem und auch nur ausschnittsweise dargestellt. Es würde den administrativen Aufwand nicht rechtfertigen, zudem in der Praxis sicherlich mit einer Sprache der 4. Generation gelöst werden. Es kann daher in diesem Zusammenhang nur Modellcharakter haben.

Phasenvorlauf **Die DV-Anforderung**

Die Mitglieder des Prüfungsausschusses «Organisationsprogrammierer» bei der Industrie- und Handelskammer zu Köln stehen einmal jährlich vor dem Problem, für die praktische Prüfung nach der Prüfungsordnung eine Aufgabe zu stellen, mit deren Lösung die Kandidaten ihr Organisationstalent und ihre Programmierkenntnisse beweisen müssen. Der Prüfungsausschuß beschloß, das Problem aus dem Aufgabenbereich der Kammer zu wählen und mit den Vorarbeiten eines seiner Mitglieder (das die Rolle der DV-

Abteilung in den ersten beiden Phasen spielt) zu beauftragen. Das kann man als die DV-Anforderung ansehen.

Zur Erleichterung der Organisation des Verfahrens für die Prüfung zum «Geprüften Wirtsachaftsinformatiker/Geprüfte Wirtsachaftsinformatikerin» ist die administrative Arbeit in der Kammer durch Einsatz von DV so weit wie möglich zu automatisieren. Die unter dem 2. Abschnitt dieses Kapitels beschriebenen Überlegungen und die Realisierbarkeitsbeurteilung – hier allerdings unter Prüfungsbedingungen – waren Bestandteil der Diskussion. Der Beschluß leitet in die Phase 1 über.

Phase 1 **Istaufnahme/-analyse**

In mehreren Interviews wurde die bisherige Bearbeitung erfragt, die Rechtsverordnung wurde analysiert, alle Ausgaben (Formblätter, Bescheide) und Eingaben (Anträge, Nachweise), Zeiten/Mengen (Prüfungstermine, -fristen, Zahl der Kandidaten) aufgenommen und dokumentiert. Schwachstellen könnten mit der Verbesserung der Arbeits- und Informationsqualität behoben, Redundanzen durch das wiederholte Erstellen von Prüfungslisten vermieden, Bearbeitungszeiten zugunsten der Kandidaten verkürzt und mehr Sicherheit für die Vorbereitung der Ausschußsitzungen erreicht werden. Der Terminplan beruht auf der Prüfungsordnung der Organisationsprogrammierer.

Das Ergebnis dieser ersten Phase ist die:

Prüfungsaufgabe für OP Herbst 1988

Bei der IHK zu Köln wird gem. Rechtsverordnung vom 20. 12. 1983 eine Fortbildungsprüfung zum «Geprüften Wirtschaftsinformatiker /Geprüfte Wirtschaftsinformatikerin» durchgeführt. Die Arbeit des Prüfungsausschusses wird von der Kammer organisiert undunterstützt. Zur Erleichterung der Organisation, besseren und schnelleren Vorbereitung und zur Beschleunigung des Verfahrens ist die administrative Arbeit in der Kammer durch Einsatz von DV so weit wie möglich zu automatisieren. Die Entscheidungen treffen nach wie vor die zuständigen Mitarbeiter(innen) bzw. der Prüfungsausschuß.

In einem Datenbestand sind die Daten über die Bewerber bis zur Entscheidung über die Zulassung zur Prüfung, in einem weiteren Datenbestand die Daten über die Prüfungskandidaten mit den Prüfungsergebnissen zu speichern. In einem iterativen Prozeß werden die Bewerberdaten über ein Erfassungsprogramm vervollständigt. Ergebnis ist entweder der Zulassungsbescheid (Anlage 1) oder die Mitteilung, welche Unterlagen noch zur Entscheidung fehlen (Anlage 2). Eine mögliche Ablehnung wird wie bisher individuell geschrieben und begründet. Welche Angaben gefordert werden, entnehmen Sie bitte dem Anmeldeformular (Anlage 3), welche Voraussetzungen zur Zulassung erfüllt werden müssen, sehen Sie aus § 2 der Rechtsverordnung:

Zulassungsvoraussetzungen

(1) Zur Prüfung ist zuzulassen, wer

1. Eine mit Erfolg abgelegte Abschlußprüfung in einem anerkannten kaufmännischen Ausbildungsberuf oder einem nach Bundes- oder Landesrecht anerkannten Beruf der Verwaltung und eine mindestens dreijährige Berufspraxis im kaufmännischen, verwaltenden oder datenverarbeitenden Bereich oder

2. eine mindestens sechsjährige Berufspraxis im kaufmännischen, verwaltenden oder datenverarbeitenden Bereich nachweist. Bei der in Satz 1 genannten Berufspraxis im kaufmännischen oder verwaltenden Bereich muß mindestens ein Jahr in Tätigkeiten abgeleistet sein, die der beruflichen Fortbildung zum Wirtschaftsinformatiker dienlich sind.

...

Mit Zulassung werden die Daten in die Kandidatendatei übernommen. Auch hier werden in einem iterativen Prozeß die Daten bis zum Bestehen der Prüfung eingegeben. In dem vorzubereitenden Prüfungsprotokoll (Anlage 4) gilt für die einzelnen Prüfungsleistungen, daß sie entweder durch Anerkennung, erstmaliges Bestehen oder Wiederholen der Teilprüfung erreicht werden, außerdem kann ein Kandidat mündlich geprüft werden. Die Gliederung des Prüfungsprotokolls entspricht § 3 Abs. 1 der Rechtsverordnung, Abs. 5 bezieht sich auf die mündliche Prüfung:

(1) Die Prüfung gliedert sich in folgende Prüfungsteile:

1. Betriebswirtschaft,
2. Datenverarbeitung,
3. Ergänzungsfächer.

Außerdem wird eine fächerübergreifende Fallstudie . . . durchgeführt.

...

(5) Die schriftliche Prüfung kann in einzelnen Prüfungsfächern auf Antrag des Prüfungsteilnehmers oder nach Ermessen des Prüfungsausschusses durch eine mündliche Prüfung ergänzt werden, wenn sie für das Bestehen der Prüfung oder für die eindeutige Beurteilung der Prüfungsleistung von wesentlicher Bedeutung ist. Entsprechendes gilt für die fächerübergreifende Fallstudie . . .

Die weitere Untergliederung der Prüfungsteile:

§ 4
Betriebswirtschaft

(1) Im Prüfungsteil "Betriebswirtschaft" ist in folgenden Fächern zu prüfen:

1. Allgemeine Betriebswirtschaftslehre,
2. Industrielles Rechnungswesen,
3. Betriebsorganisation.

...

§ 5
Datenverarbeitung

(1) Im Prüfungsteil "Datenverarbeitung" ist in folgenden Fächern zu prüfen:

1. Datenverarbeitungsorganisation,
2. Programmierung.

...

§ 6
Ergänzungsfächer

(1) Im Prüfungsteil "Ergänzungsfächer" ist in folgenden Fächern zu prüfen:

1. Mathematik und Statistik,
2. Zusammenarbeit im Betrieb,
3. Rechtslehre oder Fachenglisch oder Volkswirtschaftslehre.

...

Die rechtlichen Voraussetzungen für die Anrechnung anderer Prüfungsleistungen, Bestehen oder Wiederholen der Prüfung entnehmen Sie bitte den §§ 7 bis 9 der Rechtsverordnung:

§ 7
Anrechnung anderer Prüfungsleistungen

Von der Ablegung der Prüfung in einem Prüfungsfach oder in mehreren Prüfungsfächern gemäß §§ 4 bis 6 kann der Prüfungsteilnehmer auf Antrag von der zuständigen Stelle freigestellt werden, wenn er vor einer zuständigen Stelle, einer öffentlichen oder staatlich anerkannten Bildungseinrichtung oder

vor einem staatlichen Prüfungsausschuß in den letzten 5 Jahren vor Antragstellung eine Prüfung bestanden hat, deren Inhalt den Anforderungen des jeweiligen Prüfungsfaches entspricht; in jedem Fall muß der Prüfungsteilnehmer in einem Prüfungsfach je Prüfungsteil geprüft werden.

§ 8
Bestehen der Prüfung

(1) Die drei Prüfungsteile sowie die fächerübergreifende Fallstudie werden gesondert bewertet. Für jeden Teil der Prüfung ist eine Note als arithmetisches Mittel aus den Bewertungen der Leistungen

in den einzelnen Prüfungsfächern zu bilden. Die Noten der schriftlichen und mündlichen Prüfungsleistungen in einem Prüfungsfach sind als arithmetisches Mittel zu einer Note zusammenzufassen.

(2) Die Prüfung ist bestanden, wenn der Prüfungsteilnehmer in den Prüfungsteilen gemäß § 3 Abs. 1 Nr. 1 und 3, in der fächerübergreifenden Fallstudie sowie in den beiden Prüfungsfächern gemäß § 5 Abs. 1 mindestens ausreichende Leistungen erbracht hat; dabei dürfen nur in höchstens je einem Prüfungsfach der in den §§ 4 und 6 genannten Prüfungsteile nicht ausreichende Leistungen vorliegen.

(3) Über das Bestehen der Prüfung ist ein Zeugnis gemäß der Anlage, Seite 1, auszustellen. Auf Antrag des Prüfungsteilnehmers ist ein Zeugnis gemäß der Anlage, Seite 1 und 2, auszustellen, aus dem die in den einzelnen Prüfungsfächern und in der fächerübergreifenden Fallstudie erbrachten Noten hervorgehen müssen.

§ 9
Wiederholung der Prüfung

(1) Eine Prüfung, die nicht bestanden ist, kann zweimal wiederholt werden.

(2) In der Wiederholungsprüfung ist der Prüfungsteilnehmer auf Antrag von der Prüfung in einzelnen Prüfungsfächern oder von der fächerübergreifenden Fallstudie zu befreien, wenn seine Leistungen darin in einer vorangegangenen Prüfung ausgereicht haben und er sich innerhalb von zwei Jahren, gerechnet vom Tage der Beendigung der nichtbestandenen Prüfung an, zur Wiederholungsprüfung anmeldet.

Als Ergebnis der Verarbeitung der Kandidatendatei ist bei bestandener Prüfung das Prüfungszeugnis zu drucken (Anlage 5 und 6) oder ein Bescheid über weitere Teilprüfungen/ Wiederholungsmöglichkeiten zu erteilen (Anlagen 7). Das erweiterte Zeugnis gem. § 8 Abs. 3 wird für jeden Kandidaten erstellt, es muß nicht besonders beantragt werden. Bei Ihren organisatorischen Überlegungen können Sie davon ausgehen, daß nur die Anlagen 5 und 6 – Prüfungszeugnis – in der Form vorgeschrieben sind. Alle anderen als Anlage beigefügten Formblätter, die derzeit so eingesetzt werden, können Sie in der Form und vom Inhalt verändern, wenn es zweckdienlich ist.

Als Ergebnis des ersten Prüfungstages sind:

ein Datenerfassungskonzept für die Bewerberdatei und die Kandidatendatei
ein Datenflußplan nach DIN 66 001
Datei- und Satzbeschreibungen aller Dateien und
eine Funktionsbeschreibung der Programme als Struktogramm, oder Pseudocode oder Programmablaufplan oder Entscheidungstabelle mit den für die Programmierung notwendigen Details.
Die Programmiervorgaben müssen für eine Fremdprogrammierung geeignet sein.

abzuliefern. Das Ergebnis des ersten Tages geht mit 75% in die Bewertung der Arbeit ein. Bis zum 23.11.88 sind die Programme in einer höheren problemorientierten Programmiersprache für die Bearbeitung der Bewerberdatei und der Kandidatendatei mit Ergebnissen, Umwandlungslisten, Testdateien und Joblaufinformationen abzugeben.

Die Datenerfassung ist nicht zu programmieren.

Soweit die Aufgabenstellung. Die Anlagen, die dieser Aufgabe beigefügt waren, enthielten die Muster der Bescheide, Zusammenstellungen und Zeugnisse, die aber zum Verständnis des Zusammenhangs nicht notwendig sind und daher hier weggelassen werden.

Phase 2 Konzept/Sollkonzept (Org-/techn. Konzept)

Ein Bestandteil der Konzeptphase ist der Datenflußplan, der auch in der Aufgabenstellung von den Prüfungskandidaten gefordert wurde. Der Datenflußplan soll die Verarbeitung und Daten sowie die Verbindung zwischen beiden darstellen. In diesem Kapitel ist unter 7.2.1 beschrieben, welche Aufgaben in der zweiten Phase ausgeführt werden. Eine vollständige Darstellung der Leistungen, die auch die Prüfungskandidaten nach dem ersten Prüfungstag abzuliefern hatten, würde den Rahmen dieser Darstellung sprengen. Es soll daher der Datenflußplan genügen:

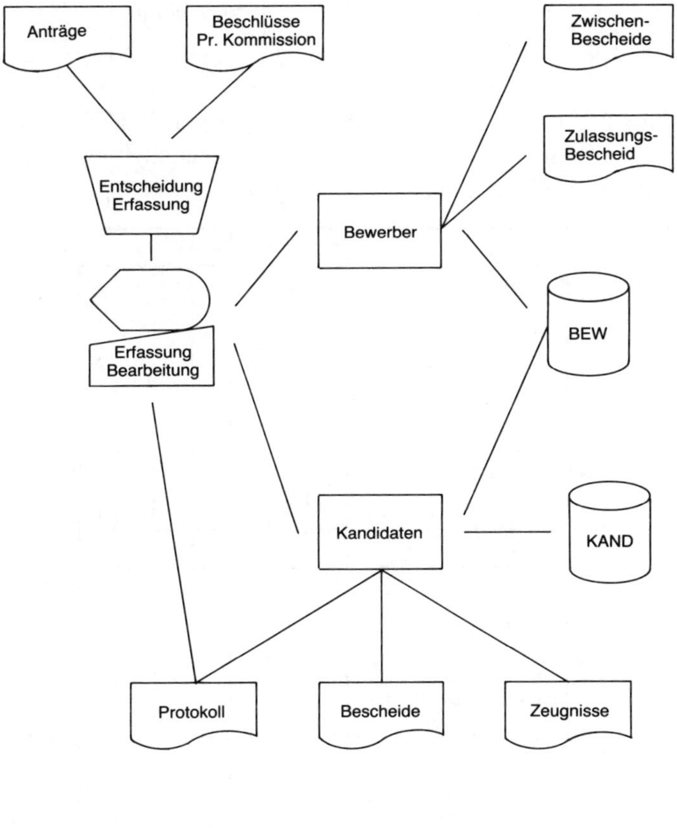

Phase 3 Detail-/Systementwurf Definition

Auch hier können im Rahmen dieses Fallbeispiels nur einige Details gezeigt werden, so z.B. ensprechend 7.1.11 die Module des Funktionsteils Kandidaten.

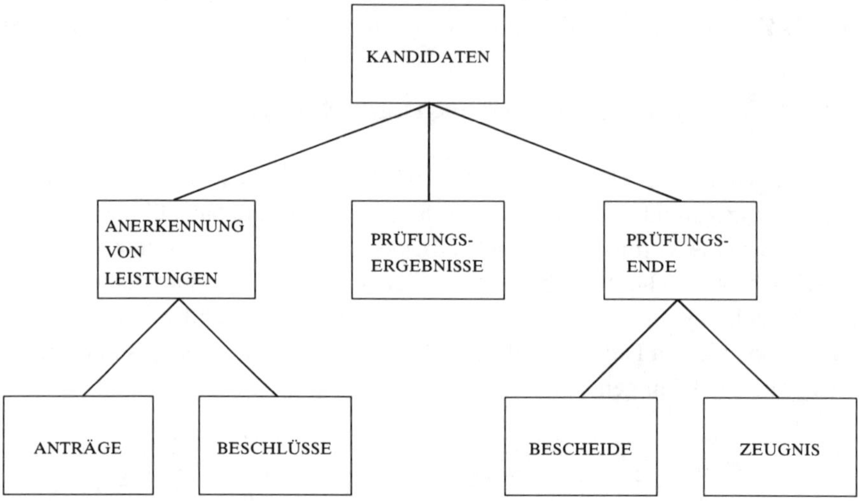

Wie die Ergebnisse der einzelnen Prüfungsleistungen von Punkten (maximal 100) in Noten gemäß der Prüfungsordnung für Wirtschaftsinformatiker umgesetzt werden, zeigt die nachfolgende Entscheidungstabelle, entsprechend 7.1.9:

	Bedingung	R1	R2	R3	R4	R5	R6	R7
B1	BEURT = A	J	N	N	N	N	N	N
B2	BEURT > = 92	N	J	N	N	N	N	N
B3	BEURT > = 81 & < 92	N	N	J	N	N	N	N
B4	BEURT > = 67 & < 81	N	N	N	J	N	N	N
B5	BEURT > = 50 & < 67	N	N	N	N	J	N	N
B6	BEURT > = 30 & < 50	N	N	N	N	N	J	N
B7	BEURT < 30	N	N	N	N	N	N	J
	Aktion							
A1	"ANERKANNT"	X						
A2	"SEHR GUT"		X					
A3	"GUT"			X				
A4	"BEFRIEDIGEND"				X			
A5	"AUSREICHEND"					X		
A6	"MANGELHAFT"						X	
A7	"UNGENÜGEND"							X

Als Struktogramm nach Nassi-Shneiderman ist die Ermittlung des Prüfungsergebnisses dargestellt. Ausgabe dieses Teils ist entweder ein Bescheid an die Prüfungskandidaten, welche Prüfungsteile bestanden oder noch nicht bestanden wurden und die evtl. Wiederholmöglichkeiten oder, wenn alle Bedingungen erfüllt sind, das Prüfungszeugnis. Das gleiche Teilproblem ist nachfolgend zum Vergleich auch als Programmablaufplan gemäß 7.1.3 gezeigt.

Spätestens bei dieser redundanten Darstellung wird deutlich, daß diese Lösung in der Phase 3 der Wirklichkeit nicht entspricht. Hier kommt es darauf an, in kleinen überschaubaren logischen Einheiten unterschiedliche Methoden darzustellen. In der Praxis ist diese Methodenvielfalt nicht üblich. Außerdem wäre die komplette Darstellung des Feinkonzepts zu umfangreich.

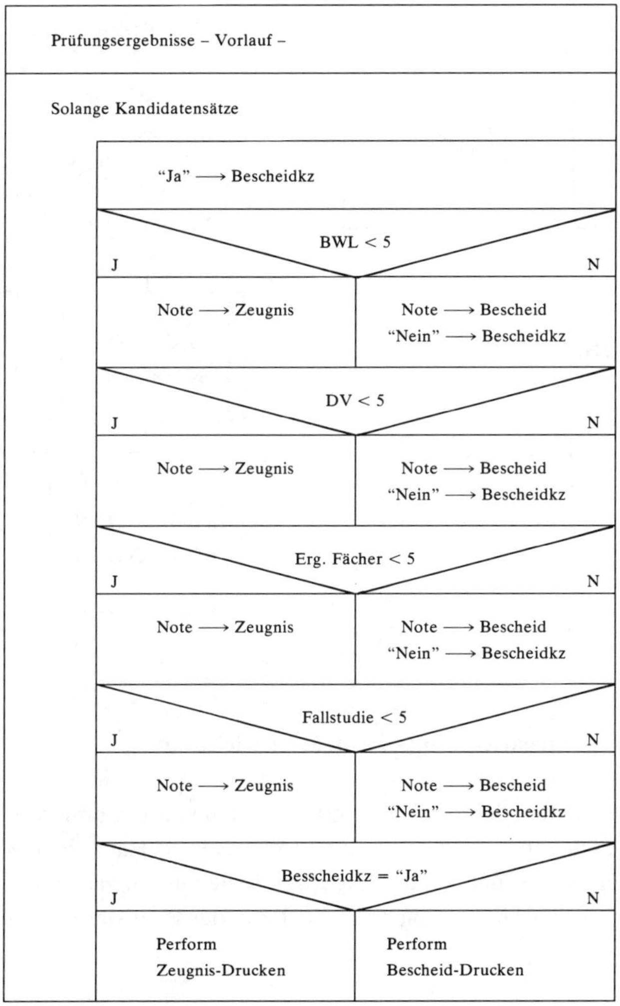

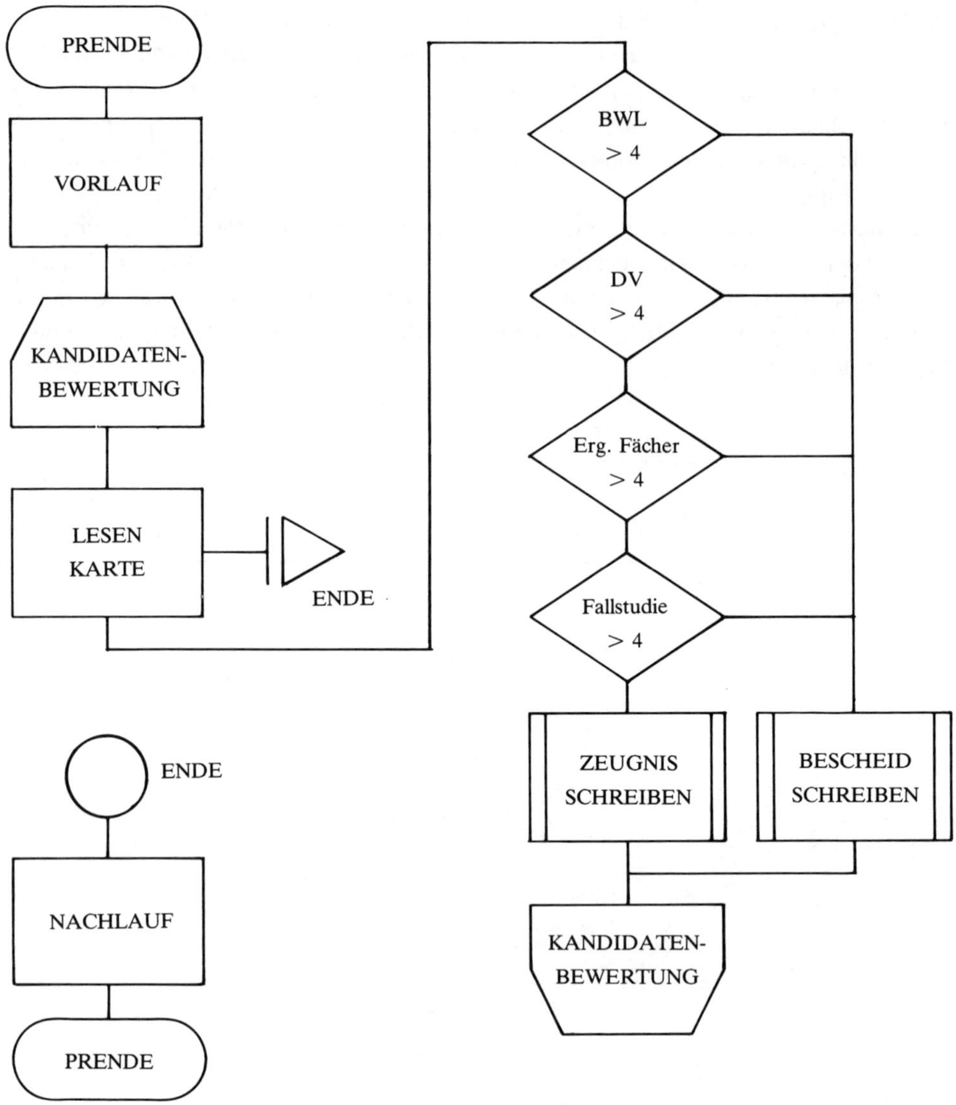

Phase 4 **Systemrealisierung / Projektentwicklung**

Wesentlicher Bestandteil der Realisierungsphase ist die Programmierung. Diese haben die Prüfungskandidaten zum Organisationsprogrammierer als Haus- bzw. «Betriebs»- arbeit erfüllt. Wie bereits oben auch auf der folgenden Seite nur ein ganz kleiner Ausschnitt aus einer COBOL-Lösung; die komplette Darstellung der Realisierung füllt einen Ordner.

```
007600*****************************************************************
007700*                   BESCHEID ODER ZEUGNIS                       *
007800*****************************************************************
007900*
008000 VERARBEITUNG.
008100*
008110     MOVE "JA" TO BESCHEIDKZ.
008120*
008130*
008200     IF BWL < 5
008300        MOVE NOTE TO ZEUGNIS
008400     ELSE
008500        MOVE NOTE   TO BESCHEID
008600        MOVE "NEIN" TO BESCHEIDKZ.
008700*
008800     IF DV < 5
008900        MOVE NOTE TO ZEUGNIS
009000     ELSE
009100        MOVE NOTE   TO BESCHEID
009200        MOVE "NEIN" TO BESCHEIDKZ.
009300*
009400     IF ERGFACH < 5
009500        MOVE NOTE TO ZEUGNIS
009600     ELSE
009700        MOVE NOTE   TO BESCHEID
009800        MOVE "NEIN" TO BESCHEIDKZ.
009900*
010000     IF FALLSTUDIE < 5
010100        MOVE NOTE TO ZEUGNIS
010200     ELSE
010300        MOVE NOTE   TO BESCHEID
010400        MOVE "NEIN" TO BESCHEIDKZ.
010500*
010510     IF BESCHEIDKZ = "JA"
010520        PERFROM ZEUGNIS-DRUCKEN
010530     ELSE
010540        PERFORM BESCHEID-DRUCKEN.
010550*
010555*
010560     PERFORM LESEN-PRUEFSATZ THRU LESEN-PRUEFSATZ-EXIT.
010565*
010570 VERARBEITUNG-EXIT.
010600
```

Phase 5 Systemimplementierung (Verfahrenseinführung und Systembetrieb)

Bedingt durch die Eigenheit des gewählten Fallbeispiels kann das Verfahren natürlich nicht von den Prüfungskandidaten bei der IHK zu Köln tatsächlich eingeführt werden. Man müßte bei 50 Prüfungskandidaten 50mal das Verfahren implementieren. Für dieses Fallbeispiel ist in der Phase 5 wieder wie bei der DV-Anforderung (7.2.1) die Prüfungskommission tätig, die die Rolle der Fachabteilung übernimmt und anstelle der Verfahrenseinführung die Realisierung unter dem Gesichtspunkt beurteilt, ob und wie sich das erstellte System in der Praxis einführen ließe. In der Praxis würden gerade in dieser Phase diejenigen, die das System realisiert haben, der Fachabteilung Hilfestellung leisten und Kleinigkeiten nachbessern, was naturgemäß in einem formellen Prüfungsverfahren nicht sein darf - obwohl die Prüfungskandidaten wahrscheinlich engagierter unterstützen und nachbessern würden, als sie es bei einer realistischen Implementierung einer echten Fachabteilung gegenüber bereit wären. Das Fallbeispiel endet mit den Mustern einer Erfassungsmaske und eines Prüfungszeugnisses, wie sie als geforderte Ergebnisse aus diesen Programmen aussehen könnten. Alle anderen Ausgaben, Bescheide und Protokolle usw., die Bestandteil der Lösung sind, werden aus den genannten Gründen hier nicht gezeigt.

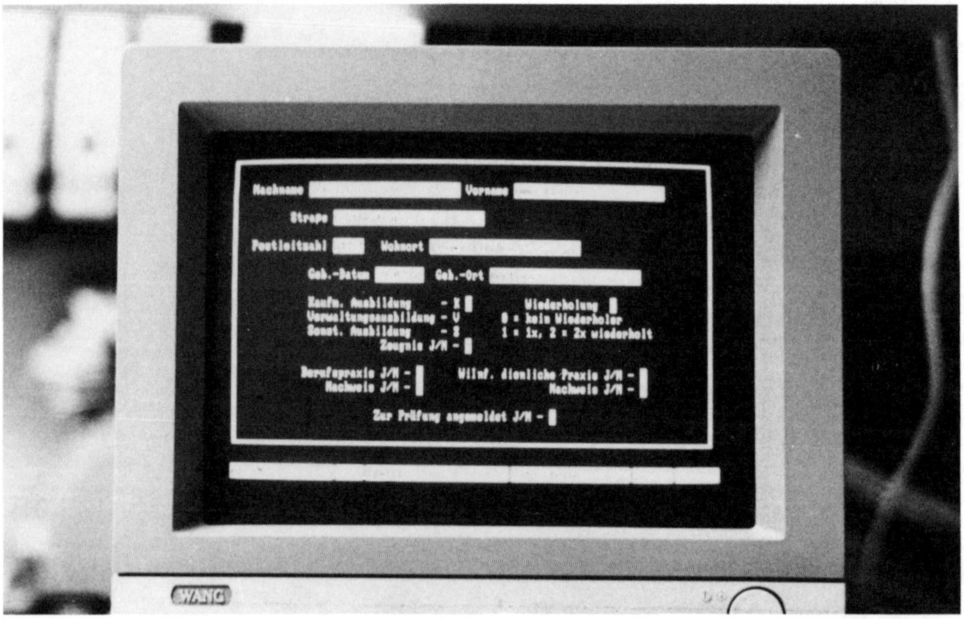

Bild 7.1 Erfassungsmaske am Arbeitsplatz in der IHK

Anlage
Seite 1

Muster

Industrie und Handelskammer zu Köln
(Bezeichnung der zuständigen Stelle)

Zeugnis

über die

Prüfung zum anerkannten Abschluß
Geprüfter Wirtschaftsinformatiker/Geprüfte Wirtschaftsinformatikerin

Herr/Frau Caroline Fleißig

geboren am 29. Februar 1964 in Sankt Augustin

hat am 15. Juni 1988 die Prüfung zum anerkannten Abschluß

Geprüfter Wirtschaftsinformatiker/Geprüfte Wirtschaftsinformatikerin

gemäß der Verordnung über die Prüfung zum anerkannten Abschluß Geprüfter Wirtschaftsinformatiker/Geprüfte Wirtschaftsinformatikerin vom 20. Dezember 1983 (BGBl. I S. 1502)

bestanden.

Datum 15. Juni 1988

Unterschrift ....

(Siegel der zuständigen Stelle)

Seite 2

Ergebnisse der Prüfung

	Note
I. Prüfungsteil „Betriebswirtschaft"	
1. Allgemeine Betriebswirtschaftslehre	gut
2. Industrielles Rechnungswesen	befriedigend
3. Betriebsorganisation	gut
(Im Fall des § 7: „Der Prüfungsteilnehmer wurde gemäß § 7 im Hinblick auf die am .... in .... vor .... abgelegte Prüfung in dem Prüfungsfach .... freigestellt.")	
II. Prüfungsteil „Datenverarbeitung"	
1. Datenverarbeitungsorganisation	ausreichend
2. Programmierung	gut
(Im Fall des § 7: entsprechend Klammervermerk unter I. 3.)	
III. Prüfungsteil „Ergänzungsfächer"	
1. Mathematik und Statistik	sehr gut
2. Zusammenarbeit im Betrieb	befriedigend
3. Rechtslehre *)	gut
(Im Fall des § 7: entsprechend Klammervermerk unter I. 3.)	

Fächerübergreifende Fallstudie

Planung und Realisation einer vierwöchigen Projektaufgabe in der DV-Organisation und Programmierung aus dem Anwendungsbereich: Logistik in der Bundeswehr

mit dem Thema: Umstellung von Listenausgabe auf Bildschirmdialog bei der Bestandsprüfung — gut

Note 1 = sehr gut; Note 2 = gut; Note 3 = befriedigend; Note 4 = ausreichend; Note 5 = mangelhaft; Note 6 = ungenügend

*) Angabe des gemäß § 3 Abs. 2 Satz 2 bestimmten Faches.

8 Datenschutz und Datensicherung

8.1 Notwendigkeit und Zielsetzung

Unsere Verfassung – das Grundgesetz – schützt uns in unseren Grundrechten. Durch spezielle Gesetze werden die möglichen Gefahren für die Grundrechte gebannt oder gemindert. Rechte und Pflichten sind für viele Bereiche des täglichen Lebens festgeschrieben. Ähnlich wie in einer Bilanz ist ein solches System nur ausgeglichen, wenn Rechten auf der einen Seite Pflichten gleichgewichtig gegenüberstehen. Das bedeutet natürlich nicht, um in diesem kaufmännischen Bild zu bleiben, daß einzelne persönliche Konten geführt werden, die ausgeglichen sein müssen. Gerade ein Sozialstaat zeichnet sich unter anderem auch dadurch aus, daß einige Positionen in dieser Rechte- und Pflichtenbilanz wie bei einer Deckungsbeitragsrechnung über die Kostenstelle Gemeinkosten ausgeglichen werden. Für das Ausbalancieren der Rechte und Pflichten des einzelnen in der Gemeinschaft heißt die Maxime Gerechtigkeit. Weitaus schwieriger dagegen sind die Interessen zu regeln, die – teilweise widersprüchlich – den einzelnen betreffen. Dazu ein Beispiel: Ein Epileptiker hat gute Gründe, seine Krankheit nur demjenigen anzuvertrauen, dem er vertraut. Selbst aber kann er sich beim akuten Anfall nicht vor dem Versuch schützen, ihm zum x-ten mal den Blinddarm herauszuoperieren. So einfach und vernünftig Zielsetzung und Abgrenzung gemessen am Einzelfall erscheinen, so schwierig ist es für den Gesetzgeber, dieses allgemeingültig für die Gemeinschaft zu regeln. Dies ist genau ein Problemkreis, der die Anwendung des derzeit geltenden Datenschutzrechtes schwierig macht und der die Novellierung des Gesetzes ungleich schwieriger gestaltet, als es durch die bloße technische Anpassung an die modernere Datenverarbeitung notwendig geworden ist.

Unter der Überschrift «Kabinett billigt Sicherheitsgesetze – Noch Vorbehalte der Liberalen» schreibt die Stuttgarter Zeitung am 20.12.1988: *«FDP will den Datenschutz ausweiten - SPD: Verfassungsrechtlich bedenkliche Entwürfe. ... Das Bundeskabinett hat am Dienstag nachmittag die unter großen koalitionsinternen Schwierigkeiten zustande gekommenen Gesetzentwürfe zum Datenschutz und für die Arbeit der Sicherheitsdienste verabschiedet. Die Entwürfe werden jetzt dem Bundesrat und danach dem Bundestag zugeleitet. Die der FDP angehörenden Mitglieder des Kabinetts gaben Vorbehalte zu Protokoll: Die FDP will die Kontrollrechte des Bundesbeauftragten für den Datenschutz ausweiten und die Nachrichtendienste denselben Auskunftspflichten unterwerfen, wie sie für die Polizei gelten. ...Erhebung, Speicherung und Nutzung der Informationen über solche Personen, die nicht selbst extremistischer Bestrebungen verdächtigt werden, sollen klar eingegrenzt werden, die Speicherung und Verarbeitung der Daten Minderjähriger soll untersagt werden. ...»*

Die Aufgabe des Datenschutzes – so § 1 Abs. 1 BDSG – ist es, durch den Schutz personenbezogener Daten vor Mißbrauch bei ihrer Speicherung, Übermittlung, Veränderung und Löschung (Datenverarbeitung) der Beeinträchtigung schutzwürdiger Belange der Betroffenen entgegenzuwirken.

8.1.1 Begriffsbestimmungen

Bevor das geltende Recht beschrieben und diskutiert wird, vorweg einige Begriffsbestimmungen aus dem Übereinkommen zum Schutz des Menschen bei der automatischen Verarbeitung personenbezogener Daten des Europarats **(EUR)** vom 28. Januar 1981:

Artikel 2 Begriffsbestimmungen

In diesem Übereinkommen

a) bedeutet "personenbezogene Daten" jede Information über eine bestimmte oder bestimmbare natürliche Person ("**Betroffener**");

gegenübergestellt den Begriffsbestimmungen unseres **(D)** Bundesdatenschutzgesetzes:

§ 2 – Begriffsbestimmungen

(1) Im Sinne dieses Gesetzes sind personenbezogene Daten Einzelangaben über persönliche oder sachliche Verhältnisse einer bestimmten oder bestimmbaren natürlichen Person (**Betroffener**).

Der Betroffene ist das eigentliche Objekt der Datenschutz-Gesetzgebung, also nicht die Daten, obwohl diese das Ziel unserer Datensicherungs-Bemühungen sind. Soweit dieser Betroffene eine natürliche Person, ein bestimmter oder bestimmbarer «normaler» Mensch ist, ist das Gesetz anzuwenden. Für eine Personenvereinigung, eine juristische Person, gelten die Bestimmungen nach dem Willen des Gesetzgebers nicht. Wie ist es jedoch, wenn sich hinter einer juristischen Person eine einzelne bestimmbare natürliche Person verbirgt?

Beispiel:

Der Geschäftsführer einer GmbH ist in seiner Person auch alleiniger Gesellschafter. Diese GmbH ist Komplementär in einer Kommanditgesellschaft und als Kommanditist taucht im Handelsregister der gleiche Geschäftsführer/Gesellschafter der GmbH auf: Firma Bruch GmbH & Co. KG als juristische Person. Sind die Bestimmungen des Bundesdatenschutzgesetzes anzuwenden?

b) bedeutet "**automatisierte Datei/Datensammlung**" jede zur automatischen Verarbeitung erfaßte Gesamtheit von Informationen; **(EUR)**

(3) Im Sinne dieses Gesetzes ist

3. Eine **Datei** eine gleichartig aufgebaute Sammlung von Daten, die nach bestimmten Merkmalen erfaßt und geordnet, nach anderen bestimmten Merkmalen umgeordnet und ausgewertet werden kann, ungeachtet der dabei angewendeten Verfahren; nicht hierzu gehören Akten und Aktensammlungen, es sei denn, daß sie durch automatisierte Verfahren umgeordnet und ausgewertet werden können. **(D)**

Ein unstrukturierter Ordnerinhalt ist eindeutig keine Datei, eine sequentielle Magnetbanddatei mit Sätzen fester Länge und einheitlichem Satzaufbau fällt unter diese Definition. Wie ist es dagegen mit einem ordentlich strukturierten Ordner, der als Teil einer Sammlung durch Beschriftung und Register mit einem einzigen Zugriff zu einer personenbezogenen Information führt?

c) umfaßt "**automatische Verarbeitung**" die folgenden Tätigkeiten, wenn sie ganz oder teilweise mit Hilfe automatisierter Verfahren durchgeführt werden: Das **Speichern** von Daten, das Durchführen logischer und/oder rechnerischer Operationen mit diesen Daten, das **Verändern, Löschen, Wiedergewinnen** oder **Bekanntgeben** von Daten; **(EUR)**

§ 2 Abs. 2 des BDSG könnte eine Kommentierung des europäischen Rechtes sein:

(2) Im Sinne dieses Gesetzes ist

1. Speichern (**Speicherung**) das Erfassen, Aufnehmen oder Aufbewahren von Daten auf einem Datenträger zum Zwecke ihrer weiteren Verwendung,

2. Übermitteln (**Übermittlung**) das Bekanntgeben gespeicherter oder durch Datenverarbeitung unmittelbar gewonnener Daten an Dritte in der Weise, daß die Daten durch die speichernde Stelle weitergegeben oder zur Einsichtnahme, namentlich zum Abruf bereitgehalten werden,

3. Verändern (**Veränderung**) das inhaltliche Umgestalten gespeicherter Daten,

4. Löschen (**Löschung**) das Unkenntlichmachen gespeicherter Daten, ungeachtet der dabei angewendeten Verfahren. **(D)**

d) bedeutet "**Verantwortlicher für die Datei/Datensammlung**" (diesem Ausdruck entspricht in der Bundesrepublik Deutschland der Begriff "**speichernde Stelle**") die natürliche oder juristische Person, die Behörde, die Einrichtung oder jede andere Stelle, die nach dem innerstaatlichen Recht zuständig ist, darüber zu entscheiden, welchen Zweck die automatisierte Datei/Datensammlung haben soll, welchen Arten personenbezogener Daten gespeichert und welche Verarbeitungsverfahren auf sie angewendet werden sollen. **(EUR)**

(D) 1. **speichernde Stelle** jede, der im § 1 Abs. 2 Satz 1 genannten Personen oder Stellen, die Daten für sich selbst speichert oder durch andere speichern läßt,

Die Zuordnung einer speichernden Stelle wird in der Problematik der Abgrenzung der Abschnitte 3 und 4 des BDSG diskutiert werden.

(D) 2. **Dritter** jede Person oder Stelle außerhalb der speichernden Stelle, ausgenommen der Betroffene oder diejenigen Personen oder Stellen, die in den Fällen der Nummer 1 im Geltungsbereich dieses Gesetzes im Auftrag tätig werden,

8.1.2 Die weitere Entwicklung des Datenschutzes

Die Notwendigkeit der Novellierung des Datenschutzgesetzes ergibt sich aus der Begründung zu dem Referentenentwurf, der vom Deutschen Bundestag in der 11. Legislaturperiode beraten werden wird (Auszug):

«A. Allgemeines

1. Zweck der Neufassung des Bundesdatenschutzgesetzes

1.1 Das Gesetz zum Schutz vor Mißbrauch personenbezogener Daten bei der Datenverarbeitung (Bundesdatenschutzgesetz) vom 27. Januar 1977 ist am
1. Januar 1978 in Kraft getreten. Es stellte zum ersten Mal die Verarbeitung von personenbezogenen Daten auf eine umfassende Grundlage. Danach ist die Verarbeitung personenbezogener Daten, soweit sie in Dateiform erfolgt, nur aufgrund einer Rechtsvorschrift oder mit Einwilligung des Betroffenen zulässig. Mit der Verabschiedung des Gesetzes hat der Gesetzgeber seinerzeit Neuland betreten, galt es doch, die komplizierten und oft im Spannungsfeld konkurrierender Interessen stehenden Vorgänge der Datenverarbeitung mittels abstrakt-juristischer Normen zu regeln.

1.2 Die in mehr als zehn Jahren bei der Anwendung des Gesetzes gemachten Erfahrungen haben gezeigt, daß das Gesetz sich zwar insgesamt bewährt hat, Weiterentwicklungen im einzelnen aber angezeigt sind. Hauptgründe hierfür sind der technologische Fortschritt auf dem Gebiet der automatisierten Datenverarbeitung und in der Praxis aufgetretene Auslegungsfragen.

1.3 Eine Neufassung des Gesetzes sollte insbesondere im Hinblick auf das Urteil des Bundesverfassungsgerichts vom 15. Dezember 1983 zum Volkszählungsgesetz 1983 (BVerfGE 65, 1 ff.) erfolgen. In den ersten beiden Leitsätzen zu diesem Urteil stellt das Gericht fest:

<1. Unter den Bedingungen der modernen Datenverarbeitung wird der Schutz des einzelnen gegen unbegrenzte Erhebung, Speicherung, Verwendung und Weitergabe seiner persönlichen Daten von dem allgemeinen Persönlichkeitsrecht des Artikels 2 Abs. 1 in Verbindung mit Artikel 1 Abs. 1 des Grundgesetzes umfaßt. Das Grundrecht gewährleistet insoweit die Befugnis des einzelnen, grundsätzlich über die Preisgabe und Verwendung seiner persönlichen Daten zu bestimmen.

2. Einschränkungen dieses Rechts auf <informationelle Selbstbestimmung> sind nur im überwiegenden Allgemeininteresse zulässig. Sie bedürfen einer verfassungsgemäßen gesetzlichen Grundlage, die dem rechtsstaatlichen Gebot der Normenklarheit entsprechen muß. Bei seinen Regelungen hat der Gesetzgeber ferner den Grundsatz der Verhältnismäßigkeit zu beachten. Auch hat er organisatorische und verfahrensrechtliche Vorkehrungen zu treffen, welche der Gefahr einer Verletzung des Persönlichkeitsrechts entgegenwirken.>

Diese Grundsatzaussagen zum Einsatz moderner Informationstechnologien und zum Datenschutz erfordern in allen Bereichen, in denen personenbezogene Daten verarbeitet oder genutzt werden, Beachtung.

1.4 Eine Neufassung des Bundesdatenschutzgesetzes dient nicht zuletzt der Wahrung der Rechtseinheit auf dem Gebiet des Datenschutzes. Wie ein Vergleich mit den Datenschutzgesetzen der Länder zeigt, hat das Bundesdatenschutzgesetz eine gewisse Leitfunktion. Von der einheitlichen Gestaltung des Datenschutzrechts für die öffentliche Verwaltung sollte nicht nur im Interesse der öffentlichen Verwaltung, sondern auch in dem der Bürger möglichst nicht abgewichen werden.

1.5 Der Schwerpunkt der vorgesehenen Änderungen liegt bei den Vorschriften über die Verarbeitung oder Nutzung personenbezogener Daten im öffentlichen Bereich. Aber auch die entsprechenden Vorschriften für den nicht-öffentlichen Bereich sollen weiterentwickelt werden. Allerdings ist in dem Urteil das <Recht auf informationelle

Selbstbestimmung> hinsichtlich des privaten Bereiches nicht behandelt worden. Im Privatrechtsverkehr gelten die Grundrechte auch nicht unmittelbar. Die in den Grundrechten zum Ausdruck kommende Wertordnung wirkt jedoch auf alle Bereiche des Rechts ein und kann den Gesetzgeber verpflichten, das in Rede stehende Rechtsgut vor Eingriffen Dritter zu schützen (vgl. BVerfGE 39, 1, (41) ff.; 52, 131, (165 f., 168 f.)). Bei einer Kollision mit anderen Grundrechten (so auch bei einer Kollision des "Rechts auf informationelle Selbstbestimmung" mit der durch Artikel 2 Abs. 1 des Grundgesetzes ebenfalls gewährleisteten allgemeinen Handlungsfreiheit) ist im Sinne einer Konkordanz der verfassungsrechtlichen Wertvorstellungen ein Ausgleich zwischen den verschiedenen Grundrechtspositionen vorzunehmen (vgl. z.B. BVerfGE 52, 223, 242). Dementsprechend werden im Gesetzentwurf die Vorschriften für den nicht-öffentlichen Bereich fortentwickelt, soweit die schutz-würdigen Interessen des Betroffenen es als geboten erscheinen lassen und zugleich die allgemeine Handlungsfreiheit im privaten Bereich nicht unzumutbar eingeschränkt wird.

2. *Beibehaltung der Grundkonzeption des Bundesdatenschutzgesetzes, sein Verhältnis zu anderen Datenschutzregelungen*

   ....

3. *Neue Technologien*

   ....

4. *Wesentlicher Inhalt der Neufassung*

Durch Änderung bestehender und Einfügen neuer Vorschriften soll das Bundesdatenschutzgesetz im wesentlichen wie folgt weiterentwickelt werden:

a) Verstärkung der Zweckbindung bei der Verarbeitung und Nutzung personenbezogener Daten sowohl im öffentlichen als auch im nicht-öffentlichen Bereich, enumerative Festlegung der Ausnahmen,

b) Verstärkung der Rechte des Betroffenen sowohl im öffentlichen als auch im nicht-öffentlichen Bereich, insbesondere durch

- *erweiterte Auskunftsrechte,*
- *Unentgeltlichkeit der Auskunft,*
- *Löschungsrechte,*

- *Widerspruchsrecht bei Werbung,*
- *verschuldensunabhängigen Schadensersatzanspruch,*

c) Festlegung der Zulässigkeitsvoraussetzungen für automatisierte Abrufverfahren,

d) Ausweitung der Kontrollbefugnisse des Bundesbeauftragten für den Datenschutz,

e) Einführung eines Zeugnisverweigerungsrechts für den Bundesbeauftragten für den Datenschutz

f) Ausweitung der Befugnisse der Aufsichtsbehörden,

g) Regelungen für die Medien,

h) Regelung der Datenverarbeitung für Zwecke der wissenschaftlichen Forschung.

5. Rechts- und Verwaltungsvereinfachung
Die Bedeutung des Datenschutzes für den Bürger und andere betroffene Stellen macht es im besonderen Maße notwendig, darauf zu achten, daß die Regelungen soweit wie irgend möglich verständlich, einfach und praktikabel sind.

5.1 Das Gesetz ist in seiner derzeitigen Fassung – wie die Erfahrungen zeigen –wegen der Fülle der Verweisungen sehr schwer handhabbar. In dieses Gesetz die erforderlich gewordenen Ergänzungen nur einzufügen, würde diesen Zustand noch erheblich verschlimmern. Es ist daher im Interesse der Verständlichkeit geboten, durch eine Neufassung, die auch einen neuen Aufbau des Gesetzes umfaßt, die Zahl der Verweisungen zu reduzieren. Zum besseren Verständnis des Gesetzes tragen insbesondere bei:

- *die Einfügung neuer Begriffsbestimmungen (Öffentliche Stelle; Nicht-öffentliche Stelle; Sperren; Nutzen; Anonymisieren),*

- *die zusammenfassende Regelung der Auftragsdatenverarbeitung im Allgemeinen Teil,*

– *die zusammenfassenden Vorschriften für besondere Bereiche im Vierten Abschnitt und*
– *die Zusammenfassung der Vorschriften über Datenverarbeitung für eigene und fremde Zwecke im Dritten Abschnitt.*

Die bisher im Dritten und Vierten Abschnitt enthaltenen Regelungen weisen eine Reihe von Gemeinsamkeiten auf, denen durch Verweisungen Rechnung getragen wurde. Die im jetzigen Dritten Abschnitt für nicht-öffentliche Stellen enthaltenen Regelungen gehen von diesen Gemeinsamkeiten aus und stellen die Besonderheiten, denen die Datenverarbeitung für fremde Zwecke unterworfen ist, an den entsprechenden Stellen, z.B. bei der Auskunftsregelung, heraus. Verweisungsketten treten dabei nicht mehr auf.

5.2 *Soweit nicht der Gesetzgeber selbst eine Abwägung zwischen dem Recht auf informationelle Selbstbestimmung und dem Allgemeininteresse vorgenommen hat, wie z.B. in § 12 Abs. 3, enthält das Gesetz Abwägungsklauseln, die die abzuwägenden Rechtsgüter eindeutig beschreiben (z.B. § 17 Abs. 2 Nr. 2; § 26 Abs. 1 Nr. 2).*
....

6. *Kosten*
.......»

Der Zielkonflikt, der abschließend zu diesem Kapitel in Abschnitt 8.4 aufgezeigt wird, ist in der vorstehenden Begründung nicht zu erkennen. Ob ihn der Gesetzgeber auflösen kann oder wird, ist nicht vorherzusagen. Diskussionswürdig sind darüber hinaus Ausnahmen auch für andere Bereiche, wie sie bisher schon z.B. im § 1 (3) für die publizistischen Aufgaben enthalten sind oder für wissenschaftliche Zwecke erwogen werden, soweit sie sich - zunehmend - modernerer Technik bedienen. Bei der gültigen Fassung hat der Gesetzgeber dem Grundrecht der Pressefreiheit Rechnung getragen. Die Vorrangigkeit eines Grundrechts könnte auch für andere Aufgaben gelten: Die Arbeit der Kirchen, der Parteien, der Abgeordneten selbst zur Ausübung ihres Mandats.

8.2 Das Bundesdatenschutzgesetz (BDSG)

8.2.1 Das Verhältnis des BDSG zu anderen Rechtsvorschriften

Bild 8.1 Einige der vielen Rechtsvorschriften, die die Verarbeitung personenbezogener Daten erlauben

> § 3 – Zulässigkeit der Datenverarbeitung
>
> Die Verarbeitung personenbezogener Daten, die von diesem Gesetz geschützt wird, ist in jeder ihrer in § 1 Abs. 1 genannten Phasen nur zulässig, wenn
>
> 1. dieses Gesetz oder eine andere Rechtsvorschrift sie erlaubt oder
>
> 2. ...

Nach § 3 Ziff. 1 BDSG ist das Gesetz subsidiär anzuwenden. Die Aussagen: «*Alles, was nicht verboten ist, ist erlaubt*», oder «*Alles was nicht erlaubt ist, ist verboten*», kann man philosophisch unter dem Aspekt verschiedener Mentalitäten der Völker kontrovers diskutieren. Für die Auslegung des § 3 BDSG möge die Abgrenzung der logischen Menge gelten. Die Verarbeitung personenbezogener Daten ist damit nur zulässig, wenn sie nach dem BDSG oder einer anderen Rechtsvorschrift erlaubt ist.

In den vielen oben dargestellten Rechtsvorschriften ist eine Erlaubnis zur Verarbeitung personenbezogener Daten enthalten. Nur aufgrund einer Rechtsvorschrift dürfen personenbezogene Daten gespeichert werden, sonst nicht. Bei der Prüfung sind also die jeweiligen Spezialgesetze hinzuzuziehen.

8.2.2 Internationales und nationales Datenschutzrecht

Das Europäische Datenschutzrecht:

Europarat – Übereinkommen zum Schutz des Menschen bei der automatischen Verarbeitung personenbezogener Daten

Straßburg, 28. Januar 1981

Präambel

Die Mitgliedstaaten des Europarats, die dieses Übereinkommen unterzeichnen –

> *in der Erwägung, daß es das Ziel des Europarats ist, eine engere Verbindung zwischen seinen Mitgliedern herbeizuführen, die vor allem auf der Achtung des Vorranges des Rechts sowie der Menschenrechte und Grundfreiheiten beruht,*
>
> *in der Erwägung, daß es angesichts des zunehmenden grenzüberschreitenden Verkehrs automatisch verarbeiteter personenbezogener Daten wünschenswert ist, den Schutz der Rechte und Grundfreiheiten jedes Menschen, vor allem das Recht auf Achtung des Persönlichkeitsbereichs, zu erweitern,*
>
> *unter gleichzeitiger Bekräftigung, für eine Informationsfreiheit ohne Rücksicht auf Staatsgrenzen einzutreten,*
> *in Anerkennung der Notwendigkeit, die grundlegenden Werte der Achtung des Persönlichkeitsbereichs und des freien Informationsaustausches zwischen den Völkern in Einklang zu bringen –*

sind wie folgt übereingekommen:

Kapitel I Allgemeine Bestimmungen

Artikel 1 Gegenstand und Zweck

Zweck dieses Übereinkommens ist es, im Hoheitsgebiet jeder Vertragspartei für jedermann ungeachtet seiner Staatsangehörigkeit oder seines Wohnorts sicherzustellen, daß seine Rechte und Grundfreiheiten, insbesondere sein Recht auf einen Persönlichkeitsbereich, bei der automatischen Verarbeitung personenbezogener Daten geschützt werden («Datenschutz»)

...

Präambel und Artikel 1 machen die Einordnung und Abgrenzung gegenüber dem nationalen Recht deutlich.

Die Abgrenzung unseres nationalen Rechts in den Geltungsbereich des Bundesrechts und des jeweiligen Landesrechts zeigt nachfolgende Matrix:

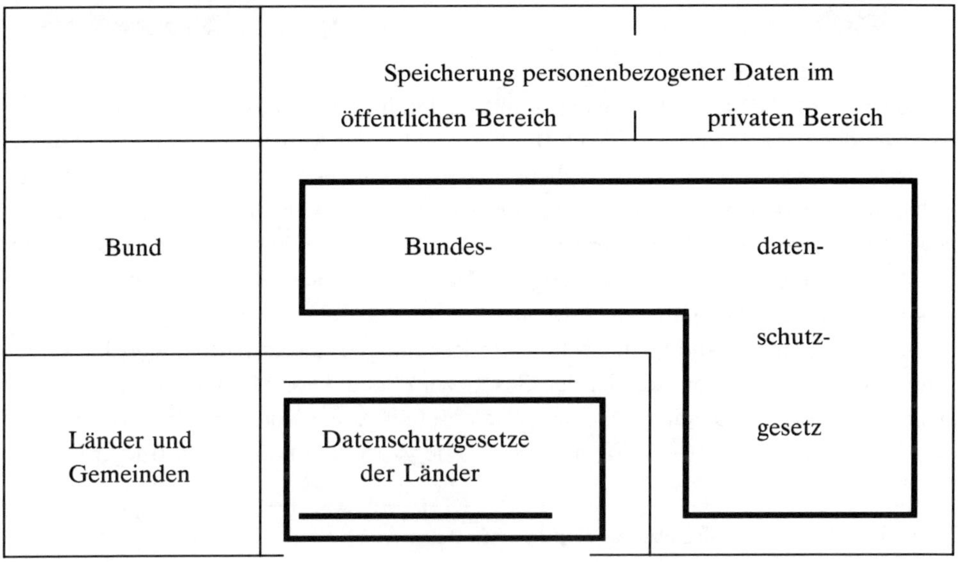

Nur für die Verarbeitung personenbezogener Daten im öffentlichen Bereich ist die Differenzierung nach Bundes- und Landesrecht notwendig. Das jeweilige Landesrecht gilt nur für die Behörden, Einrichtungen und sonstigen öffentlichen Stellen des jeweiligen Landes und die Gemeinden.

Als hinreichendes Unterscheidungsmerkmal für diese Überlegungen mögen die jeweiligen Landes- bzw. Gemeindewappen neben der Eingangstür dienen.

Bild 8.2
Am Postamt
Sankt Augustin 3
der Bundesadler

Bild 8.3
Das Finanzamt
Sankt Augustin
mit dem Landeswappen
von Nordrhein-Westfalen

Bundesbehörden dagegen führen den Bundesadler, hier ist das Bundesdatenschutzgesetz anzuwenden. Der Hinweis, daß auch Bundesrecht bei der Auftragsverwaltung in Landesbehörden gelten kann, die Aufsichtsbehörden eines Landes auch Bundesrecht ausführen, soll nur dazu dienen, daß die Zuständigkeitsabgrenzung nicht ganz einfach aus den jeweiligen Gesetzen und Querverweisen in den Abschnitten herauszulesen ist.

Für die Speicherung personenbezogener Daten im privaten Bereich ist ausschließlich das Bundesdatenschutzgesetz anzuwenden.

Stellvertretend für die landesrechtlichen Regelungen, die in Aufbau und Inhalt dem Bundesrecht entsprechen, sei hier das Gesetz zum Schutz vor Mißbrauch personenbezogener Daten bei der Datenverarbeitung (Datenschutzgesetz Nordrhein-Westfalen – DSG NW –) vom 19. Dezember 1978 genannt und der § 15 zitiert, der jeden Bürger betrifft:

§ 15 – Veröffentlichung über die gespeicherten Daten

(1) Die Behörden, Einrichtungen und sonstigen öffentlichen Stellen des Landes, die Gemeinden und Gemeindeverbände sowie die sonstigen der Aufsicht des Landes unterstehenden juristischen Personen des öffentlichen Rechts und deren Vereinigungen geben

1. die Art der von ihnen oder in ihrem Auftrag gespeicherten personenbezogenen Daten,
2. die Aufgaben, zu deren Erfüllung die Kenntnis dieser Daten erforderlich ist,
3. den betroffenen Personenkreis,
4. die Stellen, an die sie personenbezogene Daten regelmäßig übermitteln sowie
5. die Art der zu übermittelnden Daten

unverzüglich nach der ersten Einspeicherung in dem für ihren Bereich bestehenden Veröffentlichungsblatt für amtliche Bekanntmachungen bekannt. Auf Antrag sind dem Betroffenen die bisherigen Bekanntmachungen zugänglich zu machen

(2) ...

Die Stadtverwaltung Sankt Augustin hat am 11. 12. 1979 folgende Bekanntmachung in den Anzeigen für den Rhein-Sieg-Kreis veröffentlicht:

Anzeigen für den Rhein-Sieg-Kreis — **Freitag, 28. Dezember 1979**

Bekanntmachung der Stadt Sankt Augustin über gespeicherte personenbezogene Daten (Nr. 1)

Gemäß § 15 Abs. 1 des Datenschutzgesetzes NRW vom 19. 12. 1978 (GV NW S. 640) in Verbindung mit den Vorschriften der Datenschutzveröffentlichungsverordnung NW vom 6. 11 1979 (GV NW S. 726) werden nachstehend die am 1. 12. 1979 bei der Stadt Sankt Augustin bestehenden Dateien mit personenbezogenen Daten bekanntgegeben.

Sankt Augustin, den 11. 12. 1979
Stadt Sankt Augustin
Der Stadtdirektor

Dr. Quasten

sankt augustin

Speichernde Stelle, Stand	Bezeichnung der Datei	Betroffener Personenkreis	Arten der gespeicherten personenbezogenen Daten	Aufgaben, zu deren Erfüllung die Kenntnis dieser Daten erforderlich ist	Stellen, an die personenbezogene Daten regelmäßig übermittelt werden	Arten der zu übermittelnden Daten (vgl. Spalte 4)
1	2	3	4	5	6	7
Personalabtl.	Personalstammdaten	Beamte, Angestellte, Arbeiter, Ratsmitglieder, sachk. Bürger	1. Name 2. Adreßangaben 3. Geb.-Datum 4. Rechnungsdaten 5. Art und Höhe der Zahlung 6. Bankverbindung	Berechnung und Abrechnung der Bezüge gem. den besoldungs-tarifrechtlichen Bestimmungen; Berechnung der Aufwandsentschädigung und des Sitzungsgeldes	Finanzamt gesetzl. Krankenkassen Bankinstitute Versicherungen Bausparkassen	1, 2, 5 1, 2, 5 1, 2, 5, 6 1, 2, 5 1, 2, 5
Stadtkasse	Personenkontendatei	Abgabepflichtige und deren Bevollmächtigte	1. Name 2. Adreßangaben 6. Bankverbindung 7. Abgabenart und Höhe der Zahlungen	Überwachung der Zahlungspflicht	—	—
Stadtkasse	Finanzadreßdatei	Zahlungspflichtige und deren Bevollmächtigte	1. Name 2. Adreßangaben	Adressierung von Bescheiden, Pfändungsaufträgen, Lastschriften	—	—
Steuerabtl.	Grundbesitzabgaben mit Entwässerung und Hundesteuer	Grundstückseigentümer und ihnen gleichgestellte Personen	1. Name 2. Adreßangaben 8. Veranlagungsdaten	Veranlagung zu Grundbesitzabgaben gem. Grundsteuergesetz, den Satzungen über Be- und Entwässerung, Straßenreinigung sowie Hundesteuer	—	—
Ordnungsamt	Gewerbedatei	Gewerbetreibende	1. Name 2. Adreßangaben 3. Geb.-Daten 9. Betriebsdaten	Erfassung und Überwachung der Gewerbebetriebe	Finanzamt Industrie- und Handelskammer Handwerkskammer Landesverband der gewerbl. Berufsgenossenschaften Landesarbeitsamt Landesamt für Datenverarbeitung und Statistik staatl. Gewerbeaufsichtsamt Polizeistation Sankt Augustin Eichamt	1, 2, 9 1, 2, 9 1, 2, 9 1, 2, 9 1, 2, 9 1, 2, 9 1, 2, 9 1, 2, 9 1, 2, 9

Einwohnermeldeabtl.	Einwohnerdatei	alle Einwohner der Stadt	1. Name 2. Adreßangaben 3. Geb.-Daten 10. Familien-, Religions- u. Berufsangaben 11. Sperrvermerke 12. Personal- und Paßangaben 13. Lohnsteuerangaben 14. Wahlangaben 15. Personenstandsrechtl. Angaben	melderechtliche, steuerrechtliche und wahlrechtliche Aufgaben	Finanzamt Polizei öffentl.-rechtl. Religionskörperschaften Kreiswehrersatzamt Bundesversicherungsanstalt	1, 2, 3 1, 2, 3, 10–15 1, 2, 3, 10, 15 1, 2, 3, 15 1, 2, 3, 19
Einwohnermeldeabtl.	Paß- und Personalausweiskartei	Paß- und Personalausweisinhaber	1. Name 2. Adreßangaben 3. Geb.-Daten 11. Sparrvermerke 16. Angaben zur Person	Ausstellung von Reisepässen und Personalausweisen	Polizei	1, 2, 3, 11, 16
Einwohnermeldeabtl.	Ausländerdatei	Ausländer	1. Name 2. Adreßangaben 3. Geb.-Daten 17. Angaben zum Aufenthaltsort 25. Staatsangehörigkeit	Überwachung der öffentl. Sicherheit und Ordnung	Staatsanwaltschaft Gerichte	1, 2, 3, 17 1, 2, 3, 17
Standesamt	Testamentskartei	Personen die ein Testament oder einen Erbvertrag hinterlegt haben	1. Name 2. Adreßangaben 3. Geb.-Daten 18. persönl. Grunddaten des Erben 19. Geschäftszeichen des Amtsgerichtes oder des Notars	Testamentseröffnung Überwachung der Erbschaft bei Kindern	Amtsgerichte Notare	1, 2, 3, 19 1, 2, 3, 18
Sozialamt	Berechnung und Zahlbarmachung von Sozialhilfe	Hilfsbedürftige nach dem BSHG	1. Name 2. Adreßangaben 3. Geb.-Datum 20. Berechnungsdaten 21. Art und Höhe der Leistung und Bankverbindung	Berechnung und Zahlbarmachung von Sozialhilfe	Bankinstitute	1, 2, 21
Bauaufsichtsabteilung	Datei über Bauantrag-Steuer	Bauwillige	1. Name 2. Adreßangaben 22. baurechtl. Angaben	Kontrolle über Bauvorhaben	RWE Rhenag Bauberufsgenossenschaft	1, 2, 22 1, 2, 22 1, 2, 22
Bauaufsichtsabteilung	Öllagerungsdatei	Eigentümer von Öllagertanks	1. Name 2. Adreßangaben 23. spez. Daten über die Lagerung von Öl	Überwachung der Öllagertanks	anerkannte Sachverständige	1, 2, 23
Planungs- und Vermessungsabtl.	Liegenschaftskataster	Grundstückseigentümer	1. Name 2. Adreßangaben 3. Geb.-Daten 24. Grundstücksbeschreibung und -größe	Bauleitplanung, Bauausführung und Katasterführung	–	–

8.2.3 Gliederung des BDSG

Das Bundesdatenschutzgesetz wurde am 27. 1.77 verkündet und trat Anfang 1978 mit seinen wesentlichen Teilen in Kraft.

Das Gesetz ist in sechs Abschnitte gegliedert.

Erster Abschnitt – Allgemeine Vorschriften

Zweiter Abschnitt	**Dritter Abschnitt**	**Vierter Abschnitt**
Datenverarbeitung der Behörden und sonstigen öffentlichen Stellen	Datenverarbeitung nicht-öffentlicher Stellen eigene Zwecke	Geschäftsmäßige Datenverarbeitung nicht-öffentlicher Stellen für fremde Zwecke

In den Abschnitten 2, 3 und 4 sind die unterschiedlichen Anwendungsbereiche des Bundesdatenschutzgesetzes geregelt. Zum besseren Verständnis werden diese 3 Abschnitte parallel unter den Gesichtspunkten

Eingrenzung des Anwendungsbereichs
Zulässigkeit der Verarbeitung
Rechte des Betroffenen
Pflichten der datenverarbeitenden Stelle und
Überwachung des BDSG

behandelt. Daraus ergibt sich folgende Matrix:

	Abschnitte des BDSG		
	2	**3**	**4**
	Behörden oder sonst. öffentliche Stellen	nicht öffentliche Stellen	
		für eigene Zwecke	für fremde Zwecke
	§§	§§	§§
Eingrenzung des Anwendungsbereichs	7,8	22	31,37
Zulässigkeit der Verarbeitung	9, 10, 11	23, 24, 25	32, 33, 36
Rechte des Betroffenen	13, 14	26, 27	34, 35
Pflichten der datenverarbeitenden Stelle	12, 15,.17, 18, 19	26(1), 28, 29	34(1), 38, 39
Überwachung des BDSG	20, 21	30	40

Fünfter Abschnitt – Straf- und Bußgeldvorschriften

Sechster Abschnitt – Übergangs- und Schlußvorschriften

8.2.4 Abschnitt 1 des BDSG

Allgemeine Vorschriften

§ 1 – Aufgabe und Gegenstand des Datenschutzes

(1) Aufgabe des Datenschutzes ist es, durch den Schutz personenbezogener Daten vor Mißbrauch bei ihrer Speicherung, Übermittlung, Veränderung und Löschung (Datenverarbeitung) der Beeinträchtigung schutzwürdiger Belange der Betroffenen entgegenzuwirken.

(2) Dieses Gesetz schützt personenbezogene Daten, die

1. von Behörden oder sonstigen öffentlichen Stellen (§ 7),
2. von natürlichen oder juristischen Personen, Gesellschaften oder anderen Personenvereinigungen des privaten Rechts für eigene Zwecke (§ 22),
3. von natürlichen oder juristischen Personen, Gesellschaften oder anderen Personenvereinigungen des privaten Rechts geschäftsmäßig für fremde Zwecke (§ 31)

in Dateien gespeichert, verändert, gelöscht oder aus Dateien übermittelt werden. Für personenbezogene Daten, die nicht zur Übermittlung an Dritte bestimmt sind und in nicht automatisierten Verfahren verarbeitet werden, gilt von den Vorschriften dieses Gesetzes nur § 6.

(3) Dieses Gesetz schützt personenbezogene Daten nicht, die durch Unternehmen oder Hilfsunternehmen der Presse, des Rundfunks oder des Films ausschließlich zu eigenen publizistischen Zwecken verarbeitet werden; § 6 Abs. 1 bleibt unberührt.

Wann ist das BDSG anzuwenden?

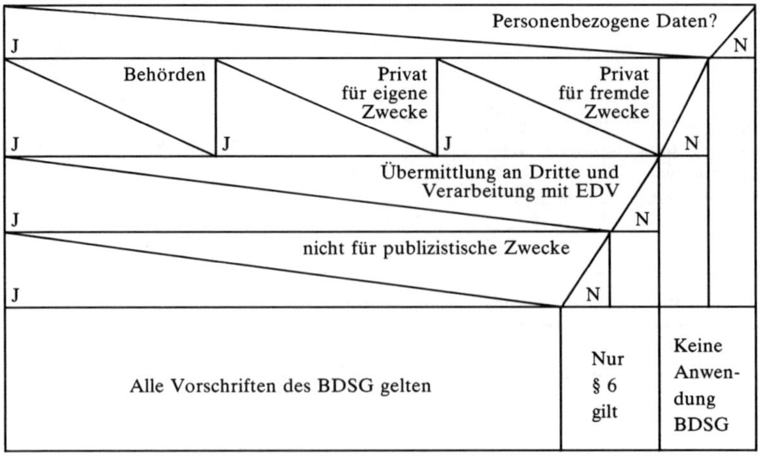

§ 2 – Begriffsbestimmungen

(1) Im Sinne dieses Gesetzes sind personenbezogene Daten Einzelangaben über persönliche oder sachliche Verhältnisse einer bestimmten oder bestimmbaren natürlichen Person (**Betroffener**).

(2) Im Sinne dieses Gesetzes ist

1. Speichern (**Speicherung**) das Erfassen, Aufnehmen oder Aufbewahren von Daten auf einem Datenträger zum Zwecke ihrer weiteren Verwendung,

2. Übermitteln (**Übermittlung**) das Bekanntgeben gespeicherter oder durch Datenverarbeitung unmittelbar gewonnener Daten an Dritte in der Weise, daß die Daten durch die speichernde Stelle weitergegeben oder zur Einsichtnahme, namentlich zum Abruf bereitgehalten werden,

3. Verändern (**Veränderung**) das inhaltliche Umgestalten gespeicherter Daten,

4. Löschen (**Löschung**) das Unkenntlichmachen gespeicherter Daten, ungeachtet der dabei angewendeten Verfahren.

(3) Im Sinne dieses Gesetzes ist

1. **speichernde Stelle** jede, der im § 1 Abs. 2 Satz 1 genannten Personen oder Stellen, die Daten für sich selbst speichert oder durch andere speichern läßt,

2. **Dritter** jede Person oder Stelle außerhalb der speichernden Stelle, ausgenommen der Betroffene oder diejenigen Personen oder Stellen, die in den Fällen der Nummer 1 im Geltungsbereich dieses Gesetzes im Auftrag tätig werden,

3. Eine **Datei** eine gleichartig aufgebaute Sammlung von Daten, die nach bestimmten Merkmalen erfaßt und geordnet, nach anderen bestimmten Merkmalen umgeordnet und ausgewertet werden kann, ungeachtet der dabei angewendeten Verfahren; nicht hierzu gehören Akten und Aktensammlungen, es sei denn, daß sie durch automatisierte Verfahren umgeordnet und ausgewertet werden können.

§ 3 – Zulässigkeit der Datenverarbeitung

Die Verarbeitung personenbezogener Daten, die von diesem Gesetz geschützt wird, ist in jeder ihrer in § 1 Abs. 1 genannten Phasen nur zulässig, wenn

1. dieses Gesetz oder eine andere Rechtsvorschrift sie erlaubt oder

2. der Betroffene eingewilligt hat.

Die Einwilligung bedarf der Schriftform, soweit nicht wegen besonderer Umstände eine andere Form angemessen ist; wird die Einwilligung zusammen mit anderen Erklärungen schriftlich erteilt, ist der Betroffene hierauf schriftlich besonders hinzuweisen.

§ 4 – Rechte des Betroffenen

Jeder hat nach Maßgabe dieses Gesetzes ein Recht auf

1. Auskunft über die zu seiner Person gespeicherten Daten,
2. Berichtigung der zu seiner Person gespeicherten Daten, wenn sie unrichtig sind,
3. Sperrung der zu seiner Person gespeicherten Daten, wenn sich weder deren Richtigkeit noch deren Unrichtigkeit feststellen läßt oder nach Wegfall der ursprünglich erfüllten Voraussetzungen für die Speicherung,
4. Löschung der zu seiner Person gespeicherten Daten, wenn ihre Speicherung unzulässig war oder – wahlweise neben dem Recht auf Sperrung – nach Wegfall der ursprünglich erfüllten Voraussetzungen für die Speicherung.

§ 5 – Datengeheimnis

(1) Den im Rahmen des § 1 Abs. 2 oder im Auftrag der dort genannten Personen oder Stellen bei der Datenverarbeitung beschäftigten ist untersagt, geschützte personenbezogene Daten unbefugt zu einem anderen als dem zur jeweiligen rechtmäßigen Aufgabenerfüllung gehörenden Zweck zu verarbeiten, bekanntzugeben, zugänglich zu machen oder sonst zu nutzen.

(2) Diese Personen sind bei der Aufnahme ihrer Tätigkeit nach Maßgabe von Absatz 1 zu verpflichten. Ihre Pflichten bestehen auch nach Beendigung ihrer Tätigkeit fort.

Muster einer Verpflichtung

____________________ ______________,den ______________

(beschäftigende Person oder Stelle Firma/Dienststelle) (Ort) (Datum)

Niederschrift über die Verpflichtung auf das Datengeheimnis

Vor dem Unterzeichner erscheint heute zum Zwecke der Verpflichtung nach § 5 Abs. 2 des Bundesdatenschutzgesetzes (BDSG) vom 27. Jan. 1977 (Bundesgesetzblatt I S. 201 ff) in der jeweils geltenden Fassung

Frau/Herr ____________________ geboren ____________________

(ggf. Anschrift, Geburtsdatum)

Die/Der Erschienene wird verpflichtet, das Datengeheimnis nach § 5 BDSG - auch nach Beendigung ihrer/seiner Tätigkeit - zu wahren. Nach § 5 ist den bei der Datenverarbeitung beschäftigten Personen untersagt, geschützte personenbezogene Daten unbefugt zu einem anderen als dem zur jeweiligen rechtmäßigen Aufgabenerfüllung gehörenden Zweck zu verarbeiten (d.h. zu speichern, zu übermitteln, zu verändern oder zu löschen), bekanntzugeben, zugänglich zu machen oder sonst zu nutzen. Die/Der Erschienene wird über den Inhalt und die Bedeutung des Datengeheimnisses unterrichtet und auf die strafrechtlichen, disziplinarischen und sonstigen Folgen eines Verstoßes hingewiesen. Die Niederschrift wird dem Verpflichteten vorgelesen, von ihr/ihm genehmigt und unterschrieben. Die/Der Verpflichtete bestätigt den Empfang einer Abschrift der Niederschrift.

(Unterschrift des Verpflichteten) (Unterschrift des Verpflichtenden)

§ 6 – Technische und organisatorische Maßnahmen

(1) Wer im Rahmen des § 1 Abs. 2 oder im Auftrag der dort genannten Personen oder Stellen personenbezogene Daten verarbeitet, hat die technischen und organisatorischen Maßnahmen zu treffen, die erforderlich sind, um die Ausführung der Vorschriften dieses Gesetzes, insbesondere die in der Anlage zu diesem Gesetz genannten Anforderungen zu gewährleisten. Erforderlich sind Maßnahmen nur, wenn ihr Aufwand in einem angemessenen Verhältnis zu dem angestrebten Schutzzweck steht.

(2) Die Bundesregierung wird ermächtigt, durch Rechtsverordnung mit Zustimmung des Bundesrates die in der Anlage genannten Anforderungen nach dem jeweiligen Stand der Technik und Organisation fortzuschreiben. Stand der Technik und Organisation im Sinne dieses Gesetzes ist der Entwicklungsstand fortschrittlicher Verfahren, Einrichtungen oder Betriebsweisen, der die praktische Eignung einer Maßnahme zur Gewährleistung der Durchführung dieses Gesetzes gesichert erscheinen läßt. Bei der Bestimmung des Standes der Technik und Organisation sind insbesondere vergleichbare Verfahren, Einrichtungen und Betriebsweisen heranzuziehen, die mit Erfolg im Betrieb erprobt worden sind.

Anlage zu § 6 Abs. 1 Satz 1

Werden personenbezogene Daten automatisch verarbeitet, sind zur Ausführung der Vorschriften dieses Gesetzes Maßnahmen zu treffen, die je nach der Art der zu schützenden personenbezogenen Daten geeignet sind,

1. Unbefugten den Zugang zu Datenverarbeitungsanlagen, mit denen personenbezogene Daten verarbeitet werden, zu verwehren (**Zugangskontrolle**),

Es ist eine präventive Maßnahme, um das Mißbrauchsrisiko durch die räumliche Nähe zur Datenverarbeitungsanlage einzuschränken. Einen solchen Closed-chop-Betrieb kann man natürlich nur dann gewährleisten, wenn alle Komponenten, die zu einer Datenverarbeitungsanlage gehören, in diesen Sicherheitsraum einbezogen sind. Bei ausschließlich zentraler Hardware ist das unproblematisch. Wenn aber in einer modernen Installation Datenfernübertragung aus dem Rechnerraum hinaus evtl. sogar über Postleitungen genutzt wird, ist die Zugangskontrolle zu allen Teilen der Datenverarbeitungsanlage und der Übertragungswege erheblich aufwendiger zu realisieren.

Mögliche Maßnahmen:

bauliche Maßnahmen
Closed-shop-Betrieb
Festlegen der Zugangs-Berechtigungen
Kontrolle und regelmäßiges Überprüfen der Berechtigungen
Anwesenheitsnachweise/Besucherlisten
Alarmanlage
Überwachungskamera
Funktionstrennungen

2. Personen, die bei der Verarbeitung personenbezogener Daten tätig sind, daran zu hindern, daß sie Datenträger unbefugt entfernen (**Abgangskontrolle**),

Dies ist ebenfalls eine vorbeugende Maßnahme, damit Daten durch Unbefugte nicht entfernt werden können. Bei den immer kompakteren Datenträgern ist eine physische Kontrolle kaum noch möglich, auf keinen Fall mehr von Wachpersonal zu leisten. Die personelle Sicherheit durch Überprüfungen bekommt auch hierbei einen immer höheren Stellenwert.

Mögliche Maßnahmen:

Sicherheitsüberprüfung der Mitarbeiter
Regelung der Befugnisse und Kontrolle
Funktionstrennungen
Automatische Archive
Detektoren
Sicherheitsschränke
Bestandskontrollen
Kennzeichnung von Datenträgern
Protokollierungen von Aktivitäten, auch bei Vernichtung
Begleitpapiere

3. die unbefugte Eingabe in den Speicher sowie die unbefugte Kenntnisnahme, Veränderung oder Löschung gespeicherter personenbezogener Daten zu verhindern (**Speicherkontrolle**),

Hierbei wird der Umgang mit personenbezogenen Daten kontrolliert, d.h. die Eingabeveränderung, Kenntnisnahme oder Löschung auch innerhalb der speichernden Stelle. Unabhängig, ob die Daten im zentralen Rechner oder auf externen Datenträgern stehen, das Medium ist gegen Einwirkungen zu schützen.

Mögliche Maßnahmen:

Kennwortschutz
Benutzerprofiltabellen
Regelmäßige Überprüfung der Berechtigungen
Datenchiffrierung
mechanische Sicherungen der Datenstationen
Protokollierung der Zugriffe auf Daten und auf Programme.
Plausibilitätsprüfungen
Richtlinien für die Dateiorganisation

4. die Benutzung von Datenverarbeitungssystemen, aus denen oder in die personenbezogene Daten durch selbsttätige Einrichtungen übermittelt werden, durch unbefugte Personen zu verhindern (**Benutzerkontrolle**),

Die Regelung bezieht sich auf den Übermittlungsvorgang bei der Datenfernverarbeitung. Zu schützen sind die Hardware, die Software und die Daten. Auch hier sind die Befugnisse der Benutzer festzulegen, zu überwachen. Die Datenstationen sind nur denjenigen Personen zugänglich zu machen, die die entsprechenden Befugnisse haben. In kritischen Fällen müssen die Daten chiffriert werden. Auch während des Zugriffs durch einen authorisierten Benutzer sind Kontrollen nötig.

Mögliche Maßnahmen:

Organisation und Kontrolle der Benutzungsbefugnisse
Identifikation und Protokollierung der Nutzung (z.B. Ausweisleser, Paßwort, Erkennungsdialoge)
Protokollierung von versuchtem Mißbrauch
Verschließen der Datenendeinrichtung
Leitungssicherung
Verschlüsselung der Daten
Programmüberwachung
Personalauswahl, Überprüfung und Verpflichtung
automatisches Logoff bei Inaktivität

5. zu gewährleisten, daß die zur Benutzung eines Datenverarbeitungssystems Berechtigten durch selbsttätige Einrichtungen ausschließlich auf die ihrer Zugriffsberechtigung unterliegenden personenbezogenen Daten zugreifen können (**Zugriffskontrolle**),

Externe und interne Benutzer eines DV-Systems müssen kontrolliert werden, auch hier ist die Zugriffsberechtigung zu organisieren und zu kontrollieren. Ein besonderer Schwerpunkt ist darauf zu legen, daß ein abgestuftes Nutzungskonzept abhängig von der Aufgabe dem zugelassenen Nutzer auch seine und nur seine Funktionen ermöglicht. Vorsicht ist bei kumulativen Zugriffen - auch zu nicht sensiblen Daten - geboten. Der erlaubte Zugriff auf die nicht punktebelasteten Führerscheininhaber ließe den Schluß zu, daß die der Restmenge angehörenden Autofahrer belastet sind.

Mögliche Maßnahmen:

Zugriffsprofile für Dateien und Programme
Verschlüsselung der Daten
Funktionstrennung von Zugriffen zu Programmen, Daten und Betriebssystem
Schutz im Betriebssystem durch Speicherschutz, Accounting und Protokollierung
Schutz in Anwendungsprogrammen durch Prüfroutinen

6. zu gewährleisten, daß überprüft und festgestellt werden kann, an welchen Stellen personenbezogene Daten durch selbsttätige Einrichtungen übermittelt werden können (**Übermittlungskontrolle**),

Die Übermittlungsmöglichkeiten sind zu prüfen. Es muß feststellbar sein, an welche Stelle geschützte Daten - auch durch externe Nutzer veranlaßt - übermittelt werden. Der innerbetriebliche Datenfluß ist hier nicht angesprochen.

Mögliche Maßnahmen:

Programmiervorgaben und Programmdokumentation
Protokollierung der Aktivitäten
Funktionstrennung
Archivieren der Programmversionen
Revision von Archiven und Programmen
Verschließen der Übertragungswege

7. zu gewährleisten, daß nachträglich überprüft und festgestellt werden kann, welche personenbezogenen Daten zu welcher Zeit von wem in Datenverarbeitungssysteme eingegeben worden sind (**Eingabekontrolle**),

Es muß protokolliert werden, wer wann was eingegeben hat. Dabei sind die eingebenden Stellen wie auch die Eingabewege gleichermaßen zu kontrollieren. Die Kontrolle muß nicht ständig durchgeführt werden, es genügen Protokolle, die dem Überprüfenden auf Verlangen innerhalb vertretbarer Zeit zugänglich gemacht werden können.

Mögliche Maßnahmen:

Zwangsprotokollierung der Quellen und Wege
Archivierung der Daten und Programme
Protokollierung/Überprüfung der Protokolle
Sichern der Urbelege mit Bearbeitungsvermerken
Revision der Programme und Dokumentation
Funktionstrennung

8. zu gewährleisten, daß personenbezogene Daten, die im Auftrag verarbeitet werden, nur entsprechend den Weisungen des Auftraggebers verarbeitet werden können (**Auftragskontrolle**),

Hiermit soll insbesondere die Fremdsteuerung von Befugten verhindert werden; z.B. der arglose Wartungstechniker, der von seiner «Zentrale» den Auftrag bekommt, ein bestimmtes Modul einzuspielen, das sich dann als sogenannter Virus entpuppen könnte.

Mögliche Maßnahmen:

Formalisierung der Auftragserteilung
Identifizierung der Auftraggeber
Überprüfung der Auftraggeber
Kontrolle der Aufträge und der Auftragserfüllung
Funktionstrennung von Auftragsannahme und -ausführung
Verschluß von Programmen und Daten
Closed-shop-Betrieb mit Arbeitsvorbereitung
Revision

9. zu gewährleisten, daß bei der Übermittlung personenbezogener Daten sowie beim Transport entsprechender Datenträger diese nicht unbefugt gelesen, verändert oder gelöscht werden können (**Transportkontrolle**),

Hier sind die Risiken wie Abhören, Anzapfen, Verfälschen, Einfügen, Löschen, Lesen, Kopieren usw. angesprochen, gegen die vorbeugende Maßnahmen wirken. Nicht nur der Transport durch die betriebseigenen Übertragungswege, sondern auch der Postversand (Magnetband mit Gehaltsdaten zur Krankenkasse) und die Datenfernübertragung (Einsatzplanung an die Filiale) ist lückenlos zu regeln und zu sichern.

Mögliche Maßnahmen:

Auswahl des Personals und Personalüberwachung
Funktionstrennung und Überwachung
Verschluß der Transportbehälter und Wege
Protokollierung, Begleitpapiere
Ausweiskontrollen
Chiffrierung
Kopierschutz
Kennsatzprüfungen
Trennung von Programmen und Daten

10. die innerbehördliche oder innerbetriebliche Organisation so zu gestalten, daß sie den besonderen Anforderungen des Datenschutzes gerecht wird (**Organisationskontrolle**).

Es müssen die speziellen betrieblichen Erfordernisse in einer Risiko- und Schwachstellenanalyse ermittelt und den Bedürfnissen entsprechend geregelt werden. Die Möglichkeiten liegen in erster Linie in der betrieblichen Organisation durch die Abgrenzung von Zuständigkeiten und Verantwortungen. Kritische Funktionen müssen getrennt werden, z.B. Zugriff auf Gehaltsprogramme nur durch die Organisation und Programmierung, Zugriff auf Gehaltsdaten nur durch die Lohnbuchhaltung und Autorisierung der Zugriffe durch die Systemtechnik.

Durch die fortschreitende Differenzierung der Datenverarbeitung und immer weitere Dezentralisierung in die Fachabteilungen hinein kommt der Organisationskontrolle eine immer stärkere Bedeutung zu. Von der Eigenart und den Aufgaben des jeweiligen Betriebes müssen die einzelnen Maßnahmen geprägt sein.

Mögliche Maßnahmen:

Dokumentieren von Aufbau- und Ablaufstruktur
Berechtigungsstrukturen «Gewaltentrennung»
Stellenbeschreibungen
Prozeduren zur Entwicklung, Freigabe und Einsatz von Programmen
Programmier- und Dokumentationsrichtlinien
Verwendung von Testdaten, Verbot des Tests mit Originaldaten
Schulungen, Sicherheitsbelehrungen
Personalkontrollen
4- oder 6-Augen-Prinzip
Protokollierung
bauliche Maßnahmen
Katastrophenpläne
Ausweichmöglichkeiten
Rekonstruktionsverfahren

Alle Maßnahmen sind so gut oder so schlecht, wie die Mitarbeiter sie vertreten. Daher sind vorrangig alle, die mit personenbezogenen Daten hantieren, zu motivieren, für die Sicherungsbelange einzutreten – das ist mehr als nur die formelle Verpflichtung nach § 5 BDSG. Phantasie aller Mitarbeiter ist gefragt: Was passiert eigentlich, wenn ... muß gefragt, beantwortet und konsequent zuende gedacht werden. **Es kann nichts passieren, passiert nicht!** Kritisches Hinterfragen von selbst alteingefahrenen Arbeitsgängen und Wachsamkeit über den eigenen Aufgabenbereich hinaus erschweren dem Schlendrian das Handwerk. Sich mit absoluter Sicherheit gegen den intelligenten böswilligen Nutzer zu wappnen, ist nicht machbar.

8.2.5 Die Abschnitte 2 bis 4

Die Anwendungsbereiche werden in den Abschnitten zwei, drei und vier eingegrenzt:

Zweiter Abschnitt

Datenverarbeitung der Behörden und sonstigen öffentlichen Stellen

§ 7
Anwendungsbereich

(1) Die Vorschriften dieses Abschnittes gelten für Behörden und sonstige öffentliche Stellen des Bundes, der bundesunmittelbaren Körperschaften, Anstalten und Stiftungen des öffentlichen Rechts sowie für Vereinigungen solcher Körperschaften, Anstalten und Stiftungen. Für öffentlich-rechtliche Unternehmen, die am Wettbewerb teilnehmen, gelten von den Vorschriften dieses Abschnittes jedoch nur die §§ 15 bis 21.

(2) Soweit der Datenschutz nicht durch Landesgesetz geregelt ist, gelten die Vorschriften dieses Abschnittes mit Ausnahme der §§ 15 bis 21 auch für

1. Behörden und sonstige öffentliche Stellen der Länder, der Gemeinden und Gemeindeverbände und der sonstigen der Aufsicht des Landes unterstehenden juristischen Personen des öffentlichen Rechts und für deren Vereinigungen, soweit sie Bundesrecht ausführen,

2. Behörden und sonstige öffentliche Stellen der Länder, soweit sie als Organe der Rechtspflege tätig werden; ausgenommen in Verwaltungsangelegenheiten.

Für öffentlich-rechtliche Unternehmen, die am Wettbewerb teilnehmen und soweit sie die Voraussetzungen von Satz 1 Nr. 1 erfüllen, gelten die Vorschriften dieses Abschnittes nicht.

(3) Abweichend von den Absätzen 1 und 2 gelten anstelle der §§ 9 bis 14 die §§ 23 bis 27 entsprechend, soweit die Datenverarbeitung frühere, bestehende oder zukünftige dienst- oder arbeitsrechtliche Rechtsverhältnisse betrifft.

§ 8
Verarbeitung personenbezogener Daten im Auftrag

(1) Die Vorschriften dieses Abschnittes gelten für die in 7 Abs. 1 und 2 genannten Stellen auch insoweit, als personenbezogene Daten in deren Auftrag durch andere Personen oder Stellen verarbeitet werden. In diesen Fällen ist der Auftragnehmer unter besonderer Berücksichtigung der Eignung der von ihm getroffenen technischen und organisatorischen Maßnahmen (§ 8 Abs. 1) sorgfältig auszuwählen.

Dritter Abschnitt

Datenverarbeitung nicht-öffentlicher Stellen für eigene Zwecke

§ 22
Anwendungsbereich

(1) Die Vorschriften dieses Abschnittes gelten für natürliche und juristische Personen, Gesellschaften und andere Personenvereinigungen des privaten Rechts, soweit sie geschützte personenbezogene Daten als Hilfsmittel für die Erfüllung ihrer Geschäftszwecke oder Ziele verarbeiten. Sie gelten mit Ausnahme der §§ 28 bis 30 nach Maßgabe von Satz 1 auch für öffentlich-rechtliche Unternehmen, die am Wettbewerb teilnehmen, soweit sie die Voraussetzungen von § 7 Abs. 1 Satz 1 oder § 7 Abs. 2 Satz 1 Nr. 1 erfüllen.

(2) Die Vorschriften dieses Abschnittes gelten für die in Absatz 1 genannten Personen, Gesellschaften und anderen Personenvereinigungen auch insoweit, als personenbezogene Daten in deren Auftrag durch andere Personen oder Stellen verarbeitet werden. In diesen Fällen ist der Auftragnehmer unter besonderer Berücksichtigung der Eignung der von ihm getroffenen technischen und organisatorischen Maßnahmen (§ 8 Abs. 1) sorgfältig auszuwählen.

(3) Die Vorschriften dieses Abschnittes gelten nicht für die in Absatz 1 genannten Personen, Gesellschaften und anderen Personenvereinigungen,
die Aufgaben der öffentlichen Verwaltung wahrnehmen.

Vierter Abschnitt

Geschäftsmäßige Datenverarbeitung nicht-öffentlicher Stellen für fremde Zwecke

§ 31
Anwendungsbereich

(1) Für natürliche und juristische Personen, Gesellschaften und andere Personenvereinigungen des privaten Rechts sowie für öffentlich-rechtliche Unternehmen, die am Wettbewerb teilnehmen, soweit sie die Voraussetzungen von § 7 Abs. 1 Satz 1 oder § 7 Abs. 2 Satz 1 Nr. 1 erfüllen, gelten

1. die §§ 32 bis 35, soweit diese Stellen geschäftsmäßig geschützte personenbezogene Daten zum Zweck der Übermittlung speichern und übermitteln; dabei ist es unerheblich, ob die Daten vor der Übermittlung verändert werden,

2. § 38, soweit diese Stellen geschäftsmäßig geschützte personenbezogene Daten zum Zweck der Veränderung speichern, sie derart verändern, daß diese Daten sich weder auf eine bestimmte Person beziehen noch eine solche erkennen lassen (anonymisieren), und sie in dieser Form übermitteln,

3. § 37, soweit diese Stellen geschäftsmäßig geschützte personenbezogene Daten im Auftrag als Dienstleistungsunternehmen verarbeiten.

Für natürliche und juristische Personen, Gesellschaften und andere Personenvereinigungen des privaten Rechts gelten außerdem die §§ 38 bis 40. Satz 2 gilt nicht für juristische Personen, Gesellschaften und andere Personenvereinigungen des privaten Rechts, bei denen der öffentlichen Hand die Mehrheit der Anteile gehört oder die Mehrheit der Stimmen zusteht, soweit diese Personen oder Personenvereinigungen geschäftsmäßig geschützte personenbezogene Daten im Auftrag von Behörden oder sonstigen öffentlichen Stellen als Dienstleistungsunternehmen verarbeiten; § 8 Abs. 3 bleibt unberührt.
(2) Die in Absatz 1 genannten Vorschriften gelten für die dort genannten Personen, Gesellschaften und anderen Personenvereinigungen auch insoweit, als die Verarbeitung personenbezogener Daten in deren Auftrag durch andere Personen oder Stellen betrieben wird. In diesen Fällen ist der Auftragnehmer unter besonderer Berücksichtigung der Eignung der von ihm getroffenen technischen und organisatorischen Maßnahmen (§ 8 Abs. 1) sorgfältig auszuwählen.

(2) Die Vorschriften dieses Abschnittes gelten mit Ausnahme der §§ 15 bis 21 nicht für die in § 7 Abs. 1 und 2 genannten Stellen, soweit sie personenbezogene Daten im Auftrag verarbeiten. In diesen Fällen ist die Verarbeitung personenbezogener Daten in jeder ihrer in § 1 Abs. 1 genannten Phasen nur im Rahmen der Weisungen des Auftraggebers zulässig.

(3) Für juristische Personen, Gesellschaften und andere Personenvereinigungen des privaten Rechts, bei denen dem Bund oder einer bundesunmittelbaren Körperschaft, Anstalt oder Stiftung des öffentlichen Rechts die Mehrheit der Anteile gehört oder die Mehrheit der Stimmen zusteht, gelten die §§ 15 bis 21 entsprechend, soweit diese Personen oder Personenvereinigungen in den Fällen des Absatzes 1 Satz 1 im Auftrag tätig werden.

§ 37 Verarbeitung personenbezogener Daten im Auftrag

Den in § 31 Abs. 1 Satz 1 Nr. 3 genannten Personen, Gesellschaften und anderen Personenvereinigungen ist die Verarbeitung personenbezogener Daten in jeder ihrer in § 1 Abs. 1 genannten Phasen nur im Rahmen der Weisungen des Auftraggebers gestattet.

Zulässigkeit der Datenverarbeitung

Für die 3 Anwendungsbereiche wird geregelt, wann Daten erhoben, gespeichert, verändert oder übermittelt werden dürfen:

Zweiter Abschnitt

§ 9
Datenspeicherung und -veränderung

(1) Das Speichern und das Verändern personenbezogener Daten ist zulässig, wenn es zur rechtmäßigen Erfüllung der in der Zuständigkeit der speichernden Stelle liegenden Aufgaben erforderlich ist.

(2) Werden Daten beim Betroffenen auf Grund einer Rechtsvorschrift erhoben, dann ist er auf sie, sonst auf die Freiwilligkeit seiner Angaben hinzuweisen.

§ 10
Datenübermittlung innerhaib des öffentlichen Bereichs

(1) Die Übermittlung personenbezogener Daten an Behörden und sonstige öffentliche Stellen ist zulässig, wenn sie zur rechtmäßigen Erfüllung der in der Zuständigkeit der übermittelnden Stelle oder des Empfängers liegenden Aufgaben erforderlich ist. Unterliegen die personenbezogenen Daten einem Berufs- oder besonderen Amtsgeheimnis (§ 45 Satz 2 Nr. 1, Satz 3) und sind sie der übermittelnden Stelle von der zur Verschwiegenheit verpflichteten Person in Ausübung ihrer Berufs- oder Amtspflicht übermittelt worden, ist für die Zulässigkeit der Übermittlung

Dritter Abschnitt

§ 23 Datenspeicherung

Das Speichern personenbezogener Daten ist zulässig im Rahmen der Zweckbestimmung eines Vertragsverhältnisses oder vertragsähnlichen Vertrauensverhältnisses mit dem Betroffenen oder soweit es zur Wahrung berechtigter Interessen der speichernden Stelle erforderlich ist und kein Grund zur Annahme besteht, daß dadurch schutzwürdige Belange des

Betroffenen beeinträchtigt werden. Abweichend von Satz 1 ist das Speichern in nicht automatisierten Verfahren zulässig, soweit die Daten unmittelbar aus allgemein zugänglichen Ouellen entnommen sind.

§ 24 Datenübermittlung

(1) Die Übermittlung personenbezogener Daten ist zulässig im Rahmen der Zweckbestimmung eines Vertragsverhältnisses oder vertragsähnlichen Vertrauensverhältnisses mit dem Betroffenen oder soweit es zur Wahrung berechtigter Interessen der übermittelnden Stelle oder eines Dritten oder der Allgemeinheit erforderlich ist und dadurch schutzwürdige Belange des Betroffenen nicht beeinträchtigt werden. Personenbezogene Daten, die einem Berufs- oder besonderen Amtsgeheimnis (§ 45 Satz 2 Nr. 1, Satz 3) unterliegen, und die von der

Vierter Abschnitt

§ 32 Datenspeicherung und -übermittlung

(1) Das Speichern personenbezogener Daten ist zulässig, soweit kein Grund zur Annahme besteht, daß dadurch schutzwürdige Belange des Betroffenen beeinträchtigt werden. Abweichend von Satz 1 ist das Speichern zulässig, soweit die Daten unmittelbar aus allgemein zugänglichen Quellen entnommen sind.

(2) Die Übermittlung von personenbezogenen Daten ist zulässig, wenn der Empfänger ein berechtigtes Interesse an ihrer Kenntnis glaubhaft dargelegt hat. Die Gründe für das Vorliegen eines berechtigten Interesses und die Mittel für ihre glaubhafte Darlegung sind aufzuzeichnen.

(3) Abweichend von Absatz 2 Satz 1 ist die Übermittlung von listenmäßig oder sonst zusammengefaßten Daten über Angehörige einer Personengruppe zulässig, wenn sie sich auf Namen Titel, akademische Grade, die Anschrift sowie auf eine Angabe über die Zugehörigkeit des Betroffenen zu dieser Personengruppe beschränkt und kein Grund zur Annahme besteht, daß dadurch schutzwürdige Belange des Betroffenen beeinträchtigt werden.

ferner erforderlich, daß der Empfänger die Daten zur Erfüllung des gleichen Zweckes benötigt, zu dem sie die übermittelnde Stelle erhalten hat.

(2) Die Übermittlung personenbezogener Daten an Stellen der öffentlich-rechtlichen Religionsgesellschaften ist in entsprechender Anwendung der Vorschriften über die Datenübermittlung an Behörden und sonstige öffentliche Stellen zulässig, sofern sichergestellt ist, daß bei dem Empfänger ausreichende Datenschutzmaßnahmen getroffen werden.

§ 11
Datenübermittlung an Stellen außerhalb des öffentlichen Bereichs

Die Übermittlung personenbezogener Daten an Personen und an andere Stellen als die in § 10 bezeichneten ist zulässig, wenn sie zur rechtmäßigen Erfüllung der in der Zuständigkeit der übermittelnden Stelle liegenden Aufgaben erforderlich ist oder soweit der Empfänger ein berechtigtes Interesse an der Kenntnis der zu übermittelnden Daten glaubhaft macht und dadurch schutzwürdige Belange des Betroffenen nicht beeinträchtigt werden. Unterliegen die personenbezogenen Daten einem Berufs- oder besonderen Amtsgeheimnis (§ 45 Satz 2 Nr. 1, Satz 3) und sind sie der übermittelnden Stelle von der zur Verschwiegenheit verpflichteten Person in Ausübung ihrer Berufs- oder Amtspflicht übermittelt worden, ist für die Zulässigkeit der Übermittlung ferner erforderlich, daß die gleichen Voraussetzungen gegeben sind, unter denen sie die zur Verschwiegenheit verpflichtete Person übermitteln dürfte. Für die Übermittlung an Behörden und sonstige Stellen außerhalb des Geltungsbereichs dieses Gesetzes sowie an über- und zwischenstaatliche Stellen finden die Sätze 1 und 2 nach Maßgabe der für diese Übermittlung geltenden Gesetze und Vereinbarungen
Anwendung.

zur Verschwiegenheit verpflichteten Person in Ausübung ihrer Berufs- oder Amtspflicht übermittelt worden sind, dürfen vom Empfänger nicht mehr weitergegeben werden.

(2) Abweichend von Absatz 1 ist die Übermittlung von listenmäßig oder sonst zusammengefaßten Daten über Angehörige einer Personengruppe zulässig, wenn sie sich auf

1. Namen
2. Titel, akademische Grade,
3. Geburtsdatum,
4. Beruf, Branchen- oder Geschäftsbezeichnung,
5. Anschrift,
6. Rufnummer

beschränkt und kein Grund zu der Annahme besteht, daß dadurch schutzwürdige Belange des Betroffenen beeinträchtigt werden. Zur Angabe der Zugehörigkeit des Betroffenen zu einer Personengruppe dürfen andere als die im vorstehenden Satz genannten Daten nicht übermittelt werden.

§ 25 Datenveränderung

Das Verändern personenbezogener Daten ist zulässig im Rahmen der Zweckbestimmung eines Vertragsverhältnisses oder vertragsähnlichen Vertrauensverhältnisses mit dem Betroffenen oder soweit es zur Wahrung berechtigter Interessen der speichernden Stelle erforderlich ist und kein Grund zur Annahme besteht, daß dadurch schutzwürdige Belange des Betroffenen beeinträchtigt werden.

§ 33 Datenveränderung

Das Verändern personenbezogener Daten ist zulässig, soweit dadurch schutzwürdige Belange des Betroffenen nicht beeinträchtigt werden.

§ 36
Verarbeitung personenbezogener Daten zum Zwecke der Übermittt-lung in anonymisierter Form

(1) Die in § 31 Abs. 1 Satz 1 Nr. 2 genannten Personen, Gesellschaften und anderen Personenvereinigungen sind verpflichtet, die gespeicherten personenbezogenen Daten zu anonymisieren. Die Merkmale, mit deren Hilfe anonymisierte Daten derart verändert werden können, daß sie sich auf eine bestimmte Person beziehen oder eine solche erkennen lassen, sind gesondert zu speichern. Diese Merkmale dürfen mit den anonymisierten Daten nicht mehr zusammengeführt werden, es sei denn, daß die dadurch ermöglichte Nutzung der Daten noch für die Erfüllung des Zweckes der Speicherung oder zu wissenschaftlichen Zwecken erforderlich ist.

(2) Für die Veränderung und Löschung personenbezogener Daten gelten §§ 33 und 35 Abs. 3 Satz 1 und Satz 2 erster Halbsatz entsprechend.

(3) Bei automatischer Datenverarbeitung ist die Durchführung der in Absatz 1 vorgesehenen Maßnahmen durch entsprechende Vorkehrungen sicherzustellen.

Rechte der Betroffenen

Die Rechte der Betroffenen, im einzelnen

Auskunft
Berichtigung
Sprerrung
Löschung und
Anrufung

werden für die drei Anwendungsbereiche in den folgenden Bestimmungen geregelt.

Zweiter Abschnitt

§ 13 Auskunft an den Betroffenen

(1) Dem Betroffenen ist auf Antrag Auskunft über die zu seiner Person gespeicherten Daten zu erteilen. In dem Antrag soll die Art der personenbezogenen Daten, über die Auskunft erteilt werden soll, näher bezeichnet werden. Die speichernde Stelle bestimmt das Verfahren, insbesondere die Form der Auskunftserteilung nach pflichtgemäßem Ermessen.

(2) Absatz 1 gilt nicht in den Fällen des § 12 Abs. 2 Nr. 1 und 2.

(3) Die Auskunftserteilung unterbleibt, soweit

1. die Auskunft die rechtmäßige Erfüllung der in der Zuständigkeit der speichernden Stelle liegenden Aufgaben gefährden würde,

2. die Auskunft die öffentliche Sicherheit oder Ordnung gefährden oder sonst dem Wohle des Bundes oder eines Landes Nachteile bereiten würde,

3. die personenbezogenen Daten oder die Tatsache ihrer Speicherung nach einer Rechtsvorschrift oder ihrem Wesen nach, namentlich wegen der überwiegenden berechtigten Interessen einer dritten Person, geheimgehalten werden müssen,

4. die Auskunft sich auf die Übermittlung personenbezogener Daten an die in § 12 Abs. 2 Nr. 1 genannten Behörden bezieht.

(4) Die Auskunftserteilung ist gebührenpflichtig. Die Bundesregierung wird ermächtigt, durch Rechtsverordnung mit Zustimmung des Bundesrates die gebührenpflichtigen Tatbestände und die Höhe der Gebühr näher zu bestimmen sowie Ausnahmen von der Gebührenpflicht zuzulassen. Die Gebühren dürfen nur zur Deckung des unmittelbar auf Amtshandlungen dieser Art entfallenden Verwaltungsaufwandes erhoben werden. Ausnahmen von der Gebührenpflicht sind insbesondere in den Fällen zuzulassen, in denen durch besondere Umstände die Annahme gerechtfertigt wird, daß personenbezogene Daten unrichtig oder unzulässig gespeichert werden, oder in denen die Auskunft zur Berichtigung oder Löschung gespeicherter personenbezogener Daten geführt hat. Im übrigen findet das Verwaltungskostengesetz Anwendung.

Dritter Abschnitt

§ 26 Auskunft an den Betroffenen

(1) Werden erstmals zur Person des Betroffenen Daten gespeichert, ist er darüber zu benachrichtigen, es sei denn, daß er auf andere Weise Kenntnis von der Speicherung erlangt hat.

(2) Der Betroffene kann Auskunft über die zu seiner Person gespeicherten Daten verlangen. Werden die Daten automatisch verarbeitet, kann der Betroffene Auskunft auch über die Personen und Stellen verlangen, an die seine Daten regelmäßig übermittelt werden. Er soll die Art der personenbezogenen Daten, über die Auskunft erteilt werden soll, näher bezeichnen. Die Auskunft wird schriftlich erteilt, soweit nicht wegen besonderer Umstände eine andere Form der Auskunftserteilung angemessen ist.

(3) Für die Auskunft kann ein Entgelt verlangt werden, das über die durch die Auskunftserteilung entstandenen direkt zurechenbaren Kosten nicht hinausgehen darf. Ein Entgelt kann in den Fällen nicht verlangt werden, in denen durch besondere Umstände die Annahme gerechtfertigt wird, daß personenbezogene Daten unrichtig oder unzulässig gespeichert werden, oder in denen die Auskunft ergeben hat, daß die personenbezogenen Daten zu berichtigen oder unter der Voraussetzung des § 27 Abs. 3 Satz 2 erster Halbsatz zu löschen sind.

(4) Die Absätze 1 und 2 gelten nicht, soweit
1. das Bekanntwerden personenbezogener Daten die Geschäftszwecke oder Ziele der speichernden Stelle erheblich gefährden würde und berechtigte Interessen des Betroffenen nicht entgegenstehen,

2. die zuständige öffentliche Stelle gegenüber der speichernden Stelle festgestellt hat, daß das Bekanntwerden der personenbezogenen Daten die öffentliche Sicherheit oder Ordnung gefährden oder Bundes oder eines Landes Nachteile bereiten würde,

3. die personenbezogenen Daten nach einer Rechtsvorschrift oder ihrem Wesen nach, namentlich wegen der überwiegenden berechtigten Interessen einer dritten Person, geheimgehalten werden müssen,

4. die personenbezogenen Daten unmittelbar aus allgemein zugänglichen Quellen entnommen sind,

5. die personenbezogenen Daten deshalb nach § 27 Abs. 2 Satz 2 gesperrt sind, weil sie auf Grund gesetzlicher, satzungsmäßiger oder vertraglicher Aufbewahrungsvorschriften nicht nach § 27 Abs. 3 Satz 1 gelöscht werden dürfen.

Vierter Abschnitt

§ 34 Auskunft an den Betroffenen

(1) Werden erstmals zur Person des Betroffenen Daten übermittelt, ist er über die Speicherung zu benachrichtigen, es sei denn, daß er auf andere Weise von der Speicherung Kenntnis erlangt hat. Satz 1 gilt nicht für Übermittlungen nach § 32 Abs. 3.

(2) Der Betroffene kann Auskunft über die zu seiner Person gespeicherten Daten verlangen. Werden die Daten automatisch verarbeitet, kann der Betroffene Auskunft auch über die Personen und Stellen verlangen, an die seine Daten regelmäßig übermittelt werden. Die Auskunft wird schriftlich erteilt, soweit nicht wegen besonderer Umstände eine andere Form der Auskunftserteilung angemessen ist.

(3) Für die Auskunft kann ein Entgelt verlangt werden, das über die durch die Auskunftserteilung entstandenen direkt zurechenbaren Kosten nicht hinausgehen darf. Ein Entgelt kann in den Fällen nicht verlangt werden, in denen durch besondere Umstände die Annahme gerechtfertigt wird, daß personenbezogene Daten unrichtig oder unzulässig gespeichert werden, oder in denen die Auskunft ergeben hat, daß die personenbezogenen Daten zu berichtigen oder unter der Voraussetzung des § 35 Abs. 3 Satz 2 erster Halbsatz zu löschen sind.

(4) Die Absätze 1 und 2 gelten nicht, soweit das Bekanntwerden der personenbezogenen Daten überwiegende berechtigte Interessen einer dritten Person schädigen oder nach Feststellung durch die zuständige öffentliche Stelle gegenüber der speichernden Stelle die öffentliche Sicherheit oder Ordnung gefährden oder sonst dem Wohle des Bundes oder eines Landes Nachteile bereiten würde.

§ 35 Berichtigung, Sperrung und Löschung von Daten

(1) Personenbezogene Daten sind zu berichtigen, wenn sie unrichtig sind.

(2) Personenbezogene Daten sind zu sperren, wenn ihre Richtigkeit vom Betroffenen bestritten wird und sich weder die Richtigkeit noch die Unrichtigkeit feststellen läßt. Sie sind ferner am Ende des fünften Kalenderjahres nach ihrer Einspeicherung zu sperren. Die Vorschriften über das Verfahren und die Rechtsfolgen der Sperrung in § 14 Abs. 2 Satz 3 gelten entsprechend.

(3) Personenbezogene Daten können gelöscht werden, soweit kein Grund zur Annahme besteht, daß dadurch schutzwürdige Belange des Betroffenen beeinträchtigt werden. Sie sind zu löschen, wenn ihre Speicherung unzulässig war oder wenn es in

§ 14 Berichtigung, Sperrung und Löschung von Daten

(1) Personenbezogene Daten sind zu berichtigen, wenn sie unrichtig sind.

(2) Personenbezogene Daten sind zu sperren, wenn ihre Richtigkeit vom Betroffenen bestritten wird und sich weder die Richtigkeit noch die Unrichtigkeit feststellen läßt. Sie sind ferner zu sperren, wenn ihre Kenntnis für die speichernde Stelle zur rechtmäßigen Erfüllung der in ihrer Zuständigkeit liegenden Aufgaben nicht mehr erforderlich ist. Gesperrte Daten sind mit einem entsprechenden Vermerk zu versehen; sie dürfen nicht mehr verarbeitet, insbesondere übermittelt, oder sonst genutzt werden, es sei denn, daß die Nutzung zu wissenschaftiichen Zwecken, zur Behebung einer bestehenden Beweisnot oder aus sonstigen im überwiegenden Interesse der speichernden Stelle oder eines Dritten liegenden Gründen unerläßlich ist oder der Betroffene in die Nutzung eingewilligt hat.

(3) Personenbezogene Daten können gelöscht werden, wenn ihre Kenntnis für die speichernde Stelle zur rechtmäßigen Erfüllung der in ihrer Zuständigkeit liegenden Aufgaben nicht mehr erforderlich ist und kein Grund zu der Annahme besteht, daß durch die Löschung schutzwürdige Belange des Betroffenen beeinträchtigt werden. Sie sind zu löschen, wenn ihre Speicherung unzulässig war oder wenn es in den Fällen des Absatzes 2 Satz 2 der Betroffene verlangt.

§ 27 Berichtigung, Sperrung und Löschung von Daten

(1) Personenbezogene Daten sind zu berichtigen, wenn sie unrichtig sind.

(2) Personenbezogene Daten sind zu sperren, wenn ihre Richtigkeit vom Betroffenen bestritten wird und sich weder die Richtigkeit noch die Unrichtigkeit feststellen läßt. Sie sind ferner zu sperren, wenn ihre Kenntnis für die Erfüllung des Zweckes der Speicherung nicht mehr erforderlich ist. Die Vorschriften über das Verfahren und die Rechtsfolgen der Sperrung in § 14 f, Abs. 2 Satz 3 gelten entsprechend.

(3) Personenbezogene Daten können gelöscht werden, wenn ihre Kenntnis für die Erfüllung des Zweckes der Speicherung nicht mehr erforderlich ist und kein Grund zur Annahme besteht, daß durch die Löschung schutzwürdige Belange des Betroffenen beeinträchtigt werden. Sie sind zu löschen, wenn ihre Speicherung unzulässig war oder wenn es in den Fällen des Absatzes 2 Satz 2 der Betroffene verlangt. Daten über gesundheitliche Verhältnisse, strafbare Handlungen, Ordnungswidrigkeiten sowie religiöse oder politische Anschauungen sind zu löschen, wenn ihre Richtigkeit von der speichernden Stelle nicht bewiesen werden kann.

den Fällen des Absatzes 2 Satz 2 der Betroffene verlangt. Daten über gesundheitliche Verhältnisse, strafbare Handlungen, Ordnungswidrigkeiten sowie religiöse oder politische Anschauungen sind zu löschen, wenn ihre Richtigkeit von der speichernden Stelle nicht bewiesen werden kann.

Pflichten der datenverarbeitenden Stelle

Die einzelnen Regelungen für die drei Anwendungsbereiche beziehen sich auf die Veröffentlichung und Benachrichtigung und auf die Sicherstellung der Maßnahmen für den Datenschutz, schließlich auch auf die Berufung des Datenschutzbeauftragten.

Zweiter Abschnitt

§ 12 Veröffentlichung über die gespeicherten Daten

(1) Behörden und sonstige öffentliche Stellen geben

Dritter Abschnitt

§ 26 Auskunft an den Betroffenen

(1) Werden erstmals zur Person des Betroffenen Daten gespeichert, ist er darüber zu benachrichtigen, es sei denn, daß er auf andere Weise Kenntnis von der Speicherung erlangt hat.

Vierter Abschnitt

§ 34 Auskunft an den Betroffenen

(1) Werden erstmals zur Person des Betroffenen Daten übermittelt, ist er über die Speicherung zu benachrichtigen, es sei denn, daß er auf andere Weise von der Speicherung Kenntnis erlangt hat. Satz 1 gilt nicht für Übermittlungen nach § 32 Abs. 3.

1. die Art der von ihnen oder in ihrem Auftrag gespeicherten personenbezogenen Daten,

2. die Aufgaben, zu deren Erfüllung die Kenntnis dieser Daten erforderlich ist,

3. den betroffenen Personenkreis,

4. die Stellen, an die sie personenbezogene Daten regelmäßig übermitteln sowie

5. die Art der zu übermittelnden Daten

unverzüglich nach der ersten Einspeicherung in dem für ihren Bereich bestehenden Veröffentlichungsblatt für amtliche Bekanntmachungen bekannt. Auf Antrag sind dem Betroffenen die bisherigen Bekanntmachungen zugänglich zu machen.

(2) ...

§ 15 Durchführung des Datenschutzes in der Bundesverwaltung

Die obersten Bundesbehörden, der Vorstand der Deutschen Bundesbahn, sowie die bundesunmittelbaren Körperschaften, Anstalten und Stiftungen des öffentlichen Rechts, über die von einer obersten Bundesbehörde lediglich Rechtsaufsicht ausgeübt wird, haben jeweils für ihren Geschäftsbereich die Ausführung dieses Gesetzes sowie anderer Rechtsvorschriften über den Datenschutz sicherzustellen. Sie haben insbesondere dafür zu sorgen, daß

1. eine Übersicht über die Art der gespeicherten personenbezogenen Daten und über die Aufgaben, zu deren Erfüllung die Kenntnis dieser Daten erforderlich ist, sowie über deren regelmäßige Empfänger geführt und

2. die ordnungsgemäße Anwendung der Datenverarbeitungsprogramme, mit deren Hilfe personenbezogene Daten verarbeitet werden sollen, überwacht wird.

§ 17 Bestellung eines Bundesbeauftragten für den Datenschutz

(1) Es ist ein Bundesbeauftragter für den Datenschutz zu bestellen. Der Bundesbeauftragte wird auf Vorschlag der Bundesregierung vom Bundespräsidenten ernannt. Er muß bei seiner Ernennung das 35. Lebensjahr vollendet haben.

(2) ... (6)

§ 18 Rechtsstellung des Bundesbeauftragten für den Datenschutz

(1) ... (6)

§ 28 Bestellung eines Beauftragten für den Datenschutz

(1) Die in § 22 Abs. 1 und 2 genannten Personen, Gesellschaften und anderen Personenvereinigungen, die personenbezogene Daten automatisch verarbeiten und hierbei in der Regel mindestens fünf Arbeitnehmer ständig beschäftigen, haben spätestens binnen eines Monats nach Aufnahme ihrer Tätigkeit einen Beauftragten für den Datenschutz schriftlich zu bestellen. Das gleiche gilt, wenn personenbezogene Daten auf andere Weise verarbeitet werden und soweit hierbei in der Regel mindestens zwanzig Arbeitnehmer ständig beschäftigt sind.

(2) Zum Beauftragten für den Datenschutz kann nur bestellt werden, wer die zur Erfüllung seiner Aufgaben erforderliche Fachkunde und Zuverlässigkeit besitzt.

(3) Der Beauftragte für den Datenschutz ist dem Inhaber, dem Vorstand, dem Geschäftsführer oder dem sonstigen gesetzlich oder verfassungsmäßig berufenen Leiter unmittelbar zu unterstellen. Er ist bei Anwendung seiner Fachkunde auf dem Gebiet des Datenschutzes weisungsfrei. Er darf wegen der Erfüllung seiner Aufgaben nicht benachteiligt werden.

(4) Der Beauftragte für den Datenschutz ist von den nach Absatz 1 zu seiner Bestellung verpflichteten Personen, Gesellschaften oder anderen Personenvereinigungen bei der Erfüllung seiner Aufgaben zu unterstützen.

§ 29 Aufgaben des Beauftragten für den Datenschutz

...

siehe dazu 8.2.6

§ 19 Aufgaben des Bundesbeauftragten für den Datenschutz

(1) ... (6) siehe 8.2.6

§ 38 Beauftragter für den Datenschutz

Die in § 31 genannten Personen, Gesellschaften und anderen Personenvereinigungen haben einen Beauftragten für den Datenschutz zu bestellen. Die Vorschriften über den Beauftragten für den Datenschutz in §§ 28 und 29 gelten entsprechend.

§ 39 Meldepflichten

(1) Die in § 31 genannten Personen, Gesellschaften und anderen Personenvereinigungen sowie ihre Zweigniederlassungen und unselbständigen Zweigstellen haben die Aufnahme ihrer Tätigkeit bei der zuständigen Aufsichtsbehörde binnen eines Monats anzumelden.

(2) Bei der Anmeldung sind folgende Angaben zu dem bei der Aufsichtsbehörde geführten Register mitzuteiien:

1. Name oder Firma der Stelle,

2. Inhaber, Vorstände, Geschäftsführer oder sonstige gesetzlich oder verfassungsmäßig berufene Leiter und die mit der Leitung der Datenverarbeitung beauftragten Personen,

3. Anschrift,

4. Geschäftszwecke oder Ziele der Stelle und der Datenverarbeitung,

5. Art der eingesetzten automatisierten Datenverarbeitungsanlagen,

6. Name des Beauftragten für den Datenschutz,

7. Art der von ihr oder in ihrem Auftrag gespeicherten personenbezogenen Daten,

8. bei regelmäßiger Übermittlung personenbezogener Daten Empfänger und Art der übermittelten Daten.

(3) Absatz 1 gilt für die Beendigung der Tätigkeit sowie für die Änderung der nach Absatz 2 mitgeteilten Angaben entsprechend.

Überwachung des BDSG

Diese Kontrolleinrichtungen beziehen sich innerhalb der drei Anwendungsbereiche auf die Selbst-verantwortlichkeit und auf die Fremdkontrolle. Für die nichtöffentlichen Stellen (Abschn. 3 und 4) ist der Rechtsweg vor den ordentlichen Gerichten, für die öffentlichen Stellen vor dem Verwaltungsgericht bzw. Sozial- oder Finanzgericht gegeben.

Zweiter Abschnitt

§ 20 Beanstandungen durch den Bundesbeauftragten für den Datenschutz

(1) Stellt der Bundesbeauftragte für den Datenschutz Verstöße gegen die Vorschriften dieses Gesetzes oder gegen andere Datenschutzbestimmungen oder sonstige Mängel bei der Verarbeitung personenbezogener Daten fest, so beanstandet er dies

1. bei der Bundesverwaltung gegenüber der zuständigen obersten Bundesbehörde,

2. bei der Bundesbahn gegenüber dem Vorstand,

3. bei den bundesunmittelbaren Körperschaften, Anstalten und Stiftungen des öffentlichen Rechts sowie bei Vereinigungen solcher Körperschaften, Anstalten und Stiftungen gegenüber dem Vorstand oder dem sonst vertretungsberechtigten Organ

und fordert zur Stellungnahme innerhalb einer von ihm zu bestimmenden Frist auf. In den Fällen von Satz 1 Nr. 3 unterrichtet der Bundesbeauftragte gleichzeitig auch die zuständige Aufsichtsbehörde.

(2) Der Bundesbeauftragte kann von einer Beanstandung absehen oder auf eine Stellungnahme der betroffenen Stelle verzichten, wenn es sich um unerhebliche Mängel handelt.

(3) Mit der Beanstandung kann der Bundesbeauftragte Vorschläge zur Beseitigung der Mängel und zur sonstigen Verbesserung des Datenschutzes verbinden.

(4) Die gemäß Absatz 1 Satz 1 abzugebende Stellungnahme soll auch eine Darstellung der Maßnahmen enthalten, die auf Grund der Beanstandung des Bundesbeauftragten getroffen worden sind. Die in Absatz 1 Satz 1 Nr. 3 genannten Stellen leiten der zuständigen Aufsichtsbehörde eine Abschrift ihrer Stellungnahme an den Bundesbeauftragten zu.

Dritter Abschnitt

§ 30 Aufsichtsbehörde

(1) Die nach Landesrecht zuständige Aufsichtsbehörde überprüft im Einzelfall die Ausführung dieses Gesetzes sowie anderer Vorschriften über den Datenschutz im Anwendungsbereich dieses Abschnittes, wenn ein Betroffener begründet darlegt, daß er bei der Verarbeitung seiner personenbezogenen Daten durch eine der in § 22 Abs. 1 und 2 genannten Personen, Gesellschaften oder anderen Personenvereinigungen in seinen Rechten verletzt worden ist. Sie hat den Beauftragten für den Datenschutz zu unterstützen, wenn er sich an sie wendet (§ 29 Abs. 1 Satz 2).

(2) Die in § 22 Abs. 1 und 2 genannten Personen, Gesellschaften und anderen Personenvereinigungen sowie die mit deren Leitung beauftragten Personen haben der Aufsichtsbehörde auf Verlangen die für die Erfüllung ihrer Aufgaben erforderlichen Auskünfte unverzüglich zu erteilen. Der Auskunftspflichtige kann die Auskunft auf solche Fragen verweigern, deren Beantwortung ihn selbst oder einen der in § 383 Abs. 1 Nr. 1 bis 3 der Zivilprozeßordnung bezeichneten Angehörigen der Gefahr strafgerichtlicher Verfolgung oder eines Verfahrens nach dem Gesetz über Ordnungswidrigkeiten aussetzen würde.

(3) Die von der Aufsichtsbehörde mit der Überwachung beauftragten Personen sind befugt, soweit es zur Erfüllung der der Aufsichtsbehörde übertragenen Aufgaben erforderlich ist, Grundstücke und Geschäftsräume der Stelle zu betreten, dort Prüfungen und Besichtigungen vorzunehmen und in die geschäftlichen Unterlagen, namentlich in die nach § 29 Satz 3 Nr. 1 von Beauftragten für den Datenschutz zu führende Übersicht, in die gespeicherten personenbezogenen Daten und die Datenverarbeitungsprogramme Einsicht zu nehmen. Der Auskunftspflichtige hat diese Maßnahmen zu dulden. Das Grundrecht der Unverletzlichkeit der Wohnung (Artikel 13 des Grundgesetzes) wird insoweit eingeschränkt.

(4) Die Anwendung der Gewerbeordnung auf die den Vorschriften dieses Abschnittes unterliegenden Gewerbebetriebe bleibt unberührt.

Vierter Abschnitt

§ 40 Aufsichtsbehörde

(1) Die nach Landesrecht zuständige Aufsichtsbehörde überwacht die Ausführung dieses Gesetzes sowie anderer Vorschriften über den Datenschutz im Anwendungsbereich dieses Abschnittes; sie nimmt insbesondere auch die in § 30 Abs. 1 genannten Aufgaben wahr. Sie führt das Register über die nach § 39 Abs. 1 anmeldepflichtigen Stellen; das Register kann von jedem eingesehen werden.

(2) Die übrigen Vorschriften über die Aufsichtsbehörde in § 30 Abs. 2 bis 5 finden entsprechende Anwendung.

Zweiter Abschnitt

§ 21 Anrufung des Bundesbeauftragten für den Datenschutz

Jedermann kann sich an den Bundesbeauftragten für den Datenschutz wenden, wenn er der Ansicht ist, bei der Verarbeitung seiner personenbezogenen Daten durch die in § 7 Abs. 1 genannten Behörden oder sonstigen öffentlichen Stellen des Bundes, ausgenommen die Gerichte, soweit sie nicht in Verwaltungsangelegenheiten tätig werden, in seinen Rechten verletzt worden zu sein.

Dritter Abschnitt

(5) Die Landesregierungen oder die von ihnen ermächtigten Stellen bestimmen die für die Überwachung der Durchführung des Datenschutzes im Anwendungsbereich dieses Abschnittes zuständigen Aufsichtsbehörden.

8.2.6 Die Aufgaben der Datenschutzbeauftragten

§ 19 Aufgaben des Bundesbeauftragten für den Datenschutz

(1) Der Bundesbeauftragte für den Datenschutz kontrolliert die Einhaltung der Vorschriften dieses Gesetzes sowie anderer Vorschriften über den Datenschutz bei den in § 7 Abs. 1 genannten Behörden und sonstigen öffentlichen Stellen des Bundes, ausgenommen die Gerichte, soweit sie nicht in Verwaltungsangelegenheiten tätig werden. Zu diesem Zwecke kann er Empfehlungen zur Verbesserung des Datenschutzes geben, insbesondere kann er die Bundesregierung und einzelne Minister sowie die übrigen in § 7 Abs. 1 genannten Behörden und sonstigen Stellen in Fragen des Datenschutzes beraten.

(2) Auf Anforderung des Deutschen Bundestages oder der Bundesregierung hat der Bundesbeauftragte Gutachten zu erstellen und Berichte zu erstatten. Außerdem erstattet er dem Deutschen Bundestag regelmäßig jährlich, erstmals zum 1. Januar 1979, einen Tätigkeitsbericht. Auf Ersuchen des Deutschen Bundestages, des Petitionsausschusses des Deutschen Bundestages oder der Bundesregierung kann der Bundesbeauftragte ferner Hinweisen auf Angelegenheiten und Vorgänge, die seinen Aufgabenbereich unmittelbar betreffen, nachgehen. Der Beauftragte kann sich jederzeit an den Deutschen Bundestag wenden.

(3) Die in Absatz 1 Satz 1 genannten Behörden und sonstigen Stellen sind verpflichtet, den Bundesbeauftragten und seine Beauftragten bei der Erfüllung ihrer Aufgaben zu unterstützen. Ihnen ist dabei insbesondere

1. Auskunft zu ihren Fragen sowie Einsicht in alle Unterlagen und Akten zu gewähren, die in Zusammenhang mit der Verarbeitung personenbezogener Daten stehen, namentlich in die gespeicherten Daten und in die Datenverarbeitungsprogramme,

2. jederzeit Zutritt in alle Diensträume zu gewähren.

Die Sätze 1 und 2 gelten für die in § 12 Abs. 2 Nr. 1 genannten Bundesbehörden mit der Maßgabe, daß die Unterstützung nur dem Bundesbeauftragten selbst und den von ihm schriftlich besonders damit betrauten Beauftragten zu gewähren ist. Satz 2 gilt für die in § 12 Abs. 2 Nr. 1 genannten Bundesbehörden nicht, soweit die jeweils zuständige oberste Bundesbehörde im Einzelfall feststellt, daß die Einsicht in Unterlagen und Akten die Sicherheit des Bundes oder eines Landes gefährdet.

(4) Der Bundesbeauftragte führt ein Register der automatisch betriebenen Dateien, in denen personenbezogene Daten gespeichert werden. Das Register kann von jedem eingesehen werden. Die in Absatz 1 Satz 1 genannten Behörden und sonstigen Stellen sind verpflichtet, die von ihnen automatisch betriebenen Dateien beim Bundesbeauftragten anzumelden. Das Bundesamt für Verfassungsschutz, der Bundesnachrichtendienst und der militärische Abschirmdienst sind von der Meldepflicht ausgenommen. Zu den Dateien der übrigen in § 12 Abs. 2 Nr. 1 genannten Bundesbehörden wird ein besonderes Register geführt. Es beschränkt sich auf eine Übersicht über Art und Verwendungszweck. Satz 2 findet auf dieses Register keine Anwendung. Das Nähere regelt der Bundesminister des Innern durch Rechtsverordnung.

(5) Der Bundesbeauftragte wirkt auf die Zusammenarbeit mit den Behörden und sonstigen öffentlichen Stellen, die für die Kontrolle der Einhaltung der Vorschriften über den Datenschutz in den Ländern zuständig sind, sowie mit den Aufsichtsbehörden nach § 30 hin.

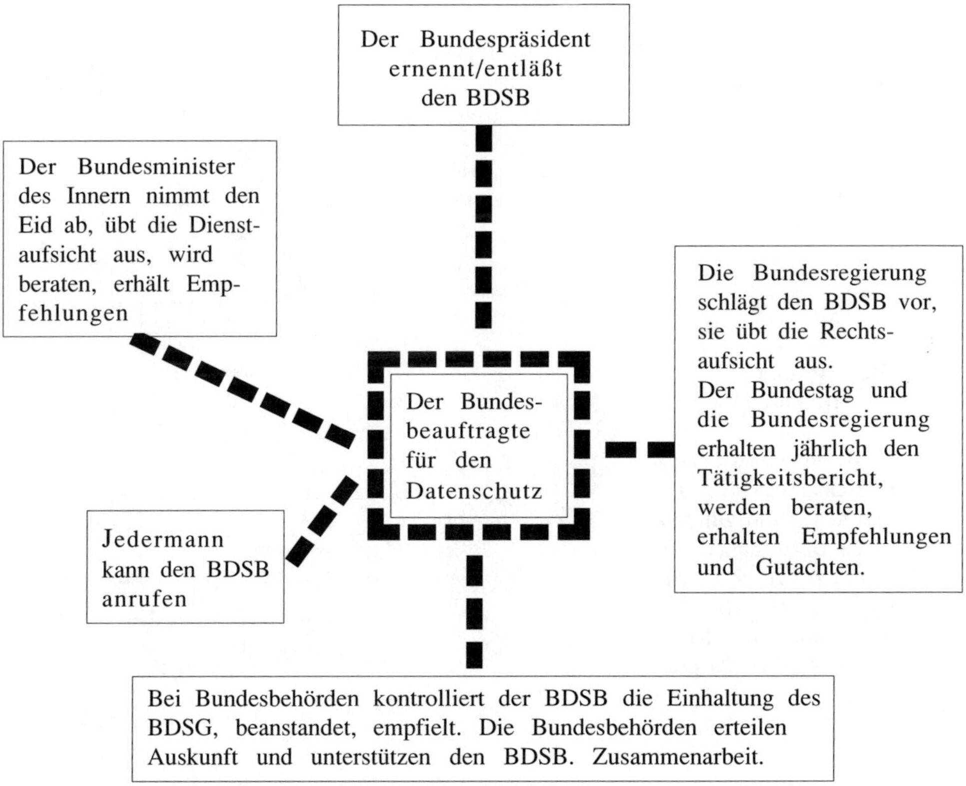

§ 29 Aufgaben des Beauftragten für den Datenschutz

Der Beauftragte für den Datenschutz hat die Ausführung dieses Gesetzes sowie anderer Vorschriften über den Datenschutz sicherzustellen. Zu diesem Zweck kann er sich in Zweifelsfällen an die Aufsichtsbehörde (§ 30) wenden. Er hat insbesondere

1. eine Übersicht über die Art der gespeicherten personenbezogenen Daten und über die Geschäftszwecke und Ziele, zu deren Erfüllung die Kenntnis dieser Daten erforderlich ist, über deren regelmäßige Empfänger sowie über die Art der eingesetzten automatisierten Datenverarbeitungsanlagen zu führen,

2. die ordnungsgemäße Anwendung der Datenverarbeitungsprogramme, mit deren Hilfe personenbezogene Daten verarbeitet werden sollen, zu überwachen,

3. die bei der Verarbeitung personenbezogener Daten tätigen Personen durch geeignete Maßnahmen mit den Vorschriften dieses Gesetzes sowie anderen Vorschriften über den Datenschutz, bezogen auf die besonderen Verhältnisse in diesem Geschäftsbereich und die sich daraus ergebenden besonderen Erfordernisse für den Datenschutz, vertraut zu machen,

4. bei der Auswahl der in der Verarbeitung personenbezogener Daten tätigen Personen beratend mitzuwirken.

§ 38 Beauftragter für den Datenschutz

Die in § 31 genannten Personen, Gesellschaften und anderen Personenvereinigungen haben einen Beauftragten für den Datenschutz zu bestellen. Die Vorschriften über den Beauftragten für den Datenschutz in §§ 28 und 29 gelten entspre-

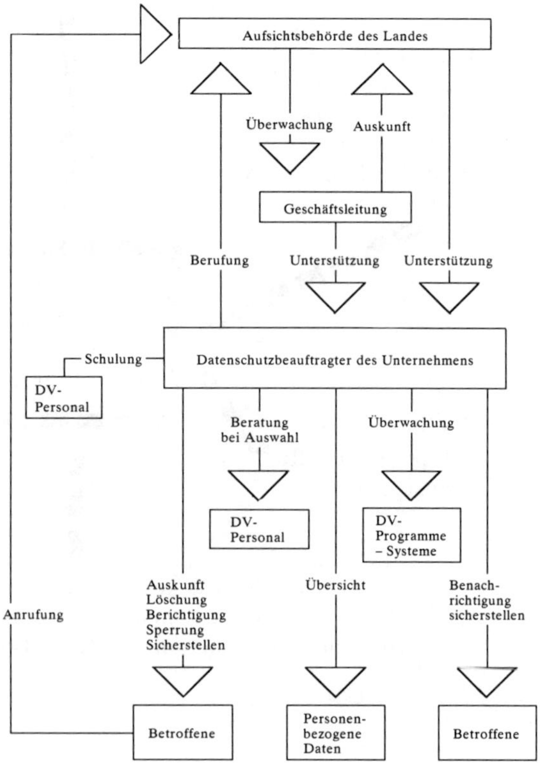

8.2.7 Die Abschnitte 5 und 6

Fünfter Abschnitt – Straf- und Bußgeldvorschriften

§ 41 Straftaten

(1) Wer unbefugt von diesem Gesetz geschützte personenbezogene Daten, die nicht offenkundig sind,

1. übermittelt oder verändert oder

2. abruft oder sich aus in Behältnissen verschlossenen Dateien verschafft, wird mit Freiheitsstrafe bis zu einem Jahr oder mit Geldstrafe bestraft.

(2) Handelt der Täter gegen Entgelt oder in der Absicht, sich oder einen anderen zu bereichern oder einen anderen zu schädigen, so ist die Strafe Freiheitsstrafe bis zu zwei Jahren oder Geldstrafe.

(3) Die Tat wird nur auf Antrag verfolgt.

§ 42 Ordnungswidrigkeiten

(1) Ordnungswidrig handelt, wer vorsätzlich oder fahrlässig

1. entgegen § 28 Abs. 1, § 34 Abs. 1 den Betroffenen nicht benachrichtigt,

2. entgegen § 28 Abs. 1, § 38 in Verbindung mit § 28 Abs. 1 einen Beauftragten für den Datenschutz nicht oder nicht rechtzeitig bestellt,

3. entgegen § 32 Abs. 2 Satz 2 die dort bezeichneten Gründe oder Mittel nicht aufzeichnet,

4. entgegen § 39 Abs. 1 oder 3 eine Meldung nicht oder nicht rechtzeitig erstattet oder entgegen § 39 Abs. 2 oder 3 bei einer solchen Meldung die erforderlichen Angaben nicht, nicht richtig oder nicht vollständig mitteilt,

5. entgegen § 30 Abs. 2 Satz 1, § 40 Abs. 2 in Verbindung mit § 30 Abs. 2 Satz 1 eine Auskunft nicht, nicht richtig, nicht vollständig oder nicht rechtzeitig erteilt oder entgegen § 30 Abs. 3 Satz 2, § 40 Abs. 2 in Verbindung mit § 30 Abs. 3 Satz 2 den Zutritt zu den Grundstücken oder Geschäftsräumen oder die Vornahme von Prüfungen oder Besichtigungen oder die Einsicht in geschäftliche Unterlagen nicht duldet.

(2) Die Ordnungswidrigkeit kann mit einer Geldbuße bis zu fünfzigtausend Deutsche Mark geahndet werden.

Sechster Abschnitt – Übergangs- und Schlußvorschriften

§ 43 Übergangsvorschriften

(1) Die Veröffentlichung über personenbezogene Daten (§ 12), die beim Inkrafttreten des Gesetzes schon gespeichert waren, hat binnen eines Jahres nach Inkrafttreten des Gesetzes zu erfolgen.

(2) Die in § 28 Abs. l, § 38 in Verbindung mit § 28 Abs. 1 und in § 39 Abs. 1 genannten Verpflichtungen treten für die Personen, Gesellschaften und anderen Personenvereinigungen, die bei Inkrafttreten des Gesetzes personenbezogene Daten verarbeiten, mit dem Inkrafttreten des Gesetzes ein.

(3) Sind zur Person des Betroffenen bereits vor dem Inkrafttreten des Gesetzes Daten gespeichert worden, so ist der Betroffene darüber nach § 28 Abs. 1 zu benachrichtigen, wenn die Daten erstmals nach dem Inkrafttreten des Gesetzes übermittelt worden sind.

(4) Sind die zur Person des Betroffenen gespeicherten Daten bereits vor dem Inkrafttreten des Gesetzes übermittelt worden, so ist der Betroffene über die Speicherung nach § 34 Abs. 1 zu benachrichtigen, wenn die Daten erstmals nach dem Inkrafttreten des Gesetzes übermittelt worden sind.

§ 44 Anwendung des Verwaltungsverfahrensgesetzes

Auf die Ausführung dieses Gesetzes ist das Verwaltungsverfahrensgesetz auch insoweit anzuwenden, als sie den Ländern obliegt.

§ 45 Weitergeltende Vorschriften

Soweit besondere Rechtsvorschriften des Bundes auf in Dateien gespeicherte personenbezogene Daten anzuwenden sind, gehen sie den Vorschriften dieses Gesetzes vor. Zu den vorrangigen Vorschriften gehören namentlich:

1. Vorschriften über die Geheimhaltung von dienstlich oder sonst in Ausübung des Berufs erworbenen Kenntnissen, z. B. § 12 des Gesetzes über die Statistik für Bundeszwecke vom 3. September 1953 (BGBl. I S. 1314), zuletzt geändert durch Gesetz vom 2. März 1974 (BGBl. I S. 489), § 30 der Abgabenordnung, § 9 des Gesetzes über das Kreditwesen in der Fassung der Bekanntmachung vom 3. Mai 1978 (BGBl. I S. 1121), §§ 5 und 8 des Gesetzes über das Postwesen, §§ 10 und 11 des Fernmeldeanlagengesetzes;

2. Vorschriften über das Zeugnis- oder Auskunftsverweigerungsrecht aus persönlichen oder berufsbedingten Gründen in Gerichts- und Verwaltungsverfahren, z. B. §§ 52 bis 55 der Strafprozeßordnung, §§ 383 und 384 der Zivilprozeßordnung, §§ 102 und 105 der Abgabenordnung;

3. Vorschriften über die Verpflichtung, die Beschränkung oder das Verbot der Speicherung, übermittlung oder Veröffentlichung von Einzelangaben über Personen, z.B. § 181 der Strafprozeßordnung, §§ 20 und 22 des Arbeitsförderungsgesetzes vom 25. Juni 1989 (BGBl. I S. 582), zuletzt geändert durch Gesetz vom 18. März 1978 (BGBl. I S. 581), § 49 des Bundeszentralregistergesetzes;

4. Vorschriften über die Beschränkung der Einsicht in Unterlagen durch Dritte, z.B. § 81 Abs. 2 und 3 des Personenstandsgesetzes, § 38 des Gesetzes über das Verwaltungsverfahren der Kriegsopferversorgung in der Fassung der Bekanntmachung vom 8. Mai 1978 (BGBl. I S. 1189);

5. Vorschriften über die Einsicht des Beamten oder Arbeitnehmers in seine Personalunterlagen, z.B. § 90 des Bundesbeamtengesetzes, § 83 des Betriebsverfassungsgesetzes;

6. Vorschriften über die Auskunftspflicht von Behörden an Bürger über die zu ihrer Person gespeicherten Daten, z.B. § 1325 der Reichsversicherungsordnung, § 104 des Angestelltenversicherungsgesetzes, § 108 h des Reichsknappschaftsgesetzes;

7. Vorschriften über die Übermittlung, Berichtigung und Löschung von in öffentlichen Registern aufgeführten personenbezogenen Daten. z.B. §§ 19, 23, 27 Abs. 2, §§ 31, 37 Abs. 1, §§ 39 bis 47 und 58 des Bundeszentralregistergesetzes, § 30 des Straßenverkehrsgesetzes, § 13 a der Straßenverkehrs-Zulassungs-Ordnung, § 12 und der 2. Abschnitt der Grundbuchordnung;

8. Vorschriften über die Verpflichtung zur Verarbeitung personenbezogener Daten bei der Rechnungslegung einschließlich Buchführung und sonstiger Aufzeichnungen, z.B. §§ 38 bis 40, 42 bis 47 des

   Handelsgesetzbuches, §§ 140 bis 148 der Abgabenordnung, § 8 der VOPR Nr. 30/53 über die Preise bei öffentlichen Aufträgen vom 21. November 1953 (Bundesanzeiger Nr. 244), § 71 der Bundeshaushaltsordnung.

Die Verpflichtung zur Wahrung der in § 203 Abs. 1 des Strafgesetzbuches genannten Berufsgeheimnisse, z.B. des ärztlichen Geheimnisses, bleibt unberührt.

§ 46 Berlin-Klausel

Dieses Gesetz gilt nach Maßgabe des § 13 Abs. 1 des Dritten Überleitungsgesetzes vom 4. Januar 1952 (BGBl. I S. 1) auch im Land Berlin. Rechtsverordnungen, die auf Grund dieses Gesetzes erlassen werden, gelten im Land Berlin nach § 14 des Dritten Überleitungsgesetzes.

§ 47 Inkrafttreten

Dieses Gesetz tritt am 1. Januar 1978 in Kraft. Abweichend davon treten in Kraft:

1. § 12 Abs. 3, § 13 Abs. 4, §§ 16 und 19 Abs. 4 Satz 8 am Tage nach der Verkündung des Gesetzes,
2. §§ 17, 18, 28 und 38 am 1. Juli 1977,
3. § 6 und die Anlage zu § 6 Abs. 1 Satz 1 am 1. Januar 1979.

Die Bundesregierung hat dem vorstehenden Gesetz die nach Artikel 113 des Grundgesetzes erforderliche Zustimmung erteilt.

Das vorstehende Gesetz wird hiermit ausgefertigt und wird im Bundesgesetzblatt verkündet.

Bonn, den 27. Januar 1977

Der Bundespräsident
Scheel

Der Bundeskanzler
Schmidt

Der Bundesminister des Innern
Maihofer

Der Bundesminister der Finanzen
Hans Apel

Bereits in der 8. Legislaturperiode wurde eine Änderung des Gesetzes versucht. Mit unterschiedlichen Begründungen haben alle Fraktionen die Novellierung angestrebt, jedoch kamen auch danach die Bemühungen nie soweit, daß das Gesetz in 2. und 3. Lesung verabschiedet werden konnte. Nun besteht – aufgrund der Koalitionsvereinbarungen zu Beginn der 11. Legislaturperiode – eine Chance, daß der Regierungsentwurf nach der 1. Lesung so zügig durch die Ausschüsse verabschiedet wird, daß möglicherweise im September 1989 Änderungen in Kraft treten können.

8.3 Datensicherung

Ein Sicherungsbedürfnis besteht nur dann, wenn Gefahren drohen. Von der Zeitschrift für Kommunikations- und EDV-Sicherheit wurde Anfang 1988 eine Sicherheitsuntersuchung durchgeführt und man hat DV-Fachleute, die in ihren Betrieben für die Sicherheit der Informationsverarbeitung verantwortlich sind, unter anderem gefragt, wodurch die Sicherheit ihrer Informationsbearbeitung in den letzten Jahren besonders beeinträchtigt worden ist.

Mögliche Antworten waren:

Irrtum von Seiten ihrer Mitarbeiter
Nachlässigkeit von Seiten ihrer Mitarbeiter
Manipulation von Daten bzw. Programmen
Diebstahl
Sabotage
Spionage
technische Defekte
höhere Gewalt
externe Mißbrauchsversuche (z.B. Hacking)
keine Angabe

Von 166 Befragten sahen 71,1% die Gefahr im Irrtum oder in der Nachlässigkeit von Seiten der Mitarbeiter, 63,9% in technischen Defekten, dagegen nur 2,4% im Hacking oder 1,8% durch Sabotage und nur 0,6 % durch Spionage. Es drohen demnach hauptsächlich die Gefahren durch Irrtum oder Nachlässigkeit von Mitarbeitern oder durch technische Defekte, was allerdings nicht ausschließen soll, daß wir insbesondere sensible Datenbestände gegen böswilligen fremden Zugriff nicht besonders schützen müssen.

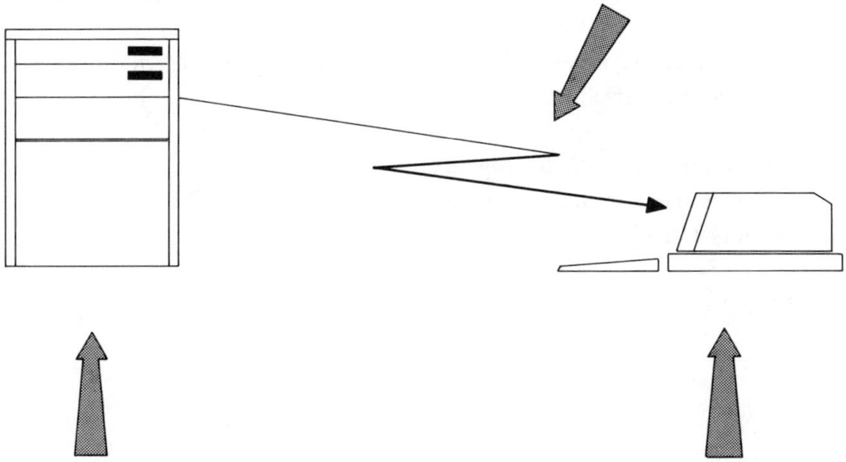

Überall dort, wo Daten gespeichert werden, müssen wir sie gegen beabsichtigte oder unbeabsichtigte Veränderung schützen, d.h. in der Zentraleinheit gleichermaßen wie auf externen Geräten und auf den Übertragungswegen.

8.3.1 Arbeitsspeicher und externe Speicher

Der Arbeitsspeicher einer Zentraleinheit ist von der elektrischen Stromversorgung abhängig, d.h. bei einer – noch so kurzen – Unterbrechung der Stromversorgung sind die im Speicher enthaltenen Daten unwiederbringbar verloren; wenn wir sie nicht vorher in Sicherheit gebracht haben. Hierzu dienen unter anderem die externen Speicher wie Platte, Magnetband usw., auf denen man in regelmäßigen Abständen die Daten sichern sollte. Es gibt Rechner, die eine interne Batterie mit soviel Ernergie haben, wie bei einem Ausfall zumindest noch für die Sicherung des Speicherinhalts benötigt wird. Dann müssen allerdings auch die externen Geräte noch so lange aufnahmefähig sein können, bis alles übertragen wurde – was in der Beschreibung einfacher klingt, als es technisch machbar ist.

Nicht gegen Löschung, sondern gegen beabsichtigte oder unbeabsichtigte Veränderung müssen wir die Daten in der Zentraleinheit schützen, indem wir durch geeignete Maßnahmen den Zugriff auf diese Daten verhindern oder nur kontrolliert gestatten. Die sicherheitsmäßige Abschottung einzelner Nutzer in einem System wird durch die Qualität des Betriebssystems mehr oder weniger gut realisiert und entzieht sich in der Regel der Manipulation durch den Nutzer. Dieser Speicher- und Zugriffsschutz bietet in Multiprogramming-Systemen Gewähr dafür, daß Teilnehmer und Teilhaber weder stören noch gestört werden können.

Permanente Datenträger wie z.B. Speichergeräte mit magnetisierbarer Oberfläche (Diskette, Magnetband, Magnetplatte) sind in bezug auf die Speicherung vom Strom unabhängig, gleichwohl sind Sicherungsüberlegungen auch bei diesen Datenträgern notwendig, zumal sie auch außerhalb der Geräte, in denen sie gelesen oder geschrieben werden, aufbewahrt werden können/müssen.

Das Objekt der Datensicherung sind die Daten. Abhängig vom Medium, d.h., von den Datenträgern, sind die Verfahren nach

hardwaremäßigen Sicherungen,
softwaremäßigen Sicherungen und
organisatorischen Sicherungen

zu unterscheiden.

8.3.2 Sicherungen von Magnetbändern

Auf Magnetbändern werden serielle/sequentielle Dateien gespeichert. Dies gilt ebenso für Magnetbandkassetten (z.B. für IBM 3480 oder Kassetten für Datarecorder). Geräte und Datenträger haben in der Regel eine Vorrichtung, die gegen unbeabsichtigtes Überschreiben schützt. Beim Magnetband ist es der Schreibring, der das Beschreiben eines Magnetbandes nur zuläßt, wenn er auf der Rückseite der Spule eingelegt ist. Wenn er nicht eingelegt ist, wird eine mechanische Sperre wirksam.

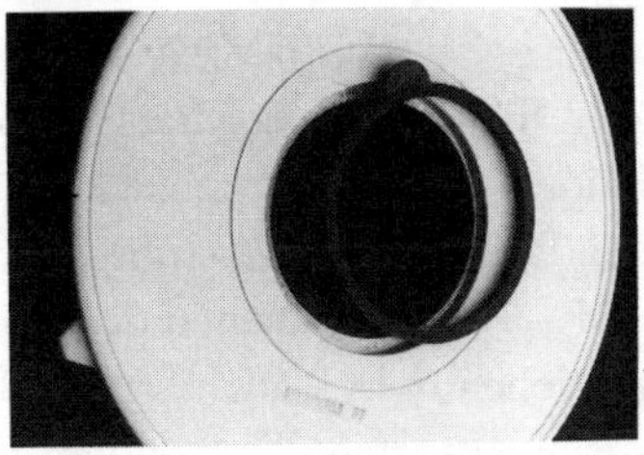

Bild 8.4 Der Schreibring eines Magnetbandes

Bild 8.5 Die mechanische Überspielsicherung bei Tonkassetten

Diese mechanische Überspielsicherung kennen wir auch von Tonkassetten, die Opas Heimatklänge vor dem Überspielen durch des Enkels Rockmusik schützen, es sei denn, der Enkel Überklebt die herausgebrochene Sicherung mit Klebeband und macht damit das Überspielen möglich. Hieran zeigt sich auch die Wirksamkeit dieser hardwaremäßigen Sicherungsmaßnahme. Sie schützt nur dann, wenn sie konsequent angewendet wird und nur gegen unbeabsichtigtes Überschreiben.

Magnetbänder sollten an einem sicheren Ort aufbewahrt werden, wo sie gegen äußere Einwirkungen und unberechtigten Zugriff geschützt sind. Je nach Bedeutung für das Unternehmen sind die Datenbestände in Spezialschränken, Tresoren oder speziell gesicherten Archivräumen aufzubewahren, die auch entfernt vom Rechenzentrum liegen können, in einem anderen Gebäude, außerhalb der Liegenschaft, in einer Zweigstelle oder bei einem befreundeten Unternehmen, im Schließfach einer Bank usw.

Je höher die Speicherdichte ist oder je höher die Datenübertragungsrate zwischen einzelnen Geräten, desto stärker ist die Störanfälligkeit bei der Übertragung und Speicherung. Beim Magnetband wird auf einer zusätzlichen Spur ein Prüfbit gespeichert. Eine mögliche Methode zur Errechnung dieses Prüfbit, genannt NRZI, zählt die Anzahl der gesetzten Bit in einem Byte und ergänzt auf ungerade, so daß bei der Prüfung immer eine ungerade Anzahl von gesetzten Bit in jedem Byte vorhanden sein muß. Die Bit werden dual gezählt, eine ungerade duale Zahl hat an der Einerstelle eine 1, ist also nicht Null (NO RETURN TO ZERO), was dieser Methode den Namen gab. Es gibt – abhängig vom Hersteller des Magnetbandgerätes – andere Aufzeichnungs- und Prüfverfahren. Die Magnetbandprospekte der Hersteller geben darüber Auskunft.

Ein weiteres softwaremäßiges Sicherungsverfahren ist die Verwendung von Kennsätzen (Etiketten). Wir unterscheiden Datenträgerkennsätze (VOL – VOlume-Label). Sie dienen zur Identifizierung und Prüfung des Datenträgers, beim Magnetband also der Bandrolle. Dateikennsätze (HDR– HeaDeR) dienen der Identifizierung und Prüfung von Datenbeständen, von Dateien. Neben dem Namen der Datei werden Erstellungsdatum, Aufbewahrungszeit und physische Attribute (Satzlänge, Blockungsfaktor, Satzformat) gespeichert.

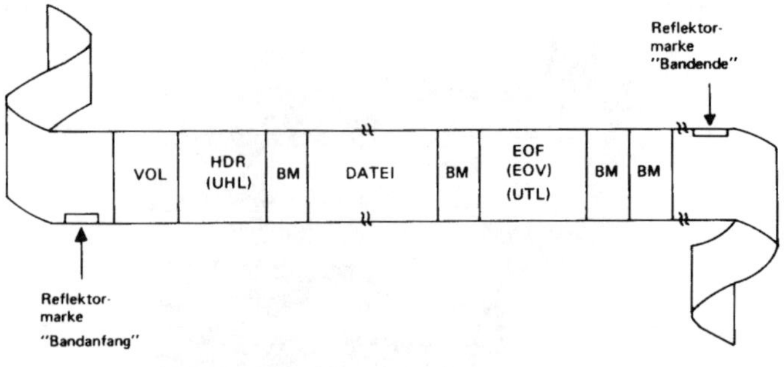

Die **Reflektormarken** auf Magnetband signalisieren Bandanfang und Bandende. Die **Kennsätze** werden magnetisch gespeichert und sind daher nicht sichtbar.

Organisatorische Sicherungsverfahren für Magnetbanddateien sind abhängig von der jeweiligen Aufgabe im Einzelfall festzulegen. Die einfachste Form ist die Anfertigung eines Duplikats und die Auslagerung.

Achtung, eine Erfahrungsregel in der Datenverarbeitung besagt:

Kopierter Unsinn ist auch Unsinn!

Auch die Aufbewahrung von Generationen (Großvater, Vater, Sohn) eines Datenbestandes mit den dazugehörigen Änderungsdaten kann bei einigen Aufgaben sinnvoll sein.

Neben den Sicherungsmaßnahmen, die der Rekonstruktion von Dateien dienen, können in den Programmen, die diese Dateien verarbeiten, Kontrollen auf die Vollzähligkeit, in bezug auf die Plausibilität, auf Abgrenzungen durchgeführt werden. Je nach Bedeutung der Aufgabe und des Datenbestandes sind mehr oder weniger aufwendige Sicherungsverfahren notwendig. Während bei sensiblen Anwendungen mit erheblichem Aufwand für die letzten Prozent mehr an Sicherheit unverhältnismäßig viel investiert werden muß, kann z.B. bei statistischen Auswertungen dann großzügiger verfahren werden, wenn sich Fehler nur an der dritten Stelle nach dem Komma auswirken könnten. Hier ist die Phantasie der Organisatoren gefordert, die nicht nur die Aufgabe sondern auch die technischen Möglichkeiten beherrschen müssen.

8.3.3 Magnetspeicher mit direktem Zugriff

Die nachfolgenden Ausführungen gelten gleichermaßen für alle Speicher mit direktem Zugriff, unabhängig davon, ob Datenträger aus dem Gerät entfernt werden können (removeable) oder fester Bestandteil sind (fixed), unabhängig von Zugriffsgeschwindigkeit, Speicherkapazität und Zugriffmechanismus. Man spricht von *physikalischen* Sicherungen, wenn die Daten unabhängig vom Inhalt und von Veränderungen kopiert werden, von *logischen* Sicherungen, wenn nur die Daten gesichert werden, die seit der letzten Sicherung verändert wurden.

Sicherungsverfahren für Disketten

Disketten können hardwaremäßig gegen unbeabsichtigtes Überschreiben geschützt werden:

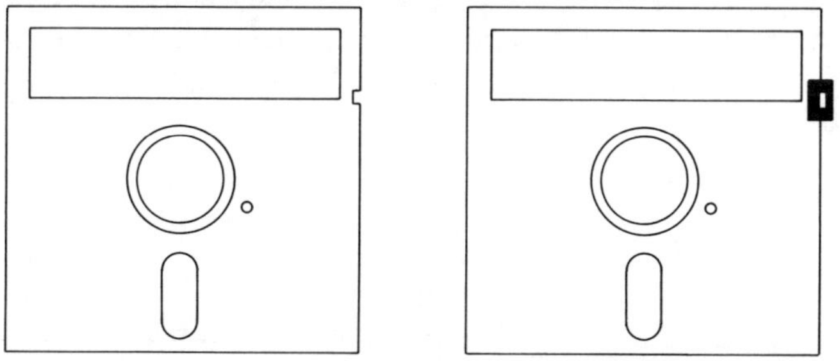

Diese mechanische Sicherung soll verhindern, daß Dateien auf einer Diskette unbeabsichtigt überschrieben werden. Dieser Schutz ist verhältnismäßig einfach anzubringen und zu entfernen, nur eine sinnvolle Handhabung bietet daher tatsächlich den gewünschten Schutz. Disketten werden wegen der hohen Speicherkapazität und der leichten Handhabbarkeit sehr häufig für einen Datenträgeraustausch eingesetzt. Beim Versand sollte man daher darauf achten, daß die Datenträger gegen Beschädigungen auf dem Transportweg geschützt den Empfänger erreichen. Gefahren drohen hauptsächlich von mechanischen

Beschädigungen, durch starke Magnetfelder ausgelöste sind zwar möglich, aber in der Praxis sehr selten. Hier schützen Duplikate vor Datenverlusten.

Disketten werden softwaremäßig über Kennsätze geschützt. Neben dem Datenträgerkennsatz (Volume-Label) hat jeder Datenbestand auf der Diskette einen Dateikennsatz. Der Name einer Datei muß innerhalb einer Diskette eindeutig sein. Je nach Fabrikat und Betriebssystem können in diesen Kennsätzen Erstellungsdatum, Schreibschutz, Paßworte und ähnliche softwaremäßige Sicherungsmaßnahmen verwendet werden. Organisatorische (logische) Sicherungsverfahren sind auch bei Datenbeständen auf Diskette von der Aufgabe abhängig zu wählen. Weil Kosten und Aufwand gering sind, ist auch hier das einfachste Verfahren das Anfertigen von (physikalischen) Sicherungskopien. Der sicheren Aufbewahrung dieser Sicherungskopien ist die gleiche Bedeutung beizumessen wie der konsequenten Durchführung von Sicherungsarbeiten. Eine Regel sollte auch sein, daß nie mit einem Sicherungsbestand gearbeitet wird, sondern daß im Bedarfsfall erst von der Sicherungskopie eine Kopie angefertigt wird. Hier wissen erfahrene Datenverarbeiter zu berichten, daß der nächste Arbeitsgang *eigentlich* ein Sicherungslauf gewesen wäre, wenn es mal gekracht hat.

Die Magnetplatte

Hardwaremäßige Sicherungsverfahren an Magnetplatten sind deswegen meist nicht sinnvoll, weil auf jedem Magnetplattenstapel eine Vielzahl von Dateien differenzierte Zugriffe erfordert. Es gibt Geräte, an denen mit einem mechanischen Schalter ein Schreibschutz eingeschaltet wird, der dann aber für sämtliche Datenbestände auf diesem Gerät gilt. Während üblicherweise auf Magnetband Dateien in einer gesonderten Spur ein Prüfbit pro Byte gespeichert wird, werden bei den Magnetplattendateien am Ende jedes Satzes zwei Prüfbyte gespeichert, die Kontrollsummen für den jeweiligen Satz enthalten.

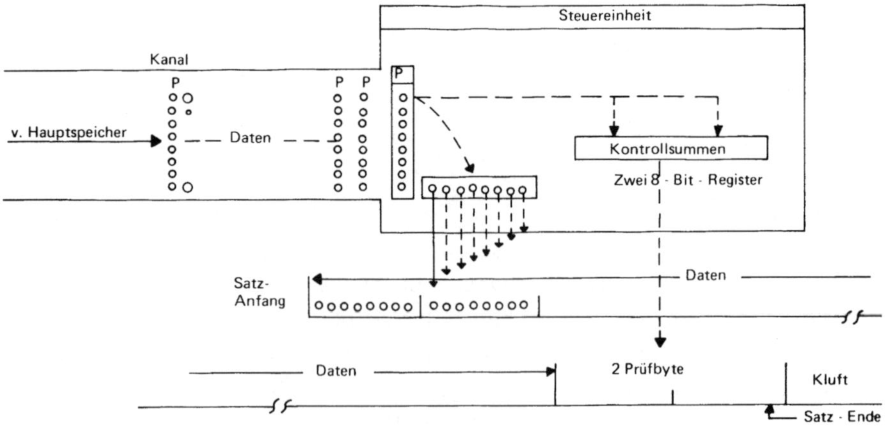

Der Zweck der Prüfbit ist der gleiche, wie der bei Magnetbanddatei: es ist eine Vollzähligkeitsprüfung. Wegen der Packungsdichte und der hohen Übertragungsgeschwindigkeit werden Schreib-Lese-Versuche dann, wenn diese Prüfbyte Fehler signalisieren, je nach Betriebssystem mehrfach wiederholt, bis entweder eine korrekte Übertragung festgestellt wird oder erst nach einer bestimmten Anzahl von Fehlversuchen ein Schreib-Lese-Fehler signalisiert wird. Die Fehlversuche werden üblicherweise in internen Protokollen (ERROR LOGs) aufgezeichnet und geben so dem Systemtechniker Hinweise für mögliche Fehlerquellen.

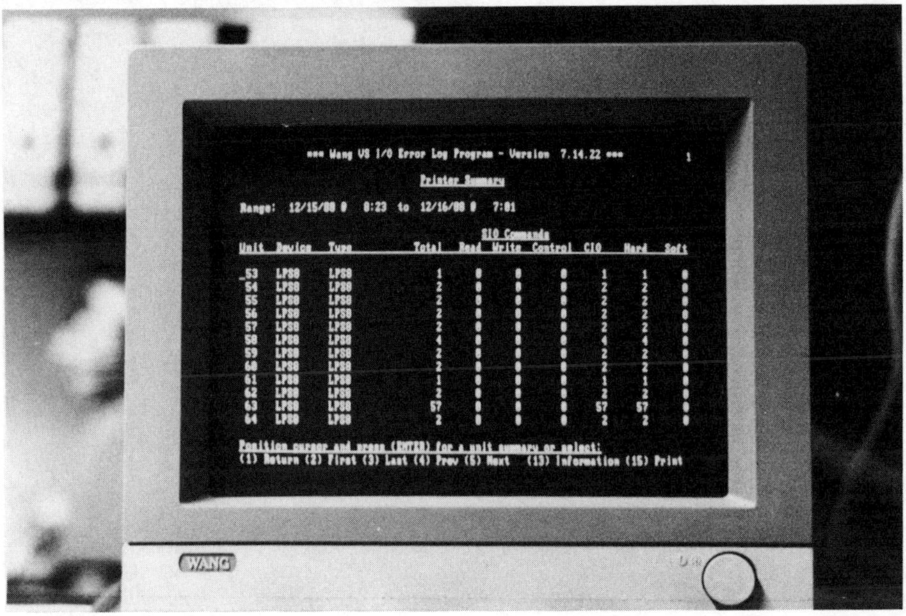

Bild 8.6 Ein ERROR LOG mit einer erkennbaren Fehlerhäufung beim Drucker Nr. 63

Zu den softwaremäßigen Sicherungsverfahren gehören auch die Kennsätze auf Magnetplattenstapeln. Der Datenträgerkennsatz, der beim Initialisieren der Platte angelegt wird, enthält Informationen zur Indentifizierung des Datenträgers. Es steht an einer ganz bestimmten Stelle auf jedem Plattenstapel: im Zylinder 0, Spur 0, Satz 3. Er enthält außerdem eine Adresse, die auf das Verzeichnis der Dateikennsätze zeigt.

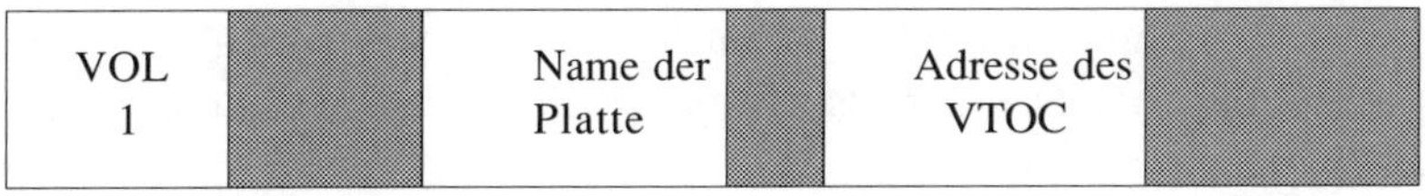

Zylinder 0, Spur 0, Satz 3

Das Dateikennsatzverzeichnis (VOLUME TABLE OF CONTENTS – VTOC) enthält alle Kennsätze für die auf dieser Platte gespeicherten Dateien. Neben dem eindeutigen Namen jeder Datei und der tatsächlichen Adresse auf dem Plattenstapel stehen in diesen Kennsätzen die physischen Attribute für die jeweilige Datei (Satzlänge, Blocklänge, Satzformat) und je nach Organisationsform der Datei auch weitere Angaben bzw. Verweise auf andere Kennsätze. Dieses VTOC ist besonders empfindlich und wird daher durch das Betriebssystem auch gesondert verwaltet und geschützt.

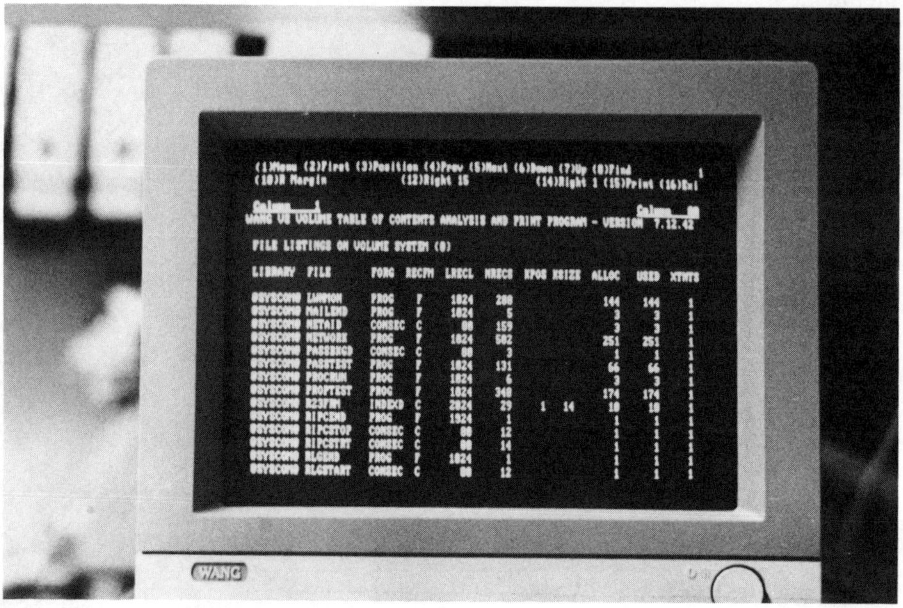

Bild 8.7 Auszugsweise Anzeige eines VTOC

Die organisatorischen Sicherungsverfahren für Magnetplatten beziehen sich einmal auf die evtl. notwendige Rekonstruktion von Dateien. Zu diesem Zweck werden in regelmäßigen Abständen die Datenbestände in einen zweiten Bereich kopiert, auf einen weiteren Plattenstapel oder auf ein Magnetband übertragen. Hierfür gibt es Standardprogramme der Hersteller. Neben der sicheren Aufbewahrung der Kopien müssen für eine lückenlose Rekonstruktion auch die Veränderungen seit der letzten Sicherung aufbewahrt werden. Wiederum abhängig von der Aufgabe und Empfindlichkeit des Datenbestandes sind mitunter recht aufwendige Sicherungsverfahren vorzusehen. Bei einem zeitkritischen Online-Update-Verfahren, wie z. B. einem Platzbuchungssystem für Reisebüros, sind komplexere Verfahren notwendig, als z.B. bei einer im Jahr durchzuführenden Inventur eines Lagerbestandes.

Neben den Methoden, die der Rekonstruktion von Dateien dienen, sind solche zu programmieren, die ungewollte Manipulationen ausschließen, wie z.B. Summenkontrollen, Plausibilitätsprüfungen, Grenzprüfungen oder Zählen von Posten.

8.3.4 Die Sicherheit optischer Speicher

Aus Kosten- aber auch aus Sicherheitsgründen werden optische Speicher immer attraktiver. Weil diese Datenträger üblicherweise nur gelesen werden können, sind keine Maßnahmen notwendig, die ein unbeabsichtigtes Überschreiben verhindern. Es ist durch entsprechende softwaremäßige und organisatorische Sicherung «nur» dafür Sorge zu tragen, daß Informationen Unbefugten nicht zugänglich werden, entsprechend den Maßnahmen bei der Magnetplatte.

8.4 Datenschutz – Datensicherung, Zusammenfassung und Zielkonflikte

Datenschutz – Datensicherung, nach Interpretation durch den DV-Hersteller Siemens:

Datenschutz ist im *engeren* Sinne gemäß Bundesdatenschutzgesetz die Aufgabe, durch den Schutz der personenbezogenen Daten vor Mißbrauch bei der Datenverarbeitung der Beeinträchtigung schutzwürdiger Belange der Betroffenen entgegenzuwirken;

ist im *weiteren* Sinne die Aufgabe, durch den Schutz der Daten vor Mißbrauch in ihren Verarbeitungsphasen der Beeinträchtigung fremder und eigener schutzwürdiger Belange zu begegnen.

Datenschutz wird im Unternehmen realisiert durch

Einhaltung von Unternehmensgrundsätzen und Unternehmensrichtlinien

Einhaltung von gesetzlichen Vorschriften,

problembewußtes Handeln,

zweckentsprechende Anwendung der Datensicherung.

Datensicherung ist die technisch-organisatorische Aufgabe, die Sicherheit von Datenbeständen und Datenverarbeitungsabläufen zu gewährleisten, d.h., insbesondere zu erreichen, daß

der Zugriff zu Daten nur Berechtigten möglich ist,

keine unerwünschte bzw. unberechtigte Verarbeitung von Daten erfolgt, die Daten bei der Verarbeitung nicht verfälscht werden,

die Daten reproduzierbar sind.

Diese Aufgabe wird gelöst durch

in Hardware und Software enthaltene technische und organisatorische Vorkehrungen und Maßnahmen,

übrige organisatorische sowie bauliche und personelle Vorkehrungen und Maßnahmen

Ziel bzw. Ergebnis der Datensicherung ist die Datensicherheit.

Betrachtet man die Objekte, Ziele und Mittel, die Datenschutz von Datensicherung unterscheiden, ergibt sich folgende zusammenfassende Übersicht:

	Datenschutz	**Datensicherung**
Objekt	Personen	Daten
Ziel	Rechtsgüter schützen Schutz der Privatsphäre	Inhalte bewahren Sicherung gegen Manipulation
Mittel	1. Gesetze 2. Technische und organisatorische Maßnahmen	1. Technische und organisatorische Maßnahmen 2. Gesetze

Ein Geheimnis bleibt nur dann ein Geheimnis, wenn es nur an dem bestimmten Ort und nur für Befugte zugänglich gespeichert wird. Ein Paßwort, das nur in einem Kopf angesiedelt ist und das der Rechner nur zur Identifizierung verwendet und keinem anderen preisgibt, erfüllt den eigentlichen Zweck und ist sicher. Der Grundsatz für Geheimhaltung: **«Kenntnis nur, wenn nötig!»** gilt hier sinngemäß.

Das, was wir für die Datensicherung zur möglichen Rekonstruktion bei Verlust investieren, läuft dem Datensicherungsziel Kenntnisnahme durch Unbefugte zuwider. Dieser Zielkonflikt ist grundsätzlich nicht auflösbar; Im Einzelfall muß man entscheiden, welchem Ziel man den höheren Rang einräumt.

Beispiele:

Wird an einem Büroarbeitsplatz eine moderne Textverarbeitung genutzt, dann kann diese Textverarbeitung sowohl für das Schreiben von Kochrezepten, als auch für die Verarbeitung personenbezogener Daten genutzt werden. Werden Standardbriefe mit Adressen gemischt, erfüllt zumindest der Adreßbestand alle Erfordernisse einer Datei nach dem Datenschutzgesetz. Ob und wie ein Textverarbeitungssystem für personenbezogene Daten genutzt wird – oder nicht – kann ein Kontrollierender nur dann feststellen, wenn ihm alle Daten offen gelegt werden.

Die Deutsche Bundespost muß mitunter ihren Kunden beweisen können, daß eine Dienstleistung ordnungsgemäß erbracht wurde, daß z.B. ein Telefongespräch vom Autotelefon zum richtigen Empfänger geschaltet wurde oder eine Teletex transparent übertragen und dem Empfänger bereitgestellt wurde. Dies erfordert eine Aufzeichnung aller Aktivitäten. Aus der Sicht des Datenschutzes eine brisante Ansammlung von Informationen über Aktivitäten oder gar Aufzeichnungen von Inhalten.

Der Konflikt läßt sich nur zufriedenstellend dadurch auflösen, daß das Bewußtsein um den Umgang mit personenbezogenen Daten integraler Bestandteil jedweder Tätigkeit wird. D.h., die Verantwortung wird bei demjenigen angesiedelt , der auch inhaltlich für diese Daten verantwortlich ist. Die Datenverarbeitung selbst darf keine Kontrollfunktionen ausüben. Sie ist eine technische Instanz für Dienstleistungen und muß dies auch bleiben. Der Dezentralisierung der technischen Möglichkeiten muß auch die Delegation der Verantwortung für das Handeln mit dem Instrument folgen.

Zuwiderhandlungen sind kriminell!

Mit einem einigermaßen geschickten Daumen schafft man innerhalb einer halben Stunde ein dreistelliges Zahlenkombinationsschloß, denn es gibt maximal 1000 Versuche, die Möglichkeiten von 000 bis 999. Ein sehr einfacher Algorhythmus. Überträgt man dieses Zählen einem Rechner und verwendet nicht nur die Ziffern, sondern auch die möglichen Buchstaben und Sonderzeichen, findet man sehr einfach und sehr schnell die Zeichenkombination eines Paßworts, wenn keine zusätzlichen Sicherungsmaßnahmen wirken (z.B. maximal drei Versuche, wie bei Kassenautomaten). Daß dies **keine anerkennungswürdige Heldentat,** sondern eine **strafbare Handlung** nach unserem gültigen Strafrecht ist, zeigt § 202a StGB sehr eindringlich:

§ 202a. Ausspähen von Daten.

(1) Wer unbefugt Daten, die nicht für ihn bestimmt und die gegen unberechtigten Zugang besonders gesichert sind, sich oder einem andren verschafft, wird mit Freiheitsstrafe bis zu drei Jahren oder mit Geldstrafe bestraft.

(2) Daten im Sinne des Absatzes 1 sind nur solche, die elektronisch, magnetisch oder sonst nicht unmittelbar wahrnehmbar gespeichert sind oder übermittelt werden.

9 Entwicklungstendenzen der DV und Auswirkungen auf die Gesellschaft

Die Wandlungen in Technik und Gesellschaft sind unbestritten gravierender denn je zuvor. Eine Prognose für die Zukunft muß eine Vermischung von unvorhersehbaren und vorhersehbaren Entwicklungen sein. Eine Differenzierung nach verschiedenen Bereichen ist notwendig. Den einfachen Fall, daß man Parameter der Vergangenheit auf einer Geraden abtragen und das ganze als Trend mit einer linearen Funktion in die Zukunft transformiert, kann es allein wegen der möglichen unvorhersehbaren Einflüsse nicht geben. Auch verliefen diese Prozesse in der Vergangenheit nie in Zyklen oder Schüben, die durch mathematische Funktionen darstellbar waren. Das mathematische Instrumentarium ist zwar beeindruckend aber nicht anzuwenden.

9.1 Bisherige und zukünftige Entwicklungstendenzen der DV

Die nachfolgenden Vorhersagen, die nach

Hardware-Entwicklung,
Entwicklung der Software und
Entwicklung der Kommunikationstechnik

untergliedert sind, beruhen nicht auf Berechnungen, sondern auf Annahmen, die – soweit es möglich ist – offengelegt werden.

9.1.1 Hardware-Entwicklung

Selbst Fachleute staunen immer wieder über die Entwicklung der Hardware-Technologie. Die Speicher- und Rechentechnik hat seit dem Ende des zweiten Weltkrieges exponentielle Verbesserungsprozesse durchgemacht, für die es in der Geschichte keine Parallele gibt. Wichtige Kenngrößen bei Rechnern sind die *Operationen pro Sekunde*, die *Zahl der Speicherelemente oder Schaltkreise pro Fläche* und der *Preis je Schaltelement/Speicherplatz*. Wenn auch in der Vergangenheit bei diesen Kenngrößen in einem gutem Jahrzehnt fast Steigerungsfaktoren um 1000 erreicht wurden, setzt doch die Physik hier Grenzen für das weitere Wachstum. Daß sich die Technik diesen Grenzen nähert, zeigen die verlangsamten Innovationsschübe. Auch wenn Baumaße und Taktgeschwindigkeiten korrellieren, so haben sie doch ihre eigenen Grenzen. Die einzelnen Speicher/Schaltelemente werden sicher die Atomgrenze nicht unterschreiten können. Die Schaltgeschwindigkeit wird ihre Grenze in der Lichtgeschwindigkeit finden.

Unsere heutigen Rechner brauchen für eine Operation die Zeit, die vergleichsweise das Licht benötigt, um weniger als einen Meter zurückzulegen. Derartige Kenngrößen aus den Prospekten der Hersteller haben weniger praktische Bedeutung, als Vergleichstests (**Benchmark-Tests**) mit einem problemorientierten Mix von Instruktionen oder mit einer echten Anwendung. Hinzu kommen aber wichtige Merkmale wie **Verläßlichkeit** und **Service-Freundlichkeit** der Systeme; denn in diesen Bereichen muß uns die Zukunft erhebliche Erneuerungen bringen. Redunante Bauelemente, Fernwartung und weitere Modularisierung werden die Betriebsausfallzeiten mindern.

Zu Vergleichen verwenden Datenverarbeiter gerne Automobile: Wäre die Automobiltechnik im Laufe der letzten 30 Jahre ähnlichen Umwälzungen ausgesetzt gewesen, wie die Technik der elektronischen Informationsverarbeitung, dann müßte heute ein Wagen der Mittelklasse etwa 10 DM kosten. Er hätte eine Spitzengeschwindigkeit von 100 000 km /h, würde 5 000 Personen Platz bieten und mit einem halben Liter Benzin 1 000 km weit fahren. Er wäre kleiner als ein Matchbox-Auto.

9.1.2 Entwicklung der Software

Die Software wird künftig noch mächtiger, komfortabler, noch sicherer, noch wichtiger und noch teurer werden.

Zwar setzt uns die Mächtigkeit neuer Software auch immer wieder in Erstaunen, dennoch sind es nicht die gleichen Effekte, die dies bewirken - insbesondere nicht bei der Entwicklung der Kosten. Während noch in den 60er und 70er Jahren die Hardwarekosten in einem Datenverarbeitungsbudget dominierten, zu Beginn der 80er Jahre Hard- und Software etwa gleiche Anteile hatten, öffnet sich die Schere nun dahin, daß die Softwarekosten überwiegen.

Die Hardware-/Software-Schere:

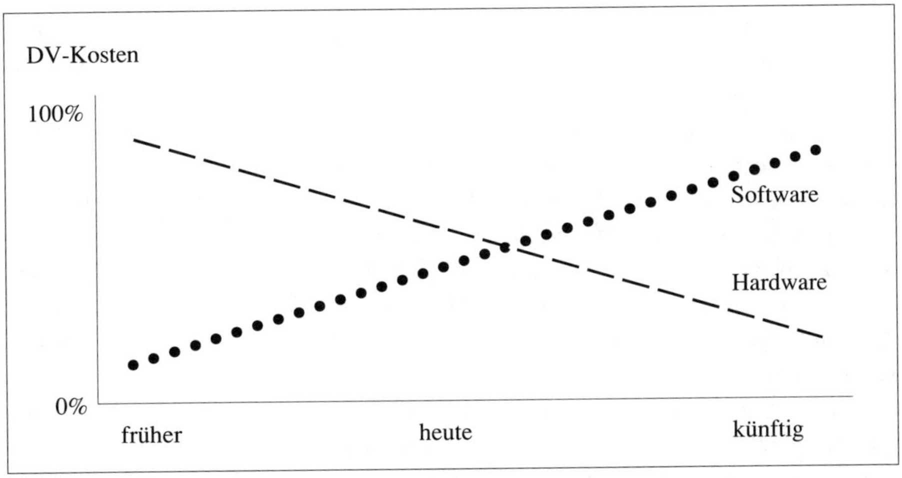

Berücksichtigt man den Entwicklungsaufwand für die immer komplexer werdenden Betriebssysteme, scheint diese Entwicklung auch gerechtfertigt. Die Programme des Betriebssystems unterstützen und überwachen den Bediener, den Programmierer, den Nutzer. Mit dem Komfort wächst natürlich auch die Größe des Systems, gemessen in Systemprogrammzeilen sogar überproportional. Zusätzliche Funktionen, wie Nutzerfreundlichkeit erhöhen, Verläßlichkeit des Systems oder den Service verbessern, erweitern nicht nur den Umfang des Systems, sondern auch den damit verbundenen internen Verwaltungsaufwand. Eine weitgehende Standardisierung wird uns - hoffentlich - die Zukunft der Betriebssysteme bescheren. Anwendungen sollen **portabel** werden, nicht nur horizontal auf verschiedenen Rechnern in verschiedenen Betrieben, sondern insbesondere auch vertikal beim Systemaufwuchs innerhalb des Betriebes. Die Unterstützung der Kommunikation durch die Betriebssysteme und die Sicherheitserfordernisse bei der Vernetzung von Rechnern und die Standardisierung der Kommunikation fordern immer höheren Entwicklungsaufwand.

Die künftige Entwicklung wird daher dahin zielen, daß die Benutzung des Rechners immer einfacher, problemloser und sicherer werden wird und damit werden die Betriebssysteme immer aufwendiger und mächtiger.

Über die Entwicklung von Expertensystemen für die kommerzielle Nutzung eine Prognose zu wagen, fällt angesichts der im November 1988 veröffentlichten Diskussion in der Zeitschrift **online** schwer:

«Einen bösen Rückschlag haben Hersteller von Expertensystemen in USA zwischen 1987 und 1988 laut einer Studie des Marktforschungsinstitutes Ovum erlitten. Führende Unternehmen in diesem Marktsegment mußten samt und sonders Verluste hinnehmen.

Auch in England waren Verluste an der Tagesordnung. In den übrigen europäischen Ländern war die Situation nur deshalb weniger dramatisch, weil das Geschäft mit Expertensystemen in einem frühen Entwicklungsstadium steckt. Wurde zuviel erwartet? Ist das Label <Expertensystem> am Ende nichts anderes als ein Trick gewiefter Marketiers? Online hat bei acht Herstellern und sechs Anwendern nachgefragt: Dr. Uwe Gill, Geschäftsführer von lnsiders in Mainz sieht in der <mangelnden Risikobereitschaft des Top-Managements und der Agitation des DV-Managements gegen diese Technologie> ein wesentliches Markthemmnis. Peter Schlelein, Pressesprecher der Volkswagen AG in Wolfsburg, sieht den Haupthinderungsgrund in der Tatsache, daß die verfügbaren Entwicklungswerkzeuge derzeit nur von KI-Profis sinnvoll genutzt werden können. Hasko Fröse, Leitung Strategisches Marketing bei Mannesmann Kienzle in Villingen, schließlich macht die fehlende Integration von Expertensystemen in die übrige DV als Haupthemmnis verantwortlich.

Grundsätzlich gibt es zwei Ansätze für die Entwicklungsumgebung von Expertensystemen: Die sogenannte Programmiersprachen wie Prolog, Lisp oder C. <In USA ist deutlich eine Abkehr von den Shells zu beobachten. Shells sind schwer in bestehende Systeme zu integrieren. Sie machen nur bei geschlossenen Problemlösungen Sinn. Der Trend geht in Richtung Sprachkonzepte,> ist Harald Summa, Marketing- und Vertriebsleiter bei lnfodas, Köln, fest überzeugt. Hält Dr. Hendrik Schlenz von NCR in Augsburg dagegen: <Grundsätzlich ist der Einsatz einer dem Problem angemessenen Shell einem Start auf der Basis einer KI-Sprache vorzuziehen. Zur Optimierung kann später ein Rückgriff auf LISP- oder PROLOG-Programmierung sinnvoll sein.> Geschäftsführer Ralf Heidger von der H.A.N.D. GmbH in Wiesbaden ist der Ansicht: <Voraussichtlich werden Lisp- Systeme auf den Forschungsbereich beschränkt bleiben. Prolog wird aufgrund seiner besseren Geschwindigkeitseigenschaften einen größeren Verbreitungsgrad finden. Schnelle, meist in C implementierte Shells, werden eine wachsende Bedeutung für das Prototyping und Knowledge Engineering bekommen. Eine interessante Entwicklung ist in der Verbindung von Shell-Code-Generatoren, Portabilität und AI-Funktionsbibliotheken zu sehen.> Noch sind einsatzfähige Expertensysteme dünn gesät. Die meisten stecken in der Pilotphase. Schätzt Werner Brinkmann, Vertriebsleiter Expertensysteme bei Nixdorf in Paderborn: <Bei Versicherungen, Banken, in der Chemieindustrie und im Maschinenbau werden sich Expertensysteme zuerst durchsetzen. Bei kontinuierlicher system- und anwendungstechnischer Entwicklung könnte eine Sättigungsgrenze in etwa 10 Jahren erreicht werden.> Die Überbetonung des Begriffs <Expertensystem> hat in der Vergangenheit bei potentiellen Kunden den Widerstand gegen diese Systeme eher erhärtet. Weiß Harald Summa: <ln USA haben Anbieter den Begriff <Expertensystem> rigoros aus ihren Broschüren gestrichen. Sie verkaufen Lösungen. Ob sich darunter ein Expertensystem verbirgt, braucht der Kunde nicht unbedingt zu wissen. Da wir amerikahörig sind, wird sich dieser Trend bei uns auch durchsetzen.>»

Die **Parallelrechner**, die die Hard- und Software-Entwicklung der Zukunft ebenfalls mitbestimmen werden, sind zwar schon über das Reißbrettstadium hinaus, werden aber in den nächsten Jahren auf dem kommerziellen Markt sicher noch keine Rolle spielen. Ein Parallelrechner parallelisiert Prozesse, die in herkömmlichen Rechnern seriell ablaufen.

Ein einfaches mathematisches Beispiel hierzu:

$$\mathbf{1 + 2 + 3 + 4 + 5 + 6 + 7 + 8 + 9 + 10 + 11 + 12 + 13 + 14 + 15 + 16 = 136}$$

sind 15 *serielle* Verknüpfungen in 15 Zeittakten.

Dagegen sind:

$$\mathbf{1 + 2 = 3 \quad 3 + 4 = 7 \quad 5 + 6 = 11 \quad 7 + 8 = 15 \quad 9 + 10 = 19 \quad 11 + 12 = 23 \quad 13 + 14 = 27 \quad 15 + 16 = 31}$$

$$\mathbf{3 + 7 = 10 \qquad 11 + 15 = 26 \qquad 19 + 23 = 42 \qquad 27 + 31 = 58}$$

$$\mathbf{10 + 26 = 36 \qquad 42 + 58 = 100}$$

$$\mathbf{36 + 100 = 136}$$

15 teilweise *parallele* Verknüpfungen in nur 4 Zeittakten.

Die Kombination von **Assoziativ-Speichern** (Daten werden aufgrund des Inhaltes und nicht der Adresse gefunden), **Parallelrechnern** und **relationalen Datenbanksystemen** wird uns in der Zukunft sicher eine neue Generation der Anwendungen bescheren.

9.1.3 Entwicklung der Kommunikationstechnik

So, wie in der Vergangenheit Organisation und Programmierung zusammengewachsen sind, Funktionen aus der DV-Abteilung mit Aufgaben aus der Fachabteilung und die Datenverarbeitung sich mit der Bürotechnik verband, so gehört heute zur Informatik die Kommunikationstechnik. Durch lokale Netze (Lokal Area Network) und durch die kontinentale Verbindung über Satelliten rücken Rechner, Anwendungen und die gespeicherte Daten immer näher zusammen. Die Normierung der Verbindungen auf der einen Seite und die Abschottung gegen unbefugte Nutzung auf der anderen werden die Entwicklung in den nächsten Jahren erheblich voranbringen. Ein Abgeordneter unseres Parlaments sprach einmal über die Kompatibilität von Rechnern und sagte, hier werde das *Blaue vom Himmel* heruntergelogen. Natürlich wird ein Verkäufer, der nach der Kompatibilität seiner Geräte befragt wird, nie nein sagen. Dennoch soll er hier in Schutz genommen werden: Ein Vergleich mit dem Telefon möge dies erläutern. Fragt man einen Telefontechniker unserer Post, ob man von hier aus nach Japan telefonieren könne, dann wird er dies bestätigen. Man wählt, der Ruf geht raus, der angewählte Teilnehmer hebt ab und meldet sich. Damit ist für die Post die Aufgabe erfüllt, denn Sprache und Inhalte sind nicht ihr Problem. Nun spricht aber unser Teilnehmer in Japan eine andere Sprache, als wir und wir reden vom Wetter, er vom Sport. Aber: Die beiden Telefonapparate in Japan und Deutschland sind kompatibel!

Durch die Reformbestrebungen der Post (künftig **Telecom**), die Normung der Kommunikationsinfrastruktur auch im internationalen Bereich und die Standardisierungsbemühungen der Hersteller werden wir wohl im nächsten Jahrhundert dieses Thema nicht mehr diskutieren müssen. Dann werden wir eine Kommunikationssteckdose für eingehende und ausgehende **Daten, Texte,** bewegte **Bilder** und **Grafiken** und die **Sprachkommunikation** haben und nutzen. Bis dahin werden jedoch durch gemeinsame Bemühungen aller an diesem Zusammenspiel Beteiligten viele Hindernisse aus dem Weg geräumt werden müssen.

Die **Kommission der Europäischen Gemeinschaften** schlägt im Grünbuch folgende Positionen vor:

«Die allgemeine Zielsetzung der vorgeschlagenen Positionen ist die Entwicklung einer starken Telekommunikationsinfrastruktur und effizienter Dienste in der Gemeinschaft: Angebot einer großen Vielfalt von Telekommunikationsdiensten für den europäischen Benutzer, zu bestmöglichen Bedingungen; Sicherung des Zusammenhangs der Entwicklung in den Mitgliedstaaten; und Schaffung eines wettbewerbsorientierten Umfeldes, unter Berücksichtigung der im Gang befindlichen technologischen Entwicklung.

A) Akzeptierung der Aufrechterhaltung des Prinzips der Gewährung ausschließlicher oder besonderer Rechte für die Fernmeldeverwaltungen bezüglich des Angebots, der Bereitstellung und des Betriebs der Netzinfrastruktur. Sofern ein Mitgliedstaat entweder für das ganze oder für Teile des Netzes ein liberaleres System wählt, sollte die kurz- und langfrsitige Integrität der allgemeinen Netzinfrastruktur sichergestellt werden.

Sorgfältig überwachtes Angebot von Zweiweg-Satellitenkommunikation im Wettbewerb sollte Gegenstand weiterer Analysen sein. Es sollte von Fall zu Fall zulässig sein, wenn dies notwendig ist, um europaweite Dienste zu entwickeln ,und wenn die Auswirkung auf die finanzielle Lebensfähigkeit des/der Hauptbetreiber(s) der Netzinfrastruktur unwesentlich ist.

Gemeinsame Definitionen bezüglich der Bereitstellung der Netzinfrastruktur sollten unter E) ausgearbeitet werden.

B) Akzeptierung der Aufrechterhaltung des Prinzips der Gewährung ausschließlicher oder besonderer Rechte für die Fernmeldeverwaltungen bezüglich der Bereitstellung einer begrenzten Zahl von Basis (Grund) Diensten, sofern die Alleinverantwortung für diese Dienste im gegenwärtigen Stadium als wesentlich für die Sicherstellung der Ziele des öffentlichen Auftrages angesehen werden kann.

Das Prinzip der Gewährung ausschließlicher Rechte muß restriktiv ausgelegt und einer Überprüfung in regelmäßigen Zeitabschnitten unterliegen, wobei die technologische Entwicklung und insbesondere die Entwicklung hin zu einer digitalen Infrastruktur zu *berücksichtigen sind. <Reservierte> Dienste dürfen nicht so definiert werden, daß sie das Monopol einer Fernmeldeverwaltung in einer Art und Weise ausdehnen, die nicht mit dem Vertrag vereinbar ist. Derzeit scheint, in Anbetracht des allgemeinen Verständnisses in der Gemeinschaft, der Telefon (Sprach) Dienst der einzige zur Wahl stehende Kandidat zu sein.*

C) Freies (unbeschränktes) Angebot aller Dienste (<Wettbewerbsdienste>, die insbesondere die Mehrwertdienste einschließen sollten) in den Mitgliedstaaten und zwischen den Mitgliedstaaten (im Wettbewerb mit den Fernmeldeverwaltungen) für den eigenen Bedarf, für gemeinsame Nutzung mit anderen Teilnehmern, oder für Dienstleistungen für Dritte, –vorbehaltlich der Bedingungen für die Nutzung der Netzinfrastruktur, die unter E) zu definieren sind.

<Wettbewerbsdienste> würden alle Dienste mit Ausnahme derjenigen Basis-Dienste umfassen, die den Fernmeldeverwaltungen explizit vorbehalten sind (siehe B).

D) Strikte Auflagen bezüglich der Normen für die Netzinfrastruktur und die Dienste, die von den Fernmeldeverwaltungen oder Anbietern von Diensten vergleichbarer Bedeutung angeboten werden, um eine gemeinschaftsweite Kommunikationsfähigkeit und Interoperabilität zu erhalten oder zu schaffen. Diese Auflagen haben sich insbesondere auf die Richtlinien 83/189/EWG, den Beschluß 87/95/EWG und die Empfehlung 86/659/EWG zu stützen.

Die Mitgliedstaaten und die Gemeinschaft sollten das Angebot effizienter europaweiter Kommunikationsdienste durch die Fernmeldeverwaltungen sichern und diese fördern, insbesondere bezüglich der Dienste (reserviert oder im Wettbewerbsbereich), die für ein gemeinschaftsweites Angebot empfohlen werden, wie die Dienste, die in der Empfehlung 86/659/EWG definiert sind.

E) Klare Definition, mittels einer Gemeinschaftsrichtlinie, der allgemeinen Auflagen, die von den Fernmeldeverwaltungen für die Benutzung des Netzes durch die Anbieter von Wettbewerbsdiensten festgelegt werden, einschließlich von Definitionen bezüglich der Bereitstellung der Netzinfrastruktur.

Dazu gehören klare Verpflichtungen der Fernmeldeverwaltungen bezüglich des Anschlusses und des Netzzugangs für Anbieter grenzübergreifender Dienste, um Verletzungen des Vertrages vorzubeugen.

Es muß Übereinstimmung über Normen, Frequenzen und Gebührengrundsätze erzielt werden, um die allgemeinen Bedingungen zu definieren, die den im Wettbewerb stehenden Anbietern von Diensten auferlegt werden dürfen. Einzelheiten dieser Richtlinie bezüglich des Angebotes eines offenen Netzzugangs (Open Network Provision –ONP) sollten in Konsultation mit den Betroffenen im Rahmen der Gruppe Hoher Beamter <Telekommunikation> (SOGT) vorbereitet werden.

F) Freies (unbeschränktes) Angebot von Endgeräten innerhalb der Mitgliedstaaten und zwischen den Mitgliedstaaten (im Wettbewerb mit den Fernmeldeverwaltungen), vorbehaltlich der Gerätezulassung, konform mit den Verpflichtungen des Vertrages und der erlassenen Richtlinien. Die Bereitstellung des ersten (konventionellen) Telefonapparates könnte von dem Prinzip des unbeschränkten Angebots im Wettbewerb für eine Übergangszeit ausgenommen werden.

Nur für den Empfang ausgerichtete Satellitenantennensysteme (Receive-only-earth-stations -ROES) sollten den Endgeräten gleichgestellt werden und lediglich einer Gerätezulassung unterliegen.

G) Trennung der hoheitlichen und der betrieblichen Tätigkeiten der Fernmeldeverwaltungen. Bei den hoheitlichen Tätigkeiten handelt es sich insbesondere um die Zulassung von Diensten, Kontrolle der Gerätezulassung und Schnittstellenspezifikationen, Zuteilung von Frequenzen und allgemeine Überwachung der Grundlegenden Nutzungsbedingungen des Netzes;

H) Strikte kontinuierliche Überprüfung der unternehmerischen (kommerziellen) Tätigkeit der Fernmeldeverwaltungen gemäß den Artikeln 85, 86 und 90 EWG-Vertrag. Dies gilt insbesondere für Praktiken der Quersubventionierung von Tätigkeiten auf den dem Wettbewerb geöffneten Sektoren und für Tätigkeiten im Geräteherstellungsbereich;

I) Strikte kontinuierliche Überprüfung aller privaten Anbieter in den neu geöffneten Bereichen gemäß den Artikeln 85 und 86, um dem Mißbrauch marktbeherrschender Stellungen vorzubeugen;

J) Anwendungen der gemeinsamen Handelspolitik der Gemeinschaft auf das Fernmeldewesen. Mitteilung aller Vereinbarungen zwischen den Fernmeldeverwaltungen oder mit Drittländern, die den Wettbewerb in der Gemeinschaft beeinflussen könnten, gemäß Verordnung 17/62. Verfügbarmachung von Informationen in dem für die Gemeinschaft erforderlichen Maß, um eine abgestimmte Gemeinschaftshaltung für die GATT-Verhandlungen und die Beziehungen mit Drittländern zu entwickeln.»

Weil die Kommunikationstechnik weder an unseren nationalen Grenzen noch an der Grenze Europas aufhört, müssen wir weiter denken. Wir in bezug auf die Anwendungen, unsere Hersteller mit Rücksicht auf den Weltmarkt.

Einen Vorgeschmack auf die Zukunft der Hardware, Software und Kommunikation gibt uns das System Freestyle der Firma Wang:

Bild 9.1 Freestyle-Arbeitsplatz

Daten, Texte, Grafiken, Bilder und Sprache werden integriert an einem Arbeitsplatz verarbeitet. Mit einem Bildschirm, einer Tastatur, Griffel und «Radiergummi», einem Tablett und einem Telefonhörer. Das Büro der Zukunft!?

9.2 Quantitative und qualitative Entwicklungen des DV-Einsatzes

9.2.1 Rechnerbestand in der Bundesrepublik Deutschland

In der Diebold-Statistik wird einmal jährlich der Rechnerbestand in der Bundesrepublik Deutschland getrennt nach Herstellern – veröffentlicht. Es wird nach:

Standardcomputern,
Prozeßrechnern, Minicomputern,

Bürocomputern,
Mikrocomputern (Heim-, Personal Computern) und
Terminalsystemen

differenziert. Außerdem werden die Installationswerte ausgewiesen.

Diese Statistik gibt wertvolle Hinweise über Entwicklungen auf unserem Markt. So kann zum Beispiel ein Bewerber eine Stellenanzeige, die Angaben über die maschinelle Umgebung des angestrebten Arbeitsplatzes enthält, deuten, ob er einer modernen oder aussterbenden Serie angehört, ob es ein Exot ist oder ob er voraussichtlich an einem weit verbreiteten Rechner arbeiten wird. Die Historie zeigt auch, ob ein Hersteller mit seiner Produktpalette einen aufsteigenden Marktanteil hat, stagniert oder Anteile verliert.

Anteile nationaler, europäischer und weltweiter Hersteller am Markt lassen sich ableiten. Für diese Betrachtung genügen grobe Übersichten, die nach Herstellern und Anteilen am nationalen Markt die jeweils 9 größten in bezug auf alle Rechnertypen und den Installationswert aufzeigen.

Die Anteile (in %) der 9 größten Hersteller in bezug auf die **Zahl der Rechner** aller Klassen – d.h. vom kleinsten PC bis zum größten Standardcomputer der Diebold-Größenklasse 10 – zeigt die nachfolgende Grafik:

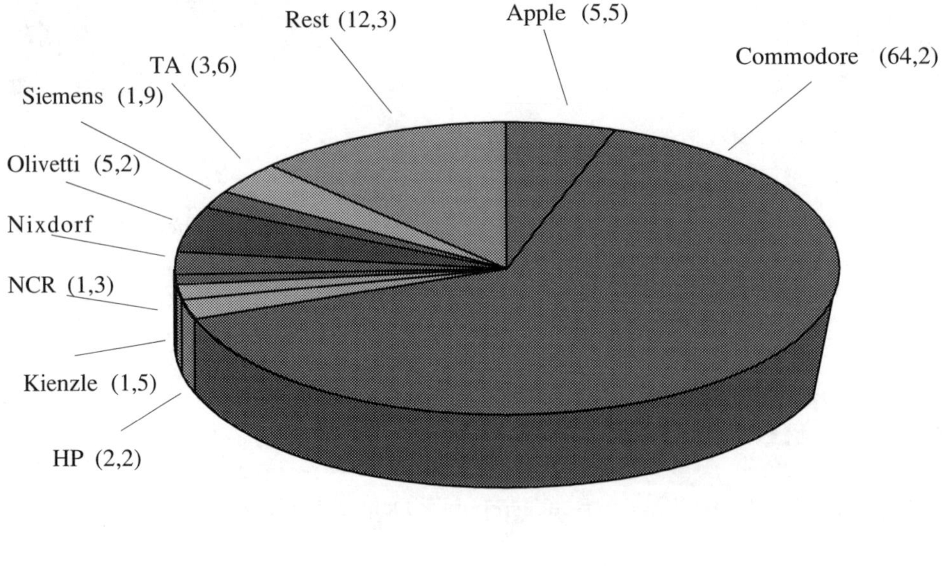

Betrachtet man dagegen die Installationen in bezug auf **vergleichbare Kaufpreise**, dann ergibt sich eine völlig andere Grafik. Commodore mit 64,2% der installierten Rechner bildet in bezug auf die Preise das Schlußlicht unter den ersten 9. Der auf dem Weltmarkt führende Hersteller IBM führt auch unsere nationale Statistik mit 27,6 % an, in bezug auf die Anzahl ist IBM aber nicht unter den ersten 9 dargestellt. Für eine sinnvolle Aussage über Marktanteile ist die folgende Grafik daher besser geeignet:

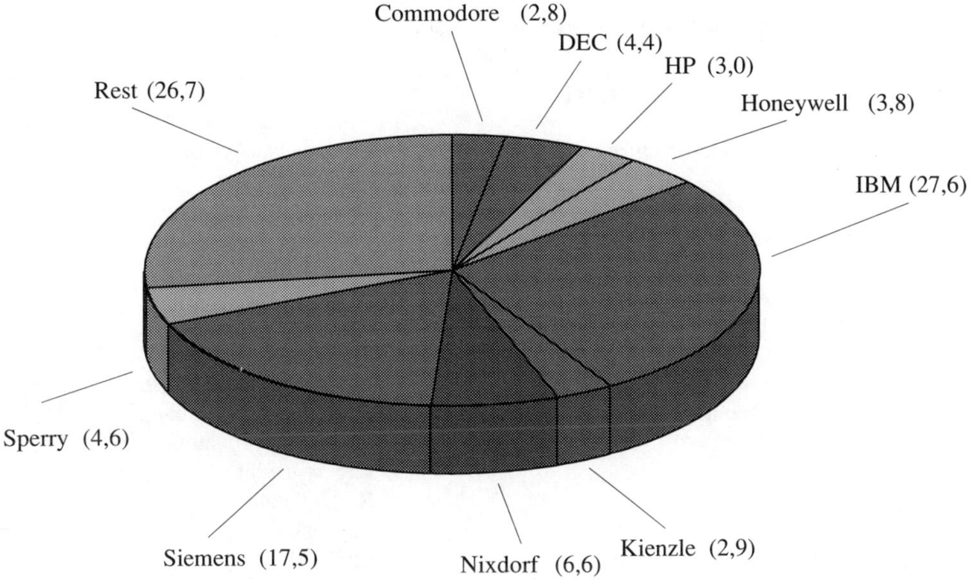

Es gibt Ende 1988 gut 2 Millionen Rechner in unserem Land, die Computer haben insgesamt einen Bestandswert von etwa 75 Milliarden DM. Jährliche Steigerungsraten von 10 % sind zwar eine grobe, aber dennoch realistische Annahme.

9.2.2 DV-Anwendungen

Dieser Abschnitt würde korrekt und vollständig mit dem einen Satz ausgefüllt werden können: Es gibt keinen Bereich in der Wirtschaft, der Verwaltung, des Handels, der ..., der nicht durch DV mehr oder weniger tangiert ist. Das Angebot an Software auf dem Markt ist unübersehbar und ändert sich stündlich. Einen vernüftigen Überblick über Software für Großrechner gibt der ISIS-Report, für kleinere Systeme der Softwareführer. Die Inhaltsverzeichnisse dieser Kataloge belegen die Eingangsaussage:

Inhaltsverzeichnis ISIS-Report

Band 2.1 - Kommerzielle Programme

Finanz-/Rechnungswesen
- Finanzbuchhaltung
- Rechnungswesen
- Kreditorenbuchhaltung
- Debitorenbuchhaltung
- Anlagenbuchhaltung
- Anlagenrechnung
- Jahresabschluß
- Bilanz
- Konsolidierung

Personalwesen
- Personalabrechnung
- Lohn/Gehalt
- Personalinformation
- Arbeitszeiterfassung
- Betriebsdatenerfassung
- Betriebsdatenverarbeitung
- Personalwesen, verschiedene

Kostenrechnung
- Kalkulation

Marketing
Vertrieb
- Angebotsbearbeitung
- Auftragsabwicklung
- Fakturierung
- Vertriebsplanung
- Vertriebssteuerung
- Adressenverwaltung
- Direktwerbung
- Prognosesysteme
- Zeitreihenanalyse
- Marktforschung
- Statistik

Materialwirtschaft
Lagerwirtschaft
Beschaffung
- Materialwirtschaft
- Integrierte Logistiksysteme
- Materialbedarfsplanung
- Stücklistenverwaltung
- Lagerwirtschaft
- Bestandsführung
- Lagersteuerung
- Inventur
- Beschaffung
- Einkauf
- Wareneingang

Fertigungswirtschaft
- Produktionsplanung/-steuerung
- PPS-Komponenten
- Integrierte Industriesysteme
- Zeitwirtschaft
- Terminrechnung
- Arbeitsvorbereitung
- Fertigungsauftragsverwaltung
- Betriebsdatenerfassung
- Zeiterfassung
- Qualitätssicherung

Instandhaltung
Wartung
Energiesteuerung

Planungssysteme
- Finanzplanung
- Kostenplanung
- Berichtswesen
- Unternehmensplanung
- Entscheidungsunterstützung
- Tabellenkalkulation
- Spreadsheet Systeme
- Projektmanagement
- Netzplantechnik
- Mathematik
- Statistik
- Simulation

Bürokommunikation
Büroinformation
Textverarbeitung
- Telekommunikation
- Electronic Mail
- Telex/Teletex
- Desktop Publishing

Dokumentationssysteme
Information Storage & Retrieval

Graphik Software
Präsentationsgraphik
Business Graphics

Autorensysteme
Lernsysteme

Verbände

Band 2.2 - Branchenprogramme

Energiewirtschaft
Versorgungswirtschaft

Gartenbau
Landschaftsbau
Weinwirtschaft
Landwirtschaft

Industrie
- Pharmaindustrie
- Chemische Industrie
- Kosmetikindustrie
- Glasindustrie
- Metallverarbeitung
- Gießereien
- Automobilzulieferer
- Zulieferindustrie
- Holzindustrie
- Möbelindustrie
- Textilindustrie
- Bekleidungsindustrie
- Konfektionsindustrie
- Lederwarenindustrie
- Bäckereien
- Fleischwarenindustrie
- Lebensmittelindustrie
- Molkereien
- Milchwirtschaft
- Getränkeindustrie
- Brauereien
- Graphische Industrie
- Druckereien/Setzereien
- Verpackungsindustrie
- Industriebetriebe
- Handwerksbetriebe
- Verschiedene Betriebe

Bauwesen
- Baukalkulation
- AVA, Ausschreibung
- Vergabe, Abrechnung
- Baubuchhaltung
- Baurechnungswesen
- Integrierte Bauverwaltung
- Baulohn-/-gehaltsabrechnung
- Personalwesen
- Bauprojektüberwachung
- Geräteverwaltung
- Haustechnik
- Sanitär-/Elektroinstallation
- Heizung/Klima/Lüftung

Elektroinstallation
Fensterbau, Türenbau
Baunebengewerbe
Baustoffindustrie
Betonwerke
Kieswerke

Handel
- Groß- und Einzelhandel, branchenübergreifend
- Großhandel, branchenübergreifend
- Außenhandel
- Import
- Export
- Fachhandel, branchenübergreifend
- Technischer Handel
- Metallhandel
- Stahlhandel
- Mineralölhandel
- Brennstoffhandel
- Kfz-Handel
- Kfz-Werkstätten
- Reifenhandel
- Elektrohandel
- Fernsehhandel
- Rundfunkhandel
- Videoverleih
- Baustoffhandel
- Holzhandel
- Frischdienst
- Lebensmittelhandel
- Getränkehandel
- Möbelhandel
- SB-Warenhäuser
- C & C Märkte
- Schmuckhandel
- Schuhhandel
- Textilhandel
- Versandhäuser
- Versandhandel
- Fachhandel, verschiedene

Verlage
Buchhandel
Zeitschriftenhandel

Kreditwesen
Bankwesen
- Leasing

Versicherungswesen
Krankenkassen

Transportwesen
Verkehrswesen
- Speditionen
- Internationaler Verkehr
- Import/Export
- Transportoptimierung
- Tourenplanung
- Fuhrparkverwaltung
- Fahrzeuginformationssysteme

Hotellerie
Gastronomie

Dienstleistungen
- Steuerberater
- Wirtschaftsprüfer
- Treuhandgesellschaften
- Anlageberater
- Anwälte/Notare
- Wohnungswirtschaft
- Hausverwaltung
- Liegenschaftsverwaltung
- Immobilienmakler
- Touristik
- Reiseveranstalter
- Theater
- Kongresse
- Veranstaltungen
- Glasreiniger
- Gebäudereiniger
- Dienstleistungen, verschiedene

Gesundheitswesen
- Krankenhauswesen
- Arzt-/Zahnarztpraxen
- Labors/Dentallabors
- Apotheken
- Gesundheitswesen, verschiedene

Inhaltsverzeichnis
Softwareführer '89

Bauwesen
Allgemeines
Architekten, Ing.-Büros
Baustatik
Tief- und Straßenbau
Baunebengewerbe

Dienstleistungen
Banken, Versicherungen
Hotels, Gaststätten
Reisebüros
Reiseveranstalter
Rechtsanwälte, Notare
Steuerberater
Versicherungsmakler
Videotheken
Werbeagenturen
Marktforschung
Transportgewerbe
Öffentliche Verwaltung
Sonstige

Bildungswesen
Schulen, Kindergärten
Bibliotheken
Literaturverwaltung
Verlage

Landwirtschaft

Technisch-wissenschaftliche Programme

Mathematik, Statistik

Physik, Chemie

Elektrotechnik, Elektronik
Maschinenbau

Messen, Steuern, Regeln, Automatisierung

Grafiken, Zeichnungen, CAD

Sonstige

Systemsoftware

Betriebssysteme

Programmiersprachen
Compiler, Interpreter
Assembler, Disassembler,
Crossassembler

Editoren

Emulatoren

Dienst- und Hilfsprogramme

Datenbanken

KI-Software, Expertensysteme
LISP, PROLOG
Datenübertragung

BTX-Software

Sicherheitssoftware

Sonstige

Lehr- und Lernprograme

Musiksoftware

Hobby, Sport, Spiel

9.3 Veränderte Berufsanforderungen durch zunehmenden DV-Einsatz

9.3.1 Der Wandel im Berufsbild Programmierer

wird nicht nur stellvertretend für die DV-Berufe geschildert, sondern für alle die Tätigkeiten, die durch unsere moderne Technik beeinflußt wurden.

Begriffserklärung: Was ist ein **Programmierer**?

Der Brockhaus hilft weiter:

«Fachkraft für elektron. Datenverarbeitung (EDV), eine nicht geschützte Berufsbez. Der P. übersetzt die durch die Problembearbeitung (Analyse) festgelegten Arbeitsschritte in solche, die mit der EDV-Anlage bearbeitet werden können, übersetzt Standardprogramme der Herstellerfirmen auf ein jeweiliges Arbeitsgebiet u.a. Die Ausbildung ist bisher nicht allgemeingültig geregelt. Es gibt Schul- ,Kurs- und betriebsinterne Ausbildungen.»

Soweit Brockhaus, 18. Auflage. Im ersten Brockhaus von 1839 taucht diese Berufsbezeichnung noch nicht auf. Unter Programm verstand man damals noch etwas anderes, oder nicht? Siehe nachfolgendes Faksimile:

Programm heißt auf Universitäten und Schulen eine öffentlich angeschlagene oder vertheilte Einladungsschrift zu irgend einer Solennität, z. B. zu Disputationen und Promotionen, Prüfungen und Redeübungen u. s. w. Man braucht aber das Wort Programm auch in einer weitern Bedeutung für jede öffentliche Bekanntmachung über die bei irgend einem Feste vorkommenden Feierlichkeiten und ihre Anordnung. Auch in der politischen Welt ist dieses Wort adoptirt und bedeutet hier eine feierliche Erklärung über Ansichten und Grundsätze einer politischen Autorität, Körperschaft oder Verbindung.

Ein Programmierer ist also jemand, der ein Programm schreibt. Was ist ein Programm? Übersetzt man diese Vokabel wörtlich aus den griechischen to gramma, ein Wort, das wir aus Grammatik, Autogramm (selbst geschrieben) kennen, das «Schreiben» oder «Beschreibung» bedeutet. Die Vorsilbe pro kennen wir aus Prolog (Vorrede) oder Prognose (Vorherwissen); sie beschreibt das zeitliche «vor», «vorweg» oder «vorher».

Damit ist ein Programmierer also jemand, der etwas vorweg beschreibt. Er beschreibt vorweg, was eine Datenverarbeitungsanlage tun soll.

Berufsaspekte und Entwicklungsstufen

Betrachtet man nun die historische Entwicklung des Berufes, so sind dabei folgende Aspekte charakteristisch:

Zeit	Wann wurde diese Tätigkeit ausgeübt? Das hierbei gewählte Zeitraster muß sehr grob sein, wobei Beginn und Ende einer Ära nie auf ein bestimmtes Ereignis fixiert werden können. Auch überlappen sich Zeiträume, weil nicht zuletzt der technische Stand verschiedener Hersteller einfloß.
Ort	Unter diesem Aspekt soll der Arbeitsplatz des Programmierers geschildert werden.
Technik	Die technische Entwicklung, die das Berufsbild prägt oder die eine Veränderung verursachte, wird hierunter beschrieben.
Tätigkeit	Verschiedene Tätigkeitsfelder sind nach und nach vom Programmierer übernommen worden, er ist mit anderen Berufen zusammengewachsen. Diese Entwicklung wird hierunter beschrieben.

Einleitend zu jeder Stufe der Entwicklung charakterisiert eine kurze Beschreibung mit einer Abgrenzung zu den vorweg bzw. nachfolgenden Stufen den Programmierer dieser Zeit.

«Kabelleger»

Einer der ersten Vorfahren des Programmierers war der «Kabelleger», der einzelne Maschinen und deren Komponenten von elektrisch/mechanisch betriebenen Lochkarten-, Schreib- und Rechenmaschinen per Kabel miteinander verbunden hat und so das gesamte System für verschiedene Arbeiten herrichten konnte. Ob er sich wirklich schon Programmierer nannte, soll hier nicht diskutiert werden.

Zeitlich ist dieser Mitarbeiter ab 1890 bis in die Zeit zwischen den beiden Weltkriegen anzusiedeln. Sein Arbeitsplatz war im Maschinensaal. Hier hat er seine Programme gekabelt.

Bild 9.2 IBM-Pressefoto «IBM 407 Tabelliermaschine»

Auf einer Lochkarte können an verschiedenen Stellen unterschiedliche Datentypen stehen. Auf einer Tabelliermaschine konnten tabellarisch strukturierte Texte ausgegeben werden und schließlich konnte man mit einem Rechenstanzer einfache Rechenoperationen ausführen. Die Kombination dieser beispielhaft erwähnten Geräte bot eine Vielfalt überwiegend kommerzieller Einsatzmöglichkeiten für eine Datenverarbeitungsanlage. Das System wurde durch Verkabelung programmiert.

Obwohl die Arbeitszeit dieses technisch orientierten Programmierers auch mit Störbehebungen und Vorüberlegungen für zukünftige Aufgaben ausgefüllt war, hat er sich sicherlich nicht mit organisatorischen Überlegungen beschäftigt. Ob die prozentualen Krankenversicherungsbeiträge vom Brutto- oder Nettolohn errechnet werden, haben vor ihm Organisatoren entschieden und ihm vorgegeben.

«Schalttafel-Stecker»

Die erste Veränderung ergab sich im Berufsbild, als die zu einem System gehörenden Maschinen schon untereinander verbunden waren und alle möglichen Einzelverbindungen auf Stecktafeln (Schalttafeln) zusammengeführt wurden. Die eigentliche Verbindung wurde dann auf der Tafel gesteckt, die auch ausgewechselt werden konnte.

Die Schaltspezialisten waren in den Rechenzentren etwa nach dem ersten Weltkrieg bis Ende der fünfziger Jahre anzutreffen.

Sofern die Schalttafeln auswechselbar waren, konnte der Programmierer die Steckverbindungen auch schon außerhalb des Maschinenraumes vorbereiten. Zum Test und zur Fehlerbehebung mußte er jedoch am System sein, so daß sich sein Arbeitsplatz schon in der Nähe der Maschine befand.

Bild 9.3 Vorbereiten einer Schalttafel

Mit dieser Technik wurde erreicht, daß die unproduktiven Zeiten eines Systems erheblich reduziert wurden. Das Rüsten für eine neue Tätigkeit beschränkte sich auf das Auswechseln der Schalttafel. Auch konnten mit dieser Technik Programme, die einmal gesteckt und ausgetestet waren, aufbewahrt und für weitere Einsätze wiederverwendet werden.

Die Wiederverwendbarkeit eines Programmes wirkte sich auf die Tätigkeit des Programmierers insoweit aus, als er dadurch nicht, wie sein Vorgänger, einmal erdachte Programme immer wieder schalten mußte, wenn sie gebraucht wurden, sondern er wurde mit neuen Aufgaben betraut. Wenn die monatliche Lohnabrechnung einmal programmiert war, dann galt sie für alle Monate des Jahres. Ein neues Element in seiner Tätigkeit wurde die Programmpflege. Hatte sich in unserem Beispiel die Lohnabrechnung dadurch geändert, daß künftig das aktuelle Datum auf dem Lohnstreifen erscheinen sollte, mußte er diese Veränderung auf der Schalttafel umstecken.

«LOLLO-Kodierer»

Revolutionierend wirkte sich die v. Neumannsche Entwicklung der internen Programmierung aus (vgl. Kapitel 1.3). Die Programme wurden nicht mehr von außen an die Maschinen geschaltet, sondern sie wurden in den Arbeitsspeicher des Systems, in dem auch die Daten verarbeitet werden, geladen, im Rechner interpretiert und ausgeführt.

Die v. Neumannsche Entwicklung datiert Ende des zweiten Weltkrieges. Bis zur Marktreife und Verbreitung kann man einige Zeit hinzurechnen, so daß sich das Berufsbild des Programmierers mit Beginn der fünfziger Jahre wieder entscheidend änderte.

Der Programmierer schrieb seine Programme auf Kodierschemen, die dann – auf Lochkarten – erfaßt und in die Maschine eingelesen wurden. Diese Tätigkeit übte er an einem Schreibtisch aus, so daß er äußerlich eine Bürotätigkeit bekam. Ein großer Teil seiner Arbeitszeit war mit Test und Korrektur ausgefüllt, so daß er immer noch in der Nähe des Rechenzentrums angesiedelt war.

Die Programme werden im Arbeitsspeicher aktiviert. Technisch werden alle Informationen, die im Arbeitsspeicher stehen, in einen Code verwandelt, der aus binären Zeichen besteht. Für die Kernspeicher dieser Zeit gab es nur zwei Zustände, sie waren rechts- oder linksherum magnetisiert.

So wurden dann auch die Programme geschrieben. Der Operationsschlüssel, der bewirkte, daß Daten gelesen, multipliziert oder verglichen werden sollten, wurde in einem binären Code verschlüsselt, genau so, wie die Adressen, an welcher Speicherstelle die Daten zu finden sind und wohin die Ergebnisse gespeichert werden sollten. Die Symbole L und O wurden als binäre Zeichen verwendet, man nennt diese Programmierer heute noch scherzhaft die LOLLO-Programmierer. Die Tätigkeit dieser Programmierer beschränkte sich darauf, organisatorische Vorgaben mit Kodiertabellen in die von der Maschine ausführbaren Maschinenprogramme umzusetzen.

Bild 9.4 Programmentwicklung mit Lochkarten

Maschinenorientiertes Programmieren

Die rasante Weiterentwicklung zu immer schnelleren und größeren Rechnern und die Fähigkeit, einmal programmierte Aufgaben unbegrenzt ausführen zu können, brachte die Programmierer auf die Idee, ihre monotonen und schematischen Tätigkeiten mit einer Datenverarbeitungsanlage zu lösen. Die sehr aufwendige Art der Übersetzung in das maschineninterne Programm wurde von der nächsten Generation der Programmierer einem Übersetzungsprogramm übertragen.

Ab etwa Mitte der fünfziger Jahre wirkte sich diese Technik auf das Berufsbild aus, die heute noch, jedoch in wesentlich verbesserter Form, anhält. Man spricht auch jetzt schon von Generationen, wobei in den Veröffentlichungen nicht einheitlich zugeordnet wird, ob derzeit die modernen Programmierer ihre Anwendungen in der vierten (4GL) oder fünften Generations-Sprache (Language) schreiben.

Der maschinenorientierte Programmierer schrieb nicht mehr LOLLO auf sein Kodierschema, sondern einen Code, der verhältnismäßig leicht zu erlernen war, z.B. ADD für die Instruktion «addiere». Von einem Übersetzerprogramm wurde der symbolische Code der Instruktion genau so, wie auch die benutzten Adressen, in die maschinenintern verständliche Kodierung umgewandelt. Dies machte die Arbeit des Programmierers wesentlich einfacher, weil es weniger Zeit beanspruchte und erheblich weniger störanfällig war.

Problemorientiertes Programmieren

Wie bereits eingangs zur vorigen Entwicklungstufe erwähnt, wurden die Anlagen immer schneller und größer. Das führte dazu, daß auch die zu lösenden Aufgaben stets komplexer wurden. Damit wurde die Tätigkeit des Programmierers zwar auch leichter, der Zeitgewinn wurde jedoch durch größere und neue Aufgaben aufgezehrt. Damit war seine Tätigkeit – in bezug auf die Abgrenzung zur Organisation – gleich geblieben. Er hatte nur komplexere Aufgaben zu programmieren.

Die Übersetzer, die das vom Programmierer geschriebene Programm in das der Maschinen genehme Format umgewandelt haben, wurden komfortabler. Während sich die Vorgänger noch an einzelnen Schritten der Maschine orientieren mußten und der Übersetzer aus einer Instruktion, die der Programmierer schrieb, eine maschineninterne Anweisung machte, orientierte sich die nachfolgende Generation von Programmierern an ihrem Problem. Ob die Maschine 1, 100 oder 10 000 interne Anweisungen ausführen muß, der Benutzer eines modernen Übersetzers schreibt dafür nur eine – problemorientierte – Anweisung (z.B. suche den Satz mit der Artikel-Nummer xyz aus dem Datenbestand abc).

Der Programmierer dieses modernen Typs ist etwa ab Mitte der sechziger Jahre anzutreffen und arbeitet bis heute noch. Weil der problemorientierte Programmierer eigentlich gar nicht mehr wissen muß, für welche bestimmte Maschine er sein Programm zu schreiben hat, sondern nur die Fähigkeiten des Übersetzers kennen muß, kann sein

Arbeitsplatz irgendwo in einem Büro sein, jedenfalls kann er näher bei seinem Auftraggeber – der Fachabteilung im Betrieb – sitzen als beim Rechner.

Die Übersetzer sind nicht nur – wie oben beschrieben – mächtiger geworden, sie bieten dem Programmierer auch zusätzlichen Service beim Suchen von Fehlern und beim Lösen seiner Probleme. Der Programmierer benutzt den Rechner nicht nur als Zielanlage für sein Programm, er benutzt ihn auch als Werkzeug für die Produktion des Programms. Weil der Komfort immer größer geworden ist und die eigentliche Tätigkeit des Programmierens (wie bisher beschrieben) immer einfacher wurde, hatte der Programmierer Kapazität frei, die er bereits im Vorfeld nutzen konnte.

Ob nun der Organisator das Programmieren oder der Programmierer das Organisieren dazulernte, soll nicht weiter diskutiert werden. Beide Tätigkeiten sind heute praktisch zusammengewachsen. Ein Programmierer, der neben seiner eigentlichen Tätigkeit nicht auch – um bei dem Lohnprogramm zu bleiben – eine Lohnabrechnung nachvollziehen und den entsprechenden Tarifvertrag interpretieren kann, hat heute auf dem Arbeitsmarkt keine Chance mehr. Diese sehr einschneidende Veränderung im Berufsbild des Programmierers dauert wohl in einigen Betrieben zur Zeit noch an, ist aber grundsätzlich abgeschlossen.

Dialog-Programmieren

Ein weiterer Schritt, der sich wieder äußerlich am Arbeitsplatz zeigt, ist der Übergang zur Dialog-Programmierung. Heute hat schon jeder Programmierer, der sich vor wenigen Jahren noch einen Bildschirm in einem Pool mit mehreren Kollegen teilen mußte, einen eigenen Bildschirm an seinen Arbeitsplatz. Hauptsächlich haben dies die Hardware- und Personalkosten bewirkt.

Die Änderung im Berufsbild vollzieht sich etwa seit Beginn der achtziger Jahre. Stellenanzeigen geben vielfach Auskunft darüber, wie man in einem Betrieb arbeitet.

Der Programmierer ist nun, nach vorübergehender Wanderschaft, wieder in seinem Büro anzutreffen, das vom Rechenzentrum schon allein deswegen weit entfernt sein kann, weil sein Arbeitsgerät, der Bildschirm, über eine Telefonleitung unbegrenzt weit mit dem Rechner verbunden sein kann. Er arbeitet heute näher an seiner Aufgabe, die seine Fachabteilung stellt, als am Rechner. Diese neue Möglichkeit – auch der Heimarbeit – ist ein Aspekt, der nicht nur für Programmierer interessante Perspektiven eröffnet; denn eigenständige kleine Rechner sind heute in bezug auf die Kosten kein gewichtiger Faktor mehr.

Bild 9.5 Programmieren im Dialog am Bildschirmarbeitsplatz

Während der Programmierer früher in einem «closed shop» Betrieb arbeitete, (d.h., er kam nicht an den Rechner heran und mußte oft lange warten, bis er ein Arbeitsergebnis aus dem Maschinensaal bekam) hat er heute entweder seinen Entwicklungsrechner oder über die Leitung direkt Zugang zu einem Rechner und bekommt Ergebnisse unmittelbar. Die Unterstützung geht sogar soweit, daß er unmittelbar, nachdem er eine Anweisung geschrieben hat, ggf. einen Hinweis auf mögliche Fehler bekommt, wenn er gedanklich noch mit dem Problem vertraut ist.

Diese neue Technik hat sich auf die Tätigkeit ebenfalls ausgewirkt. Während er früher die Wartezeiten auf Maschinenergebnisse dadurch überbrückte, daß er sich einem zweiten, dritten ... Problem widmete und daher gedanklich oft von einer Aufgabe zu einer anderen springen mußte, kann er sich heute einem Problem von A bis Z widmen und ist damit letztlich noch produktiver.

Computer-Freaks / Garagenkünstler / PC - Fans / Fachkaufmann für DV-Organisation und Datenkommunikation

Durch die vielen kleinen, billigen, einfachen, leichten ... Rechner (PC, Home-Computer, Mini- oder Mikro-Prozessoren ...) ist wieder Leben nicht nur in das Berufsbild des Programmierers gekommen. Während der Programmierer bisher für die Fachabteilung

Dienst leistete, der so zügig und so gut war, wie der Dialog zwischen der DV-Abteilung und der Fachabteilung – oder nicht – können sich heute durch die leicht zu beschaffenden, erlernenden und bedienenden kleinen Rechner die Fachabteilungen selbst in gewissem Umfang helfen. Sie sind nicht mehr auf «Anträge» und «Bittstellungen» insbesondere für kleinere Aufgaben angewiesen, sondern haben sich in bezug auf die Erfüllung einfacher

Bild 9.6 PC-Arbeitsplatz

DV-Probleme (die auch in großen Betrieben vorkommen) emanzipiert. Es hatte sich insbesondere auch wegen des Anwendungsstaues eine neue Form und Qualität der Bürokratie entwickelt, die in Form von Richtlinien, Formularen und Kommissionen je nach Größe des Unternehmens herrschte. Daß dies unhaltbar war, merkte man in einer Organisation, in der mit einer Flasche Remmi das Verfahren abgekürzt werden konnte.

Das «personal computing» bezieht sich nicht nur auf das Gerät, sondern auch auf die Programmierung mit Werkzeugen, die leicht zu handhaben sind bis hin zur eigenverantwortlichen Durchführung. Zwar gibt es noch DV-Leiter, die dies nicht sehen oder wahrhaben wollen, doch werden sie sich künftig damit abfinden müssen, daß sie nur noch für zentrale, komplexe oder fachübergreifende Probleme zuständig sein werden. Es soll auch große Betriebe geben, in denen neben der klassischen zentralen Datenverarbeitung moderne Kommunikationsanwendungen in einer eigenständigen Organisation angesiedelt wurden.

Dieser Wandel berührt auch die Arbeit des Programmierers. Er hofft, daß er insbesondere von kleinen aufwendigen Pflegearbeiten und Standardauswertungen freigemacht wird und sich mehr ingenieurmäßig an die Entwicklung komplexer DV-Systeme begeben kann. Dies ist ein Trend, der den Programmierer wieder aufwertet ,aber auch eine neue Qualifikation von ihm fordert.

Neue Berufsbilder sind entstanden: Im Nutzer-Service-Zentrum sind Mitarbeiter tätig, die

das Fachgebiet und

die Datenverarbeitung

beherrschen und darüber hinaus

pädagogisches Geschick

haben müssen, um ihre Nutzer gut zu schulen und zu betreuen. Diese neue Dienstleistung kann sowohl in der Fachabteilung, als auch in der DV-Abteilung angesiedelt sein. Es gibt Organisationen, die eine Stabsfunktion daraus gemacht haben.

Dieser Trend wurde Mitte der achtziger Jahre ausgelöst und man kann noch nicht sicher vorhersagen, wie er sich weiter auswirken wird. Daß er verändert, ist unumstritten.

Zusammenfassung

Wandel im Berufsbild «Programmierer»					
	Beschreibung	**Zeit**	**Ort**	**Technik**	**Tätigkeit**
Kabelleger	Maschinen und Teile galvanisch verbinden	1890 bis nach dem I. Weltkrieg	Maschinenraum	Elektrische/ mechanische Geräte extern gesteuert	Keinen inhaltlichen Bezug zur Aufgabe
Schalttafelstecker	Verbindung auf einer Schalttafel vorbereiten und stecken	Nach dem I. Weltkrieg bis Mitte der 50er Jahre	In der Nähe des Maschinensaals	Überwiegend elektromechanische Geräte Beginn der Elektronik	Keinen inhaltlichen Bezug zur Aufgabe
LOLLO-Kodierer	Vorgegebene Logik in Maschinensprache Lochkarten	Anfang bis Ende der 50er Jahre	Büro im Rechenzentrum	Elektronische Geräte Software-gesteuert	Keinen inhaltlichen Bezug zur Aufgabe
Maschinen-orientiert	Vorgegebene Logik in Assembler kodieren, Übersetzen	Ab Mitte der. 50er Jahre bis Anfang der 80er	Büro im Rechenzentrum	Hard- und Software, Umwandlung 1 : 1	Erste aufgabenbezogene Spezialisierungen
Problem-orientiert	Erstellen der Logik, Kodierung und Test Closed shop	Ab Mitte der 60er Jahre bis heute vereinzelt	Büro (kann) außerhalb des Rechenzentrums	Hard- und Software, Umwandlung 1 : n	Fach- und Programmierkenntnisse gefordert
Dialogprogrammierung	Erstellen der Logik, Kodierung und Test am Bildschirm	Ab Mitte der 70er Jahre bis heute	Büro außerhalb, oft in der Nähe der Fachabt.	Hard- und Software, Umwandlung Simultan	Gründl. Fach- und Programmierkenntnisse gefordert
Personal Computing	Lösung eigener Aufgaben mit Sprachen der 4. Generation	Begann Mitte der 80er Jahre	Dort, wo die Aufgabe erfüllt werden muß	Kleine, mächtige Hard- und Software, fertige Tools	Fachwissen dominiert, DV ist nur noch Hilfsmittel

9.3.2 Berufsanforderungen, Aus- und Weiterbildungsmöglichkeiten

Zu den Berufsanforderungen im DV-Bereich und angrenzenden Bereichen, und den Aus- und Weiterbildungschancen schreibt Frank J. Eichhorn in der Stuttgarter Zeitung am 14. November 1988 unter der Schlagzeile: **Riesenhuber räumt mit der Mär vom Jobkiller auf:**

«Das Etikett <Jobkiller>, mit dem neue Techniken seit Jahren ausgestattet werden, will Bundesforschungsminister Heinz Riesenhuber (CDU) so nicht kleben lassen. Mit immer neuen Studien und Gutachten wird versucht, die häufig emotional und faktenfern geführte Diskussion zu steuern. Das Forschungsvorhaben <Arbeitsmarktwirkungen moderner Technologien>, an dem neun Forschungsinstitute mitgewirkt haben, bestätigt den Minister in seiner Einschätzung. Innovationen, so faßt er das Ergebnis zusammen, seien eine wesentliche Voraussetzung für positive Beschäftigungsentwicklungen.

Rund 4,6 Millionen DM hat sich das Forschungsministerium die neuen Aussagen kosten lassen. Die Institute haben neun aufeinander abgestimmte Studien abgeliefert, in denen die Voraussetzungen für Innovationen in den Betrieben ebenso untersucht wurden wie die Frage, welche Branchen besonders stark zum volkswirtschaftlichen Innovationsbudget beigetragen haben. Außerdem sind sowohl die qualitativen als auch die quantitativen Auswirkungen moderner Produktionstechnologien auf die Arbeitsplätze analysiert worden - vom Einzelhandel bis hin zur Gesamtwirtschaft.

Innovationsstarke Unternehmen werden in diesen Untersuchungen als überdurchschnittlich bewertet, was Umsatz und Beschäftigungsentwicklung angeht. Vor allem dann, wenn neue Produkte auch noch mit modernsten Verfahren hergestellt werden, schneiden die Branchen gut ab. Wenn beides zusammentrifft, so haben die Institute ermittelt, kann mit Umsatzzuwachs und einer fast stabilen Beschäftigung gerechnet werden. Dagegen sind für nichtinnovative Betriebe Umsatzrückgang und Beschäftigungsabbau kennzeichnend. Jene Branchen, in denen nur neue Produkte oder nur neue Herstellungsverfahren (Prozeßinnovationen) beobachtet wurden, schneiden weniger gut ab als Betriebe, die gleichzeitig Produkte und Verfahren modernisierten.

Für den untersuchten Zeitraum 1980 bis 1985 überwiegen bei den innovativen Betrieben durchweg die positiven Vorzeichen. Charakteristisch sind nach diesen Untersuchungen höhere Umsatz- und Beschäftigungszahlen, höheres Wachstum, größeres Engagement in Forschung und Entwicklung, höhere Anteile an qualifiziertem Personal, stärker differenziertes Produktprogramm, mehr <junge> Produkte, stärkeres Engagement auf den Auslandsmärkten und eine zuversichtlichere Einschätzung der weiteren Entwicklung.

Entsprechend negativ fällt das Ergebnis für die <Innovations-Muffel> aus. Hier müssen die Arbeitnehmer eher damit rechnen, arbeitslos zu werden. Innovationsfreude, so Riesenhubers Fazit, zahle sich immer aus - unabhängig von Betriebsgröße und Beschäftigungsniveau einer Branche und selbst dann, wenn man nur Prozeßinnovationen berücksichtige, durch die Produktionsverfahren modernisiert würden.

In der Regel führt die technische Modernisierung in den Betrieben dazu, daß vermehrt hochqualifiziertes Personal eingestellt wird, während gleichzeitig Un- und Angelernte bei ihrem Austritt seltener ersetzt werden. Teilweise wird sogar über Engpässe im Personalbereich geklagt, weil vor allem im Forschungs- und Entwicklungsbereich nicht genügend Mitarbeiter gefunden werden.

Die eher triviale Feststellung, daß bei den Herstellern neuer Techniken auch Arbeitsplätze geschaffen oder gesichert werden, während bei den Anwendern rationalisiert wird, werden in der neuen Studie kombiniert. In den Modellrechnungen ist beispielsweise für den Einsatz von Robotern und CNC-Maschinen die Arbeitsplatzwirkung vom Hersteller bis zum Endverbraucher durchgerechnet worden. Dabei ergibt sich ein negativer Saldo. Doch Riesenhuber läßt dieses unerfreuliche Ergebnis nicht ohne weiteres gelten. Man müsse berücksichtigen, daß Qualitätsverbesserungen und besonders günstige Exportchancen der Anwenderbranchen auch die Nachfrage und damit die Beschäftigung steigen lassen könnten - was in den Modellrechnungen offenbleibe.

Innovationsverzicht sei deshalb keine Alternative, sagt Riesenhuber. Aufgrund der Modellrechnungen müsse bei einem solchen Verzicht in der Bundesrepublik bis zum Jahr 2000 mit dem Verlust von 1 Million Arbeitsplätzen und mit Einkommensverlusten gerechnet werden. Verstärkte Innovationsanstrengungen versprächen dagegen ein um 0,6 Prozentpunkte höheres wirtschaftliches Wachstum und damit auch mehr Arbeitsplätze.

Der Bundesforschungsminister gibt die Ergebnisse der neuen Untersuchung nicht als endgültige Antworten aus. Vielmehr sollen die neuen Daten helfen, die Diskussion zu versachlichen. Ohnehin sind die Aussagen durch die Praxis beeinträchtigt, daß in den Modellrechnungen zumeist extrapoliert wird, daß also Erfahrungen der Vergangenheit fortgeschrieben werden. Es gibt aber Hinweise, daß die Beschäftigungswirkungen neuer Technologien nach neuen, noch nicht zuverlässig bekannten Modellen berechnet werden müßten.

Da öffnet sich ein weites Feld für weitere Studien. Denkanstöße könnten bereits von der internationalen Konferenz vom 5. bis 7. Dezember (1988) im Berliner Reichstag gegeben werden. Unter dem Thema <New Technology: Its Impact on Labor Markets and the Employment System> will Forschungsminister Riesenhuber die Ergebnisse der neuen Untersuchungen mit in- und ausländischen Experten diskutieren und bewerten.»

Bei keiner Berufsausbildung – sei es eine Lehre, ein Fachhochschul- oder Hochschulstudium – gibt es eine Garantie für einen krisensicheren Arbeitsplatz nach erfolgreicher Beendigung der Ausbildung. Dies gilt auch für geprüfte Wirtschaftsinformatiker, die sich berufsbegleitend fortbilden und bei einer Industrie- und Handelskammer die Prüfung abgelegt haben. Die Chancen auf dem Arbeitsmarkt sind für qualifizierte Datenverarbeiter nach wie vor gut und werden – folgt man dem o.a. Zeitungsbericht – auch längere Zeit noch besser sein, als in anderen Berufen.

Wer sich für einen Beruf in der Datenverarbeitung entscheidet oder schon entschieden hat, muß wissen, daß damit eine Aus- und Fortbildung begonnen hat, die das ganze

Berufsleben dauern wird. In der Informatik ist nichts so beständig, wie der Wechsel. Neuerungen in der Hardware, Weiterentwicklungen in der Software, neue Konzepte in der Orgware bestimmen die Wandlungen in den Berufsbildern.

9.4 DV-Einsatz unter gesamtgesellschaftlichen Gesichtspunkten

Die Presseagentur dpa berichtet im Oktober 1988 von der Jahrestagung der Gesellschaft für Informatik (GI):

«Eine Wirtschaft ohne die Verfügbarkeit der Informationstechnik ist nach Ansicht von Bundeswirtschaftsminister Martin Bangemann (FDP) heute nicht mehr denkbar. Die Technik allerdings, so warnte der Minister zur Eröffnung der 18. Jahrestagung der Gesellschaft für Informatik am Montag in Hamburg, könne den Menschen keine Probleme abnehmen, sondern sie diene lediglich der besseren Bewältigung der Probleme. Die rasante Entwicklung der Informatik sei eine gesellschaftliche Herausforderung unserer Zeit, deshalb müsse sich auch die Politik damit befassen und nicht ausschließlich Wissenschaftler und Forscher.

Als Beispiel nannte Bangemann den Strukturwandel in etlichen Bereichen der Wirtschaft. Mit Hilfe der Informatik könne ein Strukturwandel leichter bewältigt werden.

Bangemann erinnerte daran, daß die informationsbezogenen Dienstleistungen in den letzten Jahren sprunghaft zugenommen haben. Als allgemein verständliches Beispiel nannte er die Arbeit der Nachrichtenagenturen auf der Welt, die Tag für Tag eine Fülle von Informationen produzierten, die von den einzelnen Menschen kaum noch <verarbeitet> werden könnten. Immer mehr Menschen seien im Bereich der Herstellung, Installierung und Bedienung der Informationssysteme beschäftigt. Damit wachse auch die wirtschaftliche Bedeutung der Informatik. Man solle aber nicht etwa aus Angst vor der technischen Entwicklung diesen Trend stoppen. <Dann verlieren wir unweigerlich den Anschluß>, sagte der Minister.

....»

Anknüpfend an das Geleitwort von **Konrad Zuse**, der selbst Mut zu neuem Denken bewies und der jüngeren Generationen Mut macht, sei er zum Abschluß noch einmal zitiert:

«Wir müssen uns von manchen uns lieb und vertraut gewordenen Vorstellungen trennen. Begriffe wie Mehrwert, Ausbeutung, Freier Wettbewerb usw. müssen neu durchdacht bzw. in ihrer bisherigen Vorstellungsform überwunden werden; die Verantwortung liegt letzten Endes bei uns allen. Die Anstrengungen und das Umdenken einer ganzen Generation werden nötig sein, um die Probleme zu lösen, die hinter der gesellschaftlichen Entwicklung und ihren wirtschaftlichen Krisen liegen. Dabei werden wir uns darauf besinnen müssen, daß Kreativität der einzige unerschöpfliche Rohstoff ist, den wir besitzen.»

Literaturverzeichnis

Als Arbeitsgrundlage und für das vertiefende Studium dienen die Veröffentlichungen der DV-Hersteller. Es gibt Systemhandbücher, Periodika, Sonderdrucke, Prospekte usw. Als Kunde erhalten Sie diese Unterlagen meist unentgeltlich. Für Hard- und Software oder Informationen über Firmen und Produkte bieten sich z. B. Kataloge der CeBIT (Hannover), ORGATECHNIK (Köln) oder SYSTEMS (München) an.

Stellvertretend für die Vielzahl der Fachzeitschriften seien hier vier genannt:

CHIP, erscheint monatlich, Vogel Verlag und Druck KG, Würzburg, ISSN 0170-6632
Computerwoche, erscheint wöchentlich, München, ISSN 0170-5121
Datamation, erscheint monatlich, internationale Berichte (englisch), ISSN 0011-6963
Online, adi - Anwenderverband Deutscher Informationsverarbeiter e.V.

Verwendete und weiterführende Fachveröffentlichungen:

Franz-Josef Acker	Fachenglisch, Vogel-Buchverlag Würzburg, ISBN 3-8023-0285-0
Klaus Arzdorf	Entwicklung von Anwendungssystemen, Vogel-Buchverlag Würzburg, ISBN 3-8023-0279-6
Klaus Arzdorf	Programmierkurs COBOL, ISBN 3-8023-0814-X, erscheint als 4., völlig neu bearbeitete Auflage mit dem Titel Programmieren mit Cobol, Vogel-Buchverlag Würzburg, ISBN 3-8023-0280-X
CIM-Studie	AWF Eschborn, Ausgabe Nov. 85
Diebold Deutschland	Diebold Management Report, ISSN 0341-3683
DIN-Taschenbuch 25	Informationsverarbeitung 1, Normen, ISBN 3-410-11307-X, Beuth Verlag Berlin/Köln, 1981
Erich Fuchs	Mathematik und Statistik, Vogel-Buchverlag Würzburg, ISBN 3-8023-0282-6

Karl Ganzhorn/ Wolfgang Walter — Die geschichtliche Entwicklung der Datenverarbeitung, IBM Form F12-1600-1

IBM Deutschland GmbH — Abkürzungsverzeichnis für Begriffe der Datenverarbeitung, IBM Form SA12-2045-0

IBM Deutschland GmbH — Grundlagen der Datenfernverarbeitung, IBM Form R12-8294

Köhler/Mayr — EDV-Abkürzungen, Siemens AG, ISBN 3-8009-1262-7

Peter Lanzendorf — Wirtschaftswoche - Special Supplement Nr. 5, Seite 30 f. vom 9. 10. 87

Heiner Lichtenberg/ Wolfgang Söhnchen — Allgemeine Betriebswirtschaftslehre, Vogel-Buchverlag Würzburg, ISBN 3-8023-0275-3

Heiner Lichtenberg — Volkswirtschaftslehre, Vogel-Buchverlag Würzburg, ISBN 3-8023-0284-2

Volker Lindemann — Kompetenz 1 - Das Diebold Management Journal, 1988

Löbel, Müller, Schmid — Lexikon der Datenverarbeitung, Verlag Moderne Industrie, ISBN 3-478-33758-5

Theo Lutz — Grundlagen der Datenverarbeitung, IBM Form R12-1757, R12-1763

Lothar Moos — Zahlensysteme, Siemens AG

Rudolf Neigenfind — Wie erklären Sie jemand, der Sie fragt, wie ein Computer funktioniert, wie ein Computer funktioniert, IBM Form D12-0006-1

Rudolf Neigenfind — Wie erklären Sie jemand, der Sie fragt, wie man einen Computer programmiert, wie man einen Computer programmiert? IBM Form D12-0018

Rudolf Neigenfind — Wie erklären Sie jemand, der Sie fragt, was ein Computer macht, was ein Computer macht? IBM Form D12-0019

Rüdiger Podlech/ Manfred Herrmann	PL/1 und Assembler, Vogel-Buchverlag Würzburg, ISBN 3-8023-0281-8
Rüdiger Podlech	Rechtslehre, Vogel-Buchverlag Würzburg, ISBN 3-8023-0286-9
Rüdiger Podlech	Zusammenarbeit im Betrieb, Vogel-Buchverlag Würzburg, ISBN 3-8023-0283-4
Günter Rolle	Softwareführer '89, ISBN 3-87686-036-9
Hans Herbert Schulze	Lexikon der Datenverarbeitung, rororo Nr. 6220
Siemens AG	Grundlagen der Datenverarbeitung, Bestellnummer: U50111-J-Z101 1882.KR
Siemens AG	ABC der Mikroelektronik, A-19100-F1-A5-V1
Siemens AG	Herrn von Leibniz' Rechnung mit Null und Eins
Siemens AG	Zum Thema Mikroelektronik, A-19100-F1-A6, 1984
Wolfgang Söhnchen	Industrielles Rechnungswesen, Vogel-Buchverlag Würzburg, ISBN 3-8023-0276-1
Harald Warmers/ Manfred Wöltge	Programmierkurs System, Vogel-Buchverlag Würzburg, ISBN 3-8023
Manfred Wöltge	Betriebsorganisation, Vogel-Buchverlag Würzburg, ISBN 3-8023-0277-X
Robert Weiss	Die Geschichte der Datenverarbeitung, Sperry AG, 1983

Stichwortverzeichnis

C

D

Q

R

T